自闭症谱系障碍与辅助沟通系统

Autism Spectrum Disorder and AAC

[加]　帕特·米兰达（Pat Mirenda）
[澳]　特蕾莎·亚科诺（Teresa Iacono）　主编

杨炽康 等　译

锜宝香　彭　燕　审校

重庆大学出版社

审校者

锜宝香
美国威斯康星州立大学麦迪逊校区沟通障碍博士
台北教育大学特殊教育学系教授

彭燕
捷克帕拉茨基大学教育哲学博士
四川师范大学教育科学学院副教授

译　者

杨炽康
美国内布拉斯加大学林肯校区特殊教育哲学博士
东华大学特殊教育学系暨身心障碍与辅助科技研究所副教授兼系主任

王道伟
台北护理健康大学语言治疗与听力学系硕士
东华大学教育与潜能开发学系教育博士班特殊教育组博士生

曹真
台北护理健康大学语言治疗与听力学系硕士

徐静
重庆师范大学特殊教育信息与技术资源硕士
重庆师范大学教育科学学院特殊教育系讲师

许宁
美国普渡大学特殊教育学系博士生

黄凯君
东华大学身心障碍与辅助科技研究所硕士研究班肄业

黄腾贤

东华大学身心障碍与辅助科技研究所硕士

徐胜

华东师范大学学前与特殊教育学院特殊教育系教育学博士

美国堪萨斯大学比奇障碍研究中心访问学者

华东师范大学特殊教育系教授

董宜桦

东华大学身心障碍与辅助科技研究所硕士

熊利平

重庆师范大学特殊教育学硕士

华东师范大学言语听觉康复学系博士

重庆师范大学教育科学学院特殊教育系讲师

林欣莹

东华大学身心障碍与辅助科技研究所硕士班肄业

新竹县立芎林中学教师

李丹

重庆师范大学特殊教育课程与教学论硕士

重庆师范大学教育科学学院特殊教育系讲师

张桂嘉

台北护理健康大学语言治疗与听力学系硕士班肄业

廖诗芳

北京师范大学特殊教育学硕士

重庆师范大学教育科学学院特殊教育系讲师

黄梓祐

东华大学身心障碍与辅助科技研究所硕士

东华大学教育与潜能开发学系教育博士班特殊教育组博士

花莲县景美小学特殊教育教师

前　言

　　《自闭症谱系障碍与辅助沟通系统》主要是写给专业人员、研究生,以及想要学习更多有关本议题的研究和实务人员的。本书并不是自闭症谱系障碍和辅助沟通系统的导论,而是在上述的相关领域中,补充或扩充现存知识的教科书。

　　本书是多专业的结合,由包括语言治疗、心理学、职能治疗以及教育领域的研究人员和临床人员所撰写。

　　本书由四个部分组成。在第一部分,有两个介绍性章节概述自闭症谱系障碍个案的辅助沟通和有关这方面的评估议题。具体而言,在第一章中,Pat Mirenda 回顾辅助沟通和自闭症的历史,说明以证据为本位实务的重要性,以及挑战研究人员和实务工作者的当前难题和争议。在第二章中,Teresa Iacono 和 Teena Caithness 讨论用于评估自闭症谱系障碍个案的不同技能档案和沟通需求,以及可用于此类评估的各种方法,重点在于用一个自闭症谱系障碍成人的临床实例来说明生命周期模型。

　　第二部分包括四个章节,聚焦于常用的自闭症谱系障碍个案的沟通模式。在第三章,Charity M. Rowland 回顾此群体的前符号期沟通研究,并有大部分内容介绍有新兴证据基础的干预方法。在第四章中,Oliver Wendt 提供了一个使用图形符号和手语的自闭症谱系障碍个案的后设分析结果,并依据现有的研究结果提出建议。在第五章中,Ralf W. Schlosser、Jeff Sigafoos 和 Rajinder K. Koul 回顾了自闭症谱系障碍个案使用语音输出系统和语音沟通器的证据基础,以及对研究和临床实务的影响。最后,在第六章中,Diane C. Millar 讨论了辅助沟通对自闭症谱系障碍个案自然语言发展的研究,统计了一般发展性障碍有关的较大研究数据,同时也有针对自闭症谱系研究的数据。总体而言,本书在此部分为读者展现了一个有关此群体当前先进的各类符号和辅助沟通技术的全面性回顾。

　　第三部分包括七个章节,提供了辅助沟通干预和研究为基础的教学方法的信息。

　　第七章是由 Emily Rubin、Amy C. Laurent、Barry M. Prizant 和 Amy M. Wetherby 撰写,是在 SCERTS® 模式中使用辅助沟通来支持自闭症谱系障碍个案沟通和社会发展的总结。这个多专业团队提供了许多使用辅助沟通的例子,并且做了具体应用的说明。在第八章中,MaryAnn Romski、Rose A. Sevcik、Ashlyn Smith、R. Micheal Barker、Stephanie Folan 及 Andrea Barton-Hulsey 讨论了扩大性语言系统(System for Augmenting Language , SAL),并且提供了先前未公开的数据,是关于一小群自闭症谱系障碍幼儿的。第九章由 Kathryn D.R. Drager、Janice C. Light 和 Erinn H. Finke 撰写,强调用辅助沟通来提升社会互动的重要性,因为社会互动是自闭症谱系障碍个案的主要缺陷。在这个共同的目标下,作者们通过正常儿童的研究来讨论策略,以制订和选择适当的辅助沟通技术。他们还回顾了一个社会—语用方法干预原则,且提供了个案研究来说明如何使用这些原则。接着,在第十章中,由 Andy Bondy 和 Lori Frost 回顾了图片交换沟通系统(Picture Exchange Communication System, PECS)。他们讨论如何使用 PECS,并超越传统 PECS 的干预,并检视越来越多关于其用途的研究。在第十一章中,Pat Mirenda 和 Kenneth E. Brown 讨论了扩大性输入的辅助沟通角色,并且展示了使用辅助沟通符号的视觉支持,包括视觉时间表、应变图、视觉增强社会故事、影片增强活动时间表和其他应用程序。

最后,Jeff Sigafoos、Mark F. O'Reilly 和 Giulio E. Lancioni(第十二章),Krista M. Wilkinson 和 Joe Reichle(第十三章)等作者,把注意力转向辅助沟通解决问题行为的干预措施。在第十二章中,Sigafoos 和他的同事回顾了功能沟通训练和做选择的干预方面的研究。在第十三章中,Wilkinson 和 Reichle 为特殊技术提供详细说明,它是使用更传统的辅助性沟通来取代非传统的沟通行为的。整体而言,本书的第三部分在当前的辅助沟通干预的研究和实际应用方面,为研究人员和临床人员提供了一个丰富而多样的介绍。

第四部分的重点与辅助沟通实施的三个问题有直接的关系:读写能力、融合教育与支持有复杂沟通需求的青少年和成人的参与。David A. Koppenhaver 与 Karen A. Erickson 在第十四章讨论有关自闭症、辅助沟通与读写能力的研究,综合了阅读、写作和萌发阶段的读写能力发展以及指导。他们在这具有思想性的总结中给未来的研究提供了教育意义与方向。在第十五章中,Michael McSheehan、Rae M. Sonnenmeier 与 Cheryl M. Jorgenson 说明了辅助沟通是自闭症学生全纳教育的构成要素,并强调合作与支持的超越可及性模式(Beyond Access Model),这是他们开发多年的成果。最后,在第十六章中,Teresa Iacono、Hilary Johnson 与 Sheridan Forster 提醒我们,自闭症儿童长大成为自闭症青少年和成人后,他们对辅助沟通支持的需求并不会少于年幼的自闭症者。通过回顾被忽视领域中的有限研究,这些作者强调有复杂沟通需求的成人的需求,并鼓励研究者和临床人员来解决这些问题。

当我们制订这本书的大纲时,常常被过去十年间有关自闭症与辅助沟通研究的多寡影响。事实上,在十年前,没有足够的研究来支持这本书的撰写。总结这些章节,它们提供了必要的计划来引导下一代的研究,这将会填补研究空白,并进一步提高大众对自闭症与辅助沟通的知识基础。我们非常感谢作者们的贡献。如果不是他们,我们不会在这个重要的领域做到这么多。

致　谢

许多人在本书出版前和过程中辛勤地工作,在此我们深表感谢。他们是加拿大温哥华的特殊教育科技公司(Special Education Technology-BC)、温哥华的阳光山儿童健康中心(Sunny Hill Health Centre for Children)、澳大利亚墨尔本维多利亚的发展性障碍健康中心(the Centre for Developmental Disability Health),以及澳大利亚墨尔本斯哥普的沟通资源中心(the Communication Resource Centre)的工作人员。

多年来,他们已经与我们广泛地合作,极大地贡献了辅助沟通的经验和知识。此外,Pat Mirenda 想要感谢 Jackie Brown 在过去几年的耐心支持;Teresa Iacono 想要感谢 Greg Graham 的坚定支持、鼓励和幽默。

我们也很感谢 Janice C. Light 和 David R. Beukelman 的鼓励和激励,他们最先和我们谈及本书的出版。当然还要感谢由 Brooks 出版公司所提供的支援团队:Astrid Zuckerman、Johanna Cantler、Melanie Allied 和 Janet Krejci。

最后,我们要感谢很多使用辅助沟通技术的自闭症谱系障碍者,允许我们与他们一起工作——他们教我们真正地认识了辅助沟通技术,同时为我们提供了灵感和动力。

帕特·米兰达

中文版序

　　近几年来，中国已经搜集了相当多的辅助沟通系统（AAC）的临床实证应用资料，而本书在英文版本出版后，在中国 AAC 学界共同努力下已快速地被翻译为中文版的 ASD 与 AAC 的教科书。中文的版本发行后，中国 AAC 临床人员和研究人员将在短期内获得 AAC 实证应用的最新信息。我和我的合著者澳大利亚 AAC 学者特蕾莎·亚科诺博士，一同对台湾东华大学杨炽康教授及其合作伙伴们为高效地翻译本书所做出的努力表达最深的敬意。

　　我希望这本书对有经验的研究人员、临床人员，以及正在学习 AAC 的学生是一个很好的启发。更重要的是，这些人都是为了改善那些在家中、学校以及社区中需仰赖 AAC 的自闭症谱系障碍者的生活而在共同努力。感谢所有的译者建成了这个重要的里程碑！

帕特·米兰达

审校序

近几年来,世界各地有越来越多自闭症谱系障碍者被鉴定与确认。此种趋势凸显了提供适当的教学、康复给这些个案的重要性。自闭症谱系障碍主要的缺陷或限制在社会互动、口语与非口语沟通,以及重复或固着的行为与兴趣三个层面。而沟通可说是这些困难的核心,因此很多研究、实践治疗或教学,都聚焦于沟通教学/康复或训练,期望经由沟通能力的提升改善这些个案的人际社会互动,或是减缓其不适当/问题行为的出现比例或严重程度。其中 AAC 的提供与干预,对很多自闭症谱系障碍者是有其成效与必要性的。

身为特殊教育工作者的我们很高兴看到帕特·米兰达与特蕾莎·亚科诺教授召集了全球在自闭症谱系障碍与辅助沟通(AAC)领域卓然有成的多位学者、研究者与临床工作者,合力写出 *Autism Spectrum Disorders and AAC* 一书,让关心自闭症谱系障碍者的工作人员获得很多珍贵、实用的信息与知识。撰写与出版一本书籍所付出的心力是值得敬佩与激赏的,而他们的努力也为特殊教育与语言治疗领域提供了极具价值的贡献。本书完整地含括自闭症谱系障碍者的沟通能力/社交技巧剖析与评量、社会参与、使用手语/图像沟通、图片交换系统、功能性沟通训练,以及语音输出装置/语音沟通器等主题。此外,本书在每一章节中也系统地呈现:基本概念的陈述介绍、过去研究文献的汇整与分析、对教学或干预模式/策略成效资料是否具备科学或实证支持的评析,以及对未来研究与实务运用的建议。整体而言,本书无论是在主题选择还是篇章内容的安排上都考虑周详,对关心自闭症谱系障碍者沟通能力发展的教师、语言治疗师、家长而言可说是一本极具参考价值的书籍。

有鉴于汉语地区在自闭症谱系障碍者使用 AAC 的研究与实践并未获得应有的重视与推广,长期致力于 AAC 学术研究与实务推广的杨炽康教授邀集了多位对 AAC 有高度热情与关注的研究者与临床工作者,合力将这本精彩的书籍翻译出来。我们有幸与他们一起工作,努力将本书的中文版本介绍给特殊教育/语言治疗工作者及家长。我们因为一起在完成参与特教、改变生命的工作,深觉非常有意义。

虽然翻译过程极为艰辛,但在所有译者反复校阅、修改的努力下,翻译工作终于完成。期望本书中文版本,可以让我们更了解自闭症谱系障碍者在沟通上所需面对的挑战与人生困境,且可让我们从中撷取相关信息,将之应用在学术研究、教学与实践工作上,最终改变需要 AAC 帮助的自闭症谱系障碍者的生活。

琦宝香、彭燕

译者序

生命中总是会有许多偶然，而本书也是我众多的偶然之一。有一年我带着30多位暑硕班的研究生，一路风尘仆仆从台湾到北京，再搭火车到大连，参访了盲校、培智学校和聋校，最后还到一个专收自闭症儿童的机构。本书的起源就是在这个自闭症机构中发生的。

由于近年来自闭症儿童急剧增加，许多自闭儿被拒绝入学，于是一些家长开办机构，找一些有特教背景的老师来机构教学。为了增加彼此的互动，当时应机构负责人的要求，随队的研究生入班和班级的小朋友进行互动。由于暑硕班研究生大部分都是台湾的一线特教老师，具有丰富的教学经验，因此，一下子就和机构小朋友打成一片，并且和机构的老师也有很好的互动。最后，在综合座谈时，有研究生提出，为什么班级的许多小朋友感觉好像不是自闭儿。会后和园方请教我们才知道，有些孩子由于无法进入学校就读，就只好暂时安置在机构里。再深入了解后，才发现家长们对自闭症的认识非常有限，尤其是对无口语的自闭儿更是不知从何教起。

当时，米兰达和亚科诺（2009）刚刚写了 *Autism Spectrum Disorders and AAC* 这本书，刚好可以为家长们带来有用的参考资料。于是，我返台后就积极寻找出版商洽谈中文版的版权事宜，经联络后，心路基金会同意协助中文繁体版的版权取得和资助翻译的稿费，尤其是邱淑绢小姐鼎力相助，才有这本书的前奏曲。后来由于中文繁体版迟迟未能出版，经重庆师范大学合作伙伴的努力，简体中文版由重庆大学出版社协助版权取得和出版的工作。尤其在陈曦女士再三的督促下，我们终于完成这项不可能的任务。简体版的出版，还要感谢东华大学特殊教育组的博士生丽婷、毓豪及崇州，他们一字一句仔细地校译，让本书的可读性大大提升。

为了完成本书的翻译，有太多人的无私奉献，因此本书所有的翻译酬劳，将全数捐给台湾心路基金会，以感谢他们为身心障碍儿童教育的贡献。

此外，还要感谢繁体版总校阅锜宝香教授和简体版总校阅彭燕教授细心地逐字审阅，让本书的阅读流畅度和专业性得以大幅提升。最后，再次感谢所有译者们不眠不休的努力和对本书的贡献。由于编译的过程中难免有疏漏之处，请读者们见谅，并请不吝指正。

杨炽康　谨识

于东华大学特殊教育学系暨身心障碍与辅助科技研究所

2018 年初冬

目　录

第一部分

概述及评估

第一章

为自闭症谱系障碍者介绍辅助沟通系统

Pat Mirenda　著

杨炽康　译

一些替代无口语的沟通系统应用在语言缺陷方面的个案已逐渐增加,因此我们需要决定像这样的替代系统对自闭症谱系障碍者是否仍是最佳且是最合适的系统(Schuler & Baldwin,1981,p.246)。

自 Schuler 与 Baldwin 于 1981 年提出上述提议后,关于自闭症谱系障碍(Autism Spectrum Disorders,以下简称 ASD)者使用辅助沟通(Augmentative and Alternative Communication,以下简称 AAC)的研究和实践,已经历了快速的演变。也因此,本书编辑成册现在才可行,若在十年前此举是非常不可能的! AAC 事实上对 ASD 者是"有希望的"。在许多地方,它已经成为增加沟通和读写技能以及(或)降低问题行为等干预目标的基石。本章将提供:(1)与 ASD 相关的 AAC 模式和评估议题的简单历史介绍。(2)概观介绍实证本位(Evidence-Based Practice,EBP)干预实践,以及它和 ASD 的相关之处。(3)一些会影响今日 AAC 实行的难题和争议的回顾。

自闭症谱系障碍和辅助沟通

自闭症谱系障碍已成为愈来愈流行的专有名词,引自 DSM-Ⅳ(心理疾病诊断与统计手册第四版文字修改版,American Psychiatric Association,2000)中对广泛性发展障碍的描述,自闭症谱系障碍包括下列障碍:

- 自闭症障碍(一般俗称自闭症)。
- 广泛性发展障碍,无其他特定特征,"汇集许多像自闭症的特征,但可能不是重度或广泛的"(Dunlap & Bunton-Pierce,1999)。
- 阿斯伯格综合征,是一种有自闭症社交方面的问题,但语言与认知却被诊断为正常的症状。
- 雷特氏综合征,是一种只会影响女孩的退化性基因状况和神经信号的疾病。
- 儿童期统合障碍,一种罕见的退化性障碍,其特征为失去沟通和其他先前已获得的技能。

ASD 在 3 岁前出现,同时包括社会互动有明显困难,在口语和非口语沟通上有迟缓和功能异常,以及异常的行为模式(例如缺少兴趣、重复性的活动、固着性的动作、对感官刺激的不正常反应等)。ASD 出现在所有种族、民族和社会经济族群,且男孩出现率较女孩大约多 4 倍。最近自闭症和发展障碍监测网络(Autism and Development Disabilities Monitoring Network)的报告中指出,在美国的许多区域,大约 150 个 8 岁儿童中有一个会被诊断出上述 ASD 的其中一种(Centers for Disease Control and Prevention,2007)。

所有 ASD 者都具有某种沟通障碍的特征,虽然特定症状可能有极大差异。过去十多年,早期诊断和干预的有效性逐渐增加,也让 ASD 者说话发展的预后变得更好(Tager-Flusberg, Pual & Lord,2005)。然而,对所有年龄层的 ASD 者,甚至那些言语和语言未受损者而言,绝大部分的人都可能在 AAC 的支持下,通过加强语言的理解而获益(American Speech-Language-Hearing Association [ASHA],2005)。

辅助沟通的模式和技术

在过去几年中,已有许多非辅助性和辅助性沟通技术被应用于帮助 ASD 者。非辅助性沟通不需要身体以外的任何设备和符号使用,像用手势语、身体动作和手势;辅助性沟通整合使用者自身之外的设备(如沟通簿、语音沟通器),并包括使用实物或图像符号,像照片、线条图、字母或书写文字。大部分的人,包括 ASD 者,会依据沟通情境和沟通伙伴而使用辅助性和非辅助性沟通技术的组合(Beukelman & Mirenda,2005)。

＞　黑猩猩、塑料片、手势符号和图形字

大部分第一次使用 AAC 技术的 ASD 者,都生活在机构或安置在特教学校。他们常被视为"次级人类",而如果他们不会说话,也会被认为是无法获得沟通和语言技能。因此,许多早期的 ASD 者的 AAC 实验,都是依据测验非人类的灵长类(如黑猩猩)可以学语言要素到什么程度的教学而设计的。早期 AAC 实验所秉持的令人难过和厌恶的逻辑是:若黑猩猩可以学会沟通,那 ASD 者也可以学会沟通。

塑料片

Premack 和 Premack(1974)是最早描述自闭症儿童"无口语沟通"的研究者之一,在此之前,Premacks 教 Sarah(一只雌性黑猩猩)学习,将各种颜色和形状的塑料片与 130 多个语义类别的单词联系起来,包括名词、动词、形容词和介词和代名词等使用不同颜色和形状的塑料片。Sarah 不仅可以了解这些塑料片的意思,同时也使用它们来表达和回应各种简单的句

子和问题(Premack,1971)。Premacks 后来对上述研究进行了延伸,教导一位 8 岁自闭症伴随重度视力障碍的男孩使用塑料片进行沟通,说明了"塑料视觉系统非常明显地适合没有任何语言者,而且它也被证明可用来帮助加速自然语言的获得"(Premack & Premack,1974,p. 375)。后续许多其他的研究项目也同样记录了塑料片系统的干预成效,此系统之后被发表和营销,成为非口语语言起始方案(Non-SLIP;Carrier & Peak,1975)。早期的研究报告,建议这个系统成为一些 ASD 儿童可使用的沟通系统(de Villers & Naughton,1974;McLean & McLean,1974)。

手势符号

在 Premack 他们努力于塑料片沟通研究时,另一对语言研究人员也同时在教导一只名叫 Washoe 的黑猩猩用美国手语沟通(Gardner & Gardner,1969)。不久之后,一些试着教导自闭症儿童手势语言的参考书目开始出现在已发表的文献中(如 Churchill,1972)。然而,Margaret Greedon(1973)在儿童发展研究学会所发表的报告,被认为是第一个公开成功使用正式的"同时沟通系统"(即口语加手语)于 ASD 者的报告。在该文献中,Greedon 描述了对21 位自闭症儿童超过三年的同时沟通教学的结果。在同一年的年底,两篇描述使用少数的手语搭配口语教导 ASD 儿童理解和沟通的个案研究也出版了(Miller & Miller,1973;Webster,McPherson,Sloman,Evans & Kuchar,1973)。

在接下来的十年,许多使用同时沟通(亦指综合沟通法)的研究报告也陆续发表了(见Goldstein,2002)。20 世纪 80 年代中期,在美国(Bryen & Joyce,1985;Matas,Mathy-Laikko,Beukelman & Legresley,1985)、英国(Kiernan,1983;Kiernan,Reid & Jones,1982)和澳大利亚(Iacono & Parsons,1986),某种形式的综合沟通法是最常被应用于自闭症或重度/极重度智力障碍者的 AAC 技术。此外,此年代也见证了麦卡登词汇(Makaton Vocabulary)的传播,这原来是用来教导安置于机构中伴随智力障碍的英国成年聋人的英国自然手语(Cornforth,Johnson & Walker,1974)。麦卡登教学法在 20 世纪 80 年代中期也扩展成结合手语、图像的麦卡登符号和口语的教学法。这种教学法被广泛使用于世界各地发展性障碍者身上,其中也包括自闭症(Walker,1987)。

图形字

第二对研究者进行了一项纵向研究(李纳计划,从第一位个案来命名),研究主要教导黑猩猩使用由九个几何形状所结合的抽象图形字来进行沟通(Rumbaugh,1977;Savage-Rumbaugh,Rumbaugh & Boysen,1978)。图形字通过连接计算机的触控屏幕,可产生发光符号(在计划早期阶段),或合成语音(在计划晚期阶段)。李纳计划的结果,后来在一个名为扩大语言系统计划中,成功地应用在 13 个严重认知障碍的男孩身上—— 其中两位有自闭症。我们将在本书第八章做深入探讨(Romski & Sevcik,1996)。

> 书写文字

早期的 AAC 中,文字符号(如英文字母)也曾使用于 ASD 者身上。几位研究人员曾进行结构化的制约干预,来证明至少有些自闭症患者可以学习将印刷文字链接至其相对应的参照物(例如 Hewett,1964,Marshall & Hegrenes,1972;La Vigna,1977;Ratusnik & Ratusnik,1974)。有趣的是,虽然这些干预至少证明其成效与应用其他种类的符号是一样有效的,但在自闭症的沟通上,文字并未被广泛使用,即使在 20 世纪 80 年代中期掀起过一阵有关超识字(即在许多自闭症者身上出现的早熟的、自我学习阅读文字的能力,如 Frith & Snowling,1983;Whitehouse & Harris,1984)的风潮之后也是一样。在近年,平衡读写教学(balanced literacy)的出现和很多支持阅读和书写的科技的应用,让更多 ASD 者能和他们的正常同伴一样,参与更有意义的读写体验。此部分将在本书第十四章做更深入的探讨(Kliewer & Biklen,2001;Koppenhaver,2000;Mirenda,2003a)。

> 视觉图像符号

有关 ASD 者成功地使用视觉图像系统的报告(Lancioni,1983;Mirenda & Iacono,1988;Mirenda & Santogrossi,1985;Reichle & Brown,1986)在 20 世纪 80 年代开始出现。在 20 世纪 90 年代,ASD 者使用视觉图像系统也变得更为广泛(至少在出版的文献里),并已取代大部分的手语,成为今日 ASD 者主要的 AAC 方法。在众多教导 ASD 者使用视觉图像符号沟通的方法中,最受欢迎的是图片交换沟通系统(Pictures Exchange Cummunication System,PECS),它最早于 20 世纪 90 年代中期被引进(Bondy & Frost,1994)。在第十章会进一步深入探讨。

> 语音输出

语音输出最先是在 20 世纪 70 年代由斯坦福大学的 Colby 和他的同事引进给自闭症学生(Colby,1973;Colby & Kraemer,1975;Colby & Smith,1974),他们的目标是"刺激或催化已受损或慢速发展的自然语言习得历程"(Colby,1973,p.259)。通过让儿童探索计算机游戏,触动计算机屏幕的符号(如英文字母 H)同时配以听觉刺激(如发出 H 的声音)。他们的报告中指出,在接受上述的疗育后,17 位儿童中的 13 位开始"自发使用口语来做社交沟通"(Colby,1973,p.259)。

除了少数另外几篇早期的个案报告外(如 Hedbring,1985),一直到 20 世纪 90 年代,语音输出领域的研究才开始获得重视(详见 Schlosser & Blischak,2001 的文献回顾)。这些研究目标在于检视 ASD 者在计算机辅助学习情境中使用语音输出的情形(如 Bernard-Opitz,

Ross & Tuttas,1990；Chen & Bernard-Opitz,1993；Heimann,Nelson,Tjus & Gillberg,1995；Parsons & LaSorte,1993；Tjus,Heimann & Nelson,1998）。其他研究则涉及使用可携式语音沟通器（SGD）的干预设计来加速沟通互动（Schepis,Reid,Behrmann & Sutton,1998）、降低问题行为（Durand,1999）或教导例如拼字这样的特殊技能（Schlosser,Blischak,Belfiore,Bartley & Barnett,1998）。在过去十年，使用各式各样的科技于发展性障碍者（如 ASD 者）的研究也快速地增加（如 Lancioni et al.,2007）。

> 协助沟通法

协助沟通法（facilitated communication）包括使用字母板或键盘，一个字母一个字母打出沟通信息。打字者的前臂、手肘和（如果有需要）食指需由协助者做肢体的支持，协助者也同时提供情绪和教学的支持。因最终目标为独立打字，提供支持的协助者会慢慢地降低支持度。协助沟通法第一次被提及，是在 1974 年"自闭症儿童有效教学"的手册上（Oppenheim,1974）。在澳大利亚，协助沟通法最先是 1986 年由 Rosemary Crossley 使用在自闭症谱系障碍者身上，之后由 Douglas Biklen（1990）引进至北美洲。

协助沟通法是有争议的，主要是因为原创者的问题：是谁真正打出沟通信息？打字者还是协助者？事实上此争议的由来，主要是许多被协助的打字者所写出的复杂句子，远远超过他们的认知和语言能力，尤其他们经常缺乏正式的语文课程训练。此外，虽然不是有意的，不管何时，当协助者支持打字者的手或手臂时，就会潜在地引导被协助者打字。

许多出版物通过各种研究方法试图回答谁是原创者的问题，绝大部分此类研究结果显示，在书写信息时，ASD 打字者非常容易被他们的协助者所影响，且协助者经常影响打字者的表达信息而不自知（回顾文献，见 Jacobson,Mulick & Schwartz,1995；Mostert,2001；and Simpson & Smith Myles,1995）。基于此，许多专业组织，包括美国听语学会（ASHA,1995），已经发表立场声明或者说是解决建议：完全不要使用协助沟通，或使用时须非常小心。然而，有些 ASD 打字者在书写信息时似乎也不受协助者的影响（Biklen & Cardinal,1997）。借助协助沟通法，有些个案已开始沟通，且现在能独立沟通而不需协助者的肢体接触（Biklen,2005；Biklen & Kliewer,2006），因此，协助沟通法仍有争议，且不被大多数的 AAC 临床人员和研究人员所接受，这个议题似乎没有想象中那么单纯（Mirenda,2008）。

辅助沟通的评量

AAC 评量的目标之一，就是决定个案是否需要 AAC 的支持。这看起来好像是一个容易的任务,因当个案很明显无法通过自然口语来满足其日常沟通需求时就需要 AAC 干预。虽说如此,但是在 20 世纪 70 和 80 年代,许多有接受 AAC 服务条件的候选人或筛选标准却有极大的争议。在许多个案中,ASD 者总被认为太"怎么样"(如年纪太小、太大;认知、行为或语言受损太严重等)而不符合 AAC 的服务。其他被排除于 AAC 服务的个案,则是因为被认为拥有太多的技能,特别是自然口语能力。例如,当 ASD 者可以说一些词汇时,就会被拒绝提供 AAC 支持,因专业人员对其口语能力持续进步仍抱持希望。

在辅助沟通领域中,最著名的演变是许多正式的文件中提及像这样不合理的临床实务。例如美国听语学会于 2005 年注意到虽然没有实证应用程序可用来决定个案是否能受益于 AAC 服务,但"不论个案的沟通、语言、社交、认知、肢体动作、感官、知觉障碍的类型与严重度程度,和/或是伴随其他障碍,没有个案可被否决辅助沟通服务之权利"(p.1)。美国听语学会的宣言也和美国国家重度障碍者沟通需求联合会(National Joint Committee for the Communication Needs of Persons with Severe Disabilities, 2003a, 2003b)一样,共同宣誓沟通服务和支持的合法性应单独以沟通需求为基础,而不是在认知、沟通功能、生理障碍、诊断、缺乏认知,或假设有其他先备技能或其他因素的差异上进行判断。美国听语学会和国家联合委员会两者的宣言在 AAC 领域中是非常重要的进步,因为他们强调评量不再是用来决定谁可以获得 AAC 服务的门坎限制。AAC 评量所需提及的问题,应是 AAC 的干预和支持如何善加应用于个案身上,而不是判断个案是否应有机会成为 AAC 干预和支持的对象。这样的进展,对许多年长的 ASD 者特别重要,因为此宣言让他们第一次有机会接受 AAC 的评量和干预。

另一个 AAC 评量的目标是确认个案沟通需求和目前能力之间的差异,进而决定哪一些 AAC 技术可以改善接受性和表达性沟通。因为社交、语言、感官和/或认知障碍的经验影响,ASD 者的 AAC 评量通常是具挑战性的。当进行 AAC 评量时,美国听语学会(2004)建议使用参与模式(Beukelman & Mirenda, 2005),因它的目标聚焦于确认目前和潜在的优势能力及需求,来引导目前和未来 AAC 干预的发展。一个学校团队曾使用该模式做个案研究并详细描述了运用该模式设计 AAC 支持一位 6 岁自闭症男孩的过程(Light, Roberts, Dimarco & Greiner, 1998)。作者们使用参与模式的一般架构来搜集下列信息:(1)儿童目前和未来的沟通需求;(2)他目前的感官、接受性语言和表达性沟通、符号表征、词汇组织和动作技能等,这些都是沟通所需的能力;(3)他可以获得怎样的沟通机会;(4)他经常沟通的伙伴所使用的互动策略。作者们使用家长和老师访谈的组合、沟通需求调查、生态评量、系统性观察,以及正式或非正式(如参照标准)评量工具来搜集这些信息。接着,他们设计了一个多渠道的沟通系统,这个系统整合了孩子已有的自然语言、常用的手势、沟通簿和字典,以及装有用来支持他写作和读写发展软件的 SGD。这个个案研究是一个为 ASD 者做个别化 AAC 需求决定的完整、系统化评量过程的典范。第二章将会有更多关于评量的议题。

实证本位的服务工作

在 AAC 领域中,最近的发展持续强调在评量、干预计划和执行上须以实证本位服务(Evidence-Based Practice,EBP)为准。EBP 是"将最佳和当前的研究证据、临床/教育专业知识,以及相关人士的观点整合在一起,以促进对身心障碍者会有成效的评量和干预之决定"(Schlosser & Raghavendra,2003,p.263)。EBP 并不表示在 AAC 评量和做决定的过程中,临床的推论或是 AAC 使用者及其家人的观点会被排除在外。而是在这些重要因素之外,再加入第三个因素——目前的研究证据。

由 Schlosser 和 Raghavendra(2003)所描述的 EBP 过程,这个过程的六个步骤如下:

1.询问建构完整的问题,像是"我们应该使用手势语还是图像符号来教导自闭症少年要求的沟通行为?"或"我们应该使用 SGD 教导这位雷特氏综合征儿童社会互动的技能吗?"

2.选择证据来源(如教科书、研究数据库、期刊)。

3.寻找文献。

4.系统地检核证据。

5.运用此证据为某特定 AAC 需求者做决定。

6.持续评估决定后的结果。

强调 EBP 所产生的实际结果的其中一项,是一些整合性的 AAC 研究的文献回顾。在这样的回顾中,作者们使用统计或描述性技术检视特定的群体(如 ASD 儿童)所进行的特定种类的 AAC 干预(如 SGD)。他们也提供摘要说明,使用特定干预结果的益处,或产生正面结果的最佳条件。本书的许多作者们已经在使用上述的六个步骤或变式,将 AAC 的某特定层面与现有的研究整合在一起。此外,ASD 者之 AAC 的整体回顾也提及一些主题,像是手势语(Goldstein,2002;Mirenda,2001,2003b;Wendt,Schlosser & Lloyd,2005)、图像符号(Mirenda,2001,2003b;Wendt et al.,2005)、SGD 和电脑语音输出(Schlosser & Blischak,2001;Wendt et al.,2005)、功能性沟通训练(Bopp,Brown & Mirenda,2004;Wendt et al.,2005),以及使用图像符号的视觉时间表(Boop et al.,2004)。

为 ASD 者设计 AAC 干预时,整合研究证据来做决定是非常重要的。其理由如下:首先,从成功沟通基础所需的社交、认知、动机和肢体动作能力等来看,这些个案是差异甚大的异质族群。因此 AAC 的决定必须依据个案的技能和偏好的剖析而定,而不是只以 ASD 的诊断为基础。因此,研究人员将 ASD 者的感觉偏好整合至辅助沟通系统干预决策的策略之中

（Sigafoos，O'Reilly，Ganz，Lancioni & Schlosser，2005；Son，Sigafoos，O'Reilly & Lancioni，2006）。

其次，ASD 领域通常被称为"被丢弃和粉碎的希望、无效疗育，以及谬误的开始之残骸"（Schreibman，2005，p.7）。因此在 AAC 方面，20 世纪 70 年代大规模采用的综合沟通法，被当成是所有无口语 ASD 者的"解决之道"；在 20 世纪 90 年代，类似的狂热也出现在协助沟通法上。无论研究证明的质和量是否支持它，许多专业人员和家庭一样采用这项最新流行的干预方法。这些现象会因采用 EBP 来做决定而避免。

第三，对 ASD 领域的专业人员而言，EBP 会确保我们保持谦卑，因它会让我们察觉到我们还有很多东西是需要学习的。事实上，我们对 ASD 者所应用的 AAC 所知的远少于我们所未知的。我们不知道如何选择可以让每位个案获得最佳沟通成效的 AAC 模式组合；我们不知道如何依据个人的能力和优势，设计完整的 AAC 教学干预；或如何通过 AAC 给予个案最大的社会、语言和读写发展支持。如果谦卑会带来智慧，那么系统化查核研究证据后再做决定，在这个领域是很重要的进步。

难题和争议

玛利安—韦氏在线字典（2007）定义难题为"一个错综复杂和困难的问题"。在 AAC 领域中，像所有其他科学领域，在过去几年里，有许多难题来来去去，而时至今日，有些难题仍存在且受到注意。许多目前与 ASD 者有关且仍在争议之议题，会在本书的个别章节中进行检核，包括 SGD 对 ASD 者的应用（第五章），以及不同的 AAC 模式如何影响语音输出的可能性（第六章）。其他章节检核行为和社交/发展性教学方法两者的使用和效能，包括图片交换沟通系统（第十章；也见于 Frost & Bondy，2002）；社交沟通、情绪调整和互动支持（the Social Communication，Emotional Regulation，and Transactional Support，SCERTS ® ）模式（第八章；也见 Prizant，Wetherby，Rubin，Laurent & Rydell，2005a，2005b）；以及各种辅助性语言模式（第七章和第九章）。探讨使用 AAC 技术改善问题行为（第十二章和第十三章）、读写发展（第十四章）和融合教育（第十五章）的章节，也会提及很多支持使用 AAC 者的家庭及专业人员所面临的难题。本章将探索另外三个有争议的议题：（1）提供 ASD 幼童整合 AAC 和其他早期干预的方法；（2）决定 AAC 方案是否合适，并选择个别化 AAC 技术；以及（3）仔细地重新检核应用在 AAC 上有关 ASD 的传统假设。

＞ 早期干预和辅助沟通系统

为 ASD 幼童提供早期干预的重要性是毋庸置疑的。在一份完整的、以实证为本位的报告中,美国国家自闭儿童教育干预研究委员会(NRC)委员(2001)强烈建议,干预计划的切入点应被慎重考虑,尽可能在 ASD 被诊断出后就开始,而不是等到最后的确认。NRC 也指出"主动与积极参与密集的教学课程"(p.219),应至少提前到自闭症谱系障碍儿童 8 岁时,且每周至少要达到 25 个小时,并应包括以一对一和小组教学的方式提供"重复、有计划的教学机会"(p.219)。他们同时强调在 6 个主要的教学领域使用实证本位的教学技术:(1)使用口语和 AAC 的功能性、主动沟通;(2)与家长及同伴间互动时可使用的符合发展阶段的社交技能;(3)和同伴玩游戏的技能;(4)不同目标的认知发展,且强调情境类化;(5)用正向行为来支持问题行为;(6)合适的功能性学科技能。

NRC 委员(2001)认为范围广大的教学方法可被用来达成上述目标。而这些方法包括植根于应用行为分析原则的结构化教学,例如间断尝试教学(Smith,2001),随机教学(McGee,Morrier & Daly,1999),应用语文行为教学(Sundberg & Partington,1998)和平衡训练(Koegel & Koegel,2006)。课程也包括社交/发展性方面,像是发展性、个别化差异、以关系为主(DIR)模式(Greenspan & Weider,1999),以及 SCERTS® 模式(Prizant et al.,2005a,2005b)。虽然 NRC 并没有推荐任何特定的课程或模式,但他们强调目标导向、实证本位及个别化的课程,以符合 ASD 儿童和他们家庭的需求。

因为上述这些建议,ASD 儿童的家长在接到孩子的诊断后,马上就面临须谨慎决定为他们的孩子做些什么,及如何做到最好。他们的有些决定,可能会影响不同种类的 AAC 技术是否被接受和使用的程度(如应用语文行为方法、手势语可能被接受,但图像符号可能未必;见 Mirenda,2003b;Sundberg,1993),甚至在 AAC 技术执行方面,AAC 实务工作者几乎总是需要和其他专业人员共同工作,而他们的观点可能会极为不同(且有可能完全不兼容)。也因此,争议与冲突的潜在危机是极大的,所以商讨和合作能力也需全都用上。

> ### 是否需要辅助沟通

如果 AAC 的干预目标是"可以让个案有效率地和有效能地参与各种互动,并依他们的选择来参与活动"(Beukelman & Mirenda,2005,p.8),AAC 干预将个别化最大化就必须是最关键的一部分。这个原则会引发一连串的议题,第一和最首要的是许多幼童的家长(以及一些临床人员)不愿实施 AAC 干预,因他们担心 AAC 干预会抑制口语表达的发展(Gress & Marvin,2003)。尽管一些具有公信力的研究证据显示恰好相反(第六章,亦可参考 Millar,Light & Schlosser,2006)。这样的迟疑持续限制了能受益于 AAC 的个案接触 AAC 的机会。此外,AAC 就像任何其他类的教育干预一样,也无法绝缘于"一个尺寸适用全部"的想法。一些实践工作者无视于个案缺乏社会—沟通互动,或是根本不需要 AAC,却仍抱持着上述"一个尺寸适用全部"的想法,以一种或多种 AAC 技术应用在每个个案身上。其他实践工作者则拥护某一种特别的教学技术,远超过所有其他技术,完全不管 ASD 者本身或其家庭的能力与喜好。另外,也有其他实务工作者依据他们的经验采用特定的 AAC 干预模式,而非考虑整个可选择的范围。例如,有些实践工作者宣称手势语是所有 ASD 者最佳的 AAC 技术,其想法主要依据理论主张而非实证的证据(Mirenda,2003b)。这种"一种尺寸适用全部"的固着想法不可避免地限制了 ASD 者可获得的沟通选择,而本章前节所描述,采用一般的 EBP 方法则可以避免这样的问题。

> **自闭症谱系障碍和辅助沟通的错误观念**

过去的研究已针对大部分的人对 ASD 所抱持的两个假设提出质疑:(1)动作障碍不是 ASD 的一部分,(2)大部分的自闭症谱系障碍个案都有智力障碍。Mirenda(2008)指出,上述的两个假设会直接影响对 ASD 者的 AAC 干预设计和目标。实务工作者很少提供为补偿动作计划或动作协调问题所发展的替代性方式或教学支持给 ASD 者。然而这些问题其实比我们之前所想的还更为普遍(例如 Dziuk et al.,2007;Hardan,Kilpatrick,Keshavan & Minshew,2003;Ming,Brimacombe & Wagner,2007;Minshew,Sung,Jones & Furman,2004)。因为假设大部分 ASD 者因认知能力的限制而无法获得较广泛的沟通功能,让很多实务工作者所设定的 AAC 目标通常是单独地聚焦在基本需求技能上。然而 Edelson(2006)和其他研究者(例如 Dawson,Soulières,Gernsbacher & Mottron,2007)已经以实证资料挑战智力障碍通常会伴随 ASD 的传统假设。此外,一些研究人员也已开始证明 ASD 者可以通过 AAC 的使用,成为更有能力的沟通者,而超越预期已存在的智力障碍(如 Light et al.,2005)。综合上述的说明,Mirenda(2008)强烈主张 AAC 的临床人员和研究人员需要"自问我们认为自己对 ASD 者的认识,以及如何支持这些未发展出口语的 ASD 者去使用 AAC 沟通"。AAC 社群是否会接受这个挑战,去重新思考对 ASD 的一般印象,并设计有创意的 AAC 干预,以突破传统的界限并激发潜能,仍有待观察。

结论

为 ASD 者做 AAC 干预的决定,是一项复杂且具挑战的费力工作。因为这个族群的异质性很广;决定适合的 AAC 技术不能也不应该空泛抽象、不具体,相对地它们应该依据特别的学习者、特别的情境,并为满足特别的需求而做(Beukelman & Mirenda,2005)。任何 AAC 干预的成败不会只是选择沟通符号或辅助器具那么简单的事情而已;教学变量也同样是非常重要的。事实上,当 AAC 干预无法产生主动性、功能性沟通时,这样的失败通常反映出教学方法与程序上的限制，而非 AAC 本质的问题。最后，以研究基础为模式的选择、良好的教学以及最佳配合（Bailey et al.，1990）的结合，并考虑环境、沟通伙伴和沟通需求，是扩大所有 ASD 者成功沟通的可能性所需要的。

第二章
评估的相关议题

Teresa Iacono、Teena Caithness　著

王道伟、曹真　译

针对自闭症谱系障碍（ASD）个案所进行的评估，在评估的功能与原则上，其实和其他发展障碍类别一样，即使是与 AAC 干预有关的评估亦是如此。然而，ASD 个案和其他发展障碍类别之间仍存在着差异性，尤其是他们所需特别面对的挑战，而这些挑战多与他们个别的优劣势和支持系统发挥的成效有关，并且这两项因素皆会与他们的沟通能力彼此交互影响着。

评估本身是一个综合的、动态的、持续性的历程，其基础是建立在一个沟通互动的转换模式上。若评估对象为儿童，评估时就需将家人和其他主要照顾者一同纳入考虑，并且要了解他们所关注的事情以及所偏好的家庭导向干预方案为何。因此，评估的面向将不再局限于借由个案能力的测试，来推测其在不同环境或社交情境下的沟通或沟通的相关能力，同时评估者也要去探索个案对于不同学习内容和方式的偏好，并试着了解他或她的想法。在本章中，这些原则也适用于 ASD 成人，尤其是那些从未得到明确诊断，或是那些因为心智能力较好而使上述信息未受到重视的人。针对这些 ASD 成人，其家庭导向的干预方案不但应该要和个人导向的干预方案相结合，同时也要考虑他们在小区和家中所需注意的 AAC 事项为何。

对于疑似有 ASD 的个案，目前已有许多文献提出了相关的诊断性评估（American Speech-Language-Hearing Association，2006；Lord & Risi，2000；Paul，2005），并说明了 ASD 个案和其他发展障碍者之间的特质差异。然而一旦确诊后，这些 ASD 个案还需要再接受进一步的评估，以便规划日后的干预方案。接下来本章将着重讨论评估的功能，因为通过评估，我们可了解 ASD 个案在目前的沟通能力和沟通需求间可能的落差，从而协助我们规划 AAC 干预方案。另外更重要的是，本章将会依据 AAC 和 ASD 这两个领域的文献提出相关的评估原则和策略，并针对 ASD 个案的学习特质做回顾，最后再提出适用于生命周期的评估模式。

评估模式

在本节中,将会介绍参与模式以及家庭和个案导向规划法(family-and person-centered planning approaches),因为这两种模式都常会被当作 AAC 评估的基础。

> ## 参与模式

AAC 评估可协助日后干预的规划,从中得知个案在各个时期的沟通需求。而参与模式因为强调的是国际功能、失能和健康分类(International Classification of Functioning, Disability and Health;World Health Organization,2001)所提出的领域项目,故可作为 AAC 评估的参考架构(Beukelman & Mirenda,2005)。该模式提供了可用以确认参与限制的评估流程,并使用同样的标准来检视个案能力和目前的活动参与情形,从而了解其障碍程度和活动限制。此外,借由参与模式,我们可以更广泛地搜集个案相关信息,以便了解其目前的沟通模式、参与模式和参与机会,并从中获取有用的信息,以确保日后的干预方案不但能借由 AAC 系统来满足个案当前的需求,同时也能为将来的沟通需求做好准备(Beukelman & Mirenda,2005;Mirenda,2001)。

> ## 家庭和个案导向规划法

早期疗育文献最强调的就是个案家人要参与评估和疗育过程。在家庭导向的相关文献中,儿童均被认为是家庭的一分子,而每个家庭又是小区的一部分(Crais & Calculator,1998;Dunst,Johnson,Trivette & Hamby,1991)。Beukelman 和 Mirenda 曾在 2005 年针对 AAC 评估议题进行争论,但并未取得共识。后来 Crais 和 Calculator 也进一步提出,照顾者必须要参与年幼个案的评估和干预,并在过程中与专业人员一同合作找出个案所面临的困难,一同确认评估目的、评估的规划和执行,以及决定干预目标和策略。再者,协助照顾者参与评估也将有助于家庭功能的强化(Dunst et al.,1991)。

关于文化差异对家庭在儿童成长中所扮演的角色,以及文化差异对障碍、专业人员与服务的使用上所产生的影响,目前的相关研究仍十分有限。不过 Lynch 和 Hanson 主张,认识小区内具有代表性的文化团体,以及跟文化中介者或文化向导合作,可帮助我们了解有哪些因素会影响照顾者参与评估和干预的程度,并找出有哪些方法和策略是可以被其文化所接受的。如此一来,专业人员和个案家庭间的合作机制就可被强化。

在参与模式中,评估对象和个案家庭都会被一起纳入考虑,因为那是取得完整信息的一种方法,并借此倡导个案和家人应保有对干预计划的决定权,从而建立所有参与者彼此间的信任感,使个案和家人成为团队中的一分子(Beukelman & Mirenda,2005)。然而对于没有和家人同住的 ASD 成人来说,他们的支持人员往往才是其主要的沟通伙伴,但不幸的是那些支持人员可能并不想参与这整个过程(Iacono,Forster,Bryce & Bloomberg,2004),或是缺乏相关的必要能力来协助个案与人沟通互动(Bloomberg,West & Iacono,2003)。不过在 Iacono 等人最近的研究中(Iacono et al.,2004;Forster & Iacono,2007),他们认为那些支持人员其实会随着受雇时间的增长,而在照护时慢慢地将自己视为 ASD 成人的沟通伙伴以及协助者。

另外,借由让 ASD 成人参与评估和干预流程的做法,也可将家庭导向干预的概念延伸至个案导向干预方案中,使个案能被视为社会中具有价值的一员。而对包含 ASD 在内的发展障碍和复杂沟通需求成人来说,其中最重要的就是要谨慎考虑如何适当地找出个案的需求和偏好,而非只重视照顾者和其他支持人员的需求和偏好。在个案导向的规划方式中,评估者会针对个案的这些需求采取相关的策略,而这些个案导向的规划方式从 30 年前就已经开始逐渐被发展起来(O'Brien & O'Brien,2002)。依据 O'Brien 和 O'Brien(2002)的研究指出,这些规划方式都具有下列特征:(1)以人为本,而非先考虑诊断类型;(2)用词浅显,避免专业术语;(3)积极找出个案在小区生活的能力和优势;(4)确保个案的声音能被听见,这部分可直接从个案身上得知,以及通过了解个案想法的第三者得知,从而评估个案当下的状况并确认其想要做的改变为何。

在发展 AAC 干预方案时,个案导向的规划与成人评估特别相关,因为此种规划法重视的是个案的想法,所以需要思考该如何借由个案喜欢的互动对象、情境和沟通方式(modalities)来提升其沟通能力,而其中的沟通方式也包含现有的沟通方式。此外,个案导向也与家庭导向相呼应,因为两者皆重视家人和协助者的想法以及他们所提供的支持(Sanderson,2000)。

确认个案的能力和学习者的特质

由于 ASD 个案在社交能力上的障碍,所以当我们要评估其能力时常会面临很大的挑战。另外,也因为 ASD 个案的特质与其他发展障碍类型的特质不同,所以描绘他们的技能(profiling of skills)是有其重要性的,毕竟个案的特质会影响学习风格和信息处理方式。Abbeduto 和 Boudreau(2004)的研究就曾指出,过去的经验和发展中的成就会影响学习者学习新信息的能力,以及不同方法的干预成效。所以,此时个案的能力评估结果将有助于我们了解其过去可能的学习经验。另外,因为每个个案之间的优劣势都有所不同(Mundy &

Sigman,1989;Wetherby,Prizant & Hutchinson,1998),而且有可能从幼年时期到成年时期产生改变(Howlin,Goode,Hutton & Rutter,2004),所以针对社交和沟通能力进行全面的评估实有其必要性。而在规划 AAC 的干预计划时,这类学习特质和能力的评估结果也将帮助我们拟定 AAC 系统和策略,借此促进个案能力的持续发展,并提升个案的社交互动。

> ## 独特的沟通能力

ASD 个案的特征是在共同注意力、象征能力以及社会情绪行为方面有明显的缺陷(e.g., Wetherby,Prizant & Schuler,2000)。而这些核心缺陷也会影响 ASD 个案从幼年早期至成年时期的沟通表现。

幼年前期

在他们的学龄前期,ASD 儿童的沟通行为往往十分受限,多与行为规范有关,而与社交互动的参与或共同注意力无关。Mundy、Sigman 和 Kasari 曾在 1990 年的研究中发现,自闭症儿童会在以下几个方面出现特殊缺陷:(1)对于物品与他人或是事件与他人之间的注意力转换,可使用初期的肢体动作来协调;(2)借由导引他人目光到物品或事件上,来分享感受;(3)追随他人目光或手指的方向;(4)通过凝视来转移他人注意力。这些缺陷使 ASD 儿童早期的各项语用能力发展出现快慢不一的现象,特别是那些用以表达要求的意图性沟通行为会变多,但评论性的则较少(Wetherby,Yonclas & Bryan,1989)。而此种模式被认为是反映了这类个案社交认知能力上的基本障碍(Mundy et al.,1990),包括能够意识到他人想法与自身想法是不同的心智能力。

ASD 幼童在象征能力方面同样也有迟缓的现象,这可从他们有限的象征性手势和象征性游戏中得以窥见(Wetherby et al.,2000),不过他们的建构能力却很好,两者呈现强烈对比(Rogers,Cook & Meryl,2005)。另外,象征性游戏和共同注意力一样,均被发现与语言表现有关(Mundy,Sigman,Ungerer & Sherman,1987)。而 Wetherby 等人认为,正因为 ASD 儿童在象征性沟通方面有障碍,所以他们学会去依赖与众不同的、非传统的或不适宜的行为,借此达到吸引注意、逃避某些情境,或反对例行活动出现非预期性的改变等沟通功能。

与 ASD 个案在共同注意力和象征性沟通上存在缺陷有关的,是他们在社交情绪表达上也有困难(Greenspan & Wieder,1997;Wetherby et al.,2000)。此处所谓的社交情绪表达,包含人和事物间的注视转换,引导注视目光并伴随正向情绪反应,以及负面情绪表达(Wetherby et al.,1998,p. 84)。此外,社交情绪表达是与沟通能力一起发展的,因为社交情绪表达会通过有意义的互动,影响儿童在社交情境下的参与,而这些有意义的互动包括了例行活动的分享,可在过程中使儿童了解这个世界(Carpenter & Tomasello,2000)。不过由于社交互动方面的障碍,ASD 儿童在语言理解上也会出现困难(Greenspan & Wieder,1997),且难以整合语言刺激和真实世界的知识,导致语言能力有缺陷,而这些缺陷又会再影响个案理解社交互动运作的规则和一些相关细项(Lord & Paul,1997)。

感觉统合的问题也会出现在学龄前以及学龄阶段的 ASD 个案身上。Baranek、Parham 和 Bodfish(2005)就曾指出,ASD 个案的感官问题会以不同方式呈现,包括过度不敏感、过度敏感以及过分专注于某些感官刺激上。此外,有些儿童也有动作上的缺陷,例如动作模仿困难(Baranek et al.,2005;Rogers et al.,2005)。不过 Rogers 等人在 2005 年回顾相关文献时却发现,虽然失用症曾被认为是造成模仿困难的原因之一,但过去的研究都还无法确切地找出导致此影响的主要机制为何。即使各项研究所采用的词汇不尽相同,但 Baranek 等人(2005)认为,ASD 儿童间的感觉和动作困难差异性可能源自这群孩子彼此的异质性较大。此外,有鉴于感觉和动作困难可能造成的学习经验不同,Baranek 等人也主张应当把这些学习经验的差异性纳入考虑中,这或许将有助于我们决定合适的干预策略,并找出个案所偏好的扩大性输入和输出方式。

幼年后期

Lord 和 Paul(1997)在他们的一项研究中发现,许多研究都曾指出 50% 的自闭症儿童会无法在五岁前发展出口语沟通能力,而那些具有功能性口语的 ASD 儿童却常常有立即性和延迟性的仿说行为,其中有部分仿说是有互动的语用功能,但部分则没有(Prizant & Duchan,1981)。这些仿说行为可能是由特定的沟通情境所引起(Rydell & Mirenda,1994),或者只是反应出 ASD 个案的语言技能不佳(Roberts,1989,1999)。另外,McEvoy、Loveland 和 Landry(1988)曾发现,ASD 儿童仿说频率的减少和口语表达能力的提升有关。而 Robert(1999)也曾发现,当立即性仿说(immediate echolalia)变多时,缓和式仿说(mitigated echolalia)占整体仿说的百分比也增加了,且这与个案语言理解能力的提升有关。

有功能性口语沟通能力的 ASD 儿童很少会在语言形式方面遭遇困难。例如在 Tager-Flushberg 等人(1990)的一项纵向研究中,他们把六位 ASD 幼童(年龄范围介于 3 岁 4 个月至 7 岁 7 个月)和语言能力相当的唐氏综合征幼童做比较,发现在 12 到 26 个月的期间内,两组幼童的文法和语汇能力发展模式是一样的。另外也有一些研究显示,ASD 幼童的语意、语法和句法其实和一般小孩的发展模式一致,只是他们有发展迟缓的现象(Tager-Flushberg,1997)。

在规划 AAC 干预时,假若个案有可能会发展出使用书写和文字系统的能力,则其阅读能力将是一项重要的评估项目(Paul,2005)。在 ASD 儿童的阅读能力相关研究中,探讨的重心多放在他们明显超读(hyperlexia)的特质上,也就是可以辨识文字但无法理解其意(Nation,Clarke,Wright & Williams,2006),而这种现象着实令人讶异,因为自闭症或智力障碍儿童其实在认知和语言上是有障碍的(Snowling & Frith,1986)。此外,Nation 等人(2006)

指出,虽然超读的特质也出现在 ASD 个案以外的其他儿童身上,但 ASD 个案占这类个案的绝大部分。不过,之前的许多研究都是采用单一个案研究(e.g., Atkin & Perlman Lorch, 2006),或是以小样本做比较(e.g., Snowling & Firth, 1986)。

研究显示,ASD 儿童和成人的阅读理解能力较差,与他们口语理解/表达能力不佳有关,且又和口语理解能力的关联性最强(Nation et al., 2006; Snowling & Firth, 1986)。这暗示着,表面上的文字阅读能力可能无法支持他们参与学科活动,也无法帮助他们在学科上取得进步,因为学科活动还有赖于对上下文的理解机制,如此才可通过阅读进行学习(Westby, 1999)。

Nation 等人(2006)曾提醒,对于 ASD 者超读特质的强调,反映出大家将阅读视为这群个案优势能力的假设,在部分研究中甚至被视为具有学者症候群的能力(见 Atkin & Perlman Lorch, 2006)。不过在 Nation 等人的研究中,共有 41 个 ASD 儿童,年龄范围介于 6 到 15 岁,彼此间的能力差异性很大,其中只有 9 个儿童不识字。而剩下的 32 个儿童中,部分个案具有超读特质,可念读许多文字,但对上下文却不甚理解;另一部分个案有的只在阅读非书面文字上有困难,有的是在阅读文字和非书面文字上均有困难。此外,虽然结果显示他们的各项阅读能力(例如文字和非书面文字的念读,以及段落阅读)间关联性强,但若与一般人的表现相比,则关联性相对较弱。此种异质性指出了阅读理解评估实有其必要,当中必须包括声韵觉识、文字和非书面文字的念读、文本理解,以及含有语意和句法能力的语言理解能力。

青少年与成人

就沟通与学习特质而言,幼童的相关研究有很多,但与青少年和成人有关的研究却相对有限(Howlin et al., 2004)。在少数的 ASD 儿童追踪研究中,所得到的结果差异性很大;很多成人个案甚至有高智商,但仍需依赖家人,且无法得到一般性(亦即在一般场域而非特殊场域)的工作(请见第十六章; Howlin, 2004; Howlin et al., 2004)。

与 ASD 成人有关的文献多着重在他们持续性的行为问题上,例如 Ballaban-Gil、Tuchman 和 Shinnar(1996)就曾指出,ASD 青年及青少年的问题行为发生率高,似乎与他们持续性的语言能力受限有关,或至少有某种程度上的相关。因此,虽然研究显示早期的沟通应对困难会随时间的流逝而得到改善(Lord & Risi, 2000),但是他们在语言能力上的持续性受限以及仪式化的行为却会不断带来显著的阻碍,尤其是当他们企图要取得独立和交朋友时(Howlin, 2004; Howlin et al., 2004)。此外,对于那些伴随智力障碍的个案来说,此种仪式化行为会连同严重的沟通障碍一起加重其问题行为(Sigafoos, Arthur & O'Reilly, 2003)。

> 学习风格

ASD 个案的核心缺陷与沟通能力之间的关系复杂,且同时会显著地受到个案独特的社交/认知学习风格影响。举例来说,Wehterby 等人(2000)就曾指出,ASD 幼童会借助尝试错误的方法来学习,而非通过观察法或其他与社交互动相关的方式进行学习。而这样的学习偏好,或许可以解释为何他们在建构性游戏上的表现会优于象征性游戏,为何早期的要求行为会多于评论行为,以及为何会有动作模仿困难(Rogers et al.,2005)。因此通过适当的评估策略,我们可以渐渐地了解这些学习风格,以便规划有效的沟通干预方案(Wetherby,Schuler & Prizant,1997),其中也包括需使用 AAC(Mirenda & Schuler,1988)。

AAC 干预方案或许特别适合 ASD 个案,因为此种干预方案所需处理的视觉信息不会像听觉信息般稍纵即逝(例如使用固定的图像版面或符号维持不变),所以 ASD 个案会觉得比较容易处理(Mirenda & Schuler,1988)。另外,Prizant(1983)认为 ASD 个案是用完形方式来处理信息的,也就是他们会将视觉和听觉接收到的信息视为一个不可分割的整体,而非一连串的信息单元。这种理论可协助研究人员和临床人员理解 ASD 个案的仿说行为,但了解了之后,我们还需要进一步探索仿说的各种形式。

沟通能力

＞　动态评量

在 ASD 儿童评估的文献中,动态评量是最常采用的模式。根据 Kublin、Wetherby、Crais和 Prizant(1998)所下的定义,动态评量是将儿童在协助下的表现与未受协助下的表现做比较,因此学习是发生在协助下的社交情境中,并假设儿童的学习也会发生在评估以外的情境(p. 287)。依此观点,儿童的最近发展区(Vygotsky,1934/1986,引自 Kublin et al.,1998)可帮助临床人员调整他们所需提供的协助程度,使儿童能够发挥学习潜能。

动态评量和 AAC 的干预特别相关,因为 AAC 的干预会去处理 ASD 儿童在认知和语言上的迟缓问题。然而不幸的是,在过去的文献中,很少有研究使用动态评量来建构 AAC 干预方案,而少数的其中一个例子就是 Nigam(2001)所建议的策略。在他的研究中,符号被包含在情境教学中,用以教导自闭症儿童学习符号组合。不幸的是,后来并没有其他的数据可以支持这种策略的成效。

虽然缺乏 AAC 的相关研究数据,但在参与模式中,用来评估个案技能和潜能的策略,以及用 AAC 系统和设备评估个案目前沟通需求的方式,其实皆与动态评量的理念一致。而Ligh、Roberts、Dimarco 和 Greiner 在 1998 年所做的个案研究就是说明这种相似性的例子,其研究对象是一名有自闭症的 6 岁男孩。该研究的目标是要提升男孩在各个日常情境中的功能性沟通,评估内容则包括:(1)确认个案的沟通需求,(2)评估他的能力,(3)从其协助者使用的策略中找出有用的部分,(4)规划干预方案。在过程中,研究者采用动态评量来评估扩大性输入(以文字化的信息形式)对他理解口语指令的协助程度为何,同时结合正式测验的结果,并观察个案在教室中的表现。

> **转换模式**

上节曾提及 Light 等人(1998)所做的一项个案研究,该研究凸显了在个案日常生活环境(家里和学校)中进行评估,以及思考互动的意义之必要性。其实这种方式也与转换模式(transactional model)不谋而合,因为该模式主张沟通是建构在儿童与沟通伙伴的互动上(McLean & Snyder-McLean,1978)。支持这个理论的研究有数篇,他们皆指出在每对母子中,不论孩子有障碍(e.g.,Akhtar,Dunham & Dunham,1991)或无障碍(McCathren,Warren & Yoder,1996),母子间的沟通都具有双向的特性,且彼此间的行为会相互影响。

在 Kublin 等人(1998)的一项研究中,他们将转换模式作为动态评量的延伸,主张应该在大人与小孩的互动情境中,去测试不同策略对沟通的协助程度,而互动的情境包含结构化和非结构化的,从而检视儿童起始沟通的能力、对信号的判读能力,以及对他人的回应。此外,沟通伙伴的个人风格和儿童对各种协助程度的动态评量反应,也可在过程中被观察到,而协助的方式有很多,例如示范、给予指导和举一反三。

> **生命周期模式**

近期针对 ASD 个案的评估文献均指出,评估应涵盖个案目前社交沟通能力的需求能力、确认学习目标和优先级,以及检视沟通伙伴和学习环境对个案的影响是有其必要性的,而这些文献的评估目的都是要为日后的干预做规划(American Speech-Language-Hearing Association,2006;Kublin et al.,1998;Paul,2005;Prizant,Wetherby & Rydell,2000)。如此全面的评估方式其实也和参与模式一致。

过去已有相关的文献介绍,要如何根据 ASD 儿童的发展阶段,运用策略来执行此等全面的社交沟通能力评估,但文献探讨的重心始终是放在 ASD 儿童身上,却明显忽略了 ASD 成人的沟通能力评估(e.g.,Paul,2005)。所幸的是,前面曾提及的评估原则不但适用于各种障碍类型,也同样适用于各生命周期。而在接下来的内容中,我们将会介绍生命周期模式的评估方式,同时将这些评估原则融入其中,并探讨适用于各人生阶段且目前现有的评估工具和策略有哪些,包括儿童前期、儿童后期、青少年以及成人时期。另外在表 2.1 中,我们也列出了生命周期模式的评估原则,并提供各个年龄层的 ASD 个案一些相关建议。以下我们将要依照各人生阶段,针对可应用在 AAC 评估中的工具和策略进行探讨。

表 2.1. 生命周期的评估模式

原　则	在生命周期的应用
沟通是在对个案有意义的互动情境下进行的。	要在各种情境和环境下做评估，并且将会和个案有常态性或半常态性(semiregular)互动的重要他人纳入其中。若是针对儿童个案，评估的情境要包含家中、学校，以及年幼儿童会接触到的场域，且照顾者(通常是家长)、老师、兄弟姊妹和同伴也要在场。但若是针对成人个案，则评估的情境要包含家中(有家人在身旁，或是在有人援助的小区住所中)、代管服务机构、小区(例如运动中心、当地的商店或购物中心)、工作场所或日间活动中心。
主要照顾者和支持者是评估过程中不可或缺的成员，而且要与其他评估人员一起合作。	针对儿童个案，评估团队的成员必须包括家长或其他主要照顾者以及老师。但若是针对成人个案，则评估的团队成员必须包括家长或其他家人、倡议者，以及在小区住所、工作场所、日间活动中心的主要协助者。这些成员要告知评估者他们与个案的关系、在各情境中所扮演的角色、他们个人的期望、面临的挑战、个人的顾虑、个人的目标以及个人的偏好。另外，对于 ASD 个案所使用的正式和非正式沟通(包含 AAC 沟通模式在内)，这些成员所拥有的相关知识、了解程度和所抱持的态度，也是评估过程中必须调查的项目。
通过评估，ASD 个案得到了可以表达自己喜好的机会。	针对儿童个案，评估者要搜集其学习特质和兴趣方面的信息，以协助拟定目标和教学策略。但若是针对成人个案，评估者就要使用一些策略来了解个案的偏好、学习风格、喜欢的活动、理想和动机。这些信息的搜集会在一般情境和新情境中进行，所以评估者可以从中得知个案对于已知和陌生事物的反应。而且在过程中，评估者会提供并协助个案使用各种 AAC 沟通模式，让个案可以借此表达他们在不同环境和社交互动情境中的偏好，并让评估者了解各种 AAC 沟通模式与他们学习风格的符合程度。
评估的重点是要找出个案在沟通和沟通相关领域的优势能力。	针对儿童个案，评估的结果必须要提供以下信息，包含个案在哪些沟通功能上有优势和出现迟缓、沟通方式(手势和声音)、相互关系、社交情绪表达、口语和非口语的象征性行为、语言理解和表达能力，以及对话时的语用能力。同样地，成人个案的评估也必须要提供以下信息，包括手势和口语沟通方面的优势能力、相互关系、社交情绪表达以及沟通意图性。另外，不论是针对儿童或成人个案，评估者都可以使用各种工具来搜集资料，包含那些访谈报告、不同结构化程度的沟通采样程序、需要很多沟通伙伴参与的评估工具、正式测验，以及生态或环境调查表。在这些互动过程中，评估者会观察个案在各种互动情境下所使用的沟通模式为何，当然也包括 AAC 在内。
评估是一个动态的历程。	不论是针对儿童或成人个案，评估时都会测试各种策略对其学习的鹰架作用，以便协助拟定日后的干预计划。而且这类的测试会一直持续，因为评估与干预、假设形成与验证是一个不断循环的历程。评估者所提供的鹰架会包含各种辅助性与非辅助性的 AAC 系统。
评估时应针对促进和限制表现、学习这两个方面来搜集相关资料。	不论是针对儿童或成人个案，访谈和观察的内容都要涵盖可能降低个案学习能力的因素，包括健康状况、视力、听力、用药情形、饮食限制或饮食喜好、是否容易疲劳，以及对环境中各种刺激的敏感程度。此外，这些信息也将有助于决定需要采样的环境和时间点。

续表

原　则	在生命周期的应用
评估时所得到的信息要与团队成员分享。分享的方式必须是有意义的，而且能让每个成员一起合作、参与其中，以便共同拟定目标和干预计划。	评估团队的每个成员都能看到评估报告，而且不仅报告的用词要浅显，避免使用术语，内容还必须要符合各个团队成员的文化。另外，报告中所涵盖的信息要包括各项能力的描述、有障碍的领域、学习风格和喜好，以及可以提升沟通和社交互动的策略。根据这些报告内容，评估团队会找出在干预过程中负责扮演主要角色的成员，以及他们在发挥影响力时所需要的支持或协助为何。而针对策略执行面上所需顾虑的因素，包括AAC 的使用以及每位团队成员需要的支持与资源，评估报告可作为探讨时的参考依据。此外，评估报告可能会以传统的方式呈现，以利专业人员阅读；而且假若个案为儿童时，也能满足教育方面的用途需求。不过，评估者还是可以使用其他的形式或信息加以补充，例如影像片段或是"一本关于我的书"，书内可以呈现相关的评估信息，但会采用较吸引人、较讨喜的编排方式，以便让那些与 ASD 个案不熟的人也能快速了解这部分信息。

幼童

Kublin 等人（1998）所简介的评估原则为"社交沟通—情绪管理—人际网络支持"（SCERTS®）模式的基础，该模式是针对学龄前 ASD 儿童以及相关社交沟通障碍儿童所发展出来的一种全面性教育方法（见第七章；Prizant et al.，2000，2005），其目的在于提升社交沟通、情绪管理以及提供儿童和家人在互动上的协助。Prizant 等人（2004，2005）表示，SCERTS® 的主要概念为通过语用的干预来处理 ASD 核心问题，而语用的干预是要强化个案在自然和半结构互动情境中的前口语期（preverbal）和口语沟通能力。因为干预方案融合了多渠道的 AAC 系统，所以能使儿童发挥他们在视觉-空间处理上的优势。

在 SCERTS® 以及 Kublin 等人（1998）所提出的一般性评估模式中，沟通及象征性行为发展量表（Communication and Symbolic Behavior Scales ™，CSBS™；Wetherby & Prizant，2002a）可被用来评估儿童的沟通表现和相关能力。该量表是根据早期的研究修改而成（e.g.，Wetherby et al.，1989），而这些早期的研究都是依据大人和小孩的自然互动方式来设计结构化活动，借此制造沟通行为的采样机会（Wetherby & Prizant，1992）。整套的 CSBS 工具包括可以刺激儿童与照顾者进行例行活动的材料，例如建构和象征游戏，以及可以方便采样沟通表现的活动材料（Wetherby & Prizant，2002a）。如此一来，从非结构化到结构化的活动均可被用来采样沟通行为，这些沟通行为将会经由一套标准化的程序被分析，以便针对个案的沟通功能、沟通方式（手势和声音）、相互关系、社交情绪表达以及口语和非口语象征行为进行评估。而 Wetherby 和 Prizant（1992）的研究结果显示，包括 ASD 在内的各种障碍类型儿童全都具有其各自独特的评估结果，可用以协助诊断和规划相关的干预方案。通过半结构化的采样活动，CSBS 可以测试图文符号等视觉支持对于个案符号发展的鹰架作用。举例来说，当儿童拿着一个发条玩具，正因无法启动玩具而感到挫折时，大人就可以给予"帮忙"的图文符号或比"帮忙"的手势,然后只要儿童将图文符号递给大人,或是比出相关手势、做出相关动作,大人就会转动玩具。另外,此种 AAC 策略也可和其他策略结合,例如凝视(大人在孩子和孩子所感兴趣的玩具间转换,使孩子的目光与物品相交,然后当过程中只要孩子的眼神与大人的眼神接触到,大人就立即给予响应以增强互动性)(Warren,1995)。

结构化的评估方式可同时采用他人提供的信息内容来做补充,数据源可包含深度的访谈和检核表等。通过深度访谈,照顾者可以借此厘清自己的顾虑,并描述家中的情形,使临床人员能够了解照顾者对各种 AAC 沟通模式的态度为何(e.g.,Goldbart & Marshall,2004),并探索文化所带来的影响(e.g.,Shannon & Soto,2004)。另外,照顾者填写的检核表也可为直接观察到的表现提供补充信息,例如沟通及象征性行为发展量表婴幼儿检核表(CSBS DP™)(Wetherby & Prizant,2002b)即为其中一例,会针对语言发展的预测因子进行相关信息的搜集,包括情绪、凝视的使用、肢体动作、声音、口语词汇、语词理解以及物品的使用。此外,MacArthur-Bates 沟通发展量表(Communicative Development Inventories,CDI;Fenson et al.,2006)也是一种请个案家长填写的检核表,可提供肢体动作、单字、字词组合方面的信息,而且即使是发展迟缓(Rescorla,1993)、唐氏综合征(Miller,Sedey & Miolo,1995)和自闭症谱系障碍(Charman,Drew,Baird & Baird 2003)的儿童也能适用。

儿童后期

对于年龄较大却还没有发展出功能性口语的儿童,结构化的观察仍可作为搜集非口语沟通信息的方法之一,但是像 CSBS™ 套装玩具等评估用具,仍需改用较符合个案年龄的素材(例如没有电池的手电筒)。至于那些已经有口语的儿童,具代表性的语言样本将可提供自发性表达能力、语言理解能力,以及仿说的功能和比例方面的信息。以 Roberts 的研究(1999)为例,他连续三年每年都为 23 名 ASD 幼童搜集语言样本,之后再根据这些样本分析鹦鹉式仿说(echolalia)和缓和式仿说(mitigated echolalia)所占的比例,并将此结果与标准化测验所得的语言理解和表达能力结果做比较,Roberts 发现鹦鹉式仿说会随着年龄增长而慢慢减少,但缓和式仿说却渐增,且语言理解也同时慢慢提升了。若要使用动态评量将此评估方式做进一步延伸,则可再加入扩大性输入,从而测试是否会因此减少儿童的鹦鹉式仿说,并提升其口语表达能力或增加缓和式仿说行为。

如同 Roberts 的研究(1999)一样,正式测验可作为语言理解的评估方法之一,同时也可用来评估阅读和阅读相关能力。例如 Iacono 与 Cupples(2001,2004)就曾建立相关的标准评估程序,其测验内容包含声韵觉识、文字辨识、解字(word attack)和阅读理解,可适用于有复杂沟通需求等的障碍儿童和成人。

评估时不论儿童有无口语沟通能力,都需要进行口语和其他行为的功能性分析,因为即使是鹦鹉式仿说也有具互动功能和不具互动功能之分(Prizant & Duchan,1981),所以针对鹦鹉式仿说做功能性分析是有必要的。此外,通过沟通采样流程所搜集来的数据,也可使用如 Prizant 和 Duchan 所提出的那种功能性协议。而诸如仪式化行为以及攻击、自伤等问题行为的功能性分析也很重要,因为那可以协助我们拟定包含功能性沟通训练在内的干预计划(Mirenda,1997)。另外,以访谈、检核表、系统性观察和假设检定这些间接评估方式所取得的数据,也可作为功能性行为分析的基础(请见 Sigafoos et al.,2003),因为厘清问题行为的功能性将有助于拟定 AAC 干预计划,以及通过传统且大家所能辨识的方式取代原有的问题行为(例如使用图像符号来表达想结束活动的想法,请见第十二章)。

青少年与成人

过去的评估文献甚少提及 ASD 成人的相关研究,此现象似乎反映出(1)这群个案很少有机会能得到沟通干预服务,或是(2)在研究文献中,这群有复杂沟通需求的 ASD 成人并未被明确标示出。过去关于 ASD 成人的沟通能力,曾被归类在一般智力障碍者中作探讨(e. g.,Iacono et al.,2005),也曾在 AAC 干预文献中被探讨(e.g., Hamilton & Snell,1993;Romski & Sevcil,1996)。

目前已有一些针对智力障碍者所设计的评估工具,或更广义来说,是针对那些使用 AAC 或可能从 AAC 中获益的人所设计的。这些评估工具或许对同时伴随 ASD 的个案也有帮助,例如沟通能力检核表(Triple C:Checklist of Communicative Competency;Bloomberg & West,1999)就是一个例子。该检核表要由个案的支持人员填写,希望借此让这些支持人员对他们成人案主的潜在沟通行为变得更加敏锐,即使案主并无语言能力(亦即个案的沟通能力可能还介于缺乏意图性到能使用早期的符号;请见 Iacono,2005),因此我们可将沟通能力检核表作为共同规划多渠道沟通协助时的基础(请见第十六章)。

另一个可能用来评估 ASD 青少年和成人沟通能力的工具是社交网络调查表(Social Network Inventory),虽然这个工具原本设定的目标族群是有复杂沟通需求者,但适用的对象更为广泛(Blackstone & Hunt Berg,2003)。社交网络调查表提供了系统性的策略,可协助搜集个案与五个沟通伙伴圈互动时的相关信息,五个沟通伙伴圈所代表的沟通对象各有不同,从亲密的家人到小区内常遇到的人皆囊括在内。过程中,评估人员会尽可能地直接访谈有复杂沟通需求的个案,而家长/倡议者或重要协助者等也会被纳入为访谈对象。另外,信息的搜集内容会包含在与每个沟通伙伴圈的人进行沟通时,个案所使用到的沟通模式、沟通效度(亦即能达到预期的效果)、沟通效率(以沟通伙伴所认定的为准)、协助个案沟通的重要协助者,以及他们所使用的协助策略。

目前关于社交网络调查表的相关研究数量仍十分有限。不过 Iacono 等人(2004)在其最近的一项研究中指出,对于 3 位有发展障碍的成人而言,社交网络调查表可协助评估人员了解他们的沟通能力,调查个案偏好的沟通模式和学习特性,而其中 2 位研究对象是 ASD 成人。另外,Iacono 等人也意外发现社交网络调查表所提供的结构化访谈方式,可让提供信息的家长和重要支持人员有表达的机会,从而了解他们的顾虑、态度和各自所扮演的协助角色。

其他适用于智力障碍青少年和成人的工具,有日常沟通语用能力评估—成人版(Pragmatics Profile of Everyday Communication Skills-Adults;Dewart and Summers,n.d.)以及语言前期沟通表(Pre-Verbal Communication Schedule;Kiernan & Reid,1987),不过后者因为所采用的术语的关系,仅适用于学生。另外,对于这两个评估工具在 ASD 个案上的适用性,以及是否能有效地协助评估 ASD 个案的能力特质,目前还没有相关的研究文献做过探讨。

在 CSBS 儿童版中所使用的沟通取样流程,也被发现有助于评估智力障碍成人的沟通能力。例如 McLean、Brady、McLean 以及 Begrens 等人(1999)就曾使用一系列结构化的交互式例行活动来为重度智力障碍成人进行评估。每个活动都会包含一件个案无法预期到的事,像是给个案一个装有食物的密封罐子等。借由这些取样策略,研究人员可以判断参与者的沟通意图性,并观察他们使用非符号性和符号性沟通行为所达到的沟通功能。此种直接的评估方式,不仅能补充个案重要他人所提供的信息,同时也能提供测试各种 AAC 沟通模式和策略的机会,就像之前提到对儿童的功用一样。

由于 ASD 青少年与成人的问题行为发生率高,所以在为这群个案做 AAC 评估时,仍有需要将功能性行为分析一同纳入(Howlin,1997),毕竟行为问题常是他们要寻求协助与服务的原因。不过此种功能性评估必须与动态评量和转换模式评估结合,并选择在青少年和成人个案的日常情境或常接触到的环境中进行评估。

临床实例:STEVE

在本节中,将以一位 40 岁,名叫 Steve 的 ASD 成年男性个案当作临床例证,说明生命周期模式评估原则的施行方式。Steve 与其他 4 个成人一同住在小区内的支持住宿之家(supported accomodation)中,他在 4 岁时被诊断出有自闭症,并在 5 岁时进一步被诊断出有中度智力障碍和癫痫。直到 12 年前,他才没有与父母同住。从小 Steve 就有行为问题,也因此一般的当地学校都拒绝收他入学。后来他进入了一间专收智力障碍儿童的学校,而该校转介他的原因是想替他做沟通评估,因为他的问题行为一直持续地出现,包括攻击、破坏物品等,但最令人担忧的还是他的自伤行为,例如用头撞地板、墙壁或任何坚硬的物品,而且最近 Steve 甚至会用手指按压眼睛,或右手握拳打自己的头。

执行沟通评估的团队成员包含语言治疗师、Steve 的母亲、家中的两位支持人员以及一位日间服务所的支持人员。虽然 Steve 的母亲可以提供个案相关的发展史和过去经验,但她有一些健康上的问题,因此在动态评量和干预过程中所能扮演的角色有限。而 Steve 的父亲则因为有重度的失智症,所以也没办法参与。不过幸好 Steve 的支持人员,尤其是家中的支持人员,很积极地参与,以维持 Steve 在日间服务所的状况,并减少他的自伤和攻击行为,因为过去他的攻击行为曾使工作人员受伤。

评估过程中,个案以前的相关记录也会被纳入考虑,包括学校报告、用社交网络调查表和 Steve 的母亲与支持人员所做的深度访谈、沟通能力检核表、由支持人员所执行的动态评量、语言治疗师所做的结构化观察,以及使用问卷式检核表和观察法来进行功能性行为评估,借此测试评估者自己的假设是否属实。

> ## 过去的学习经验

根据 Steve 的学校报告和其母亲所提供的相关资料,Steve 在入学的前几年曾发展出一些词组,例如"走开""现在不要",以及用一些语词来指称所偏好或令其兴奋的活动,包含"泡泡""水"等。在听喜欢的童谣时,Steve 也会发声跟着哼,若给予一些时间,他还能说出句中所缺少的短句。另外,据说 Steve 对发光的物品、流动的水以及音乐非常着迷,尤其是童谣。例如当他的老师或助理老师在唱"一闪一闪亮晶晶,满天都是小——",然后马上停顿等待时,Steve 就会接着说"星星"。不过,他却无法参与社交情绪方面的沟通,反而会转向大人寻求帮忙以达成目的,譬如递给大人一个自己需要帮忙的物品然后等待着,或是拉着大人的手到门边要求出去。虽然过去学校已尝试使用了多种 AAC 系统,包括辅助性的和非辅助性的,但后来对于 AAC 系统是如何被使用,或 AAC 系统到底能协助 Steve 的理解和表达沟通到何种程度,这方面的信息却无从得知。学校的工作人员表示,虽然 Steve 知道教室中的例行活动,但是他常会坚持继续参与他所喜爱的活动,且在被告知"不可以"或是被带去进行其他不熟悉的活动时,Steve 都会显得非常心不在焉。

在学校就读期间,Steve 的问题行为变得日益严重。大约在青春期的时候,Steve 被转介给一位儿童精神医师,也就是从那时起,他开始服用药物,针对焦虑和忧郁问题做处理。而在进行沟通评估时,Steve 也在服用治疗癫痫的药,且已经有很多年都没发生过癫痫了。他的妈妈指出,因为已经有很多年都没针对这些用药进行重新检视,所以她很担心这些药物会导致焦虑明显增加,并进一步促使 Steve 做出自伤或攻击行为。

> ## 现阶段的评估

沟通能力检核表是由 Steve 的三位支持人员(来自家中和日间服务所)填写完成的,然后语言治疗师才和他们一起讨论评估的结果。检核表的信息显示,Steve 具有意图性沟通,是位想要传递信息的沟通者,因为他会使用一些策略,例如手势、声音、脸部表情以及问题行为来传递信息,试图和他人沟通。而这样的沟通能力,也和语言治疗师所观察到的情形一致。语言治疗师的观察样本包括一次例行性的用餐期间,以及在结构化沟通中所采样到的沟通表现。另外,社交网络调查表的评估结果也显示,Steve 倾向在家中使用手势与家人沟通,但却很少使用手势与小区的人互动。事实上,Steve 的支持人员和母亲均认为,他似乎偏好不要外出到小区中,因为那是他最有可能出现攻击和自伤行为的场所,但只有当地的一家面包店例外,因为 Steve 常去那边,且常由同一个人为他服务,所以他对那家面包店相当熟悉。

根据功能性行为检核表的评估结果,我们提出了一个假设,那就是当 Steve 遇到一件不在他预料中的事时,他通常会变得非常有攻击性。另外,当 Steve 身处陌生的环境,与陌生的人在一起,或是被制止继续参与他所喜爱的例行活动时,他似乎也比较容易出现自伤行为。不过有的时候,他的行为似乎也不完全与环境因素或沟通挫折有关。

> 假设检定与 AAC 的鹰架作用

因干旱导致的限水,正好提供了一个测试先前关于攻击和自伤行为假设的机会,因为 Steve 以前每天都会在花园浇水,但城市的限水管制措施却迫使他的浇水次数必须减少到一个礼拜两次。后来每当他被工作人员制止去花园浇水时,他就会出现自伤和攻击行为。最近,支持人员还给了 Steve 一些消磨时间的机会,让他手洗一些小衣物,并协助他清理烤肉架。在回顾攻击事件记录时,评估团队提出了一个假设,认为他们在协助个案完成活动时所提供的肢体提示会引发个案的攻击行为,因为支持人员每次都是从背后接近个案,而且在过程中没有给予任何口头上的解释。所以评估团队随后改变了之前的策略,决定从个案的正面接近他,并向个案解释他们接下来要做的是什么,解释时也会搭配物品和手势来告知所要进行的活动为何(例如给 Steve 看一个小桶,里面装了几件需要洗涤的衣物,并用手指着洗衣间)。

此外,支持团队的员工还将家庭医师所开的药方重新整理,结果他们改变了个案的用药,后来支持人员发现 Steve 似乎因此变得比较安静,而每日的行为记录表亦显示个案的问题行为已大大地减少了。因为在 3 个月内,Steve 只出现过一次问题行为。

在语言治疗师的协助下,支持团队的员工也搜集了相关的 AAC 使用信息,想增进 Steve 的理解能力以及社交沟通。当他们观察个案对例行活动中的物品反应时,发现个案能将某些活动与特定的物品做联结(例如大硬毛刷与清洗烤肉架之间的关系),所以在考虑 Steve 的日常生活环境后,他们决定持续使用物品搭配口语信息,来提示个案有某个例行活动要改变了。另外,他们也做了一个试验,就是给 Steve 看饮料的选项,包括冷饮和热饮,想知道他是否会借由碰触饮料容器来表达他的喜好,因为他母亲表示他在家里是可以做到的。

> 建立共识

评估团队的所有成员都要参与两个会议。在会议中,他们会根据所搜集到的信息,拟出干预的目标以及需要做进一步评估的项目,最后他们达成共识,制定了三个目标,分别为:(1)建构一个个别化的沟通字典(其内记录了 Steve 所使用的沟通模式、手势以及他们所代表的意义),借此让所有的人员都能看到这些相同信息,以便对个案有一致性的响应方式。(2)将实际物品与活动做配对,并借由持续地使用相同的实际物品,提升 Steve 对例行活动改变的察觉能力,以及对新经验的预期能力。(3)和 Steve 互动时,可以使用关键词手语和自然手势来提供一致性的视觉提示,并和口语以及实际物品同时呈现。除此之外,评估人员还设立了另一个目标,就是当他们一观察到个案使用新的手势、手语或声音来沟通时,他们就会将相关信息增加到个别化的沟通字典里,并记录下这些新行为是否改变了个案的沟通互动,以及改变的方式。在过程中,评估人员都很积极地参与,而且认为六个月后,当他们再次审查 Steve 的服务计划时,这些目标可能都已经达成了。

> 记录评估结果

语言治疗师将评估结果做成 2 页的摘要记录。然后根据支持人员所提供的信息,凡是发现能增进 Steve 沟通互动的策略都会被记录在个别化的沟通字典里,并尽可能地使用图示法来说明那些 AAC 策略。最后报告的组织方式,是依据个案目前的沟通能力、沟通模式、个案偏好的沟通伙伴,以及个案目前在家中、日间服务所和小区内可得到的机会进行编排。另外,报告内同样也会列出进一步的策略,部分是用来协助推断个案的沟通伙伴是否可以再增加(例如到新的小区场所),部分则是通过实际物品和关键词手势语(例如改变、不同、可以、放松冷静、没有关系、做得好)来帮助个案面对新场所和新人物,而且相关的对话范例和脚本皆会提供给个案的支持人员,其内容会包含一些关键性的手势语以及相关说明。

研究的应用

针对 ASD 个案的生命周期模式评估方式,是源自过去的 AAC 和 ASD 相关文献。这些文献都是奠基于目前最佳的施行方式,而这些施行方式分别有不同程度的实证做支持。不过此模式是否能满足不同年龄层的 ASD 个案的需求,还有待进一步的调查。目前的研究指出,如何将 AAC 沟通模式和策略适当地融入动态评量,也是未来实证研究需要探讨的方向。

至于其他尚待调查的议题,还包括了照顾者和其他支持人员对他们在评估团队中的角色所抱持的想法,以及专业人员一起合作和建立共识时可以采取哪些符合文化的策略。目前现有的文献已开始使用质性研究程序来深入调查个案家人和支持人员的想法(e.g.,Goldbart & Marshall,2004;Shannon & Soto,2004)。这些方法或许可以适当地将研究领域从以家庭和个案为主扩大到评估层面。

目前我们还需要进一步地发展和测试这些评估规则,以便针对个案的学习特质和偏好系统地搜集信息,尤其是跟 AAC 有关的学习风格和喜好。这些评估方法最好要结合观察法和访谈,而观察的情境必须包含个案所熟悉的和不熟悉的,甚至两个情境还要再各自细分成结构化和非结构化的。这些评估规则可能是使用现有的评估工具,例如沟通能力检核表和社交网络调查表,来评估 ASD 个案的能力和学习特质。此外,目前我们还需要发展出一些适用于 ASD 青少年和成人的评估工具,以便像儿童版的 CSBS 那样能够评估出个案的能力和学习特质。如此一来,ASD 个案就可以和那些没有被诊断出 ASD 的智力障碍者区分开来。而这些工具对于干预计划拟定的影响,特别是关于 AAC 系统的发展以及 AAC 系统在不同情境中对个案社交沟通的协助程度,将是未来研究所要探讨的下一个步骤。

结论

统合各项关于 ASD、AAC 和智力障碍的评估原则、策略与工具,将可提供给 ASD 个案的评估以及 AAC 干预计划一些参考方向,而这些统整数据已在生命周期模式的评估部分做过清楚的说明。虽然该模式企图通过符合个案当下需求、未来需求、想要以及偏好的 AAC 系统,来提升 ASD 个案的社交沟通和满足其复杂沟通需求,但在过去的文献中,这些需求在各研究内所获得的满足程度却不太一致,显示生命周期模式的实证基础还有待未来的研究做进一步测试,并检视其在临床上和教育方面的实用性。

第二部分

交流方式

第三章

自闭症谱系障碍者的符号前期沟通

Charity M. Rowland 著

徐静、杨炽康、陈毓豪 译

因为自闭症谱系障(ASD)者大多缺乏有意义的口语,在讨论到他们的沟通问题时,符号前期的行为就显得非常重要。据估计,有 1/3~1/2 的 ASD 者无法将口语作为其主要的沟通模式(Bryson,1996;Lord & Paul,1997;Luyster et al.,2005;National Research Council,2001;Prizant,1996)。此外,大约有 20%~30%的 ASD 者,他们最初的言语习得是符合正常儿童言语发展的历程,而在 1 岁到 3 岁之间丧失了言语能力(不管是永久性还是暂时性的)(Prizant,1996)。

当然,缺乏言语并不意味着缺乏符号沟通技能;然而,我们没有足够确切的数据来证明使用辅助沟通的 ASD 需涉及符号。① 本章将描述 ASD 符号前期沟通行为的发展,以及回顾目前可搜集到这些符号前期沟通者的干预策略和模式。

但是,我们也没有使用符号相关 AAC 的 ASD 的具体个数的数据。

符号前期沟通和语言发展

在 1970 年代,Elizabeth Bates 和同事共同发表了一份纵向研究报告,其中提出了符号前期沟通对于语言发展的重要性(Bates,Bentgni,Bretherton,Camaioni & Bolterra,1979;Bates,Camaioni & Bolterra,1975)。他们整理出正常发展儿童的有意沟通发展进程起初是通过手势和发声,之后是通过早期的言语实现的。这个开创性的研究(后来 Camaioni、Aureli、Bellagamba 和 Fogel 等人在 2003 又做了详细的阐述)阐述了手势和口语模式的平行发展:手势和口语模式沟通的历程的去情境化会逐渐地增加;从直证性(只能在情境中明白其含义)转变到表征性(可以不依赖情境而明白其含义)。

---

① 符号前期、前语言、无语言和无口语这些专业术语在发展障碍和 AAC 文献中有时候用法不一致。在本章中,我使用符号前期来描述不涉及任何一种符号系统的沟通——不论它涉及口语还是 AAC,如布列斯符号或者触觉符号(平面或立体)。然而,当我在报告其他作者的研究或干预方案时,我将使用作者本身所使用的专业术语来描述其研究。

> ## 手势 VS 符号

理解符号前期沟通行为和符号之间的本质差别是非常重要的。非口语和手势通常是相当有效的沟通方式,能广泛地被理解(至少在特定的文化背景下);而且是有弹性的——人可以指任何东西、抱任何事物及拉任何人的手臂。因为这些非口语和手势可以被参照到任何事物上,所以非口语和手势自己本身并不代表任何特殊的东西;事实上,它们的强大之处就是没有特定的含义。

然而,它们的限制——一个很严重的局限性——在于它们只能参照到真实存在的物体(如,可以指到、看到或摸到的物体)。

因此,符号前期的沟通限制了沟通者只能在"此时此地"。而相反地,大部分的符号有其直接对应的专门参照物。因为一个符号只能参照到一个东西和仅有这个东西,其符号含义都是非常清楚的,不管它参照的是实体或有一定时空距离的物体(Rowland & Schweigert,2000a,2000b)。有许多研究表明,适时的、按一定顺序发展的早期手势技能,是个案最终语言习得的预测(McCathren,Warren & Yoder,1996;Morford & Goldin-Meadow,1992),对于各种言语障碍者来说,能使用并理解一些手势也是恰当的语言干预目标(Capone & McGregor,2004)。

> ## 为什么会产生困扰?

有人也许会质疑教导没有口语能力的人使用符号前期沟通行为是否明智,因为符号具有如此强大的力量(特别是当学习者是一个年龄较大的儿童或者成人时)。有两个好的理由可以响应这个质疑。首先,当一个人无法使用任何符号系统进行沟通的时候,他们需要能立刻进行沟通。如果在此时,符号沟通不是可行的方案,我们就要集中使用符号前期的沟通方式。其次,与正常发展儿童一样,符号前期沟通为身心障碍者奠定了符号沟通的基础。关于沟通干预的研究指出,重度及多重障碍者如果没有符号前期沟通能力,就很少成功地习得任何种类符号沟通的能力。例如,Rowland 和 Schweigert(2000a)对 41 名处于符号前期沟通阶段的发展性障碍儿童(其中 9 名是 ASD)进行了一项为期 3 年的干预性研究,其目的是检视使用触觉符号系统(平面的和立体符号)作为符号沟通的方式。所有学生都从有意识的符号前期沟通开始学习,不管是传统的还是非传统的方式,然后学习使用一些触觉符号的形式;其中有 10 名学生随后学习一些较抽象的符号。在这些学生中,有 16 名最初并没有沟通意图的学生,他们就从符号前期沟通行为开始学习。通过这样的教学后,有 10 名学生尽管没有学会抽象符号,但学会了使用某种形式的触觉符号。这个研究显示,一旦个案学了使用符号前期沟通,教导他们使用某种形式的符号系统来进行沟通是相当容易的(假设符号系统对他们而言是合理的)。

> 符号前期沟通的发展基础

符号前期沟通需要许多言语表达能力所需的同样的技能,但对认知和肢体动作的要求比起言语的要求较低。一般的沟通能力在最初时,是通过符号前期沟通来实现的,它是建立在一定的基本社会和认知能力发展的里程碑上的(Rowland & Schweigert,2003a),但对于ASD 来说,基本社会和认知能力却往往是其最有可能出现的缺陷。

社交基础

当婴儿发展社交能力时,他们必须理解他们是以某种方式独立于世界上的其他事物的。然后,他们必须学会区分他们在环境中遇到的人和实物,而且,最后必须领会人(而不是实物)可以发挥社交中介作用这个事实。社交关系的建立、社交定位和社交方法构成社交技能发展的一个根基;然而,ASD 在这些方面有明显的缺陷(Dawson et al.,2004;Landa, Holman & Garrett-Mayer,2007;Siegel,1996;Wetherby & Prizant,2000)。

喜欢注意人的人比起喜欢注意物的人,更容易被教会沟通技能。尽管如此,缺乏社会交往能力并不意味着这个人没有学会沟通的可能。Rowland 和 Schweigert(2004)提供明确的教学给对围绕其周边的人明显没有任何兴趣的个案,借由让他们获得想要的非社交物品,并依据个案的行为引导个案转向可以控制物品的人,来教导符号前期沟通技能。例如,他们描述了一个小男孩使用这种方法的经验,首先,小男孩学会容忍在他玩最喜欢的玩具时,有人在他旁边出现;然后学会容忍在想玩玩具之前,先和他人互动;最后则学会去触摸他人,才能请求取得想要的玩具。

认知基础

与符号前期沟通能力有关的最重要几种认知技能是社交应变意识(social contingency awareness)、沟通意图和记忆(Rowland & Schweigert,2003a)。ASD 在记忆能力方面存在的问题不太大。从一个符号前期的视角来看,这一点很好;因为一旦一些手势进入长期记忆,就可以沿用很长的时间,可以在不同情境中反复使用。然而,社交应变意识和沟通意图却是问题所在。社交应变意识包括了理解事物之间可预见的关系(例如,按下灯的开关,灯会亮)。社交应变意识或是人际之间的因果关系是沟通意图的基础。ASD 者可能难以注意和理解社交应变意识(Siegel,1996)。沟通意图指有目的的沟通行为或行动过程,有别于因有人将其(错误)解释为有意为之而看起来像是用来沟通的行为或行动过程。沟通意图包含和他人的双向互动意图(例如,同时将注意导向沟通伙伴与沟通主题或参照物)。缺乏双向交互或共同注意力是 ASD 者非常显著的特征(这将在后面的章节中详细介绍)。但 Kasari、Freeman 及 Paparella(2006)的研究仍然表明,通过学习特殊的符号前期沟通行为有可能建立共同注意力。

ASD 的符号前期沟通技能

　　许多学者都曾经检视过 ASD 的社交沟通行为的使用。符号前期行为有如用指向和手势引导等传递特殊的信息(你看那个! 拿那个给我!)。更多常见的社交沟通行为,如社交导向和共同注意力,可以帮助传递隐含在此行为的信息。有时我们把共同注意力看作一系列特殊的行为,这些行为有助于分享信息,理解有意沟通的含义。主动起始共同注意力和响应共同注意力是不同的,许多人认为只有主动起始共同注意力才能达到纯粹的有社交动机的行为水平(Jones & Carr,2004)。处于符号前期沟通的个案,其共同注意力通常是沟通伙伴和感兴趣的对象之间眼神的来回注视,或指向、给予或展示一个对象给另一个人。从这点上来说,指向应该是所有手势中研究最多的。许多研究进一步将指区分成"命令式的指(imperative poiting)"(用以调整他人的行为)和"叙述式的指(declarative pointing)"(用来引起注意)。

　　本章节所回顾的研究主要以幼儿为研究对象,这是因为他们的符号前期沟通能力较少受到治疗干预的影响。本章中提及的这些研究包括回顾性研究(例如,包括后来被诊断为自闭症谱系障碍的儿童在早期的能力表现)或代表性研究(例如,比较不同能力间的关系,这些不同能力根据不同障碍类别或年龄同时记录)、纵贯性研究(例如,在一段时间中追踪记录个案的能力发展)或前瞻性研究(例如,根据儿童的发展记录他们的能力,这些儿童最初没有被诊断出来,但他们有的后来会发展成 ASD,有的不会)。

＞　回顾性研究

　　针对自闭症谱系障碍幼儿的回顾性研究,已揭示了个案在早年符号前期沟通中的异常表现。一些家庭影片或录像带的研究,提供了我们对幼儿行为粗浅的见解。例如,Adrien 等人(1993)发现,1 岁以前,自闭症谱系障碍幼儿有 5 种与社交、沟通和注意等有关的行为异于一般儿童;1 岁以后,自闭症谱系障碍幼儿表现出另外 8 种与环境适应、情绪等有关的异于一般儿童的行为。

　　Baranek(1999)使用了类似的技术,发现 9～12 个月大的自闭症谱系障碍幼儿与其他发展性障碍幼儿或一般幼儿相比,表现出如下特点:对别人喊自己的名字响应较少;对一些非社会性刺激的视觉注意较少;不喜欢别人身体接触;过度地用嘴来咬物品。Maestro 等人(2002)检视 0～6 个月大的自闭症谱系障碍婴幼儿与一般婴幼儿的录像带发现,他们在 5 个与社会注意有关的行为方面存在差异,而在非社会注意方面不存在差异。

一些后来被诊断为 ASD 的家长,在回顾子女 2 岁前的社会交往障碍时发现,这些儿童在双向(人—人)或三向(人—物—人)的社会关系方面有缺陷(Wimpory,Hobson,Williams & Nash,2000)。针对家长的回顾性研究表明,不论是经验词汇丧失(语言退化)的儿童,还是经验语言退化而未出现词汇丧失的儿童,他们在 2 岁以前已丧失特定的符号前期技能,如目光对视、牙牙学语、回应别人喊自己的名字、微笑响应等(Luyster et al.,2005)。令人难以理解的是,经验词汇丧失的儿童其非语言沟通行为多于那些未经历词汇丧失的儿童。当然,这些数据并不稳定,因为早期沟通技能的出现对持续言语沟通能力的退化遭受到很大的质疑。

> ## 同时性和跨阶段性研究

许多同时性和跨阶段性研究使用标准化评量的测验分数作为测量依据,而另外一些研究则是通过设计一些诱发性任务或者在自然情景中观察个案的沟通行为。Stone、Ousley、Yoder、Hogan 及 Hepburn(1997)对相同生理年龄、智力年龄以及表达性语言能力的 2~3 岁自闭症谱系障碍儿童和发展迟缓儿童的比较研究表明,前者沟通行为的频率和数量、参与讨论的数量、用手指认和目光接触的数量都更少,并且更多地依赖成人手势。

Wetherby、Prizant 及 Hutchinson(1998)发现,在比较 1~5 岁广泛性发展障碍儿童和以表达性语言能力配对之语言发展迟缓儿童的手势沟通能力,发现前者的传统手势(conventional gestures)与指远手势(distal gestures)的类型与数量,以及同时整合手势与发声的表现都比语言发展迟缓儿童少或弱。

Carpenter、Pennington 及 Rosgers(2002)通过对 12 名 3~4 岁的自闭症谱系障碍儿童和发展迟缓儿童的比较研究发现,自闭症谱系障碍儿童在技能的习得顺序上存在更多的个体差异。这些研究者也同时发现,自闭症谱系障碍儿童的模仿学习能力和指示性语言的发展先于共同注意力和注意力分享。他们认为模仿可能是这些儿童通过迂回的方式去学习语言的策略,让他们不需要像其他普通儿童一样使用更社会化的方式去学习语言。Charman、Drew、Baird 和 Baird(2003)利用 MacArthur-Bates 沟通能力发展检核表(Communicative Development Inventories,CDIs)对 134 名 1~7 岁的自闭症谱系障碍儿童进行评估(Fenson 等,2006)。他们发现与常模标准化样本相比,自闭症谱系障碍儿童"晚期手势"的发展比"早期手势"还要迟缓。他们认为"早期手势"(根据 CDI 的定义)需要社会参照,而"晚期手势"包含物体,不需要在社会情境下产生并使用,且可以通过模仿来学习。Dawson 等(2004)发现,3~4 岁自闭症谱系障碍儿童在社会注意、共同注意力以及对成人痛苦的注意等方面,与心智年龄匹配的发展障碍及同龄的一般儿童相较是有缺陷的。共同注意力是诊断自闭症谱系障碍儿童群体,以及与其同时发展的语言能力之最好的预测指标。

Warreyn、Roeyers、Van Wetswinkel 及 De Groote(2007)以 2~5 岁的自闭症谱系障碍儿童

和无其他伴随性障碍的广泛性发展障碍儿童为研究对象（他们的智力年龄、生理年龄以及语言能力相当），分别研究他们的叙述性主动共同注意力、叙述性回应共同注意力以及祈使性主动共同注意力。他们发现自闭症谱系障碍儿童与母亲的眼神交流更少，对成人手势的反应更慢，不能很流畅地在母亲和自己喜欢的物体之间转换注意，更多地关注母亲的手指、手或者手臂，而不是它们所指向的物体。

> 纵贯性研究

纵贯性研究阐明了随着时间的变化，沟通能力发展的历程以及各种不同行为之间的关系。Camaioni、Perrucchini、Muratori 及 Milone（1997）对 3 名 2~4 岁的自闭症谱系障碍儿童进行了为期 2 年的研究，发现和叙述式指向相比，这些幼童在更早期时就能理解和表达命令式指向。

Sigman 和 Ruskin（1999）通过对 54 名 2~6 岁的自闭症谱系障碍儿童的研究发现，语言能力与起始共同注意力、响应共同注意力以及社会互动能力有密切的时间关系。他们发现以上这些技能或起始社会互动能力与一年后的语言评量有预测性的相关。最后响应共同注意力能预测儿童在 10~13 岁时的表达性语言能力。

Camainoni、Perrucchini、Muratori、Parrini 和 Cesari（2003）通过对 5 名 3~5 岁的自闭症谱系障碍儿童进行为期 5~20 个月的研究发现，所有儿童都能发展出早期命令式指向能力。只有 1 名儿童发展出了叙述式指向能力。在 4 名发展出叙述式指向的能力儿童中，有 3 名儿童先理解了叙述式指向之后，自己才表现出这种能力。Drew、Barid、Taylor、Milne 及 Charman（2007）对 21 个月到 42 个月的自闭症谱系障碍儿童和广泛性发展障碍儿童进行研究，他们发现社会行为的频率与其长大后的语言得分有一定的关系。

Toth、Munson、Meltzoff 及 Dawson（2006）对 60 名学前自闭症儿童进行研究，这些研究者统计了共同注意力、模仿和象征性游戏对早期和同时发展的语言之影响；他们发现，原型起始性叙述式指向共同注意力，以及立即模仿能力与同时间发展出的语言能力有很密切的关系，而玩玩具和延迟模仿则与儿童 4~6.5 岁时的语言发展速度有直接的关系。他们发现，起始共同注意力和符号游戏等第一阶段的能力是为一系列沟通交换能力奠定的发展基石，而玩玩具和延迟模仿等第二阶段的能力将促进随后几年里儿童沟通能力的发展。

Thurm、Lord、Lee 及 Newschaffer（2007）对 118 名有自闭症谱系障碍、广泛性发展障碍儿童或其他发展性障碍的 2~5 岁的儿童进行追踪研究，发现 2 岁的儿童对声音的模仿能力对于表达性语言能有很好的预测；而响应共同注意力能预测 5 岁时的接受性语言能力。

> 前瞻性研究

由于 ASD 的特征行为，常在其被正式诊断为 ASD 或其他障碍时就已呈现，因此前瞻性研究可以提供早期关于各种不同的行为、技能等有说服力的数据,以便用以诊断 ASD。有一项针对 150 名 6~24 个月有自闭症手足的高危险群儿童的前瞻性研究(Zwaigenbaum et al., 2005)发现,在 24 个月大时被确诊为 ASD,比起其他同样有 ASD 的高危险群幼儿,以及以生理年龄配对的低危险群幼儿,会在 12 个月时出现一些异常的表现,在如眼神接触、视觉行为(追视和与眼光抽离)、回应自己的名字、微笑等行为方面存在异常表现,在悲伤、消极和紧张等情绪方面也表现异常。

18 个月的评估显示,孩子的早期和晚期的手势,有持续呈现低水平的现象(Mitchell et al.,2006)。在最近的个案系列报道,这组的 9 个儿童(Bryson et al.,2007)的数据记载中,在 12 或 18 个月的年龄时很少有沟通的手势,他们同时还显示了早期的智商下降(出现在 12 到 24 个月之间)。

另一个大规模的前瞻性研究,是针对从 14~24 个月的 125 名高危险群和低危险群自闭症谱系障碍儿童(与有被诊断为自闭症谱系障碍的年长手足有关)进行的研究,研究结果显示,这些儿童不仅在共同注意力方面存在不足,而且口语和非口语形式的沟通多样性还随着时间而减少(Landa,Holman & Garrett-Mayer,2007)。那些早期被诊断为有自闭症谱系障碍的儿童,会表现出非传统且难以解释的沟通方式。

> 小结

总之,自闭症谱系障碍儿童与普通儿童相比,他们用来沟通的手势更少。而且随着时间的推移,这些手势还会慢慢减少。Wetherby(2006)的研究指出,与其他语言障碍儿童相比,自闭症谱系障碍儿童似乎没有使用手势作为言语的补偿,而且他们还会使用一些不合适的方法来代替其他常用的手势。她认为高度接触的手势通常出现在传统手势的发展之前,以重新建立一个使用者所希望的特殊言语表现,像是改变鹦鹉式的说话,这些重新改变的模式只在稍后习得有意义的符号时会出现。

自闭症谱系障碍儿童缺乏引起共同注意力(尤其是起始共同注意力)的能力。指向的动作通常用来表达祈使性的需求,而非进行陈述性表达。一些研究认为共同注意力是语言发展的一个重要预测指针。Yoder 和 McDuffie(2006)认为共同注意力是一种可以诱发语言的社会行为,因为它可以让社会互动对象提供适当的语言刺激输入。过去的研究指出,ASD 儿童会表现出异常的符号前期沟通能力,此结果已相当可信,再加上很多 ASD 儿童都未发展出口语能力,因此以符号前期沟通作为干预策略绝对是适当的。在一些案例中,改善和发展符号前期技能,会让自闭症谱系障碍儿童更好地表达他们的需求和期望。在其他的案例中,这些技能可成为沟通符号形式的桥梁。

对 ASD 符号前期沟通者的教育干预

针对处于符号前期沟通的干预目标的范围,可以从单一的策略、锁定独立的技能到全方位模式、强调全面的沟通发展。在本节中,会描述一些常见的干预策略,同时也会回顾全方位的干预模式。

> 特定的策略

过去,促进 ASD 符号前期沟通的干预策略,包括了促进符号沟通。然而,由于年幼儿童比起年长的儿童或成人较有可能以符号前期沟通为干预目标,最受欢迎的方法通常有较强大的发展基础——适用于以儿童为中心的早期儿童发展场所。这些方法较不可能于自然情境中形成,而是较为强调使用自然情境和相对应的事件。下面将介绍四种不同的策略。

社会互动和自然策略

社会互动和自然策略通常包含相应模仿、自然增强、时间延宕,以及在自然情境中应用环境布置。Hwang 和 Hughes(2000a)回顾了学前和学龄儿童的社会互动干预策略。他们发现在 16 个研究中,有的是针对无口语,有的则是针对一些早期社交技能之学龄前儿童。其中几篇的研究结果显示,相应模仿能力有助于增加言语前期的行为,但整体来看研究者都认为社会互动策略对口语行为的影响多于对语言前期社会-情绪行为的影响。他们的干预研究(Hwang & Hughes,2000b)用社会互动策略来训练 3 名 3 岁的自闭症谱系障碍幼童,涉及对视、起始共同注意力(眼神交换、指认和展示)以及动作模仿等方面的内容。目标行为的变异在训练基线期上是有所增加的,但起始共同注意力能力增加的幅度则较少。在起始共同注意力的类化期中,其维持效应几乎没有展现出来。

Rowland 和 Schweighert(2000a,2000b,2001)利用社会互动和自然策略教自闭症谱系障碍儿童学习使用触觉符号(如,能表示具体关系的实物或图片)。触觉符号具有可操作性,可以进行文字信息交换;让使用者能基于自己对参照物的经验来理解。这种教学策略在儿童喜欢的活动中以自然的、自发的方式进行。在 41 名参与者中,有 9 名 ASD 儿童的年龄为 3~9 岁,其中 8 名学会了使用触觉符号;8 名 ASD 儿童中的 2 名先学会使用触觉符号,随后学会使用平面符号。而其余儿童首先学会使用平面符号。4 名儿童在学会使用触觉符号以后开始使用言语;在最后的追踪下,其中 2 名儿童已经开始使用言语作为主要的沟通模式。

以同伴为媒介的干预

大多数儿童会通过同伴之间的互动,自然地习得社交技能。在自闭症谱系障碍儿童的干预过程中,也可以采取类似的方法。然而,如果只是将 ASD 儿童放到同伴活动中而未提供干预,并不会提升自闭症谱系障碍儿童与同伴间的互动(DiSalvo & Oswald,2002)。目前有很多关于以同伴为媒介的干预方法,以检视包括促进小组或双向互动的方法(如,Wolfberg,2003;Wolfberg & Schuler,1993),聚焦于训练正常儿童与 ASD 儿童互动技能的方法(如 Garfinkle & Schwartz,2002;Koegel & Koegel,2006;Roeyers,1996),训练自闭症谱系障碍儿童与同伴互动技能的方法(如,Zanolli,Daggett & Adams,1996),和综合使用上述方法的模式(如,Gonzalez-Lopez & Kamps,1997)。一般来说,这些方法会涉及正常同伴的认知、口语和社交的调整,让其足以理解和执行口头传递的训练。这些方法是较可能锁定具有符号沟通技能的儿童,较不可能锁定符号前期的沟通者。

行为改变技术

虽然所有的教学策略锁定行为的改变并涉及一定程度的行为分析,但那些标记的"行为"倾向于利用外在增强来控制反应,重复尝试独立技能的教学。有时其目标行为虽然以沟通的形式呈现,但在使用上却未产生沟通的功能。

例如,Martins 和 Harris(2006)使用行为改变技术以及单一个案之多基线设计,来教导 3 位 3~4 岁的 ASD 儿童,是通过转头和注视着成人所看着的物体以训练他们在发出命令后的共同注意力的反应。所有的参与者都具有语言能力,但并未展现出共同注意力。虽然该技能习得已获得证明(由经过专业训练的成人判断),但在缺乏外在增强的情况下,后期的追踪并不密集,且也不清楚目标行为能维持多久。

Whalen 和 Schreibman(2003)针对一位 4 岁 ASD 幼童,明确地锁定其响应行为,如共同注意力(凝视和指认)、起始共同注意力(指认)和整合式的共同注意力(眼神转换),使用了一个结合区别尝试训练法与核心反应法(Pivotal Response Treatment,PRT;Koegel & Koegel,2006)的干预策略。在 5 名中的 4 名参与者,响应共同注意力的能力远远超过起始共同注意力的能力。一位研究者的非结构式的追踪探试中,有 3 名参与者在训练后,仍能维持响应共同注意力(response to joint attention,RJA)的速率;而只有 1 名参与者在训练后,仍能维持起始共同注意力(initiation of joint attention,IJA)的速率。然而,因为对共同注意力的响应训练常常是最先产生的,如果 IJA 的训练会自然地提供机会给 RJA 和 IJA,随后有更多的练习可能就会被提供在此训练中。

使用物理环境建构符号前期沟通

另一种教学策略是以物理环境中的自然增强层面来鼓励沟通。这种方法常用于 ASD 的偏好(非社会性刺激)。Reichle(1991)描述了针对这些不喜欢社会互动的儿童进行沟通能力训练的原则。例如,他用一个强效的非社会性增强物来建构非语言共同注意力的使用,进而诱发响应共同注意力。用 Reichle 自己的话来说,这些技术的目的是"想要让别人变得接近"。

Rowland 和 Schweigert(2007)也以 PDD 儿童的物品互动技能的分析描述了这种方法。家长使用"在家实作学习"(Rowland & Csnweigert,2003b)的检核表对 2—5 岁的广泛性发展障碍儿童以及正常发展的同伴,进行物品互动技能的评估。这是一个需要在物理和社会环境中协调的物品互动技能检核表。这个检核表包括 4 个领域:获得物品、实际物品的使用、物品表征的使用和物品的社会性使用。

广泛性发展障碍儿童在这 4 个领域的得分明显低于正常发展同伴,而物品表征的使用和物品社会性的使用两个领域的差异更大。尽管这类障碍者在物品互动技能的呈现方面有明显的迟缓,但这些技能至少和沟通技能相比下,仍保有相当大的优势。在 Rowland 和 Schweigert(2003c)的另一个研究中,他们用类似在家实作学习的检核方法,对另一群广泛性发展障碍幼童进行干预,他们教导儿童使用物品达成社交目的。所有的儿童经过干预课程后,得以习得新的社会技能,这表明,广泛性发展障碍儿童所拥有较强的物品互动技能,可用来当作社会沟通技能学习的鹰架。

＞　干预方案

在过去 20 年里,许多适用于操作符号前期程度的 ASD 完整性教学方法已经发展出来。特别是,有些方案主要是锁定沟通符号前期使用方法的发展,而其他则锁定更普遍社会互动的技能。这些方案大部分都是为幼童所发展的,但有些是为强化处于符号前期沟通阶段的年长个案的操作需求所发展的。值得注意的是,这些方案中没有涉及集中/分散尝试性训练,或外在增强物的传递。这些大部分方案是通过网站的支持,并可通过网站购买到相关的教学材料的;在有些案例中,也提供一些常态化的训练机会。表 3.1 简要说明这些训练方案的主要特征。

表 3.1 针对自闭症谱系障碍的符号期前沟通者之教学模式一览表

模式	是否专门针对ASD所发展	锁定的沟通阶层	目标技能	干预者
儿童对话（Child's Talk）	是	符号前期沟通者	语言前期能力	父母
学习表达的设计（Design to Learn Products）	是（设计学习和实际操作的学习材料）	符号前期沟通者	符号前期沟通能力（第一要务）；物品互动技能（实际操作学习）；具体符号（具体符号系统）	教师
发展性、个体差异、以关系为主的模式 Developmental, Individual-Difference, Ralationship-Based Model）	是	符号前期和符号期沟通者	分享注意/规律的；参与和关系；问题解决；双向意图沟通；创造符号/思想；逻辑思考	教师和父母的参与
丹佛早期启蒙模式（Early Start Denver Model）	是（幼童）	符号前期沟通者	接受性沟通、表达性沟通、社会互动、模仿；认知技能；游戏；精细动作技能；粗大动作技能；独立行为；共同注意力	教师，但父母参与较多
汉能方案 除了文字以外（The Hanen Program）	是（5岁以下儿童）	无口语和语言沟通者	符号前期沟通技能	父母
密集互动（intensive interaction）	否	前语言沟通者	整体性互动	照顾者
内在行动模式	否（重度/极重度障碍的青年和成人）	无意图和有意图沟通者	非口语沟通技能	教师
共同注意力中介学习（Joint Attention Mediated Learning）	是（幼童）	符号前期沟通者	专注在脸部表情；轮替；响应共同注意力；起始共同注意力	父母

方法	适用	参与者	目标	实施者
回应式教学（Responsive Teaching）	是（包括发展迟缓儿童）	符号前期和符号沟通者	认知；沟通；社会情绪功能；动机	父母
回应式教学和前语言期自然环境教学法 Responsivity Educaiton and Prelinguistic Milieu Teaching	否	低频率沟通者（符号前期或符号）	对学习者：非口语沟通（达到前语言标准后，以口语沟通为目标）；对家长：提高回应性	教师和父母
社会沟通、情绪调整和相互影响支持模式（SCERTS: Social Communication, Emotional Regulation, and Transactional Support）	是	符号前期和符号沟通者	共同注意力：使用符号；自我和相互调整；互相影响	教师和父母

儿童对话

"儿童对话"(Child's Talk)(Aldred,2002)是依据一般家长—婴儿互动所发展出来的家长干预方案。这个方案几乎是唯一针对前语言能力的方法,重点关注促进早期阶段的沟通,而避开任何要求儿童使用言语或手势语的机会。该方案包括家长工作坊和每月一次的家长—儿童互动影片,作为促进讨论策略的基础,让家长可以在家中使用以促进孩子的分享注意和社会参与。家长被期待以一对一的方式来和他们的儿童进行每天30分钟的互动。以儿童为焦点的技术用六个阶段来呈现,开始于模仿儿童的行为。

一个随机控制实验(randomized controlled trial,RCT)的前导研究,比较儿童交互方式与例行照顾(Aidred,Green, & Adams,2004),从家长与儿童互动的录像结果显示:家长的同步沟通(如,提供看法、认可或社会互动),以及儿童的沟通行为都有所增加,而家长的异步沟通(如,指向、控制和命令)有所减少。该研究将没有与成人互动意愿的儿童排除在研究之外(p.1423)。在英国,学前自闭症沟通实验的一个随机控制实验研究项目,正在进行儿童交互方式与例行临床照顾的研究比较(Green,Aldred,Pickles,Macdonald,Le Couteur,McConachie,Charman,Byford,Howlin & Slonims)。

表 3.1　针对自闭症谱系障碍的符号前期沟通者教学模式一览表

模式	是否专门针对ASD	锁定的沟通阶层	目标技能	干预者
儿童对话	是	符号前期沟通者	语言前期能力	父母
设计学习产品	是(设计学习和实际操作的学习材料)	符号前期沟通者	符号前期沟通能力(第一要务);物品互动技能(实际操作学习);具体符号(具体符号系统)	教师
发展性、个体差异、以关系为主的模式	是	符号前期和符号沟通者	分享注意/规律的;参与和关系;问题解决;双向意图沟通;创造符号/思想;逻辑思考	教师和父母的参与
丹佛启蒙模式	是(幼童)	符号前期沟通者	接受性沟通、表达性沟通、社会互动、模仿;认知技能;游戏;精细动作技能;粗大动作技能;独立/行为;共同注意力	教师,但父母参与较多
汉能方案除了文字以外	是(5岁以下儿童)	无口语和语言沟通者	符号前期沟通技能	父母
密集互动	否	前语言沟通者	整体性互动	照顾者

续表

模式	是否专门针对ASD	锁定的沟通阶层	目标技能	干预者
内在行动模式	否（重度/极重度障碍的青年和成人）	无意图和有意图沟通者	非口语沟通技能	教师
共同注意力中介	是（幼童）	符号前期沟通者	专注在脸部表情；轮替；响应共同注意力；起始共同注意力	父母
回应式教学	是（包括发展迟缓儿童）	符号前期和符号沟通者	认知；沟通；社会情绪功能；动机	父母
回应式教学和前语言期自然环境教学法	否	低频率沟通者（符号前期或符号）	对学习者：非口语沟通（达到前语言标准后，以口语沟通为目标）；对家长：提高回应性	教师和父母
社会沟通、情绪调整和人际关系支持模式	是	符号前期和符号沟通者	共同注意力；使用符号；自我和相互调整/不调整；互相影响支持	教师和父母

设计语言学习的产品

Rowland 和 Schweigert 设计了许多语言学习的产品，其目的是提高不同年龄阶段多重及重度障碍者的沟通技能。《第一要务》（*First Things First*）（Rowland & Schweigert，2004）是一本介绍教育多重沟通障碍者（包括自闭症的）符号前期沟通能力的指导手册。它关注三个最基本的沟通意图：提出还要更多、引起注意和做选择。这种方法强调激发个案的内在动机，以及建立可密切监控有逻辑顺序的干预目标。这种方法的目标学习者包括与他人互动兴趣不高的人，因此很适合 ASD。

"设计学习"（Design to Learn）是专门为广泛性发展障碍儿童开发的一套环境评估清单表（Rowland & Schweigert，2003d），它为特定学生在教室活动提供学习沟通和物品互动能力的训练机会。教师指导手册以及评估检核表也专门为广泛性发展障碍儿童设计（Rowland & Schweigert，2000b，2003c，2003e）。这些学习材料可引发出很多物品互动技能，包括表征技巧和社会互动等。《触觉符号系统》（*Tangible Symbol Systems*）含指导手册（Rowland Schweigert，2000b）和教学光盘（Rowland Schweigert，2005），详细地介绍了如何教育那些已经具备基本符号前期沟通能力的个案，学习使用平面和立体符号来沟通。这个研究描述了九位自闭症谱系障碍儿童，在早期展现出触觉符号系统的衔接功能（Rowland & Schweigert，2000a）。

所有"设计学习"的材料，都是以整合的方法来使用的。

《第一要务》和《触觉符号系统》的材料是特别为促进从符号前期沟通到符号沟通无缝衔接转换所设计。"设计学习"的产品都经过一系列的研究计划,包括通过各种方法在现实世界中验证其教学方法和材料,以及单一个案和群组前测/后测的设计。

发展性、个别差异、以关系为主的模式

Greenspan 和 Wieder(1998,2006)经过多年的针对自闭症谱系障碍儿童的临床工作经验,发展出一项评估以关系为主的干预指引架构。DIR 模式(Deveopmental, Individual-Difference, Relationship-Based model)是为儿童所发展,并以家庭为焦点的干预模式,但所提供的纲要也可将此技术应用于青少年和成人(Greenspan & Wieder,2006)。这个模式排除孤立的发展领域的想法,倾向于通过情意关系为基础的互动程序来学习,此关系对个案的感官和肢体动作处理技能是相当敏感的。此模式关注于确认家庭成员的优势和弱势;利用家庭成员的优势将目标儿童的最佳表现引导出来。此模式的框架涵盖了情绪发展的 6 个核心阶段:1)了解世界的规律和兴趣;2)参与和建立关联;3)有意图性和双向性的沟通;4)社会问题解决、情绪调整和自我意识;5)创造符号和使用文字与思想;6)情绪化思考、逻辑和对现实的感知。这 6 个阶段是为 3 个更进阶的阶段铺下基石,这 3 个进阶阶段相对更抽象,但得到较少的关注。

地板时间是一个被广泛使用的技术,它属于 DIR 模式的一个构成要件(但是经常被错误地认为涵盖了整个模式的内容),涉及经常性、密集性、一对一、根据儿童兴趣所决定的互动时段。研究者使用回溯性表格回溯了该模式的成效,其中包含了一大群接受2~8 年干预的自闭症谱系障碍儿童(Greenspan & Wieder,1997)。他们还对 16 名儿童的进步情况进行了回溯,这些儿童是从 200 多个儿童中,属于较成功的 20 个中选出来的。他们接受了 10~15年的干预(Wieder & Greenspan,2005)。这些儿童接受了广泛的、包含 Greenspan/Wieder 方法在内的干预。然而,至目前为止,这种方法并没有实验研究来证明其有效性。

丹佛启蒙模式

"丹佛启蒙模式"(Early Start Denver Model,Smith,Rogers & Dawson,2007)是为 12 个月大的自闭症谱系障碍幼儿所设计的全方位早期干预方法,它是从学前自闭症谱系障碍儿童发展的丹佛模式改编而来(Rogers,Hall,Osaki,Reaven & Herbison,2000)。它们的基础是 Stern(1985)关于婴幼儿人际之间和主体之间的发展而建构的模式。它非常强调模仿、情绪分享、共同注意力和社会动机。"丹佛早期启蒙模式"综合了应用行为分析、PRT、要求家长深入参与的关系聚焦干预等原则。

该模式的课程涵盖以下的一些领域:接受性沟通、表达性沟通、社会互动、模仿、认知技能、游戏技能、精细动作技能、粗大动作技能、独立技能/行为和共同注意力,而所有这些课程都从四个发展阶段展开教学。自发性沟通为其重点,且课程最初强调的是非口语沟通能力。

这个模式以家庭为中心进行密集性的治疗(每周进行 25～30 个小时的训练)是由专业治疗师所提供,加上家长提供干预(每周至少 10 个小时)。这种是一个随机控制实验的重点(Kelly,Zuckerman,Sandoval & Buehlman,2003),研究者将其与"促进早期关系方案"(Promoting First Relationships program)进行比较。其方法是先对 8 个月的婴儿使用"促进早期关系方案",接着在 12 个月的婴儿使用"丹佛启蒙模式",之后再与小区本位的干预做比较(研究人员:Dawson 和 Rogers)。

汉能方案

汉能干预方案(The Hanen Program)是多伦多 Hanen 中心以 Sussman(1999)所撰写的《超越文字》(*More Than Words*)为基础,发展出的训练家长的交互式语言干预方案。这个方案是将为语言发展迟缓儿童所开发的《交谈需要两个人》(*It Takes Two to talk*;Pepper & Weitzman,2004)家长训练方案扩展而成的。《超越文字》专门针对 5 岁以下自闭症谱系障碍儿童的父母所设计。[《能够说》(*Talkability*),也是 Sussman(2006)所撰写的书,它以有口语自闭症谱系障碍儿童的需要为主]。汉能方案反映了社会—语用的观念,以有口语能力和无口语能力的自闭症谱系障碍儿童为服务对象。方案中的目标包含儿童引导互动、家长引导(例如促进)互动和语言示范等。课程主题包含认识沟通,家长如何影响儿童的沟通,设定目标,跟随儿童的引导,轮替对话,玩游戏,接受性沟通,使用视觉线索支持、音乐、书本和玩具,以及鼓励和同伴玩耍等。

这个方案在北美很流行,曾被用来训练过很多家长。针对其有效性的研究包括以发展迟缓的控制组研究(McConachie,Randle & Le Couteur,2005)以及三个家庭在内的多个案研究(Cirolametto,Weitzman & Sussman,2006)。目前有两个团队正在研究 Hanen 方案的有效性,一个在加拿大(研究者:Fombonne),另一个在美国(研究人员:Carter、Tager-Flusberg、Stone 及 Messinger)。

密集互动

"密集互动(intensive interaction)"方案是一种针对处于前语言期、有学习困难的儿童和/或自闭症谱系障碍儿童设计的教学方案,Kellett 和 Nind(2003),Nind 和 Hewett(2001,2005)以及 Caldwell(2006)都对这种方案进行了介绍。Nind 和 Hewett(2005)对密集互动方案的描述是"帮助我们不能明白其手势的人和我们难以理解其意思的人,让他们具有一定的社交和沟通能力"(p.11)。密集互动方案最初是 Ephraim(1986)在临床上用来帮助成人的,由于其基本原则是妈妈和孩子的互动方式,因此在最开始的时候被称为"扩大性妈妈方案(augmented mothering)"。

密集互动方案强调儿童使用直觉性响应和结构化反应,来鼓励照顾者以儿童喜欢的方式来与他们进行互动。这种模式不赞成教授特殊的任务,而是鼓励在"无任务"的氛围中,学习各种互动的方法。这是英国研究者们发展出的大量互动方法中的一种。其目的是抵制刻板的规定和机械化的方法。显然,这种方法鼓励照顾者,将儿童可能的沟通行为都赋予意图,以便进入儿童的内在语言世界。儿童的无意识行为(包括声音和呼吸模式),内在的非口语声音,手势以及模仿都可以看成是沟通的一种;仿说声音和动作被视为投入沟通的主要途径。儿童的进步不是通过图表来呈现,而是通过叙述和讨论来呈现。关于这种方案的成果,已有个案研究的报告(Hewett & Nind,1998;Nind,1996),但缺乏实证性研究(关于这种方法第十六章会介绍更多的信息)。

内在行动模式

"内在行动模式"(InterAACtion;Bloomberg,West & Johnson,2004)源自 3C 沟通能力检核表(Triple C Checklist of Communication Competencies)(Bloomberg & West,1998),此检核表是专门为重度/极重度障碍的青少年或成人编制的沟通能力评估工具,且有经过建构效度的检核(Iacono,Bloomberg & West,2005)。整套 InterAACtion 包括指导手册、录像带/DVD 光盘(Bloomberg,2002),以及为沟通同伴介绍沟通策略的小册子。这种模式以具有沟通意图或无沟通意图的成人沟通者为教学对象,这看似也是该模式的特点。整组配备包括制作沟通辅具所需的软件,如时间表、事务列表和小区需求卡等。第十六章对这种方案进行了更全面的介绍。

共同注意力中介

"共同注意力中介"(Joint Attention Mediated Learning,JAML;Scherz & Odom,2007)学习是一种针对自闭症谱系障碍幼童所发展的干预方法,是一种家庭本位家长执行的干预模式。这种基于关系的干预方法包括四个阶段:注意脸部表情、对话轮替、响应共同注意力和起始共同注意力。每个阶段又包括 2 个层次:一个层次是由家长主动起始,另一个层次是由儿童主动起始。其目的是提高儿童学习和互动的意愿,而不是教授专门的技能。显然,在这种模式中,家长是专业人员训练和支持下的参与者,他们会创造一些活动来鼓励儿童的社会互动行为。有研究者利用 JAML 的方法对 3 名 22~33 个月大的自闭症谱系障碍幼童家长进行研究,采用的方法是单一个案多基线设计,最后得到了预期的结果。JAML 是目前针对自闭症谱系障碍儿童的研究议题,常用的研究方法有多基线设计和小组实验设计(研究者:Schertz、Odom 及 Baggett)。

回应式教学

"回应式教学"(Responsive Teaching)是由 Mahoney 和 McDonald(2007)针对自闭症谱系障碍儿童和发展迟缓儿童所设计的一套干预方案,这套方案以建立关系为基础,由家长执行。它可以由家长在家里实施,也可以由专业人员在教育情境中实施。本方案课程内容也有相关软件,用以选择干预目标、发展教学计划、追踪进步情形及发展报告(Mahoney,2007)。

讨论的主题则用以帮助专业人员向家长解释每一个目标的原理。这个方案希望通过增加家人对沟通的响应，而改善儿童的社交情绪功能。回应式教学包括认知、沟通、社会情绪功能和模仿等领域中的 16 个关键性行为目标。有研究者曾经以 20 名 3~5 岁的自闭症谱系障碍儿童为研究对象，将回应式教学的方法与以前的评估方法进行比较，每周对家长训练一个小时，持续训练 8~14 个月（Mahoney & Perales，2003）。研究结果显示，母亲的回应和影响有明显进步，且社会互动与情绪评估也显示儿童有显著的改善。母亲回应能力提高得越多，儿童的进步越大。

另外一个类似的研究（Mahoney & Perales，2005）是比较回应式教学方法在广泛性发展障碍儿童和发展障碍儿童身上实施的差异，这些儿童的年龄在 12~54 个月。研究结果与 Mahoney 和 Perales 在 2003 年做的研究相似。在本研究中，广泛性发展障碍儿童的进步比发展障碍儿童更大。另外，还有两个目前正在开展的随机控制实验研究，一个研究由 Mahoney 执行，他们将自闭症谱系障碍儿童和其他发展性障碍儿童进行比较，研究回应式教学对父母-儿童互动能力的影响（Herschell、Calzada、Eyberg & McNeil，2002）；另一个研究则是比较回应式教学与控制治疗效果的差异（研究人员：Baranek、Watson、Reznick 及 Crais）。

回应性式教育与前语言自然情境教学

"回应性式教育和语言前期自然环境教学法"（Responsivity Educaiton and Prelinguistic Milieu Teaching，RPMT）系由 Yoder 和 Warren（1998，2002），以及 Warren 等人（2006）所提出，但目前还没有出版相关课程和指导手册。这种模式针对沟通频率较低的儿童（例如，在每分钟内他们的自发性沟通和有意图沟通行为少于一次）而开发，其基础是父母与儿童互动过程中的人际关系（McNeil & Snyder-Mclean，1978）。

前语言自然情境教学法所设定的目标为非语言沟通行为，这些活动会由专业人员在每周与儿童进行数次的一对一教学来开展。其关键性原则包括：通过结构化的环境提供沟通机会，追随儿童注意的变化，建立社会互动惯例等。儿童会通过提示、示范和自然因果关系的支持来学习。

回应性式教育则是训练与提升家长对儿童在语言前期自然环境教学法所习得的非口语沟通做回应。汉能方案被用来进行此项训练。

将学前无口语和有少口语的自闭症谱系障碍儿童随机分派至 RPMT 或图片交换沟通系统（PECS；Frost & Bondy，2002）干预组别中的一项比较研究，结果显示，就逐渐增加对象轮替和起始共同注意力而言，对那些具有较高程度起始共同注意力的儿童，是更具有影响力的，同时针对那些只有出现一次或更少起始共同注意力的 ASD 幼童，也是较具有干预影响的。

在一开始进入实验时，起始共同注意力能力较高的 ASD 儿童在 RPMT 干预中，可以增加物品交换轮替与开启共同注意力的次数；PECS 则对那些开始进入实验时，只出现一次或更少开启共同注意力的 ASD 幼童具有干预成效（Yoder & Stone，2006a，2006b）。

PECS 比 RPMT 更能提高儿童的非模仿词汇。然而这种比较是有问题且困难的，因为 RPMT 主要是教导前符号行为，且只在特定的前符号标准已达到才开始教导词汇。也因此，行为如手势、眼神交换和发声，可能组成一些更合适的目标参与者，而不在因变量之间的测量中。①

社会沟通、情绪调整和人际关系支持模式

社会沟通、情绪调整和人际关系支持模式（SCERTS：Social Communication，Emotional Regulation，and Transactional Support（Prizant，Wetherby，Rubin，Laurent & Rydell，2005a，2005b）是一种专门针对自闭症谱系障碍儿童（但也适用于其他发展性障碍儿童）所发展的一套全面性的教育模式。它源自社会—语用模式中典型发展儿童符号技能习得的顺序（Prizant，Wetherby，Rubin， & Laurent，2003）。

这是一种全生涯发展的方法，包含了自闭症谱系障碍儿童的核心问题：社会沟通（共同注意力和符号使用）、情绪调整（自我和相互管理、调节异常）和人际关系支持（人际学习、家庭支持和专业支持）。

专业人员提供了前面两个领域的特殊里程碑和长短期目标分成的三个阶段，如下：社会伙伴阶段（如，语言前的有意图沟通）；语言同伴阶段（如，萌发语言和早期语言）和交谈同伴阶段（如，高级语言）。专业人员通过一系列复杂的评估和符号判断后，提供干预计划，并依据方案所提供的计划与追踪表格有系统地进行记录。项目评鉴也有提供相关的教育方案、家庭支持与对项目人员的支持等。

本模式尽管需要密集地提供文件记录，但却是以极为个别化方式执行干预。它将家长看成是积极的参与者，而不是早期教育的提供者。Wetherby、Rubin、Laurent、Prizantru 及 Rydell（2006）对这些研究进行了摘要说明。目前正在实施的一项随机控制实验研究是对这种方法和信息/教育支持模式进行比较，其研究的对象是 18 个月或以下的儿童（研究者：Wetherby 和 Lord；更多信息见第七章）。

研究意义与结论

有关 ASD 符号前期沟通能力的发展在语言习得以及有效教学实务应用中所扮演的角色等议题仍有待继续发掘。其中很重要的是：最初使用的某个特定的沟通行为，行为可能没

---

① 比较的因变量并未包含表情、眼神交换和声音等行为，而这些可能更适合用以评估 RPMT 的成效。——译者注

有意义,但随后会慢慢被赋予意义(如,Wetherby,2006),而这点对于正式提供干预有重要的意义。另外,不同的研究对象(如,早期就发现的自闭症谱系障碍;或后来才发现的自闭症谱系障碍;或有过语言经验,语言能力逐渐衰退的个案;或从没有复杂语言经历的个案等)在沟通能力的发展及结果上也存在差异。一些未来的研究方向也已较明朗。

更多纵贯性研究深入探讨自闭症谱系障碍儿童符号前期沟通发展的进程,以及其对未来语言发展的补偿将是有帮助的。特别是,在 Camaioni、Aureli、Bellagamba 及 Fogel(2003)的研究基础上继续探讨此议题将是具有启发性的。他们这个精致的研究包括普通儿童,在研究中介绍了普通儿童在第二年时与母亲或其他婴儿进行互动沟通的框架。他们的方法强调研究与沟通伙伴间所发展的共同意义,是研究沟通最好的依据;而不是分别研究沟通伙伴对沟通发展的个别贡献。以自闭症谱系障碍儿童与其父母为研究对象进行类似的沟通框架研究,将会帮助我们理解自闭症谱系障碍儿童分享意义。此研究着眼于沟通发展历程的探讨,主要是针对早发性与迟发性的自闭症谱系障碍儿童,包括幼儿的团队中根据他们目前的所有沟通技能,无口语退化的幼儿族群。还有一些预期性的研究揭示了符号前期行为的诊断价值(这与标准化评估对早期沟通行为的粗略计算形成对比)。更多的前瞻性研究,探索符号前期行为的诊断价值(而不是分数标准化评估工具,只提供前期沟通总值的施测)是必要的。

而有关适当的干预方面,在本章中提及的这些干预模式,没有哪一种是最好的。这些干预模式有的融合了个人要素,是根据儿童发展的规律得出结论;有的研究有一定的限制;还有的研究是个案研究或个案回顾,缺乏科学依据的支持。

到目前为止,没有一种实验设计能在真实情境中被证实,并没有实验设计恰当地控制其内在和外在效度。有研究对一些专门的干预模式与没有干预的控制组或另一个相对的干预进行随机控制实验比较。在一些研究中,虽有使用控制组做对照以探讨某种干预模式的成效,但由于自闭症谱系障碍儿童的家长会倾向为孩子们选择密集性的服务,因此很难控制实验中控制组儿童接受干预的剂量和质量。

另外,在其他研究中,比较不同的干预计划往往以不同的结果(能力评估)作为因变量目标,因此难以在这两种不同的干预方案中建立独立的因变量。Smith 等人(2007)进行了一系列针对自闭症谱系障碍的社会心理干预的研究,可能对未来的研究产生一定的影响。由于一些早期干预的研究正在进行(很多由 Autism Speaks 这个机构资助),其研究结果很快就会出来,因此我们也可获得一些新的治疗方案成效的实证证据,作为选择干预方案的参考。

美国的国家研究院(The National Research Council)(2001)声称,"目前的干预研究还不能提供足够的证据说明哪种专门的干预方法较适合 ASD"。没有一种方法能对所有的 ASD 有相同的效果,而且并不是所有的研究参与者获得的干预成效是处于相同的水平(p.64)。

Kasari(2002)根据同样的思维,回顾了自闭症谱系障碍儿童的早期干预技术,强调两种需求:判断有成效之多面向方案的"有效成分",判断使用这些策略的人的特征,以确定该研究是否对 ASD 儿童有帮助。最后,整合 ASD 儿童前符号和符号沟通发展进程、指认 ASD 次群体的不同行为组型,以及使用随机控制测试研究方法,探究现存的干预方法的研究,将能说明某种干预策略是否有益于某种前符号沟通类型的 ASD 个案。

第四章

自闭症谱系障碍者使用手势语及图像符号的研究：系统性文献回顾

Oliver Wendt 著

曹真、许宁 译

据近期估算,14%~25%被确诊为自闭症谱系障碍的儿童没有或只有少许的功能性口语(Lord & Bailey,2002;Lord,Roso & Pickles,2004;Volkmar,Lord,Bailey,Schultz & Klin,2004),这些个案依赖辅助沟通(AAC)来满足其日常沟通需求。AAC 是指在教育或是临床实务方面,以辅助性或非辅助性的沟通策略,来支持或替代个案口语和(或)书写能力的领域。辅助性沟通(aided communication)是指使用辅助的或是自身以外的设备来呈现、选择或是传递信息,辅助性沟通的例子是像绘画文字符号系统(象形文字),或是具有语音输出功能的电子符号系统。非辅助性沟通(unaided communication)不需要依赖外界的辅助或是设备,只利用个案自己的身体来当成一个沟通模式,譬如肢体语言或是手指拼字法(Lloyd,Fuller & Arvidson,1997)。

多年来,对于 ASD 个案的 AAC 干预大多着重于非辅助性沟通策略,特别是手势语的使用(Schaeffer,Kollinzas,Musil & McDowell,1978)。一直到专业人员了解到 ASD 儿童在视知觉方面明显的优势能力后,辅助性沟通策略的使用才逐渐受到瞩目,例如绘画文字符号系统(象形文字)或是其他符号系统(Miranda & Schuler,1989)。这个观念的改变对于接受传统语言治疗的重度沟通障碍者而言是一大进展。一旦实务工作者、家庭成员或是经费补助的承办人员了解到 AAC 对此族群的帮助,AAC 就会更常被无口语能力的 ASD 儿童所使用。在 1990 年初期,引起相当争议的协助沟通法在 ASD 领域被广泛探讨,但此教学策略的效度因缺乏科学性的证据而不被大部分人采用(系统化的回顾请参阅 Biermann,1999;NuBbeck,1999;Probst,2005)。

接着,一场关于 ASD 个案的特征与 AAC 模式间的关联性之争辩随之展开,这场辩论的中心议题就是何种 AAC 最适合 ASD 个案:是非辅助性 AAC 策略,如手势语或肢体动作;还是辅助性 AAC 策略,如图像符号系统(Mirenda,2001,2003)。

尤其当临床心理学开始提倡"有实证结果支持的教学策略"(Lonigan,Elbert & Johnson,1998,p.139),以及在健康科学与教育领域开始以实证实务(EBP)为施行服务的准则后,这个议题开始浮现(Schlosser,2003;Straus,Richardson,Glasziou & Haynes,2005)。EBP 融合专业人员的知识以及身心障碍人士的观点,根据现有最佳的研究结果来做临床上或是教育方面的决定(Schlosser & Raghavendra,2004)。因此,实务工作者必须要:(1)提出一个完善的、关于 ASD 儿童的问题,(2)寻找研究实证,(3)评价实证,(4)依据融合专业人员的知识以及身心障碍人士的观点来使用实证,(5)评估此决定是否能产生预期的结果。

本章最主要的目的是提供实务工作者及身心障碍人士关于 ASD 个案使用手势语及图像符号的评价研究。为了概述目前现有的研究,作者根据近期完成的 ASD 个案及 AAC 的系统性文献回顾以及元分析研究的筛选标准选定研究文献。除了上述的研究文献之外,作者还进行了额外的文献搜寻来更新文献数据。本章回顾以手势语、肢体动作、选择方式的图像符号组/系统为主题的研究数据。兑换方式的图像符号,例如图片交换沟通系统(PECS),不列入回顾内容,因为 PECS 会在本书第十章专章讨论。手势语以及图像符号也常被用于探讨功能性沟通训练对于减少问题行为的成效,因该部分的研究在本书第十二章以及其他文献中有所涉及(Bopp,Brown & Mirenda,2004;Mancil,2006),也不列入本章讨论。

所有回顾性的研究为 EBP 实践者提供了可以被描述为"事先筛选的"证据,这样的证据,会在一个或多个专家对某一学科领域已回顾并提出该领域在方法论上最有力的数据后产生(Guyatt & Rennie,2002)。经由系统性的回顾而建立的事先筛选的证据,大大降低了实践者定位和评价个案学习时所需的时间和专门知识(Schlosser,Wendt & Sigafoos,2007)。记录的 EBP 实施阻碍的时间压力和资源匮乏,可以通过执行事先筛选证据来克服(Zipoli & Kennedy,2005)。希望本章提出的事先筛选证据能对实务工作者和其他做临床决策的利益相关者有所帮助。因此,本章按照研究证据在临床实践的影响,在手势语和图像符号得出结论;本章的另外一个目的,是找出目前的研究基础和为未来的研究推导合理的方向——研究将来当 ASD 个案使用手势语或图像符号时怎样实施 EBP。

文献回顾设计

此部分将描述检索和评价研究的过程,以及计算效应值的方式。

> 检索及评价研究

本章是根据已完成的 ASD 及 AAC 的系统性文献回顾以及元分析研究的筛选文献,幸运的是:已有越来越多的系统性文献回顾提供此领域的综合研究(如 Shlosser & Wendt,2008a,2008b;Wendt,2007)。完善的系统性文献回顾可以提供绝佳的、详尽的研究证据,并在研究证据(EBP hierarchies)等级中排名最高(Schlosser & Rhagavendra,2004)。系统性文献回顾的价值在降低研究者本身的偏见之余,并检索、评鉴以及提供综合性的研究证据(Petticrew & Roberts,2006)。例如,经由详尽记录以及完善的文献搜寻策略,以及文献探讨过程的透明化以及客观性,降低了引导出偏颇结论以及忽略相关文献的风险。

为了补充以及更新之前完成的文献探讨数据,作者利用 Wendt(2007)完成的手势语及图像符号元分析研究的检索程序及关键词进行额外的文献检索。时间设于 2007 年 12 月之后。搜寻到的数据经由两位评估者依据相同的筛选标准以及程序独立进行评估作业。不论是之前由 Wendt(2007)所完成的文献检索,还是后来更新的文献,皆经由评估确定符合本研究的评估标准。此文献评估标准是根据 Simeonsson 与 Bailey(1991)所提出,随即被其他研究者(Granlund & Olsson,1999;Millar,Light & Schlossor,2006;Schlossor & Sigafoos,2002,2006)所采用以及修改。本架构利用研究的三个方面:研究设计、观察者间对于因变量的信度以及实验处理的程序完整性,将研究证据的确定性分成四类:确凿性的、优势性的、参考性的,以及争议性的。

确凿性的研究证据代表该研究是建构在完备的研究设计上,并有适当的观察者间的信度以及实验处理的教学干预完整性,其研究结果是毋庸置疑的。优势性的研究证据显示研究结果是可信赖的,虽然该研究在研究架构、观察者间的信度或是教学干预完整性上有些小缺失。参考性的研究证据是建立于良好的研究设计的,但在观察者间的信度以及实验处理的干预完整性方面略有不足。争议性的研究证据代表由于实验设计的缺失,研究结果是不能信赖的。

作者将研究文献依照研究证据的确定性整理成附录 4A 和 4B,从最佳研究证据开始排列,较低的研究证据次之。在每个研究证据的等级中,依照作者姓氏字母排列。唯有研究证据为参考性或以上的研究,才会讨论该研究的实务运用。由于研究设计的缺失,争议性的研究证据是不适合讨论其在实务上的运用的,但它们可作为未来研究的参考,这些资料会呈现于附录中的表格内。

> 计算效应值

根据实验设计,本章使用不同的效应值公式来计算研究结果,并针对该疗育方式或是干预的成效做出量化的测量。必须注意的是,目前元分析研究尚没有任何针对单一受试法组别设计(single-subject design with group design)的效应值分析方法(Allison & Gorman,1993)。因此,团体实验设计与单一受试研究的效应值会分开来计算和解释。直接比较两者的研究结果是不合适的,计算出的效应值会列在附录 4A 和 4B 的效应值计算一栏中。

团体实验设计的效应值计算方式及解释

团体实验设计会从两种根据标准偏差差异来进行计算的效应值统计方法中选择一种:

Cohen's d 或是 Hedges'g。Cohen's d 是将两组平均值之差(对照组与实验组)除以标准偏差(Cohen,1988)。当团体实验设计使用小样本数(n<20)时,为了避免小样本数带来的误差,一般会使用 Hedges'g,而不是 Cohen's d(Lipsey & Wilson,2001)。Hedges' g 使用共同标准偏差来修正 d 参数。其值可从两组变异数分析的平方根误差取得。标准平均差的效应值例如 d 或是 g 的范围从+3 至−3。Cohen(1988)制定了一个被广泛使用的通则来阐述效应值的重要性:效应值小于 0.20 被认为指标性很小,0.20~0.50 为中等,0.5~0.80 为重要,0.80 以上代表指标性非常强。

单一受试研究设计之效应值计算方式及解释

单一受试研究设计着重于了解教学干预对于减低或增加某特定行为成效,根据研究预期中目标行为的增或减,会从两种非参数的计算方法中选择其一来总计该疗法的成效。对于预期增加目标行为的研究,会计算使用未重叠数据的百分比(PND)(Scruggs,Mastropieri & Casto,1987)。PND 值为基线期和干预期(或泛化期)未重叠的部分,研究者必须先指认出基线期中的最高点,并找出干预期(或泛化期)中数据高于基线期最高点占所有干预期(或泛化期)数据的百分比。

PND 数值范围为 0%~100%。根据 Scruggs、Mastropieri、Cook 与 Escobar(1986)制定的标准,PND 数值高于 90%被视为非常有效,70%~90%为有一定效果,50%~70%代表其效果有质疑性,数值低于或等于 50%代表其疗育效果不值得信赖或无效。当计算跨受试或跨因变量结果数据的 PND 数值时,使用中数(而不是平均数)来衡量总体成效,因为 PND 并不会呈现常态分布,相较起平均数,中数较不会受到极端值影响(Scruggs et al.,1986)。

对于以降低目标行为为研究目的的研究,会使用平均基线期抵减数值(MBR)(Kahng,Iwata & Lewin,2002)。MBR 的计算方式如下:(1)以基线期最后三个数据点的平均数,减掉干预期最后三个数据点的平均数;(2)除以基线点最后三个数据点的平均数;(3)乘以 100。MBR 的范围从 0%~100%,此数据显示抵除基线期后的百分平均值(Olive & Smith,2005)。抵减数值若为 100%,代表在疗法的干预之下,目标行为被完全消除,抵减数值若为 0,代表与基线期相比,行为没有任何改变(Kahug et al.,2001)。

研究综述:手势语与手势

手势语是第一套被使用在教导无口语能力的 ASD 个案的 AAC(Carr,Binkoff,Kologinky & Eddy,1978)。这套系统在 1970 年代开始,在过去超过 30 年的时间内,对于 ASD 个案一直都有良好的成效。手势语这个名词指的是自然手势语(美国手势语)或是经过编码来代替口语的手势（Blischak,Lloyd & Fuller,1997）。

一开始,手势语沟通被用来替代口语是基于以下四个假设（Sundberg,1993;Sundberg & Partington,1998）。第一,手势语的学习历程比起口语占优势,对于许多 ASD 个案而言,学习手势语或手势比较简单,因为他们可能模仿声音有困难,但他们可以模仿几个交谈对象所示范的精细动作或粗大动作（Sundberg & Partington,1998）。第二,如果个案的能力有限,无法模仿整套的口腔动作或语音,教导其模仿肢体动作会比教导他们仿说来得容易（Sundberg,1993）。肢体动作比较好教导,是因为教学者可使用肢体提示并逐渐消退提示（Sundberg & Partington,1998）。提供肢体上的协助来教导,像是手部的移动,比起协助发声或发出语音来得简单多。第三,相较于手势语,语音是转瞬即逝的。手势语的习得较不占语音的记忆,也较容易理解,语音相较之下较为抽象（Fulwiler & Fouts,1976）。第四,对于一些长期以来无法有效使用口语沟通的自闭症个案,使用手势语来沟通能帮助他们克服这些长期无法处理的负面情绪（Sundberg & Partington,1998）,手势语的干预可以借由制造一种成功的功能性沟通替代模式,解决这些问题。

到了 1980 年代中期,手势语通常与口语合并使用。这种方法被称为综合沟通法或是同时沟通法（Mirenda & Erickson,2000）。综合沟通法一开始是于 1960 年代被使用在听障领域中,强调除了某种特定沟通方式外,沟通（以及语言发展）的重要性。因此,综合沟通法特别注重对每个个案而言要使用最适当的沟通方式（Lloyd et al.,1997）。在 1980 年代的美国、英国以及澳大利亚,手势语搭配口语是最常被使用在重度障碍者（包括自闭症）身上（Mirenda & Erickson,2000）的 AAC 方法。这股热潮在研究发现 ASD 学习者在泛化方面的限制后逐渐平息（Dawson & Adams,1984;Smith & Bryson,1994）,而这也引起了综合沟通法是否为 ASD 个案有效教学法的质疑。

手势是一种肢体动作,或为一连串协同肢体动作的结果,用来表示一个物体、想法、动作或关系,手势缺乏手势语所具有的语言特性（Lloyd et al.,1997）。用手指点或是点头、摇头都属于手势的一种,一般而言,利用手势来沟通是最早被发展的非语言性、非辅助性沟通（见第三章）。早在语言发展之前,幼儿一般就会开始使用手势来与环境中的他人沟通互动（Loncke & Bos,1997）,因此,手势的使用被视为语言发展的前身（Monford & Goldin-Meadow,1992）。但是,就算是无口语能力的 ASD 个案也鲜少使用手势来沟通（Loveland,Landry,Hughes,Hall & McEvoy,1998）。因为手势运用的发展常被作为早期沟通教学的重点（Rogers,1999;Rogers,Hepburn,Stackhouse & Wehner,2003）,本章节也将手势的研究列入手势语的讨论范围。

> 探讨与评价

共有 21 篇关于手势语的实验研究符合评估标准,研究中的受试者皆被鉴定为自闭症,其中有18篇单一受试研究以及3篇团体实验设计,这些研究都会被列在附录4A中,本章节的研究评价,是先列出确凿性的研究,接着是优势性的以及参考性的研究。有两篇团体实验设计以及两篇单一受试设计研究被列为争议性的,争议性的研究被列在表格的最下方,但不讨论其研究结果的细节。其余的研究着重于三种不同的变量:14篇研究着重于教导手势语或手势,以监控语言的习得作为研究结果;2篇研究比较使用同步沟通法以及只教导手势或口语的不同;1篇研究检视用于教导手势的不同教学法,研究结果会分别列出。

研究结果:手势语或手势的习得与产生

在此分项中,作者列出在不同的情形下,受试者被教导学习不同的手势语或手势,也依据观察受试者所表现出来的不同行为来显示受试者确实学会这些手势语或手势。

在被列为确凿性的研究中,Anderson(2001)使用了六位受试者来比较使用手势语和PECS之于习得沟通符号的研究,虽然研究结果显示PECS在使用沟通符号来请求的表现优于手势语,但六位受试者学习手势语的结果相当成功,PND数值皆为100%。另一项研究教导使用手势加上口语(譬如,说"你看")来沟通,并测量正确的手势和口语的多少,PND数值显示对四位受试者都有相当高的成效。

被列为占优势的研究中,Ingersoll、Lewis 与 Kroman(2007)使用一种叫作互相模仿训练(reciprocal imitation training)的自然模仿干预(naturalistic imitation intervention)教导使用叙述性的手势,在五位受试者中,自然模仿教学大量增加手势的模仿,其中三位的PND数值显示其教学法有效或非常有效。相较之下,自然模仿干预对于增加主动使用手势的影响并没有那么大,只有两位个案的PND数值显示有效。比起口语较流利的个案,口语能力较低的个案较容易习得主动使用手势。Tincani(2004)做了一项比较运用PECS以及手势语对于请求行为以及增加口语的研究,请求行为方面,手势语运用对于两位受试者有不错的成效,但不如PECS;口语方面,另两位受试者在手势语教学干预后,口语有显著的增加,PND数值达100%,在此部分中,手势语的成效优于PECS。

大部分的研究都被列为参考性的,包括早期 Carr、Binkoff、Kologinsky 与 Eddy(1978)经由评估提示、消退提示以及轮换刺激物等过程来教导手势所做的研究,结果显示,PND数值达100%,结果反映这些对于增加个案使用手势来表达命名物品非常有效。另外,Carr 和 Kemp(1989)进行了一个研究,探讨是否可教导个案使用手指点的手势取代引导(将成人拉至想要的物品旁边)的方式来进行请求,同样地,研究结果显示,全部四位受试者使用手势来进行请求都相当有效。

Carr 和 Kologinsky(1983 研究一)综合了提示、消退提示、差别增强和随机教学来增加受试者使用手势主动进行请求的行为,以及将请求行为泛化至不同对话者。研究结果显示,三位受试者主动请求行为皆明显增加,并能泛化其行为至不同的对象,PND数值达100%。在另一个相关的研究中，Carr 和 Kologinsky（1983 研究二）探究提示以及增强是否可增加用手势表达请求的行为，并能将其行为泛化至不同对话者以及情境。研究结果显示，三位受试者的请求行为手势大幅增加，并能泛化至不同情境，略有不同的是，只有一位受试者能极为有效地将行为泛化至不同对话者，其余两位只表现出有效。最后，Carr、Kologinsky 和 Leff-Simon（1987）做了一个延续其 1983 年工作的研究，检视经由提示、消退、轮换刺激物以及增强对于描述"动词—名词"词组的手势的影响。PND 数值显示，对于三位受试者，此教学法相当有效，受试者皆习得"动词—名词"词组手势并能泛化至不同情境。

Keogh、Whitman、Beeman、Halligan 与 Starzynski（1987）使用一套融合了口语提示、示范、肢体引导、正向增强、消退以及连锁程序的方案，来教导一位受试者在日常的点心时间进行交互式的手势语对话，结果显示，此干预能大幅增加手势的使用，但是 PND 数值显示此行为无法泛化至其他沟通对象。同一个受试者参与另一个相关的研究（Sommer，Whitman & Keogh，1988），受试者被教导以行为脚本在游戏情境下，使用手势与其他儿童互动，PND 数值显示，此干预对于手势的习得以及泛化至其他的游戏情境的成效也都是存疑的。

Schepis 等人（1982）的研究探讨经过调整后的随机教学对于手势语习得的效应。此研究共有四位受试者，PND 数值显示，此教学对于一位受试者相当有效，对另一位受试者显示有效，一位的成效有令人质疑的地方，一位则完全无效。最后，Sundberg、Endicott 及 Eigenheer 在 2000 年的研究中，利用两位受试者来比较两种使用手势指称物品名称的程序，标准程序为使用口语提示（比如，"那是什么？"），研究结果显示，两位受试者从干预期至泛化期的 PND 数值为存疑到非常有效，同时也显示此程序劣于使用交互式语言提示（比如，用手语比出"口语"的内容），交互式语言提示的 PND 数值在干预期及泛化期皆稳定，呈现非常有效。

以接受性口语为干预目标的研究结果

在这个分项中，只有一篇由 Carr 与 Dores（1981）所完成的研究，研究中提供同时沟通训练给三位受试者并测量他们在接受性语言区辨测验的正确度，PND 数值显示，此训练对三位受试者都相当有效。

研究结果：比较同时沟通法、纯手语教学以及口语教学

这个分组研究的主要目的为比较同时沟通法、纯手语教学以及/或口语教学的成效。Barrera、Lobato-barrera 及 Sulzer-Azaroff（1980）使用同时沟通法、纯手语教学及口语教学三种不同的教学模式来提升一位受试者的表达能力，此研究中表达能力提升的定义为成功地表现出手语或口语的次数增加，纯手语和口语教学的结果显示，PND 数值落在成效存疑的范围，而同时沟通法则具有不错的成效。Remington 与 Clarke（1983）比较同时沟通法和纯手语学对于物品命名以及口语理解之成效，该研究共有两位受试者参与，PND 数值显示，对于这

两位受试者而言,两种教学成效没有差异,都能有效地增加手语的使用以及口语理解的能力。

Yoder 与 Layton(1988)以 60 个口语能力有限的受试者为对象进行了一个随机控制实验研究,研究目的是了解接受治疗前的手语及口语的模仿能力以及在不同教学下的口语表达能力间的关联性,在调整样本数后产生的效应值不大($g<0.20$),四种教学法(纯口语、纯手势、同时沟通法以及手语口语交替)并无显著差异。不论在何种教学下,接受疗育前的口语模仿能力都可有效预测接受疗育后的口语表达能力。

> ## 实务的运用

目前对 ASD 儿童手势语及手势的研究显示其教学对于符号的习得以及理解有一定的效果,如对口语的理解和表达也有一定的效果。这些研究结果建议手势语以及手势对于 ASD 个案而言是相当有用的沟通方式。除了前述的一些手势语的优点外,也可能是因为下列原因:相对于口语,手势语是一种比较贴近代表物的表征性表现方式——许多手势语看起来像其指称对应的事、物(Loncke & Bos,1997)。如在美国,喝的手势语是将手贴近嘴部并稍微转动,像是拿着杯子喝东西。这种手势与实际动作或物品的关联性可以帮助 ASD 个案快速地学会手势语。另一方面,除了一些拟声词,如"哔哔""咔嚓"等能代表其意义之外,口语并不具有图像性。

此外,手势语还有另一个优点,它是非辅助性的沟通方式,所以不需要使用任何外在的设备。因为不需要环境的支持,手势语就像口语一样,不需要携带,也不会遗失或忘记带,个案可以在日常生活以及各种环境中进行沟通(Anderson,2001;Sundberg,1993;Sundburg & Partington,1998)。而且手势语可以让受过手势语训练的人(如家长、照顾者、手足)快速且轻易地了解沟通信息。

手势语最主要的一个缺点就是受限于沟通对象的能力,没有受过手势语或手势沟通训练的对象会无法了解使用手势语沟通模式的 ASD 个案(Mirenda & Erickson,2000)。不熟识的对话者可能可以了解某些比较具体、看起来接近代表物品或动作的手势,但会无法理解抽象或是特定的符号,需要他人翻译。若需要独立与使用手势语的 ASD 个案沟通,而不借由他人翻译,家庭成员、教师、同学或是小区人员必须学习手势语(Miranda & Erickson,2000)。尽管如此,手势语及手势沟通仍然在多模式沟通内扮演一个很重要的角色,不论对话者有没有使用这种方法的经验。

> ## 未来研究的运用

纵然大部分手势语及手势的研究指出了手势语及手势可成功地被教导,且一些研究也发现沟通技能的泛化，但只有少数研究比较手势语、手势以及辅助性沟通，如图像符号（Anderson，2001；Tincani，2004）。目前需要更多比较研究来了解 ASD 学习者从何种模式中获益较多（Miranda，2003）。如本章节所述，有些研究评估手势语和手势对口语输出及理解的影响，但这些研究的样本数偏小，导致研究方法上的一些限制。未来需要使用严谨的研究方法来进一步验证可能的影响。最后，当比较手势语以及手势的研究时，手势研究的数目是短缺的，表明手势运用的研究在自闭症个案这个领域尚未发展健全。这是个令人惊讶的发现，因为不论是正常发展儿童或是 ASD 儿童，手势沟通与口语沟通是同时发展的（Mundy & Gomes，1998；Mundy，Sigman & Kasari，1990）。未来需要更多研究来评量手势沟通的成效，以彰显非辅助沟通模式的潜力。

研究综述：图像符号

与手势语相较，图像符号近年来才开始用于 ASD 者的 AAC 干预，也因此，在这方面的研究比较少。1980 年代开始，临床工作者发现 ASD 者在视知觉的优势能力，并指出视觉空间的图像符号的非短暂特性，更能让 ASD 者从中获益（比如，Schuler & Balwin，1981）。

Lancioni（1983）的研究是在图像符号领域中最早的研究之一，他评估图画符号（如，线条图）的使用对于帮助理解的效应，两位自闭症儿童被教导跟着印在卡片上的图画指示，一开始是简单的分辨（例如，碰触图片上的物品），最后涉及与发展正常的同伴互动（如，将特定物品按照特定的步骤交给发展正常的同伴），两位参与者皆能成功地按照许多图画符号的指示，并泛化至新的图画符号。这份研究是最早将图像符号使用在理解方面的实证之一。以下讨论一些应用在 ASD 者的常见图像符号，但不是运用语音沟通板或图片交换沟通系统。

＞　视觉作息表

视觉作息表是一种被广泛使用于协助 ASD 者在学校或家里，了解并遵循已知行程的视觉提示（Mirenda，2001；Quill，1997；Wood，Lasker，Siegel-Causey，Beukelman & Ball，1998）。视觉作息表有两种应用方式：（1）ASD 者或是其照顾者被教导使用描述"任务内"步骤的图像表来帮助其完成一项在学校或是家中的活动（如 Hall，McClannahan & Krantz，1995；Pierce & Schreibman，1994）。（2）个案可被给予一个描述"任务间"的作息表，好让个案在转换活动时了解接下来会发生什么（如 Flannery & Horner，1994；Krantz，MacDuff & McClannahan，1993；MacDuff，Krantz & McClannahan，1993）。相关研究显示，图像或是文字的作息表可以增进自我管理。对某些个案而言，当作息表干预时，问题行为随即减少或消除（如 Mirenda，

MacGregor & Kelly-Keough, 2002)。本书第十一章提供了一个 ASD 者视觉作息表相关研究的描述性回顾。

> ### 视觉支持对于做选择的帮助

以图像符号为主的视觉支持也可以用来协助 ASD 者做选择(如 Peterson, Bondy, Vincent & Finnegan, 1995)。这种策略对于需要额外信息输入以帮助语言理解的个案特别有利,例如 Vaughn 和 Horner(1995)以一个被鉴定为 ASD 的年轻人为例,当给他提供口语以及图片性的选项来选择食物时,他的扰乱性行为以及攻击行为随之减少,同时,食物选择的接受度也提高。包含 AAC 的选择干预将于第十二章中进行探讨。

> ### 用于表达沟通的图像符号

当沟通板或是沟通皮夹上的图像符号被使用于建构沟通信息时,图像符号可以增强 ASD 者的表达性沟通能力,有不少研究将表达性沟通列为研究结果,这些研究针对符号习得的不同层面以及教学法,如自然情境语言教学法(milieu teaching)或离散尝试性教学法(Discrete Trial Training)(Hamilton & Snell, 1993; Spillane, 1999)。

> ### 扩大性输入以及辅助性语言刺激

扩大性输入(augmented input,又以"扩大性沟通输入"为人所知),是指沟通伙伴以多种策略,将 AAC(通常是以图像符号的形式)与自然口语合并使用,目的在于以提供图像符号使用的方式增强 AAC 使用者的理解(Lloyd et al., 1997)。辅助性语言刺激(aided language stimulation,又称作 AiLS)是一种使用在 ASD 者身上的图像符号的扩大性输入。AiLS 是由 Goossens' 和 Elder 所提出的一种提供给 AAC 使用者在输入以及输出方面帮助的技术(Elder & Goossens', 1994; Goossens', Crain & Elder, 1992)。AiLS 的目标在于教导个案如何认识,并且使用视觉—图像符号沟通。沟通伙伴在 AiLS 里的功能是要在与个案使用口语互动沟通的同时,强调且使个案注意到沟通板上的符号(Goossens' et al., 1994, p.101)。扩大性输入的其他形式,例如扩大语言系统(System for Augmenting Language, Romski & Sevcik, 1996),将于本书的第八章探讨。

> ### 回顾与评价

在图像符号的应用方面,共有 15 篇实证研究符合此研究的筛选标准。研究必须是非电子性质、供用户作为选择的图像符号组或系统的应用;图像符号结合 PECS、其他形式的图片交换,或是使用语音沟通器(SGD)的研究不列入讨论(SGD 和 PECS 在本书的第五章及第十章有深入的讨论）。

　　本节探讨的文献中，绝大部分参与者为自闭症者，一部分参与者伴有其他障碍（肌张力过强或是重度智力障碍），有些是广泛性发展障碍、待分类的广泛性发展障碍（PDD-NOS），或是雷特氏症（Rett syndrome）。这些研究皆为单一受试研究，并依照研究证据的确证性，依序列在附录4B中。有6篇单一受试研究被评为有争议性，其研究结果被列在附录4B的最后面，并不做深入探讨。其余研究探讨了许多不同种类的图像符号组或系统，从彩色照片、线条图、图片沟通符号（PCS）、普里马克符号组、布列斯符号、拼写系统，以及谜意符号（Rebus，一种用图画表示的字）。这些研究也针对不同的研究成果，包括请求、活动转换的技巧、在不同教学程序下称呼命名物体，以及主动同步使用图片。

教导请求行为的结果

　　大部分研究着重于教导请求的行为。而 Johnston、Nelson、Evans 与 Palazolo（2003）的研究提供了确凿性的研究结果。此研究中，三位参与者使用 PCS 来请求参与小组活动，该研究使用自然情境语言教学法的教学步骤，提供沟通机会、示范目标行为、由少至多的提示以及时间延宕。请求行为的 PND 数据显示，三位参与者中，一位参与者显著有效，另两位的成效有质疑性，但研究发现即便过了一段时间，三位参与者皆能有效地维持已学到的技能。

　　在具参考性的研究结果中，Kozleski（1991）比较布列斯符号、彩色照片、拼写系统、普里马克以及谜意符号等五种图像符号组或系统之于习得请求行为的成效，研究显示四位受试者的 PND 数值皆为 100%，表明上列符号同样有效。在效能方面，Kozleski（1990）发现呈现高图像表征度（如照片及谜意符号）组/系统比起低图像表征度组/系统更容易被习得。不过，该研究并未在研究开始前，先依照符号系统的表征度进行排列。沟通符号组/系统之间可从不同方面来比较其异同，表征度只是其中之一，所以很难用这单一向度结论来推断是否会影响图像符号学习的成效（Schlosser & Sigafoos，2002）。

　　在 Reichle 等人（2005）的研究中，一位 ASD 成人被教导使用 PCS 来请求协助以及进行组装物品的职业活动，PND 数值指出此教学对于请求协助行为的习得成效未必有帮助，但对于组装物品的完成度有很大的成效。Sigafoos（1998）使用差别增强教导提出请求以及拿取物品的使用条件，参与者被教导用手指一个表示"要"的符号的线条图，来索取被放置于远处的物品，及直接拿取在身旁之物品的两种行为，PND 数值证明此教学能有效教导两种行为。综合以上研究，研究提供确凿性至具参考性的研究证据，支持图像符号对于教导 ASD 者习得请求行为是有成效的。

活动转换的技巧行为的结果

　　共有两篇研究针对使用图像符号作为转换活动的视觉提示，一篇研究（Bryan & Gast，2000）提供了占优势的研究证据，表明视觉作息表有助于增加儿童的活动专注力，以及遵循行程的能力。研究表明提供了有课堂活动插画的视觉作息表后，四名参与者在读写活动的表现上都有进步。当移除了视觉作息表后，参与者的表现随之变差。此干预也能有效减少儿童关注于非相关事物的不专注行为以及不适当行为，如拒绝或是发脾气。根据 PND 数值，图片呈现的活动作息表对于四位参与者都有高度的影响，受试者甚至能够泛化至新的行程表。

另一个由 Dettmer、Simpson、Smith Myles 与 Ganz（2000）的研究提供具参考性的研究证据，表明视觉提示或能帮助缩短学生从"被给予教导提示"至"开始进行新活动"之间的时间间距（换句话说，若提供视觉上的协助，学生从接收到提示至学生开始参与新活动之间的转换时间会缩短）。此研究中，研究者准备了一个相簿，里面是用线条图来完成的视觉作息表，两位受试者被教导使用这个相簿来转换不同的学校或小区活动。这些视觉提示对于减少这两位参与者的活动转换时间是相当有效的（PND 数值为 100%）。

以认读拼写文字为干预目标的研究结果

Hetzroni 与 Shalem（2005）的研究提供了占优势的研究证据，表明自闭症儿童在有效的方法下，可以学会使用拼字来比对（公司或机构的）标识。研究者组合希伯来文以及食品商标，使用计算机教学的方式教导六位参与者商标的意思，教学过程中，食物商标会逐渐被褪除，直到参与者可以认得希伯来文字。此研究并未得到一致的结果，研究表明有三位受试者的 PND 数值显示此干预是有效的，另三位受试者的结果却显示干预未必有效。但要注意的是，此研究只针对拼写文字以及食品商标的配对，精熟这种配对能力未必代表个案有能力使用拼写文字进行功能性沟通。

探讨教学策略的研究结果

关于教学策略的研究只有一篇，Spillane（1999）比较离散尝试性教学法以及随机教学之于 PCS 的习得。研究证据的确定性为具参考性，但研究成果仅一名参与者在被要求使用相对应的沟通符号来表达参与者偏好的物品的情形下，有极低的正确率。研究结果显示两种教学法并无差别，PND 数值显示此两种教学对于图像符号的习得并无帮助，此研究中一位参与者为自闭症者，第二位受试者并非自闭症者，故此研究无法用来确定两种教学法何者有效。

以使用图卡为干预目标的研究结果

Stiebel 于 1999 年的研究，是以三位参与者来探讨主动使用沟通图卡作为解决问题行为的成效，沟通图卡为各种彩色照片，包括了各种可用来进行功能性沟通的信息，如寻求协助、做选择以及提出请求。该研究使用的是一套包含了褪除的图片功能性沟通教学，研究者记录受试者用手触点沟通图卡，或是尝试将图卡交给沟通伙伴的行为。结果显示每位受试者的学习成效不同，PND 数据显示此教学对一位受试者有高度成效，一位受试者有一定成效，对另一位受试者无效，在维持期也有相同的表现。

> ### 实务的运用

现有的文献中,有最多的实证研究支持使用图像符号来教导个案表达请求的成效。在这些研究中,儿童以及成人被成功教导表达不同的请求,包括了请求游戏活动、协助,以及获得想要的物品。但是此方面的研究尚未能够达到了解个案能否了解选项,并有效地从不同沟通符号组/系统中做出选择的关键点。

实务工作者可根据 Kozleski(1999)的结果,将沟通符号组/系统的表征度作为一开始选择沟通符号的考虑要素,但仍需了解其研究的限制。因此,根据表征度的假设,具有高表征度的沟通符号组/系统是比较受到偏爱的(也就是说,与对应的指称事物有高度关联性的符号较容易习得)(Fristoe & Lloyd,1979)。

Mirenda 与 Locke(1989)所做的研究也支持此一论点,其研究比较实际物品、照片、线条图、布列斯符号以及书写文字对于自闭症者、智力障碍者以及多重障碍者所知觉的符号的透明度(指在不给予任何提示的情形下,能够理解符号意义的程度)。随着符号本身与对应的指称事物的相似度降低,学习者对符号的习得成效也跟着下降。这个研究结果可支持下列的符号透明度难易层级表,对于发展性障碍者,从简单到困难的顺序为:实物、彩色照片、黑白照片、小模型、线条图、布列斯符号以及书写文字。

同时,我们迫切需要了解 ASD 者独特的信息处理过程以及学习风格,这些可能会导致他们在学习以及识别符号方面出现特殊的方式。如 ASD 者依照个案的不同,在认知方面的障碍程度会有很大的差异,因此,有些个案符号识别的整体能力会受到限制,导致个案能使用一些符号组/系统来沟通请求想要的东西,但是却无法使用同种符号组/系统来回答问题或主动与他人沟通。这些都是实务工作者在替个案选择使用沟通符号时需要考虑的方面。

另外,ASD 者在活动的转换也会有困难(Cohen & Volkmar,1997)。因此图像符号也可能对在教育环境下、家庭或是小区活动的转换有帮助。虽然范围受到限制,但目前的研究提出有力的证据,证明视觉作息表能有效帮助 ASD 者独立地从一个活动转换到另一个活动,视觉作息表提供有结构性的教学环境,让接下来会发生的事情具体化,并减少成人持续提示的需求(Schopler,Mesibov & Hearsey,1995),视觉型活动作息表可能可以帮助他们在最少协助以及最少增强之下,专注于当前适当的相关活动。

目前在教导图像符号方面,仍缺乏足够研究证据来协助实务工作,找出何种教学和干预方法能最有效教导 ASD 者图像符号组/系统。现存的文献显示自然教学策略可能具有成效(例如,Johnston et al.,2003)。不过,目前没有任何比较不同教学策略的研究,实务工作者必须依赖他们的临床工作经验来选择适当的教学方式。

> ### 未来研究的方向

正如本研究所提供的研究证据,图像符号于 ASD 者的研究尚未扩展至教导功能性沟通之外以及其他相关的技巧(即提出请求以及活动转换)。未来研究应着重于与发展自然言语、社交以及语言技巧(增加语音、教导动词-名词短语、延伸句子长度)有直接相关的研究成果。目前 PECS 开始进行此方面的研究,PECS 是一种结构化、以行为学为基础的教学课程,教导使用视觉图像符号沟通(Bondy & Frost,1994)。PECS 通常使用 PCS 来教导儿童利用图片交换表达请求技能,但是近来有些探索 PECS 的创新研究,例如将布列斯符号带入 PECS,探究符号的图像表征度(Angermeier,Schlosser,Luiselli,Harrington & Carter,2008)。PECS 对于促进自然语言发展的成效也被探讨(如,Anderson,2001;Tincani,2004;Tincani,Crozier & Alazetta,2006)。这些研究应被延伸使用于不同的沟通符号组/系统,以及 PECS 以外的教学法。

随着图像符号研究的进展,为了保持严谨,当持续研究某种教学法的同时,也应针对不同的自变项(如不同程度的符号表征度或复杂度)做进一步探讨。接着下一步,研究应该针对参与者的能力特征,例如认知功能的程度、ASD 的类别、接受治疗前的言语以及语言能力,以及图像符号特征与研究结果间的相关性等议题进行探究。随机实验研究的使用以及成长曲线分析为进行此类亟需的研究提供了良好的研究模式,例如 Yoder 与 Stone(2006a,2006b)的研究就是使用这些研究技术来检视 PECS 以及语言前期的自然情境语言教学法两种教学干预的成效。

除了教导提出请求的功能性沟通之外,将图像符号应用于视觉作息表,用来支持活动转换的研究证据也在发展中,此部分目前只有两篇研究符合本文的筛选标准,且两篇都未被评断为确凿性的研究证据。视觉作息表的研究缺乏是很令人感到惊讶的,因为至少在美国,几乎每个有 ASD 者的教室内都会采用视觉作息表(H. Shane,personal communication,2008-04-14)。也因此,如果有实证数据支持视觉作息表确实可帮助 ASD 儿童对活动转换的理解,那么这些研究结果将能让图像符号研究中增加除了能提升表达目标之外,还可提升理解目标的有效性。

如同 Hetzroni 与 Shalem(2005)所提出的,ASD 儿童似乎能够将图像符号与拼字文字相配对,这个研究结果为 ASD 者带来希望,但是配对能力是否能够提升沟通能力仍有待进一步探讨。未来需要更多研究再度探讨以及确认研究成果,同时调查文字系统的符号潜力,特别是配对以外的沟通功能。研究已经证实,在众多需要 AAC 的儿童所使用的沟通符号组/系统中,文字符号是最难习得的(Fuller,Lloyd & Stratton,1997)。然而,传统的文字仍然是相当重要的符号系统,因为它可以直接与阅读联结,并提供学习者与书写文字互动的机会(此处特别指的是像英文、法文等用字母拼写的语言)。探索 ASD 者使用文字符号的潜能,或许能给他们提供更多可被接受的、适龄的沟通选项。

选择手势语或图像符号的考虑因素

许多只有有限的或是没有口语能力的 ASD 儿童受益于以手势语或是图像符号为基础的 AAC 干预,但是,诚如本章中提供的证据,这两种方法的研究尚未发展至可以可靠地协助临床决定。目前能够用来支持某些成果(如请求、手势语的产生)的实证研究发现正在逐渐发展中,但还是很缺乏的,并且需要在其他方面的证据(如手势语的学习、转换)佐证。目前只有少数文献比较手势语、手势和图像符号的成效。此外,虽然已出版的研究提供这些 AAC 策略对于某些方面有正面的影响,但是没有任何证据显示某种策略优于另一种,能够帮助儿童提升更多自发性的、生成性的沟通,或是增进泛化(Howlin,2006)。

在这种情况之下,实务工作者在选择适当的教学干预时,必须在研究证据之外辅以其他考虑。在少数的比较辅助性及非辅助性 AAC 成效的研究中(在此研究中是比较 PECS 以及手势语),Anderson(2001)提出了四个考虑的层次:每种形式既有的优点及缺点、通用的优势、使用者的偏好、以及照顾者的偏好。下节将针对各个考虑因素,分析手势语以及图像符号。

＞ 手势语以及图像符号的优缺点

手势语以及图像符号一直都有理论上的争辩,有些已经在本章节前段提过。赞成使用手势语者所抱持的论点之一为:相较于图像符号的使用,手势语较容易区辨(Michael,1985;Sundberg & Michael,2001;Sundberg & Partington,1998;意指区辨不同的手势语符号比区辨不同的图像符号来得容易),图像符号需要有制约式(多重刺激下)的区辨,而手势语是非制约式(单一刺激)的区辨。

为了阐明两者之间的差别,Sundberg 与 Partington(1998)使用一个个案做说明:一位个案想要通过图像符号请求杯子,个案对于杯子的动机(第一刺激)和图像符号(第二刺激)都同时存在,当使用手势语进行沟通,个案的动机是唯一必须的刺激,因为"杯子"的手势语并不以空间性的形式存在(意指:当个案想要用手势语请求杯子时,他只需要有想要杯子的意念,然后将手势语比出来,手势语并不像图像符号,必须先被打印或画在纸上)。Sundberg 与 Partington 也认为相较于制约式,非制约式的区辨较容易习得,因为只涉及了单一刺激以及单一回应。

同样地,手势语是否比较容易习得,也是长久以来被讨论的议题,因为手势语只需要单一而非多重的肢体反应(意指儿童只需要做出手势语动作,而使用图像符号时,却需要先随某一方向逐一巡视符号,直到找到需要的信息并加以选择;Michael,1985;Potter & Brown,1997)。

另一方面,有研究者认为这种 ASD 者学习手势语会比学习图像符号容易的假设并不合理(Koul,Schlosser & Sancibrian,2001;Mirenda & Ericson,2000),因为图像符号的一个优势是记忆方面的需求不如手势语那么高(Miranda,2003)。手势语的其他限制包括沟通伙伴也必须能使用并理解手势语(如同本章节前面所提及的),此外,对于某些个案,肢体方面的限制或许会妨碍手势沟通的习得(Minshew,Goldstein & Siegel,1997)。近期的研究也显示手势语的习得并不只取决于儿童的肢体能力,也与符号处理过程、社交技巧(Bonvillian & Blackburn,1991)以及执行功能(Seal & Bonvillian,1997)等有关。

从实务工作的角度来看,相较于手势语或是抽象符号,图像符号(尤其是指具有高表征度的)似乎具有较高的优势:①较不需要记忆力以及认知能力;②较不需要肢体能力;③较不熟悉的沟通伙伴也比较容易理解图像符号的意义,以及较容易提示。然而,图像符号的缺点也不容忽视,特别是使用图像符号沟通的速度非常慢,很难赶上一般对话的速度。流畅的口语沟通每分钟可高达 150~250 个词汇,选择图像符号通常每分钟只可进行 2~8 个词汇(Howlin,2006)。此外,轮替对话可能会受限,也很难顾及语法或语意的关系。

图像符号的学习成效差异很大且无法预测,虽然有些发展障碍的个案能够很迅速地学习基础的符号词汇,但有些个案需要更长的时间(Abrahamsen,Romski & Sevcik,1989)。另外,教导 ASD 者图像符号会遇到一定程度的困难,就如 Konstantareas(1987)以及 Kiernan(1983)所提出的,他们的研究发现,ASD 者在未经提示时主动使用图像符号的次数非常少;其图像符号通常只使用于请求物品,而非主动开始社交互动,且难以泛化至不熟悉的内容。

从实务工作者的角度而言,能够考虑各种 AAC 系统的特性、教导如何克服其困难,以及了解对于使用者可能带来的帮助是非常重要的(Anderson,2001)。例如对于一位具有良好手部动作、且主要沟通对象都是使用手势语的人而言,学习通过手势语来沟通是必要的;反之,对于一位主要依赖视觉学习、肢体协调以及模仿动作有困难、且主要沟通对象都不熟悉手势语的人,图像符号是必要的。当然,在决定 AAC 决策时,需要考虑许多的评量结果(见第二章),这些抉择必须以个案为考虑之依据。

> **通用的优势**

第二个考虑的层次着重于每种 AAC 的通用优势,这是指每种 AAC 形式固有的、对于不同个案都能带来的好处,不论个案的程度和能力如何。例如,手势语的两种通用优势即为携带性以及不受限的词汇量;图像符号的两个通用优势为不需翻译转换,以及能被大部分的沟通伙伴了解。

给予沟通伙伴适当的手势语教学，加上良好的精细动作（手部动作），手势语可以成为多重沟通模式中的其中一环，搭配上图像符号、语言沟通器，以及个案尚存的其他沟通形式（如手势、语音、脸部表情）。如此一来，使用手势语的个案能够稳定地从手势语中获益，同时也学习使用其他的 AAC 技术来扩展对话内容以及与他人沟通的实用性。不过需要进一步探讨如何教导使用手势语来支持多重沟通模式。

到目前为止，只有少数的研究比较手势或手势语以及其他沟通模式，其中之一的研究是，Sigafoos（1998）教导一位儿童在能拿取到语言沟通器的状态下使用语言沟通器来沟通；在语言沟通器不在身边的状态下使用手势（亦即伸手取得）。同样地，Sigafoos 和 Drasgow（2001）的研究以一位被鉴定为发展性障碍，但尚未被确定为自闭症的个案，比较其手势语以及语言沟通器的使用。因此，未来需要更多的研究支持教导手势语以及手势来作为使用的筛选条件，特别是与图像符号相互比较。

＞　使用者的偏好

个案的偏好可能会影响使用正确率以及完成教学后的持续使用意愿，不论选择的是何种形式，重要的是必须符合使用者的兴趣以及需求，此外，此形式必须适用于使用者日常的生活环境，配合使用者的偏好也能大幅增加成功率以及使用动机，这点在早期干预中特别重要，尤其是当神经系统以及行为的可塑性都很高的时候（Chugani，Phelps & Mazziotta，1987）。当需要了解年纪非常小的 ASD 幼童的回应及偏好时，需要使用经过改良的测验，关于决定 ASD 成人偏好测验的部分，请见第十六章。

＞　照顾者/支持者的偏好

ASD 者的照顾者及其他支持者也必须对选定的 AAC 方法感到自在。要让教学干预成功，必须在不同的情境及内容下持续地给予增强，实证实务强调整合照顾者的观点、研究证据以及临床专业人员的意见，是作为临床决定的必要元素（Schlosser & Raghavendra，2004）。若是照顾者及其他支持者对于所选定的 AAC 感到不自在，他们非常可能不会鼓励在家中或是小区里使用这种形式来进行沟通，于是个案只能在学校或工作场合使用，若是照顾者不愿配合在家使用，就变得无意义了。

就如 Howlin（2006）所指出的，典型发展的儿童从出生开始就受到口语以及语言的刺激，于是能自然发展出口语及语言能力，若期望一位重度沟通障碍者每天只短暂使用 AAC 系统，却期望他们发展出有效的沟通技能，似乎也不切实际。我们必须教导照顾者以及其他支持者关于 AAC 的益处，以及改善态度与运用方法，鼓励其持续在学校、工作场合、社区以及家中使用。

结论

本章节提供了两种重要的 AAC 策略：手势/手势语以及图像符号。主要目的是提供给实务工作者和相关者已经筛选过的研究证据，来协助临床或是教育方面的抉择。目前许多现有的证据提供了实务方面的应用，但是我们必须了解到，研究证据本身不能，也不应该被直接用来作为实务工作上的准则。事实上，实务工作者必须统整已经评估过的研究证据，并结合他们本身的临床或教育方面的专长经验、使用者和照顾者的偏好。换句话说，重要的是实务工作者要能执行有深度的、个别化的测验，结合照顾者和其他相关者的想法，以及研究证据和测验结果。

至于研究证据本身，研究中 ASD 者特征的笼统描述以及陈述教学干预的成功与否，这些信息不足以协助为其选择适当的 AAC 策略。ASD 者间的差异非常大，目前的研究逐渐主张 AAC 策略的选择必须与特定的目标以及个案的特征相关联，而不只是参考研究中描述以及预测的指标。Yoder 与 Stone（2006a，2006b）的研究是一个很好的个别化策略的范例，他们探讨教学干预前的物体探索能力或共同注意力与研究成果的关系。

手势语及图像符号的研究在过去三十年来有显著的发展，但是，还有更多议题值得深入探讨。大致说来，我们必须注意到大部分的手势/手势语及图像符号研究的研究价值都被评为具参考性，进一步的检视发现这些差一点被评为"完美"的研究都没有提供实验处理的教学干预完整性的信息（Schlosser，2002）。遗憾的是，虽然干预完整性的重要性早在行为科学的领域中被认同，许多研究仍然没有提供相关信息（Peterson，Homer & Wonderlich，1982）。因此，研究者必须重复这些研究并测量教学干预完整性，这样一来可确定研究成果是教学干预导致的。

根据不同的研究观点，本章节给予临床实务及未来研究对于辅助或非辅助沟通的建议不同，有些研究（Hetzroni & Shalem，2005；Ingersoll et al.，2007）提供在理想的状态（通常指的是在研究机构或是诊疗室等场合）下，教学干预之效果（亦即"efficacy"效能［Robey，2004］，或是"effectiveness"有效性［Schlosser，2003］）的良好研究证据，这些现存的研究证据应在实际状态（意指学校环境或其他生活情境）下重复进行，好了解教学干预是否在更为一般的环境下也能产生相同的效果。

对于被列为不严谨的研究证据，研究者仍需确定该教学干预在理想状态下的成效，再逐渐实施在一般情境（实际状态）中。实证研究在 AAC 领域越来越受到重视，继续发展以及提升手势语以及图像符号的研究素质是受到肯定的，这些研究成果有助于达成最终目标，即协助做临床工作上的决定。

附录 A 手势语和手势的研究总览与评价

研究	研究目的	研究对象(生理年龄以年,月呈现;功能性口语)	研究设计	研究结果	效应估计值:未重叠数据数据的百分比或标准偏差(Cohen's *d* 和 Hedges' *g*)	评价
Anderson (2001)	比较和手势语的学习	6个小孩:John(2,11;很少语词),Cory(2,3;无口语),Alex(2,7;无口语),Maya(2,10;无口语词),Ryan(4,11;很少语词),Sara(1,11;无口语)	多探式设计结合交替处理设计	用手势语比出学过的项目	John, 100; Cory, 100; Alex, 100; Maya, 100; Ryan, 100; Sara, 100	证据具确凿性。完善的研究设计,观察者间一致性和实验处理严密性良好。
Buffington, Krantz, McClannahan 和 Poulson (1998)	证明示范、提示和增强对手势学习的影响	4个小孩:Anne(6,5),Oscar(6,4),Kevin(4,5),Nick(4,5);四个都有一些口语	跨行为的多探式设计	1.学习:用手去指,并说"看"来示意。 2.跨情境和刺激的类化。	1.学习:Anne, 94; Oscar, 96; Kevin, 96; Nick, 95 2.类化:未提供时间序列数据	1.学习:证据具确凿性。研究设计,观察者间一致性和实验处理严密性良好。 2.类化:尚无定论。依据报告的结果类化尚未明确。

续表

研究	研究目的	研究对象（生理年龄以年.月呈现；功能性口语）	研究设计	研究结果	效应估计值：未重叠数据数据的百分比或标准偏差（Cohen's *d* 和 Hedges' *g*）	评价
Ingersoll, Lewis 和 Kroman (2007)	检视交互模仿训练是否可以成功地教会立即性手势模仿，以及模仿是否会导致自发性的手势使用	5 个小孩：Noel (3,2), Gage (4,1), Zane (3,7), Iseiah (3,7), Graham (2,10)；五个都有一些口语，但手势模仿有障碍	跨受试的多基线设计	1. 手势模仿 2. 结合手势模仿 3. 主动使用手势 4. 主动结合手势	（学习/维持） 1.手势模仿：Noel, 96/100; Gage, 100/100; Zane, 45/67; Isaiah, 62/67; Graham, 72/67 2.结合手势模仿：Noel, 96/100; Gage, 96/67; Zane, 32/0; Isaiah, 69/67; Graham, 36/67 3.主动使用手势：Noel, 61/0; Gage, 32/33; Zane, 86/33; Isaiah, 15/0; Graham, 84/100 4.主动结合手势：Noel, 57/0; Gage, 16/0; Zane, 64/0; Isaiah, 23/33; Graham, 79/100	证据具重要性。完善的设计。跨五位受试者的实验复制；虽然有呈现类化和追踪期，但类化的探测数据却混入学习的数据，并未分开。观察者间一致性和实验处理严密性良好。亦有提供社会效度。
Tincani (2004)	比较手势语和手势的要求表现以及口语表达	2 个小孩：Carl (5,10; 无口语但有一些模仿行为)；Jennifer (6,8; 会模仿语词和词组)	交替处理设计	1. 独立进行要求 2. 说出语词	1. 独立进行要求：Carl, 82; Jennifer, 78 2. 说出语词：Carl, 100; Jennifer, 100	证据具重要性。自然口语设计和干预设计并没有持续地收集数据。观察者间一致性和实验处理严密性良好。

研究	目的	参与者	设计	依变项	结果	评价
Barrera, Lobato-Barrera 和 Sulzer-Azaroff (1980)	比较单独使用手势语，口手势语并用（沟通法，在符号表达或口语命名方面的表现	一个小孩（4, 6；有缄默症的纪录）	交替处理设计	手势语表达或口语命名	单独使用手势语：56；口语：67；口手势语并用：89	证据具参考性。实验设计和程序保障措施同时将顺序效应以及类化效应降到最低。符号虽用力求均等，但只通过非正式的方式，且未将所有可能会造成学习困难的已知变项纳入考虑。观察者间一致性佳，但缺乏严密的实验处理的评价，请见项。（欲知详细的评价，请见 Schlosser, 2003）
Carr, Binkoff, Kologinsky 和 Eddy (1978)	评估是否只需使用提示、褪除和刺激物交替循环，即可改善手势语表达	4个小孩：Bob（15；无功能性口语，只会发少许声音），Dan（15；无功能性口语，只会发少许声音），Doug（14；无功能性口语，只会发少许声音），Patrick（10，无功能性口语，只会发少许声音）	针对教过的物品命名，采跨行为的多基线设计	手势语命名	Bob, 100；Dan, 100；Doug, 100；Patrick, 100	证据具参考性。观察者间一致性佳，但缺乏严密的实验处理。
Carr 和 Dores (1981)	评估口手势语并用沟通法训练，对手势语和口语理解的影响	3 小孩：Jon（10），Mel（11），Len（11）；全部都没有有可辨识的口语	针对教过的物品命名，采跨行为的多基线设计	对语言理解任务的正确反应（口语或手势语理解）	Jon, 100；Mel, 100；Len, 100	证据具参考性。研究设计佳，观察者间一致性良好，但未提及实验处理的严密程度。

续表

研究	研究目的	研究对象（生理年龄以年,月呈现;功能性口语）	研究设计	研究结果	效应估计值:未重叠数据的百分比或标准偏差（Cohen's d 和 Hedges' g）	评价
Carr 和 Kemp (1989)	确认是否可以用手去取代领路,作为要求的一种方式	4个小孩:Cal（5）,Jim（3）,Sue（3）,Mike（5）;全部都只能发声,但没有功能性口语	跨受试的多基线设计	通过①手指和②领路,进行笼统的要求	1.手指:Cal,100;Jim,100;Sue,100;Mike,100 2.领路:Cal,100;Jim,100;Sue,100;Mike,100	证据具参考性。完善的研究设计,良好的观察者间一致性,但缺乏严密的实验处理。
Carr 和 Kologinsky (1983),实验1	评估是否提示、褪除、区别性增强和附带教学的合并使用,可以促成主动要求和跨伙伴的类化	3个小孩;John（9;无功能性口语,也没有声音）,Mike（10;无功能性口语,也没有声音）,Bob（14;无功能性口语,也没有声音）	多基线设计结合倒反设计	1.学习主动要求 2.跨伙伴的要求行为类化	1.学习:John,100;Mike,100;Bob,100 2.类化:John,100;Mike,100;Bob,100	证据具参考性。部分皆具良好的干预,类化研究设计,观察者间一致性佳,但没有严密的实验处理。
Carr 和 Kologinsky (1983),实验2	评估是否特定的提示增强可以导致更好的手势语表现,以及更好的跨成人和情境类化	3个小孩:Tom（10,缺乏口语）,Andy（11,缺乏口语）,Len（14,缺乏口语）	ABCBCD,其中B代表语1有手势语只有干预,C代表只有干预,语2有干预,D代表两者都有干预	1.学习主动要求 2.跨伙伴和情境的要求行为类化	1.学习:Tom,100;Andy,91;Len,100 2-1情境类化:Tom,100;Andy,100;Len,100 2-2伙伴类化:Andy,100;Len,83	证据具参考性。（顺序效应在此并不构成问题,因为是同一种干预法,只是不同阶段使用的手势语不一样而已),观察者间一致性良好,但没有严密的实验处理。

作者（年份）	研究目的	受试者	设计	目标	数据	证据评价
Carr, Kologinsky 和 Leff-Simon（1987）	检视提示、褪除、刺激物交替循环和区别性增强对使用手势语描述动作-受词词组语的影响	3个小孩：Ron（15），Dave（16），Rick（11）；全都没有功能性口语，只会牙牙学语	针对三个动作，采跨行为的多基线设计	用手势语表达新的（也就是类化的）动作-受词词组	Ron,92；Dave,100；Rick,95	证据具参考性。研究设计佳，观察者间一致性良好，但缺乏严密的实验处理。
Keogh, Whitman, Beeman, Halligan 和 Starzynski（1987）	评估口语提示示范、肢体引导正向增强、褪除以及程序改变，对于用手势语起始沟通、用手势语响应和非手势语响应所造成的影响	1个小孩（14，偶尔会发声）	跨对话情境的多探式设计	1.学习 2.类化至个案与个案间的互动：用手势语起使沟通、用手势语响应和非手势语响应	1.学习:100 2.类化:40	证据具参考性。干预设计和类化设计佳，观察者间一致性良好，但缺乏严密的实验处理。另外，三个依变项都被加总后一起放入图表中，因此难以判断个别的影响力。
Remington 和 Clarke（1983）	比较单独使用手势语和口手势语并用沟通法，对手势语命名以及理解的影响	2个小孩：Diane（10；无功能性口语和牙牙学语），John（15；有一些不具功能性的口语）	交替处理设计	1.手势语命名 2.口语理解	1.手势语命名：Diane, 100; John, 100 2.口语理解：Diane, 100; John, 100	证据具参考性。研究设计和程序保障措施同时将顺序效应以及类化效应降到最低。受试者内的复制设计强化了研究结果的内在效度。符号组通过客观的方法求均等。观察者间一致性良好，但缺乏严密的实验处理。（欲知详细的评价，请见 Schlosser, 2003）

续表

研究	研究目的	研究对象(生理年龄以年,月呈现;功能性口语)	研究设计	研究结果	效应估计值:未重叠数据数据的百分比或标准偏差(Cohen's *d* 和 Hedges' *g*)	评价
Schepis, Reid, Fitzgerald, Faw, Van Den Pol 和 Welty (1982)	评估修改后的附带教学策略对手势语学习之影响	4个小孩:受试者1(11;偶尔会发声),受试者2(7;无可辨识的口语),受试者3(9;无可辨识的口语),受试者4(11;无可辨识的口语)	跨日期和跨受试者的多基线设计	1.手势语表达(沟通功能不明确)2.发声	1.手势语表达:受试者1,29,受试者2,83,受试者3,92,受试者4,59 2.发声:没有计算,因为没有时间序列的数据	手势语表达:证据具参考性。研究设计佳,观察者间一致性良好,但缺乏严密的实验处理。发声:证据具争议性。数据被转化为平均数。
Sommer Whitman 和 Keogh (1988)	针对某一教导重度发展障碍者和个别人士手势语的方案,进行成效的检视	1个小孩(14;偶尔发声)	跨受试的多探式设计	1.学习 2.跨情境的类化:用手势语起使沟通,用手势语响应和非手势语响应	1.学习:67 2.类化:67	证据具参考性。研究设计佳,观察者间一致性良好,但缺乏严密的实验处理。此外,三个依变项都被加总后一起放入图表中,因此难以判断个别的影响力。
Sundberg, Edicott 和 Eigenheer (2000)	比较标准程序和交互式语言程序对训练以手势语进行命名的成效	2个小孩:受试者1(5;有限的口语),受试者2(4;有限的发声能力)	有基线期和倒反设计的交替处理设计	使用(1)标准程序和(2)交互式语言程序的正确命名百分比	1.使用标准程序学习:受试者1,85;受试者2,87。维持:受试者1,67;受试者2,100 2.使用交互式语言程序学习:受试者1,96;受试者2,97。维持:受试者1,100;受试者2,100	证据具参考性。研究设计得宜,观察者间一致性良好,但缺乏严密的实验处理以及量化的追踪数据。另外,样本数少也使该研究受到局限。

研究	目的	参与者	研究设计	成效测量	结果	评论
Yoder 和 Layton (1988)	检视干预前的口语模仿能力和训练情境对训练以手势语进行命名的影响	60个小孩;平均年龄为5岁;且根据父母表示,他们的语词均≤25个	随机对照试验	在四种干预情境下,孩子主动起始的不同口语词汇回应(仿说或回应的词汇均不纳入计算)	情境1相较于情境2的 $d=0.73$;$g=0.19$ 情境1相较于情境3的 $d=0.43$;$g=0.11$ 情境1相较于情境4的 $d=0.33$;$g=0.09$ 情境2相较于情境4的 $d=-0.33$;$g=-0.09$ 情境2相较于情境3的 $d=-0.30$;$g=-0.08$ 四种情境间并无显著差异	证据具参考性。研究设计佳,但缺乏实验处理严密处理严密度的数据。
Brady Smouse (1978)	比较口手势语并用沟通法、单独使用手势语训练和口语训练,对口语理解的影响	1个小孩(6,4;会主动发出无法辨识的声音)	交替处理设计,第三阶段使用的是最有效的干预法	口语理解	因为研究证据具争议性,所以没有作分析计算	证据具争议性。研究设计(在不同情境中使用一样的词汇和物品)并未排除类化效应,且欠缺严谨的实验处理。(欲知详细的评价,请见 Schlosser, 2003)
Hundert (1981)	比较多种刺激训练和单一刺激激训练对手势语命名的影响	1个小孩(10;无功能性口语)	交替处理设计	手势语命名	因为研究证据具争议性,所以没有作分析计算	证据具争议性。虽然使用了随机分配,但没有提供证据证明所选择的符号组是否真的有力求均等。
Oxman, Konstantareas 和 Liebovitz-Bojm (1979)	评估口手势语并用沟通法对训练发声时回应的影响	10个小孩(平均年龄为9,3;极少或没有口语能力)	等组前后测设计	第一次试验的反应、构音正确性	因为研究证据具争议性,所以没有作分析计算	证据具争议性。该研究犯了一个一致命的错误,因为控制组的小孩不全是自闭症者,另外,该研究的样本数少,而且没有做严密的实验处理。

续表

研究	研究目的	研究对象（生理年龄以年，月呈现；功能性口语）	研究设计	研究结果	效应估计值：未重叠数据的百分比或标准偏差（Cohen's d 和 Hedges' g）	评价
Saraydarian (1994)	评估是否使用口语手势语手用沟通指射法示范物品指射的对象，可以强化指射对象的辨识能力以及表达能力	实验组：10个小孩（平均年龄为 6，2；无口语或是在口语或手势语言发展方面有重度迟缓）	随机对照试验	1. 口语理解 2. 命名表达（使用手势语，口语或口语手势语并用）	因为研究证据具争议性，所以没有作分析讨算	证据具争议性。该研究犯了一个致命的错误，因为控制组的小孩并不全是自闭症者，而且没有做严密的实验处理。

附录 B　图像符号的研究总览与评价

研究	研究目的	研究对象（生理年龄以年，月呈现；功能性口语）	研究设计	图像符号	研究结果	效应估计值：未重叠数据数据的百分比或标准偏差	评价
Johnston, Nelson, Evans 和 Palazolo (2003)	证明是否制造沟通机会、示范，提示相提供自然结果对要求行为有有成效	3个小孩：Brad（4，3；有自闭症，认知迟缓，面部畸形，口语句长1~2语词），Alex（5，3；有广泛性发展障碍，认知迟缓，口语句长4~6语词），Billy（5，1；有自闭症，多重障碍，语言紊乱）	跨受试的多探式设计	闪卡上的图片	正确地要求玩乐（图像符号或口语；学习、维持、类化）	学习 要求：Brad，95；Alex，53；Billy，45 维持：Brad，100；Alex，100；Billy，100 类化：因为研究证据具争议性，所以未作计算	学习：证据具确凿性。研究设计完善，观察者间一致性和实验处理严谨程度良好。类化：证据具争议性。没有基线。
Bryan 和 Gast (2000)	评估视觉活动划划表对增加专注行为和准时行为的成效	4个小孩：Allen（8，11），Tim（8，0），Jack（7，4），Jenny（8，6）；四个皆有自闭症，但未提及口语能力	A-B-A-B 倒返设计	在相簿中有2英寸*×2英寸的线条图	1.准时（在工作分析中逐步完成任务）2.专注于排定要做的事物上（准时执行活动或准时转换活动）3.减少受到未排定事物的分心的影响而出现准时活动行为（没有准时执行活动或准时转换活动）	学习/维持/类化：1. Allen，100；Tim，100；Jack，100，Jenny，100 2. Allen，100；Tim，100；Jack，100，Jenny，100 3. Allen，100；Tim，100；Jack，100；Jenny，100（所有MBR）	证据具确凿性。研究设计完善，但对类化效应应只做些微控制。观察者间一致性和实验处理严谨程度良好，但没有对干预进行类化处理。不过，该研究的优点点之一是提供了社会效度。

*　1英寸约为2.54厘米。

续表

研究	研究目的	研究对象（生理年龄以年，月呈现；功能性口语）	研究设计	图像符号	研究结果	效应估计值：未重叠数据数据的百分比或标准偏差	评价
Hetzroni 和 Shalem（2005）	评估多层次的软件对教导拼字符号辨识所带来的成效	5个小孩：Max（11，0；只有少数几个单一词汇长的口语）；Bob（11，0；无口语）；Gina（13，0；无口语）；Lara（10，0；不会发声）；Sara（10，0；无功能性口语和仿说）；Al（10，0；无功能性口语和仿说）；六个皆有自闭症和中度智力障碍	跨受试的多探式设计	计算机屏幕上的拼字符号	正确地将拼字符号和对应标志配对的次数	Max，67；Bob，70；na，88；Lara，60；Sara，82；Al，50	证据具重要性。研究设计完善，但是否提供干预期的探测或训练数据则不得而知。另外，虽然观察者间一致性良好，但只有在类化期才有收集这方面的资料，所以其结果并不足以代表全部探测的观察者间一致性。该研究的实验处理严密程度佳。
Dettmer，Simpson，Myles 和 Ganz（2000）	评估视觉支持（计划表、表格、定时器）对协助转换的成效	2个小孩：Jeff（7，0）和 Josh（5，0）；两者皆有自闭症，但未提及口语能力	A-B-A-B 倒返设计	在视觉计划表和相簿中的线条图	1.转换至新活动时的延迟时间 2.肢体移动次数 3.口语和肢体提示次数	1 延迟时间：Jeff，100；Josh，100 研究结果2和3因为只有一笔资料，所以未作计算	证据具参考价值。观察者间一致性良好，但却只针对15%的干预课堂进行分析。此外，该研究未说明实验处理的严密度。

作者（年份）	研究目的	受试者	研究设计	符号/材料	要求/任务	结果	证据评价
Kozleski (1991)	比较使用多种图像符号组/系统对训练要求行为的效率效能及效能	4个小孩：Kevin（7，10），Jessica（12，7），Brian（7，7），Malay（13，6）；四个都有自闭症，而且都没有口语	跨受试的多基线设计。每位受试者在接受多种干预时，其接受的顺序是有经过控制的	普里马兑代币、彩色照片、布列斯符号、拼字和谜画符号	1.要求：普里马兑代币 2.要求：彩色照片 3.要求：布列斯符号 4.要求：拼字 5.要求：谜画符号	1.Kevin，100;Jessica，100;Brian，100 2.Kevin，100;Malay，100 3.Kevin，100;Brian，100;Malay，100 4.Jessica，100;Malay，100 5.Jessica，100;Brian，100	证据具参考性。此比较性的研究设计仰赖顺序效应对受试者间顺序性效应的控制。各符号组通过非正式的方式力求均等，但该研究并未说明实验处理的严密程度。观察者间一致性良好。
Reichle 等 (2005)	教导请求协助与独力完成任务	1个大人（40，0；无功能性口语，只会大声地发声），有自闭症和重度智力障碍	多探式设计，横跨三种任务的行为完成	沟通图卡上的彩色图片沟通符号	1.借由碰触"救命"符号，正确地提出要求 2.正确地完成任务	1.要求：53 2.任务完成：100	证据具参考性。研究设计得宜，但样本数只有1个。另外，观察者间一致性良好，但大缺乏严密的实验处理。
Sigfoos (1998)	评估伸手和提出要求的区别性要求强，对条件性要求行为所造成之影响	1个小孩（6，0），偶尔会牙牙学语，有自闭症	A-B-A-C（B代表要求行为的训练；C代表条件性要求行为训练）	"想要"的黑白的线条图	辅助性的要求和条件性的要求（伸手相对于用手去指符号）	要求：用手去指符号，83（PND）；伸手，83（MBR）条件性要求：未计算PND和MBR	证据具参考性。顺序效应并未受到控制（小缺陷）。阶段B"评估"到阶段A"条件使用"之间所产生的改变，并无法证明独立变项的改变和依变项的函数关系。
Spillane (1999)	调查单一尝试教学与附带图像符号学对的图像符号学习的影响	2小孩：John（10，0；有自闭症，无口语），Tom（10，0；重度智力障碍，无口语）。Tom因为没有自闭症诊断，而被排除	多基线设计结合交替处理设计	用粘扣带将沟通图片沟通符号黏在沟通板上	从沟通板上选择相应的符号，然后交给干预者，藉此正确地命名物品	通过单一尝试学习：John，18 通过附带教学学习：John，30	证据具参考性。研究设计得宜，但只对非自闭症的受试者进行一次实验复制。观察者间一致性良好，但缺乏严密的实验处理。

续表

研究	研究目的	研究对象 (生理年龄以年,月呈现;功能性口语)	研究设计	图像符号	研究结果	效应估计值:未重叠数据数据的百分比或标准偏差	评价
Stiebel (1999)	研究教导父母同题行为解决策略的对主动使用图卡的影响	3个小孩:Steven (4,2;有自闭症,张力过低,且缺乏自发性语言),Tommy (6,8;有自闭症,口语句长3~5个语词),Jose (4,6;有自闭症,可发声)	异步的跨受试多基线设计	彩色照片	主动使用图卡(用手去指,递交,或尝试将图卡交给互动对象以达成某一不明确的沟通功能)	学习:Steven,100;Tommy,57;Jose,78;追踪:Steven,100;Tommy,80;Jose,40	证据具参考性。相较于多基线设计,异步的多基线设计较不具说服力。此外,该研究并未提供实验处理严密度的资料。不过,观察者间一致性良好。
Dexter (1998)	评估协助性语言刺激对自模仿性和自发性的沟通行为所造成的影响	6个小孩:Andre(8,1),Tony (9,2),Peter (9,3),Carl (9,0),Sam(7,2),Brad(6,5);6个皆有尚待分类的广泛性发展障碍,且口语有限	跨受试的多基线设计	协助性语言刺激中的图片沟通符号	1.在共同阅读书本时,主动使用图片沟通符号的次数 2.自发性口语输出次数 3.语句平均长度	因为研究证据具争议性,所以没有计算	证据具争议性。基线数据后面接的是干预数据,而非探测数据,使最后得到的比较结果失去意义。
Hamilton 和 Snell (1993)	研究情境教学法对于跨环境的沟通簿使用所造成之影响	1个小孩 (15,0;无口语,有自闭症和重度智力障碍)	多探式设计结合逐变标准设计	沟通簿:图片沟通符号和照片	使用沟通簿正确响应	因为研究证据具争议性,所以没有计算	证据具争议性。在未提供干预的基线期和训练期,个案表现的增加可能只是一种趋势而已。此外,该研究并未提供训练期的探测资料。观察者间一致性佳和实验严密处理严密性佳(但只根据一小部分观察结果作分析)。

Reichle 和 Brown (1986)	教导使用多个页面的沟通夹来提出要求以及提供信息	1个大人 (23, 0; 无口语, 有自闭症)	跨行为的多基线设计, A-B 阶段循环重复	沟通夹中有画谜符号和 Picline 图	正确的要求行为; 正确地的物品命名; 正确地辨要求和命名位置; 明确的找到符号位置; 要求 (使用"想要"和"物品名称")	因为研究证据具争议性, 所以没有计算	证据具争议性。因为在复制实验时, 改变了因变项, 所以没有做好实验控制。该研究缺乏好的实验控制和严密的实验处理。
Reichle, Sigafoos 和 Remington (1991)	教导通过用手指符号的方式提出要求	1个大人: Al (27, 0; 无口语, 有自闭症)	A-B-A-C (B 代表要求训练; C 代表寻求注意和要求训练)	线条图	正确指出想要物 (收音机或健怡可乐) 的符号, 提出要求	因为研究证据具争议性, 所以没有作计算	证据具争议性。没有返回基线, 且缺乏观察者间一致性和严密的实验处理。
Sigafoos, Laurie 和 Pennell (1996)	用实验说明如何使用图像符号教导要求行为	研究 1: 2 个有雷特氏症的女孩, 分别为 Cleo (17, 0) 和 Karen (12, 0); 两者皆无口语; 研究 2: 2 个有雷特氏症的女孩, 分别为 Jane (7, 0) 和 Milli (12, 0); 两者皆无口语	跨受试行为的多探式多基线设计, A-B 阶段循环重复	研究 1: "想要"的黑白的线条图; 研究 2: 的薯片的商标	正确地选择符号, 提出要求 (Milli 之后有被教要求, 当要求任务变得较大困难时, 可以使用开关装置来播放音乐)	因为研究证据具争议性, 所以没有作计算	证据具争议性。缺乏实验控制; 自变项改变, 关于实验处理严密度的数据不明确, 但观察者间一致性佳。

续表

研究	研究目的	研究对象（生理年龄以年，月呈现；功能性口语）	研究设计	图像符号	研究结果	效应估计值：未重叠数据数据的百分比或比或标准偏差	评价
Spencer (2002)	比较静态图片和影片示范对要求行为带来的效能和效率	4个小孩：Tom（7,0；有口语，会仿说），Nathan（7,0；有口语，会仿说，有固持语），Donald（7,0；极少口语，口语句长1~2个语词），Chase（5,0；会发声，口语句长为单一语词）；4个全部都有重度自闭症	交替处理设计，结合跨受试的多探式设计	1.静态：数字照片 2.动态：影片示范	要求次数（口语、手指或碰触代表物品的符号）	证据具争议 因为研究证据具争议性，所以没有计算	证据具争议性。虽然研究设计得得宜，但单独提供静态照片作为响应选项的程序有促使研究结果偏好此情境的嫌疑。观察者间一致性良好，但未说明实验处理的严密程度。

注：伸手的MBR指数无法计算，因为条件性使用伸手的数据数据；因为在先前的基线期（阶段B"评估"）出现天花板效应，所以没有计算当物品不在身边时，用手去指符号的PND值。

第五章
自闭症谱系障碍者的语音输出和语音沟通器

Ralf W. Schlosser、Jeff Sigafoos、Rajinder K. Koul　著

徐静、杨炽康、黄凯君　译

许多自闭症谱系障碍（ASD）者都有严重的沟通障碍（即很少或没有功能性的言语），AAC 的干预也许可以让他们得到帮助。从资源的角度考虑，50%以上的 ASD 个案不能发展出功能性言语技能（Peeters & Gillberg，1999）。他们是辅助沟通装置（AAC）潜在的使用者。AAC 是指临床上和教育上的实务应用领域，其使用目的在于通过使用一些非辅助性的方法（如手势语和表情）和辅助性的方法，如图像符号、沟通板和语音沟通器（Speech Generating Device，SGD），来弥补或者替代个案的自然言语或书面语言（Beukelman & Mirenda，2005；Lloyd，Fuller，& Arvidson，1997）。

有学者强调，AAC 可能对 ASD 者有帮助，是因为他们的特征与使用 AAC 所需要具备的技能符合（Mirenda & Schuler，1988）。例如，自闭症儿童常常被认为是视觉学习者，AAC 本质上主要是视觉性的，因此他们也是很好的使用 AAC 的候选者（如手势语和图像符号）。1980 年代，有研究证明 AAC 的使用比起继续使用传统的言语治疗更符合某些重度沟通障碍儿童论断。因此，这些适时与有用的证据，大多将 AAC 与自然言语治疗置于并列的位置。在那期间的早些年里，有很多研究手势语的治疗方法（例如，Carr，Binkoff，Kologinsky，& Eddy，1978）。而与手势语相比，图像符号在 ASD 的实务运用与研究基础方面则是一种较新的 AAC 模式。然而，早在 1980 年代，研究者们已开始关注图像符号的非短暂性会给 ASD 者带来潜在的好处（例如，Schuler & Baldwin，1981）。尽管手势语也是以视觉模式来传递的，但短暂得多。

在过去的 20 年，AAC 干预 ASD 者的研究已逐年增多，涉及的领域也越来越广泛，包括 AAC 的模式和干预策略。在这些研究中，有各种以选择为主的方法，例如非电子化的沟通板、沟通皮夹和沟通簿。这些模式不需要依赖科技，只要个案选择呈现符号来向沟通对象传递信息。这些低科技的选择是交换本位的方法，因此，个案提供图像符号（如闪卡），沟通对象回馈给个案想要的物品。图片交换沟通系统（The Pictures Exchange Communication System，PECS，Frost & Bondy，2002）是一种针对初始沟通者的手册化的疗育（见第十章），为应用最广泛的交换本位的方法。

SGD（也被认为是语音输出沟通辅具）和 SGD 软件（如，语音输出处理器）代表一些较新

的 AAC 选项功能。与非电子化的沟通方法或典型的文字处理器不同,SGD 和 SGD 软件把通过语音输出提供听觉刺激作为一个附加的组成部分。SGD 和 SGD 软件改变了辅助性沟通的服务提供。一些个案研究和准实验报告已描述一位或者多位 ASD 者的 SGD 和 SGD 软件使用情况(Bornman & Alant, 1999;Light, Romski & Sevcik, 1996;Thunberg, Ahlsen & Dahgren Sandberg, 2007)。由于这些研究的非实验性质,本章将不对它们做进一步的回顾,本章将探讨 ASD 者使用 SGD 的有效性的研究。

语音输出类型

目前大多数 SGD 都设有内建技术,可以让个案使用合成语音或者真人录音。真人录音的基础是将类似的声波转换为数字信号,再将这些数字信号转换为声波。合成语音技术与真人录音技术不同,它利用声音信息和声音变量编码技术,实时地将文字转换为语音(Venkagiri & Ramabadran,1995)。

真人录音

真人录音以模拟格式记录声音,然后通过量化的过程将这些模拟信号转换为数字信号。量化的过程是按平均的时间间隔对声波进行抽样,并以一系列数字形式储存在计算机的内存中。数字化最主要的限制因素在于其需要占用大量计算机内存。然而最近有些不用降低语音输出准确率但能减少其内存需求的数据压缩技术已逐渐被使用(如增量调制技术)。

真人录音的优点之一在于其声音比较清楚自然。但是 Schlosser 和 Blischak(2001)提醒,真人录音的品质最多与录音时声音的品质一样,可能受到环境噪声、自然语音以及录制过程中机器插入声音等因素的影响。临床或者教育情境中的沟通障碍者由于沟通目的都只限于基本的沟通需求,因此可由真人录音获益。例如,AlphaTalker(PrentkeRomich, Wooser, OH),DynaMyte(DynaVox, Pittsburgh, PA)和 MACAW(ZYGOIndustries, Portland, OR)等语音转换装置都是使用真人录音来录音和播放预先选择好的句子、短语或语词。尽管真人录音的语音清晰度非常高,但其局限为只能输出预先储存好的信息。

合成语音

文本转语音的合成技术包含将印刷体的词语和句子转换为声波。这个转换包括识别信息的语法与词汇成分,组成适当的短语发音的加工过程。另外,语音合成器有一个包含成千上万词汇的发音字典,以及一个包含不依拼字规则正常发音的词汇的例外字字典(Bruckert,1984)。例如,"city"这个词的第一个字母"c",在英语中的发音通常为/k/,而在这个词中的发音却为/s/,这样的词就会置放在例外字字典词汇库中。通过应用影响声音连续性、声音强度以及重音等规则,为文本输入信息分配韵律信息(Allen, Hunnicutt & Klatt, 1987)。

过去研究已表明,最好的合成语音器的清晰度可接近自然口语(Duffy & Pisoni, 1992;Koul, 2003;Koul & Allen, 1993;Koul & Hester, 2006;Mirenda & Beukelman, 1987)。虽然带有合成语音的语音转换设备可以提供电子沟通系统才能提供的附加的输入和回馈,但将语音包含其中也增加了这些设备的成本。表 5.1 就声学特征、程序设计、信息、成本及附件特征等方面对真人录音和合成语音进行总结比较。

表 5.1　真人录音和合成语音输出方式对比表

比较的特征	合成语音	真人录音
声学特征	计算机生成的声音	录制真人的声音
	人工的、"机器人"般的声音品质	自然语音
	只能在厂家所提供的、有限的声音中做选择	不同年龄、性别、人格、语言甚至方言都可以根据需要录制
	不需要真人来录音	寻找录音者可能存在困难
	韵律和语调不自然	自然的韵律和语调
	可以改变速度、音量强度和音调等影响话语的要素	改变话语中声音的速度、强度、大小及语调等可以传递情绪与沟通的功能(如发问或者命令)
	声音稳定	除非每次都用相同的声音,否则当加入新的信息时,声音可能不稳定;不同的语调也可能使得声音不稳定
	提供的语言种类有限	可以提供需要的任何语言
程序设计	相对来说,语音输入设计难度更大	语音输入设计相对简单
	对设计者的读写能力要求较高	语音输入者不需要较高的读写能力
信息	可以在任何环境下存储声音信息可以使用任何想要的信息	存储声音时需要较安静的环境
		使用者只能使用存储好的信息
	可存储的信息量几乎是没有限制的	存储的信息量有限
	只有语音可以被制作与存储	可以存储非语音(如音乐)
附件特征	可以通过内建的显示器或者打印机输出	没有打印功能
	可以提供附加功能(如计算器、笔记本等)	除非设备同时提供合成语音,否则没有附加的功能

摘自 Schlosser, R.W., Blischak, D.M., & Patel, R. (2007). *Selection and use of speech output for communication and learning：what does the research tell us.*

一项关于知觉单个词及句子的合成语音的研究显示,如果能够反复并且有系统地接触合成语音刺激,如智力障碍等发展性障碍者能够更准确、更迅速地辨认与回应合成语音刺激(Koul & Hester, 2006; Koul & Clapsaddle, 2006)。这些研究结果表明,使用 SGD 一段时间后,这些个案能更熟练地辨识合成语音。此外,不论是重度智力障碍者(Koul & Hester, 2006),还是轻中度智力障碍者(Koul & Clapsaddle, 2006),在理解重复的和新颖的重复出现的合成语音方面没有显著的差异。这表明,与正常人一样,身心障碍者能够将其对合成语音中的听觉语音特征的知识泛化至新的合成语音刺激。

此外,Willis、Koul 和 Paschall(2000)发现,轻度到中度智力障碍者在听完一段合成语音及自然语音的篇章短文后,在回答问题时采取相同的策略,并且会犯类似的错误。这些研究结果表明,智力障碍者能够应用呈现在口语篇章中的一般知识与信息来理解呈现在合成语音中的文本。尽管这些研究都没有包含 ASD 者,但是似乎可以将这些结果推论至那些具有智力障碍的 ASD 者身上。

实证回顾及其对实务和研究的意涵

对 AAC 中语音输出的研究至少有以下四种方式(Schlosser, 2003):

1.评估 SGD 作为一个大型干预方案的组成部分的有效性,例如 SGD 被应用在自然语言干预中。

2.将 SGD 用于一个干预方案与不将 SGD 用于干预方案中进行比较。

3.将语音输出作为一个独立的变量进行探讨,通过使用与不使用 SGD 比较其影响。

4.通过比较,研究哪种语音输出或者 SGD 更有效,例如,对真人录音和合成语音进行研究,或者对高清晰度和低清晰度的语音进行比较。

一些系统化的研究回顾(如 Wendt, 2006),和一些叙述性的研究回顾(如 Schlosser, 2003; Schlosser & Sigfoos, 2006)将包含在本章中。根据前面的叙述,本章选择的这些研究将符合以下一些标准:(1)把语音输出作为一个干预方案的组成部分或独立的变量来研究其效果;(2)以有少量或者没有功能性语言的自闭症或广泛性发展障碍者为参与对象;(3)采用准实验组设计或单一受试实验设计的研究方法。

符合上述标准的研究中并没有小组设计的研究。在单一受试实验研究中,未重叠数据的百分比(percentage of nonoverlapping data, PND)被用来作为成果的衡量标准(Scruggs, Mastropieri, & Casto, 1987)。未重叠数据的百分比需要计算基线期和连续干预(或类化)期的不重叠部分,采取的方法是找出基线期数据的最高点,并确定干预期(或是类化期或维持期)超过这个水平的资料所占的百分比。PND 的界定范围是由 Scruggs、Mastropiert、Cook 和 Escobar(1986)等人所提出,并给予解释和规定,其数值系介于 0 到 100%之间。PND 值大于 90%,说明其研究结果非常有效;PND 值在 70%到 90%之间,说明其研究结果有一定效度; PND 值在 50%到 70%之间,说明其研究成效值得怀疑;PND 值小于 50%,说明其研究结果不可靠或者研究成效不高。

而在以减少目标行为为目的的研究中,研究者通常会计算零资料的百分比(percentage of zero data, PZD)。PZD 值的计算方法为,找到干预阶段中第一个等于零的数据点,并计算干预过程中停留在零的数据点的百分比(要包括第一个等于零的数据点)(Scotti, Evans, Meyer, & Walker,1997)。PZD 的界定范围是由 Scotti 等人(1991)所提出,其数值也在 0 到 100%之间。PZD 值大于 80%,说明其研究结果非常有效;PZD 值在 55%到 80%之间,说明其研究结果相当有效;PZD 值在 18%到 54%之间,说明其研究成效值得怀疑;PZD 值小于 18%,说明研究并无成效。

此外,本章所收纳的研究也按照确实性框架进行评估,此框架是许多研究者所使用与建议的(例如, Granlund & Olsson, 1999; Millar, Light, & Schlosser, 2006; Schlosser & Sigafoos, 2006)。此评估框架按照其证据的确定程度分成四组,包括确定性证据、优势性证据、建议性证据和非确定性证据。其分类的基础包含三个向度:(1)设计;(2)针对因变量的观察者间一致性(IOA);(3)干预的完整性(TI)。确定性证据是指在研究设计健全、观察者间一致性与干预的完整性亦适当的条件下,其干预所得出的结论是不容置疑的。优势性证据是指研究设计虽有一些小缺陷,但在观察者间一致性和干预完整性至少是适当的状况下,其干预所得的结论不但是合理的而且是极有可能产生的。建议性的证据是指因研究设计极强但观察者间一致性与干预的完整性不适当,或是研究设计有小瑕疵且观察者间一致性与干预的完整性不适当,造成其所得的结果只能被归类在合理范围内。非确定性证据是指因为研究设计存在无可挽回的错误,使其结果变得不合理。

作为干预方案组成部分的 SGD

表 5.2 介绍了九个研究,研究者们讨论了 SGD 的干预成效,在这些研究中,SGD 作为 ASD 儿童的干预方案中的组成部分之一(Brady, 2000; Durand, 1999; Olive et al., 2007; Schepis, Reid, Behrmann, & Sutton, 1998; Sigafoos, Drasgow et al., 2004; Sigafoos, O'Reilly, Ganz, Lancioni, & Schlosser, 2005; Sigafoos, O'Reilly, Seely-York, & Edrisinha, 2004; Son, Sigafoos, O'Reilly, & Lancioni, 2006)。这里讨论的研究都有较好的成效。

表 5.2 SGD 作为疗育方案组成部分的研究:总结和评价

研究	研究目的	参与者（生理年龄）	研究设计	SGD	研究结果	PND 或 PZD（%）	评价
Durand (1999),研究 2	功能性沟通训练,处理课堂中问题行为的成效	2 个儿童: Ron(9,6) David(11,6)	跨受试多基线设计	IntroTalker, 真人录音	自发性表达需求 挑战性行为	Ron(94) David(97) Ron(100) David(27)	确定性证据:设计较好,数据收集较完整,观察者同一致性较高
Durand (1999),研究 3	功能性沟通训练,处理课堂中问题行为的成效	2 个儿童: Ron(9,6) David(11,6)	跨受试多基线设计	IntroTalker, 真人录音	自发性表达需求 挑战性行为	Ron(100) David(100) Ron(100) David(82)	确定性证据:设计较好,数据收集较完整,观察者同一致性较高
Olive 等 (2007)	语音沟通器融入自然情境的改善自然语教学中对提高语言能力和独立表达需求能力的成效	3 个儿童: Mickey(4,0) Rocky(4,0) Terrence(5,6)	跨受试多基线设计	CheapTalk4-Inline Direct; 真人录音	有诱发出语音 使用 SGD 未做独立的请求 使用手势和 SGD 未做独立的请求	Mickey(0) Rocky(0) Terrence(83) Mickey(88) Rocky(100) Terrence(92) Mickey(100) Rocky(92) Terrence(83)	建议性的证据:设计中有一些缺陷,只收集了干预期的数据,没收集检核数据。但是,独立自我发起能力有提高;疗育过程完整和观察者同一致性较高

研究	目的	儿童	设计	设备	成效指标	结果	证据
Schepis 等(1998)	评估自然教学策略和使用 SGD 干预沟通互动中的成效	4 个儿童：Ben(5,0) Cory(5,0) Lynn(3,0) Ian(3,0)	多试探设计	CheapTalk4 或 8（Ben 最后阶段还使用 Black Hawk），真人录音	沟通互动的次数；与教师等沟通互动的次数	Ben(100) Cory(100) Lynn(100) Ian(100) Ben(83) Cory(100) Lynn(100) Ian(100)	建议性的证据：研究设计较好，观察者间一致性较高，但疗育的完整性不够
Sigafoos Drasgow 等(2004)	评估 SGD 从临床情境到家庭情境中的迁移情况，评估解决沟通障碍的策略	2 个儿童：Jason(16,0) Megan(20,0)	多基线研究设计	BIGMack；真人录音	请求；使用 SGD 修补沟通中断的成效	Jason(28) Megan(45) Jason(100) Megan(100)	建议性的证据：观察者间一致性较高，但设计中有一些缺陷（只有 2 名个案），疗育的完整性不够
Sigafoos O'Reilly 等(2004)	评估 SGD 使用过程的成效	3 个儿童：Megan(20,0) Jason(16,0) Ryan(12,0)	延迟多基线设计	TechTalk；真人录音	当 SGD 被藏起来后，个案寻找设备的需求	Megan(100) Jason(110) Ryan(100)	建议性的证据：观察者间一致性较高，但设计中有一些缺陷，且没有说明疗育的完整性
Brady(2000)	评估 SGD 教学对参与活动规则的请求和物品理解的成效	1 个儿童：Amy(5,0)	跨活动多基线设计	Speak Easy 和 Jellybean 特殊开关，真人录音	请求；物品理解	Amy（由于基期限度的影响，没有计算 PND 值）；Amy(78)	建议性的证据：观察者间一致性，疗育的完整性较高，但研究设计存在一些缺陷

续表

研究	研究目的	参与者（生理年龄）	研究设计	SGD	研究结果	PND 或 PZD(%)	评价
Dyches (1998)	评估沟通互动中特殊开关训练和语音输出的成效	2个儿童：Alan(11,2) Nathan(10,4)	A-B-A-B 设计	Big Red/Jellybean 特殊开关；真人录音	沟通互动"的次数 自发性沟通互动的次数 发声的次数 主动关闭语音 SGD 关闭时的请求行为 SGD 关闭或打开时的发声	没有计算数据（参看评价）	非确定性证据：没有排除顺序的影响，基线期的数据是"苹果"比较"橘子"，与干预期的数据使用特殊开关）；在研究中没有平均分配文本内容；疗育不完整。
Sigafoos 等 (2005)，研究 1	判断对 SGD 的需求和对专门设备的偏好	1个儿童 Ryan(12,0)	跨受试多基线设计	BigMac, TechTalk, Mini-Message-mate,（全部都是真人录音）	选择设备和对设备的请求	没有计算数据（参看评价）	非确定性证据：观察者间一致性较好，但研究设计存在一些缺陷：多基线设计只跨了两个受试。在设备的介绍上没有排除顺序的影响。没有介绍疗育的完整性。
Sigafoos 等 (2005)，研究 2	判断对 SGD 和图片交换的需求	1个儿童 Ryan(12,0)	跨受试多基线设计	Mini-Message-mate，真人录音	选择 AAC 的选项和对选项的需求	由于没有基线期，没有计算 PND 值（参看评价）	非确定性证据：基线期没有沟通器的干预，没有教学干预后的资料。只介绍了优先使用沟通器的教学。

		交替处理设计	TechTalk（真人录音）	对 SGD 提出使用的请求	没有计算数据（参看评价）	非确定性证据：交替处理设计没有排除外在因素的影响（在不同的情境中使用了相同的符号和事物）。
Son 等 (2006)	比较使用图片交换系统和 SGD 对主动请求行为的影响；评估允许个案选择辅助沟通系统设备的成效 / 3 个儿童：Kim(5,5) Lucy(3,8) Bruce(3,0)					

ª 沟通互动：在本实验中使用的沟通指"在沟通中请求获得饮料"的行为。自发性沟通互动指"在没有其他人提示的情况下，主动表达自己需求"的行为。

Durand(1999)将 SGD 用于两名自闭症儿童的功能性沟通的干预计划,其研究结果提供了确定性证据,表示儿童的问题行为明显减少,适当的功能行为明显增加。这个结果在教室和社区都得到了证实。其中一个儿童在教室里干预的 PZD 值为 27%,其结果的可信度不高,但是儿童的不恰当行为明显减少了。尽管有不恰当行为的减少,但很多数据点都没有达到零点数据点。

Schepis 等(1998)使用 SGD 作为自然教学策略的一部分,对四名自闭症儿童进行干预,其研究结果提供了有效的证据表明儿童的沟通互动次数有增加。这个实验由教学者及三个教师助理采取以下的策略:使用在自然例行活动中儿童喜好的刺激物、把儿童开启的回应当作干预时机点、提供口语与手势提示时尽量少用肢体引导、使用自然的线索(如身体靠近、期望延宕、疑问表情与眼神)。所有参与者以及由儿童引起的参与活动的 PND 值都是 100%。而且研究结果也表明,同学间的互动有所增加,其中一个儿童的 PND 值是 83%,其余儿童的 PND 值则都是 100%。这个研究表明,其原因是缺乏较完整的干预数据,以及在设计方面存在一些缺陷。SGD 只在干预期提供,在基线期并没有提供,因此很难判断个案取得的进步是干预的作用,还是出于个案对 SGD 的好奇所带来的影响。虽然 Schepis 等人(1998)观察到,使用了 SGD 以后,其他沟通形态(如手势)没有减少,但由于没有以时间顺序收集数据并以图表的方式呈现,因此这些研究结果没有经过 PND 的检核。

所以,第一次看此研究会觉得其结果让人疑惑。毕竟,不少研究的研究结果都指出一旦一种新的沟通行为(如 SGD)干预,个案以前沟通形态的使用频率会逐渐减少(Sigafoos, Drasgow & Schlosser, 2003)。然而,在这个研究中,因 SGD 中所使用的词汇是新的,因此不会取代之前以其他沟通方式所表达的词汇。作者们对这个结果也给出了另外的解释。他们提供的数据显示,教师与助理在增强以 SGD(74%)或是非 SGD(75%)所表达的话语是一样的。研究期间,研究者也要求教师等工作人员及一位陌生人不定期地对个案使用 SGD 的情境合适性进行评估。此社会效度确认 SGD 是否适当地使用在情境中。然而,研究者也提醒,上述结果可能会因熟悉而造成偏见。

Olive 等人(2007)使用加强型的自然情境教学法加上 SGD,教导三名自闭症儿童使用 SGD 或 SGD 加手势语请求的技能,其结果呈现出建议性证据,不同研究对象出现相当不错或极高成效的结果。加强型自然情境教学法同时融合了互动模式(Girolametto & Weitzman, 2002)和自然情境教学法(Hancock & Kaiser, 2002)。

加强型的自然情境教学法与 Schepis 等人(1998)所使用的自然教学策略有很多相似的特征。在这种方法中,都使用了个案偏好的事物和活动。另外,这两种方法也都会依儿童的行为表示而提供相应的提示(如伸手拿东西),以及提供自然的增强(如儿童拿到他请求的东西)而非刻意增强。然而,这两种方法仍然存在很重要的差异。首先,加强型的自然情境教学法更强调成人的追随者角色,因此这种模式要求成人使用回应互动的策略(如扩充儿童的发声,模仿儿童玩玩具的行为)。其次,在加强型的自然情境教学法中,有时候会让成人用较短的话语来对应到儿童复杂的话语中。因此,我们可以知道尽管这两种教学策略都强调在自然的情境中开展教学,但它们在内容上仍然存在差别。我们将 Olive 等人(2007)的研究认为是建议性的证据,其原因是缺少测试的数据,而只使用教学的数据。

Sigafoos、Drasgow 等人(2004)针对两名自闭症儿童的研究得出了建议性的证据。他们的研究显示,可以成功教育儿童在其前语言沟通需求不被沟通同伴了解的时候,使用 SGD 作为修补策略(PND 为 100)。该疗育方案包括忽略儿童的前语言行为和 SGD 使用上由少到多的提示。研究还观察到,一旦儿童熟悉了修补策略,他们就会开始使用 SGD 来开启请求,而不是继续依赖前语言行为。然而,若考虑该研究的所有数据点(包括在习得修补策略之前的数据点),使用 SGD 表达请求的成效就值得商榷了。

最后,Sigafoos、O'Reilly 等人(2004)以三名自闭症青少年为对象的研究得出有建议性的证据,这三名参与者在由少到多的教学提示下,学会找到自己的 SGD,打开 SGD,使用 SGD 表达自己对偏好物的请求。尽管这三种技能比较简单,但却是成功沟通的基础。任何人只要到处找过钥匙,就能理解为什么说找到自己的设备是沟通的重要支持。同样地,我们也能理解为什么说打开沟通辅具是个案独立和自我决定的重要因素。精熟这种能力的个案,就会在看到沟通辅具时去主动打开它,并利用它来沟通,而不是依赖教师或照顾者来帮他们打开沟通辅具。

依据上面提及的三个研究所显示的建议性证据,我们可以说明利用 SGD 作为疗育方案的组成部分,在提高 ASD 儿童的沟通功能和行为方面的成效看起来应是合理的。前面提到的行为包括将 SGD 作为修补策略,用来请求物品或活动,以及提高与照顾者的互动等。因为这三个研究包括不同的自变量(如不同的疗育方案)和不同的因变量,因此没有做跨研究的 PND 值的计算。

单独使用 SGD 的成效研究

在有些研究中,研究者试图在干预中以语音输出作为单独的策略,来探讨其成效。其所探讨的目标成效变量包括拼写(Schlosser, Blischak, Belfiore, Bartley & Barneet, 1998; Schlosser & Blischak, 2004)、言语表达(Parsons & LaSorte, 1993;Schlosser 等, 2007)和请求(Schlosser 等, 2007;Sigafoos, Didden & O'Reilly, 2003)。表 5.3 总结了上述研究,但本节只讨论建议性证据或优势证据的研究。

表 5.3 语音输出作为自变量的研究：总结和评价

研究	研究目的	参与者（生理年龄）	研究设计	SGD（语音类型）	研究结果	PND 或 PZD（%）	评价
Schlosser & Blischak (2004)	评估语音输出和文字回馈方式对拼字的成效（复制）	4 个儿童： Scott(8,0) Fred(12,0) Justin(9,0) Carl(12,0)	改良的交替处理设计	Light-WRITER SL35;合成语音	通过语音回馈来拼出正确的字。 通过语音-打印回馈拼出正确的字 通过打印回馈来拼出正确的字	Scott(83) Fred(93) Justin(91) Carl(77) Scott(83) Fred(93) Justin(86) Carl(68) Scott(100) Fred(93) Justin(91) Carl(63)	确定性证据：设计较好，观察者间一致性和研究完整性较高。
Schlosser 等人(1998)	评估语音输出和文字回馈方式对拼字的成效	1 个儿童： Martin(10,0)	改良的交替处理设计	Light-WRITERSL35; 合成语音	通过语音回馈来拼出正确的字 通过语音-打印回馈拼出正确的字 通过打印回馈来拼出正确的字	Martin(100) Martin(84) Martin(84)	确定性证据：设计较好，观察者间一致性和研究完整性较高。

作者	评估(使用或不使用)语音输出在要求物品和诱发发声方面的成效		改良的交替处理设计	Vantage;合成语音	结果	优势性证据
Schlosser 等人(2007)	5 个儿童:	Avery(9,0) Greg(8,0) Matthew(10,0) Michael(8,0) Zachary(10,0)			使用语音输出表达需求	Avery(65) Greg(32) Matthew(31) Michael(33) Zachary(45)	设计卓越,观察者间一致性较高;研究完整性较高;然而,直到学习达到目标后,训练才停止。
					使用无语音输出表达需求	Avery(2) Greg(30) Matthew(3) Michael(76) Zachary(80)	
					使用语音输出诱发发声	Avery(0) Greg(0) Matthew(0) Michael(19) Zachary(0)	
					使用无语音输出诱发发声	Avery(0) Greg(0) Matthew(0) Michael(5) Zachary(0)	

续表

研究	研究目的	参与者（生理年龄）	研究设计	SGD（语音类型）	研究结果	PND 或 PZD(%)	评价
Parsons & LaSorte (1993)	使用计算机辅助教学（有/没有合成语音）对自发言语的影响	6个儿童: S1(4,8) S2(5,1) S3(5,8) S4(6,2) S5(6,7) S6(6,8)	A-B-BCBC 和 ABC-B-BC（增加和减少）	Apple II GS+软件；合成语音	使用语音输出自发性言语 未使用语音输出自发性言语	S1(83) S2(75) S3(100) S4(100) S5(50) S6(92) S1(0) S2(0) S3(9) S4(0) S5(0) S6(0)	建议性的证据：语音设计反映了干预设计；没有排除小组顺序的影响；研究设计不完整。
Sigafoos, Didden 等人 (2003)	评估语音输出对使用SGD后保持表达需求能力的成效	2个儿童: Michael(13,0) Jason(4,0)	交替处理设计	BIGmack；真人录音	使用语音输出表达需求 使用无语音输出表达需求 使用语音输出发声 使用无语音输出发声	设计算(见评价) 设计算(见评价) 设计算(见评价)和基线期的天花板效应 设计算(见评价)和基线期的天花板效应	非确定性证据：在不同的情境中使用相同的符号和物品，没有对其进行控制。

> 拼字

有一些 SGD 不仅通过语音输出(真人录音或者合成语音)提供额外的声音输入和回馈,而且还通过液晶显示器提供视觉输入和回馈。判断哪种反馈方式对学习者更有效,有助于选择适合的 SGD。有两个研究使用改良的交替处理设计干预方法,分析了三种回馈方式在改善拼字方面的成效(语音、从液晶屏幕显示文字、语音加打印)(Schlosser 等,1998;Schlosser & Blischak,2004)。在语音输出回馈方式中,参与者打上字母之后、打完整个字之后,按输入键,就可以获得每个字母和整个词语的合成语音。在液晶显示字母或字词回馈方式中,参与者输入字母和字词后,可以在液晶屏幕上获得视觉回馈。最后,在语音和字母或字词一起使用的回馈方式中,参与者可以同时获得视觉和听觉的回馈。

这两个研究都取得了确定性的证据,其研究结果说明,使用抄写、拼写和比较教学法使得研究参与者在三种回馈方式中都取得了不错的成效(Schlosser 等,1998;Schlosser & Blischak,2004)。PND 值(表 5.3)告诉我们,有一名个案在单独使用字母文字反馈方式时拼字效果最好,两名个案在单独使用语音回馈方式时拼字效果最好,另外还有两名个案在三种回馈方式中的表现相当。因此,不管回馈的方式为何,学习者都可以掌握新字词的拼写方式。然而,由于学习成效的评估标准不同,研究者给出了两种不同的学习剖析图。如果个案偏好视觉学习方式,那么当提供字母文字回馈方式时,学习的效果更好;如果个案偏好听觉学习方式,那么当提供语音回馈方式时,学习的效果会更好。根据这样的研究结果,我们可以知道,回馈的方式是否有效跟个案有很大的关系——就像 AAC 一样——没有哪一种方式能适合所有的人。

> 请求

Schlosser 等人(2007)开展了一项利用 SGD 对 5 名自闭症儿童进行教学的成效研究,该研究采取的方式是在有语音和无语音两种情况下,教导儿童对偏好物进行请求表达,其研究结果呈现了优势性证据。在该研究中,研究者在教导儿童表达需求的过程中采取一致的方式,唯一不同的是,是否使用 SGD 的语音输出方式。研究者认为,干预的结果使儿童表达需求的能力有所提升,但是没有一致的类型可以说明语音输出与研究成效的关系。PND 值显示,有两名儿童在有语音输出的时候,表达需求的能力发展得更好;有两名儿童在无语音输出的时候,表达需求的能力发展得更好;有一名儿童在两种情况下表达需求的能力发展相当。但是,整体而言,有一名儿童的 PND 值显示,干预成效有争议(50%~70%),另外 4 名儿童的干预成效则是不可靠的(<50%)。

很多因素可以用来解释这个研究不太理想的结果。首先,用来教导儿童的任意性符号与其对应的指称物之间没有外观的相似性,干扰了儿童的学习。其次,符号的出现方向是随机的,与真实情境中以方位为主的学习有差别。最后,教学和测试分隔不同时间进行。这个研究与以前的一些关于表达需求的研究存在差异性。尽管这个研究符合科学的观点,但是他们将任务的难度增加到不太合适的程度,特别是延长了实施时间,以及提高了疗育频率。

另一个研究针对两名自闭症儿童开展,探讨语音输出对维持表达需求能力的影响(Sigafoos,Didden, et al., 2003)。换句话说,研究者探讨了个案在学会使用 SGD 表达需求以后,是否有助于个案维持表达需求的能力。在两种情况下,尽管两名个案存在较小的差异,但他们维持表达需求的能力都超过了基线期的水平。其中一名个案在两种情况下的成效都处于可质疑阶段,但无语音的情况优于有语音的情况,前者比后者多 12.5%。另一名个案在两种情况下都取得了较好的维持表达需求的能力,但有语音的情况优于无语音的情况,前者比后者多 12%。然而这些研究结果仍需谨慎使用,因为此研究在不同的情境中,使用相同的符号,可能会造成从一种情境到另一种情境的迁移影响作用。

> ### 言语表达

有两个研究探讨了在 SGD 教学的过程中,有语音输出方式和无语音输出方式对个案言语表达的影响。其中一个研究是 Parsons 和 LaSorte(1993)针对六名自闭症儿童所开展的,其研究设计是利用有语音输出的软件和无语音输出的软件开展教学,比较两者对儿童自发性发声的影响,最后得出建议性证据。在研究中,使用有语音输出软件的 PND 值在 50%到100%之间,使用无语音输出软件的 PND 值较低(其中一名个案为 9%,另外五名个案为 0)。另外,Schlosser 等人(2007)所进行的研究则取得了有优势的证据。在研究中,他们利用SGD,在有语音输出和无语音输出两种情况下教导五名自闭症儿童表达对偏好物的需求,在此过程中监控其对引出发声的效果。即使是通过干预,有四名儿童引出发声能力的 PND 值仍为 0,另外一名儿童则表现出微弱的效果,他也是唯一一名在干预以前就具备模仿发声能力的个案。

整体来看,这两个研究得出的结论似乎相互矛盾。但如果进行深入的分析,我们可以发现他们的研究——研究参与者和收集资料的方法——存在很大的差异,因此,研究结果难免存在矛盾。在 Parsons 和 LaSorte(1993)的研究中,所有的言语表达都计算在内。在 Schlosser 等人(2007)的研究中,只有利用 SGD 表达对偏好物需求有关的语音输出才计算在内。在 Parsons 和 LaSorte(1993)的研究中,会计算自发性发声,但在 Schlosser 等人(2007)的研究中,只有诱发出的发声才计算在内。在 Parsons 和 LaSorte(1993)的研究中,他们没有教导儿童使用 SGD 进行功能性的沟通,但在 Schlosser 等人(2007)的研究中,他们利用 SGD 培养儿童表达需求的能力。在 Parsons 和 LaSorte(1993)的研究中,几乎没有提及参与者是否已经具备模仿发声的能力。在 Schlosser 等人（2007）的研究中，提供了干预前评估的资料。这两个研究还存在其他一些差异；因此，要综合使用这两个研究的数据还为时尚早。

再者，也有一个研究分析了在维持阶段语音输出对发声能力的影响（Sigafoos，Didden，et al.，2003）。这个研究分析了在 SGD 打开或关闭时，儿童使用 SGD 在表达需求时的言语产生情形。不幸的是，这个研究没有控制在有语音和无语音两种状态中的成效，会有情境的迁移影响作用。此外，在研究过程中，参与者在基线期的表现非常好，很难说明干预的成效。事实上，基线期的天花板效应影响了成果的衡量标准，从而使得 PND 为 0。因此，这个研究不能作为 SGD 使用与同时产出言语的临床决策依据。

临床和教育实践中的运用

根据上述这些包含有 SGD 的疗育方案的研究结果，我们有必要把 SGD 视为 ASD 儿童的 AAC 的一种选项。临床实务通常会自动将语音输出排除在初始沟通者（不论是否 ASD）的 AAC 选项之外，他们所抱持的想法是：ASD 儿童更容易接受视觉提示，而不是听觉提示。然而前述研究已指出包含有 SGD 的疗育方案确实能引发出儿童很多沟通行为。事实上，像前面有的研究中提到的那样，当语音输出作为一个独立的自变量干预到 ASD 儿童的教学中时，他们会在某些任务上表现出较好的成效（例如拼字，见 Schlosser & Blischak，2004）。以拼字任务为例，有的儿童在视觉回馈的模式下学习效果更好，有的儿童在听觉回馈的模式下学习效果更好。基于这些证据，有的研究者提出，针对不同的个案，在不同的情况下，采取个别化的评估方式来选择回馈的模式，会有比较好的效果。简单地执行改良的交替处理设计可以看成是这种评估方式。

根据上面回顾的这些研究证据，有些临床实务人员可能会感觉到轻松，因为 SGD 不是其他沟通模式的终结者。当然，Schepis 等人（1998）的研究表明这种观点是不对的。同时研究证据亦显示——当其他沟通模式不可行时，使用不一致或怪异的前语言模式——SGD 可以成功地替代这些行为，并且新的行为可以实现原有模式的沟通功能（Sigafoos，Drasgow，et al.，2004）。

整体而言，最基本的建议应是 SGD 可以作为需要 AAC 的 ASD 儿童的一种选择。尽管研究结果存在一些限制，但毫无疑问地，我们可以教导 ASD 儿童使用 SGD。SGD 有效地干预疗育的做法包括一些有实证基础的教学技术。具体来说，有研究者认为要成功地教会个案使用 SGD，应该：（1）创造沟通机会；（2）利用回应和刺激提示提高使用 SGD 的机会；（3）通过持续地提供机会，系统化地消退上述回应和刺激提示；（4）提供不同的增强物，鼓励个案使用 SGD。

系统化设计的教学方案可以很迅速地帮助个案掌握 SGD 的使用方法。例如，Sigafoos、O'reilly 等人（2004）报告，他们曾使用 20 分钟的教学，成功地教会三名青少年使用 SGD 表达对偏好物的请求。这个研究取得较好成效的原因之一是他们在研究过程中使用了个案非常喜欢的物品作为增强物，提供他们表达需求的机会。在呈现增强物以后，研究者就等待个案自由表现（例如去抓增强物）。当个案抓到增强物以后，研究者就鼓励个案去按 SGD 上相对应的版面。有的个案可能不配合，研究者就可以通过肢体协助的形式，帮助个案将手移到 SGD 上。在随后的教学中，研究者逐渐减少肢体协助。个案只要按对了 SGD 上的版面，就可以获得增强物。使用这样的教学程序，三个个案在 20 分钟内都达到了预期的教学目标（在 5 分钟内能独立地进行 10 次正确回应）。

另一个实务考虑的层面为如何为 ASD 选择合适的沟通辅具。有些前期研究指出，比起低科技的沟通辅具（如图片交换），ASD 者更喜欢使用 SGD（Sigafoos et al.，2005），但这个结论并不适合所有的个案（Son et al.，2006）。这是因为，个案的差异使得他们可能会偏好不同的沟通辅具，因此在临床上非常重要的一点就是要对儿童进行评估，看他们是较愿意使用 SGD，还是其他形式的沟通辅具，如手势语或图片交换。做好这一点，就可以让个案在 AAC 的选择过程中发挥一些控制作用和做好自我决定。

Sigafoos 等人（2005）描述了一种可能有用的方法，可以帮助身心障碍学生表明其喜好的沟通辅具。这种方法的第一个阶段是教会个案熟练地使用各种沟通辅具。第二个阶段是创造各种沟通机会，但是要求个案在沟通的时候要选择自己最喜欢的沟通辅具。到目前为止，这种"边教边选"的方法已经用来对沟通辅具进行评估，包括 SGD、低科技沟通板和图片交换沟通系统（Sigafoos et al.，2005；Son et al.，2006）。这种方法可能有效，它使得 ASD 儿童和其他发展性障碍儿童能参与沟通辅具选择。然而研究者有一点没有阐述清楚，即这种方法是否可以用来对两种偏好方式进行选择，比如手势语和 SGD。

未来研究方向

目前，以实证性方式来检验 ASD 儿童使用 SGD 和语音输出成效已经跨出很大的一步。但是，在很多领域仍然需要进一步的研究。例如，当研究数据表明个案能熟练地使用 SGD 以后，很多研究就关注教导行为规范的功能，如需要获得偏好的物品或参与偏好的活动。当然，表达对偏好物或者活动的需求也是一种功能，而且是一种非常重要的技能；然而，沟通不能以想要什么和需求作为终结。因此需要了解是否可以利用 SGD 教会 ASD 者学会社交互动,如主动开启问候或者发表评论。未来的研究应该关注 ASD 功能性能力的发展和评估过程。

同样地,关于包含 SGD 的特定疗育方案的成效,以及在言语表达方面的成效还不清楚。尽管言语表达不是 AAC 干预的主要目的,但是许多 AAC 的使用者及其家人仍然认为这一点很重要,将其作为预期的干预结果之一。尽管目前没有研究表明 SGD 会减少用使用者的言语表达,但也没有研究发现表明使用 SGD 对促进言语表达可以到什么程度;只有一个研究给出了模棱两可的结论(Olive et al., 2007)。同样地,唯一两个探讨合成语音对言语表达成效的研究结果也相互矛盾(Parsons & LaSorte, 1993; Schlosser et al., 2007);如前面讨论的那样,一些重要的研究程序和方法上存在的差异可以解释这些结果的差异。

未来的研究需要提高现有研究的理论基础,现在迫切需要解决的问题是对因变量定义(如言语表达)的一致性。另外,在这些研究中,教学过程应该保持一致或者进行系统性的变化,让研究间能进行有意义的比较和联结。例如,尽管现在很多研究都将表达需求作为使用 SGD 的目标,但是由于它们的干预过程是相当不同的(如从功能性沟通的训练到加强型的自然情境教学法),因此,不能对其结果建立联结并计算成效。同样地,基于这些问题的考量,未来的研究应提高理论基础。为了达到这个目的,Blischak,Lombardino 和 Dyson(2003)提出了一系列具有说服力的理论推论,来解释为什么语音输出有助于自然言语的表达。

目前研究呈现的资料都是基于单一受试实验设计的方法所得到的。这种方法的作用特点在于,它较完整地描述了个案的特征(与小组研究相比),且个别表现亦较容易地呈现。因此我们就常观察到 SGD 和语音输出对某些个案的作用优于对另一些个案的作用,尤其是在比较两个或三个干预方式的改良的交替处理设计中(Yoder & Compton, 2004)。未来的研究应该可以使用小组设计的方法,直接根据个案特征作为预测疗育成效。Yoder 和 Stone(2006a, 2006b)使用随机控制实验和基于个案特征分析增长曲线的研究方法,可以作为未来 SGD 研究的引导。

最后,持续对使用 SGD 和其他初始沟通策略(如, PECS)的疗育方案进行比较也是未来研究的领域。这些比较能直接说明语音输出对功能性沟通能力发展的作用。根据这个线索,给个案提供选择的机会,鼓励他们在 AAC 选择中自我决定能力的发展,也许能帮助他们选择更喜欢的 AAC 系统(如, SGD 对手势语或者对图片交换)。

局限性

在本章中,我们所回顾的研究都是尽可能使用有效性衡量标准选取的,数据也是经过系统化抽取的。然而读者在阅读的时候仍然会对其中的一些不足存在疑问（见 Schlosser，Wendt & Sigafoos，2007）。首先，本章所选择的这些研究尽管采用了系统性回顾的分析方法，但是没有利用新的系统化搜寻方式，因此可能有的研究没有包含在讨论之内。其次，评分者间一致性在选取研究及资料抽取时并未包含在内，所以过程的信度未知。最后，本章中提及的许多研究都由两名研究者执行，因此存在一些偏见。

结论

通过分析包含有 SGD 的疗育方案及其成效，以及语音输出的特定成效，我们可以知道 SGD 对 ASD 而言是一种具有一定的积极作用，而且是有效的 AAC 选择。然而，未来的研究仍需要更深入地分析 SGD 和语音输出的效益范围。

第六章

辅助沟通对于自闭症谱系障碍个案自然语言发展的影响

Diane C. Millar　著

徐静、杨炽康、黄腾贤　译

近来的调查报告指出,大约每 150 名儿童中就有 1 名儿童被诊断为自闭症谱系障碍(ASD)(Centers for Disease Control and Prevention, 2007)。有人估计,多达一半的 ASD 者没有发展出足够的用于沟通的功能性言语(National Research Council, 2001; Wing & Attwood, 1987)。尽管目前有一些模式,可提供辅助沟通帮助那些在沟通及能力上有差异的个体(例如,Zangari & Kangas, 1997),但是仍然有许多无法使用口语的 ASD 者拒绝使用 AAC 作为他们主要沟通方式。

与其他发展性障碍儿童相比,是否让 ASD 儿童使用 AAC 是一个较有争议的问题。这是因为尽管有一些研究表明,ASD 儿童存在动作计划/协调方面的问题(Baranek, Parham & Bodfish, 2005),但不像其他典型的肢体障碍儿童(如脑瘫儿童),ASD 儿童的粗大动作和精细动作能力都与同龄的普通小朋友没有太大的差异。由于自闭症儿童没有明显的肢体方面的障碍,因此许多家长认为只要孩子“选择”愿意说话,他们就能具备普通儿童一样的言语能力(Lord & Paul, 1997)。

另外,许多家长和专业人员相信,对于 ASD 儿童来说,他们需要在语言和 AAC 之间选择一种(而不是两者同时使用)。其结果是他们对这些尚未发展出功能性言语的儿童的需求是抱着“等等看”的态度,不考虑将 AAC 作为能帮助儿童的一种支持,而是认为 AAC 会抑制口语的发展(例如 Beukelman, 1987; Cress & Marvin, 2003; Dowden & Marriner, 1995; Zangari & Kangas, 1997)。

许多 ASD 儿童有鹦鹉式仿说的现象,这使得家长更犹豫让他们使用 AAC。ASD 儿童具有对成人言语的声音形态进行模仿的能力,让家长认为他们能发展出自己的言语,因此不愿意让他们使用 AAC。然而,尽管有许多研究者表明,有的 ASD 儿童经过一段时间的仿说以后,能发展出功能性言语,但这并不能预期所有的儿童都能发展出功能性言语(National Research Council, 2001)。

然而尽管家长的犹豫可以理解,但如果不使用 AAC,可能存在着影响儿童功能性沟通发展的严重风险。如果只给 ASD 儿童提供口语这一种沟通模式,而这种模式又无法满足他们的沟通需求(即无法发展出口语),儿童可能会经历语言习得、建立社交关系、达成学习目标的困难(Light, Collier & Parnes, 1985)。而且,由于没有恰当的沟通方式,儿童可能会出现问题行为(如自伤行为、攻击行为),以此来表达他们对无法沟通的挫折感(National Research Council, 2001)。

许多研究表明 AAC 能提升发展性障碍儿童的语言理解能力、语言表达能力和沟通能力(例如, Light, Binger, Agate & Ramsay, 1999; Light, Robert, DiMarco & Greiner, 1998; Romski & Sevcik, 1996)。

而且,研究还证明了 AAC 能有效地减少儿童的问题行为。例如,整合 AAC 与使用图形符号制作的视觉时间表的功能性沟通训练,可以达到减少挑战性行为的效果(如, Bopp, Brown & Mirenda, 2004; Mirenda, 1997, 2001)。

此外,有的研究者认为 AAC 技术(特别是图形符号)很适合解决 ASD 个案在学习方面的特殊挑战。这是因为,它们利用静态的、可预测的视觉形式来呈现语言,并降低对复杂肢体动作和肢体动作计划方面的要求(National Research Council, 2001)。

许多研究者认为, AAC 可能会增强发展性障碍儿童与严重说话障碍儿童的口语表达能力,因为 AAC 可降低说话时对相关精细动作和认知能力的需求(Lloyd & Kangas, 1994; Romski & Sevcik, 1996)。

同样地,有的研究者认为, AAC 可以减少个案说话时的压力;这种减少说话压力的效果可间接地促进他们言语的发展(Lloyd & Kangas, 1994)。

最后,还有一些研究者认为,行为主义的自动化增强理论可以用来解释 AAC 对儿童言语发展的促进作用(Mirenda, 2003)。

根据自动化增强的原则,如果 AAC 与口语同时出现(例如,同时用手势语和口语指称饼干),紧跟着出现增强物(如实际的饼干),那么 AAC 和口语使用的频率都会增加。

因为 AAC 对于无法通过口语满足沟通需求的 ASD 儿童具有潜在的优势,再加上若未提供 AAC 可能会对这些儿童造成潜在的负面影响,因此家长和专业人员迫切需要通过文献来了解 AAC 和 ASD 个案的自然言语发展的关系。本章将关注对这个问题的研究,以及其临床应用和这个领域未来的研究方向。

AAC 对发展性障碍儿童言语能力的影响

尽管有很多关于 AAC 对发展性障碍儿童言语能力发展作用的臆测与推断,但是很少有这方面的专门研究(例如, Yoder & Layton, 1988)。事实上,研究如此少量的原因,主要是 AAC 是用来提升个案的沟通能力的,而非改善他们的言语表达能力(Beukelman & Mirenda,

2005）。提高言语表达能力常被认为是 AAC 使用者的"红利"，而不是主要的目标。

至目前为止，只有两个关于 AAC 对言语表达作用的文献资料。其中一个是 Silverman（1995）发表的研究报告，他的报告回顾了 100 篇公开和未公开发表的文献。他的研究结果表明，使用 AAC 对儿童和成人的言语表达都存在着正向的作用（例如，在他的研究中，至少有 40% 的个案提高了言语表达能力）。

但是 Silverman 的研究存在一些局限，使得人们对其研究结果有质疑，包括：第一，他所选择的研究中缺乏对个案原始分数的检测；第二，他所选择的研究缺乏收录标准和对研究过程的描述；第三，他所选择的 100 篇文献中有大约三分之二缺少参考文献；第四，由已出版的研究文献中所抽取出来的资料分析缺乏精确性；最后，他所选择的大多数研究都发表在 1982 年以前，而之后出现了很多新的沟通辅具和更好的研究设计方法，使得之前的研究数据可能过时。

另外一个文献回顾评析的目的是了解家长和专业人员依据实证决定是否让发展性障碍儿童使用 AAC（Millar, Light & Schlosser, 2006）。虽然这个文献回顾评析所涉及的个案很多都不是 ASD 个案，但是讨论 AAC 对发展性障碍儿童的自然言语发展能力的影响，与我们的主题有很大的关系，因此在后面的章节中将对此加以介绍。

收录标准和数据搜寻的程序

Millar 等（2006）的文献回顾评析所收录的文献符合如下一些标准：（1）发表于 1975 年到 2003 年之间；（2）文献中涉及的个案都有发展性障碍或者严重的言语障碍，其日常沟通的需求难以满足；（3）文献中涉及的个案使用 AAC；（4）文献中记录了个案使用 AAC 所取得的进步；（5）文献中提及个案在使用 AAC 的前后，以及使用 AAC 的过程中言语表达能力的数据。研究排除以先天性听觉障碍为个案的文献，因为一般来说他们不是 AAC 干预的对象（American Speech-Language-Hearing Association, 1991）。

另外，此文献回顾评析还排除了包括后天性障碍（如中风或脑创伤造成的言语能力缺失）个案的研究，这是因为其言语的恢复与那些从未习得言语的儿童的言语发展存在较大差异。

该文献回顾评析使用多种文献搜寻方法的组合去找出符合收录标准的研究。其中包括利用计算机搜寻不同的研究数据库（如 PsyINFO），利用手动和计算机搜寻的方式查询 46 种与 AAC 有关的期刊杂志，以及用原始的方式查询符合收录标准的研究中的参考文献。而根据 Schlosser 和 Lee（2000）的元分析方式所发展的编码系统亦被用来对不同的研究进行比较。编码分类包括个案的数量和特征、研究的目的、研究设计、研究中使用的 AAC 干预类型等变量。

文献搜寻结果

最后有 23 篇文献符合收录标准。其中有 8 篇是个案研究,14 篇是单一受试实验研究,1 篇是小组实验前后测设计。在这 23 篇文献中包含了 67 名个案,其中 40% 的个案是智力障碍,31% 的个案是自闭症,剩下的是其他不同类别的发展性障碍(如脑瘫)。

大多数研究的目的是增加个案的表达性词汇,其中 44% 的研究以发展个案的单字词为目标,26% 的研究以发展个案的词组能力为目标。剩下的研究以提高个案的功能性沟通能力(如表达需求)为目标。在这些文献中,61% 的研究使用非辅助性 AAC 的干预(如手势语),31% 的研究使用无语音输出的辅助性 AAC 的干预,另外有一个研究(占 4%)同时使用有语音输出和无语音输出的辅助性 AAC 的干预,还有一个研究(占 4%)同时使用无语音输出的非辅助性 AAC 和辅助性 AAC 的干预。

最佳的实证结果

每个研究的实证结果的质量都采用 Slavin(1986)的方法进行了评估,这是一种在缺乏正式元分析时所采用的一种分析研究的方法。对每个研究在方法上的精确度、数据的品质,都会从 AAC 和个案言语表达关系的角度进行回顾评析。但遗憾的是,大多数研究并没有把评估这种关系作为主要的因变量,而是将言语表达的资料看成是次要的、附带的测量资料。因此 Millar 等决定聚焦于 6 篇文献,这 6 篇文献中至少有为某些研究参与者建立 AAC 干预和言语表达的实验控制。虽然这些研究缺乏干预或疗育完整性的资料,但也被认为是最佳的实证,会被用以探讨 AAC 对自然言语发展作用的分析。

参与者

这六个最佳的实证研究涉及 17 名个案,其中 4 名为自闭症,13 名为智力障碍者、唐氏综合征或者发展迟缓者。后面的这 13 名个案中有 6 名伴随有听力障碍。有的个案不止接受一种干预方法(例如,手势语和手势语配合正增强)。由于言语表达能力会随干预方法的不同而发生改变,因此在这 6 个研究的 27 个个案中,本文献评析会把每一种研究涉及的每一名个案都看成是独立的个案。

AAC 干预

这六个研究中有五个包括了手势语。只有一个研究使用的是无语音输出的辅助性 AAC,没有研究使用有语音输出的辅助性 AAC。实验中干预时间存在差异,平均为 42 个课时(范围为 4~206 课时)。在 27 名个案中,大部分(78%)的个案采用高结构化以临床人员为主导的模式。只有 22%的个案采用以儿童为核心的游戏活动模式进行干预。

言语表达能力的变化

最佳实证的六个研究所涉及的 27 名个案中,89%(24 名)的个案言语表达能力有所提升。剩下的 3 名个案言语表达能力没有变化。27 名个案都没有因为 AAC 的干预而减弱言语表达的能力。在 24 名言语表达能力提升的个案中,有 12 名个案发展出了单字词(平均 13 个单字词,其范围为 1~52 个),6 名个案发展出双词结合的短语(平均 6 个双词结合的短语,范围为 4~7 个双词结合的短语),另外 6 名个案的评估了说出单词或近似单词的机会百分比(平均为 77%,其范围为 40%~100%)。

27 名个案中的 17 名,研究者观察到言语表达能力的天花板效应,这表明研究设计可能影响到儿童言语表达能力的研究结果。最后,24 名言语表达能力提升的个案中,有 19 名是在 AAC 干预后马上就增加言语表达的能力(例如,最初的 5 课时)。在剩下的 5 名个案中,在获得言语表达能力成效之前经历了一段停滞落后(例如,从第 6 课时到 25 课时)。

> 局限性

这个回顾性评析存在着一些不足之处。第一个不足之处是最佳的实证研究所提供的个案样本比较少(例如,6 个研究,17 名参与者,总共 27 名疗育个案)。因此,要说明发展性障碍儿童需要 AAC 的证据还不充分。第二个不足之处是最佳实证的 6 个研究中只有 2 个研究发表于 1990 年以后,因此一些新的 AAC 和干预方法的作用没有包含在研究中。

> 结论

Millar 等(2006)所进行的最佳实证研究分析的结果表明,AAC 对言语产生没有负面的影响。在研究中,那些言语表达能力有所提升的个案,年龄范围很广(例如,2~60 岁)。在 6 个最佳实证的研究中使用了不同的 AAC 干预方法(例如,成人引导教学和儿童引导教学)。

大多数研究使用的是非辅助性 AAC,只有一个研究使用的是没有语音输出的辅助性沟通系统。研究的结果发现,在言语表达方面存在较大差异,且相当有限(例如,平均增加 13 个词汇)。另外,很多研究中出现了天花板效应,可能会低估某些个案的言语表达能力。

虽然由于在品质和数量上都存在一些不足,使得这些研究只能作为初步的证据,但其结果也表明了 AAC 对言语表达的积极作用。由于 Millar 等(2006)的分析中所涉及的个案很多都是发展性障碍,在本章的后面部分将会关注 ASD 个案,且将会对包括不符合 Millar 等(2006)严格标准的研究进行分析。本章的目的是尽可能地总结回顾 AAC 对 ASD 个案言语发展影响的文献。读者可以参考 Schlosser 和 Wendt(2008)的系统性回顾,他们的研究标准更加严格一些。

AAC 对 ASD 个案自然言语的影响

Millar 等(2006)所回顾的研究中,只有 10 篇是关于 ASD 个案的,且只有两篇被认为是最佳实证的研究。为了更新文献,他们使用了两个数据库来查询 1975 年到 2007 年间的文献(如 PsyINFO, ERIC),其收录标准为:(1) ASD 个案使用 AAC;(2)文献中提及个案使用 AAC 后取得的进步;(3)在干预前后或者过程中记录了言语表达能力的数据。这些被选入研究的参考文献也是被搜寻的依据,只要符合收录标准的也一并收入。此外,Millar 等(2006)还联系了 AAC 和 ASD 研究领域的专家,听取他们在收录文献方面的建议。

手势语

在这些文献中,有 6 篇符合收录标准的研究是自闭症儿童使用手势语(表 6.1)。在这 6 篇研究中,有 1 篇(Kouri, 1988)被 Millar 等(2006)收录,并认为是最佳实证的研究。还有 1 篇由于不符合收录标准(Yoder & Layton, 1988),就不被采纳。其余的 4 篇文献在 Millar 等(2006)的研究中有提及,但不被认为是最佳实证的研究。

　　Yoder 与 Layton(1988)使用平行组别设计的方法,以 ASD 儿童为对象的研究,主要目的是探讨 AAC(如手势语)对言语表达能力的影响。在他们的研究中,60 名 ASD 儿童的年龄都小于 9 岁,其表达性词汇不超过 25 个。在研究中,根据不同的干预方法把儿童随机分为 4 个实验组:只用口语组,只用手势语组,同时使用口语和手势语组,交替使用口语和手势语组。

　　研究结果表明,不管是哪个实验组的个案,如果其在言语模仿能力方面的得分比较高,那么他在自发性口语方面的得分也会比较高。当研究人员采用统计方法对言语模仿能力进行控制以后,发现只用手势语组个案的自发性口语明显地少于其他组的个案。这个结果表明,有良好口语模仿能力的 ASD 儿童与口语模仿能力欠佳的儿童相比,前者发展出自发性口语的潜力更大。但我们仍需要更进一步的研究,来找出能预测 ASD 儿童说话或口语发展的指标。

表 6.1　使用手势语的研究

研究者	参与者	干预方法	研究结果
Yoder & Layton (1988)	60 名 9 岁以下的儿童	只用口语,只用手势语,同时使用口语和手势语,或交替使用口语和手势语	高语言模仿能力的儿童,能发展出更多的自发性口语
Kouri (1988)	1 名 3 岁的儿童	综合沟通法(手势语和口语)	言语表达能力有提升(10 个自发性词汇)
Casey (1978)	4 名 6~7 岁的儿童	综合沟通法(手势语和口语)	言语表达能力有提升
Fulwiler & Fouts (1976)	1 名 5 岁的儿童	综合沟通法(手势语和口语)	手势语词汇/短语、言语表达能力都有提升
Bonta & Watters (1983)	1 名 11 岁的儿童	综合沟通法(手势语和口语)	言语表达能力有提升
Benaroya, Wesley, Ogilvie, Klein & Meaney(1977)	6 名 5~12 岁的儿童	综合沟通法(手势语和口语)	3 名儿童言语表达能力有提升,其他 3 名儿童无变化

　　Kouri(1988)使用单一受试撤回实验的研究设计探讨以儿童为导向的疗育方法,去教 5 位有特殊需求的学前幼童使用综合沟通法(如同时使用手势语和口语)。这 5 名学龄前的个案中,有 1 名是自闭症儿童,其余 4 名被诊断为其他发展性障碍。在干预前,这名自闭症儿童在沟通互动中不使用口语。在以儿童为主的教学模式中教其使用综合沟通法进行沟通,这名儿童的言语表达能力得以提高(如,实验结束后其增加了 10 个自发性词汇)。研究的原始资料还表明,这名自闭症儿童的沟通能力提高,问题行为减少。

Casey（1978）的研究采用的是多基线设计的研究方法，其研究对象是 4 名 6~7 岁的自闭症儿童，这些儿童都缺乏自发性言语。这个研究采用的是家长执行教育计划的模式，由母亲利用英文文法手语来教儿童。儿童的教师仍然使用综合沟通法来教学。最后，在研究期间，这 4 名儿童不管在和母亲还是教师进行互动时，他们使用词汇的频率都有增加。

其余 3 名自闭症儿童使用手势语的研究都是个案研究。Fulwiler 和 Fouts（1976）的研究个案是 1 名 5 岁的自闭症儿童，研究者使用手势语和综合沟通法对他进行教学。20 个小时的教学以后，这名儿童的手势语词汇、词组和言语表达能力都有提高。研究过程中，研究者也发现儿童的行为有正向的改变。同样地，另一个个案研究以 1 名在干预前没有口语能力的 11 岁自闭症儿童为研究对象，对其实施教学。在研究结束时，这名儿童使用口语词汇和手势语词汇说出图卡名称的能力，都达到同样的精熟水平（Bonta & Watters，1983）。

最后，Benaroya、Wesley、Ogilvie、Klein 和 Meaney（1977）采用的干预方法与前面的研究类似，即综合沟通法干预的教学方案，但其研究个案的数量多于前面的几个个案研究。他们的研究中有 6 名 5~12 岁的自闭症儿童。教学者根据出示的图片，同时使用手势语和口语进行教学。一旦儿童精熟模仿该手势语，他们就要求儿童在看到图片时回答类似"这是什么"的问题。在 6 名儿童中，研究者观察到，有 4 名儿童使用自发性手势语。在这 4 名儿童中，有 3 名儿童具有了单字词水平的口语表达能力。而剩下的 3 名儿童在言语输出方面没有变化。

虽然上述 3 个个案研究都对无口语 ASD 儿童使用手势语教学的潜在成效提供了有用的信息，但是他们在研究方法上存在一些局限，使得其研究结果不能很确定地证明非辅助性 AAC 和言语发展的关系。

因此，后续仍需要更多的实验研究清楚地说明使用手势语和 ASD 儿童言语发展之间的关系。另外，已有的这些关于 ASD 儿童使用非辅助性 AAC 的研究，大多都是使用结构化成人引导的教学模式，因此进一步的研究应该探讨以儿童引导的教学模式所进行的干预成效。目前，一些针对 ASD 儿童所进行的成人引导和儿童引导教学模式的研究已在持续进行中，包括使用离散单元教学法（Discrete Trial Training，DTT）、自然情境教学技巧（naturalistic teaching techniques）、以发展性为导向的方法等（National Research Council，2001）。这些方法或许可以促进 ASD 儿童的言语发展达到不同程度；某些方法可能更能促进具备某些特定技能的 ASD 儿童的言语表达能力。

无语音输出的辅助性 AAC

在本节中，将会摘选与 PECS（Picture Exchange Communication System，PECS）和其他辅

助性 AAC 有关的研究,并做重点说明。

只单独使用 PECS

大多数使用无语音输出的辅助性 AAC 的研究都是使用 PECS 的(参见第 10 章,Frost & Bondy,2002)。PECS 被证明是一种有效的、用来促进 ASD 儿童表达需求和意见的干预方法。在一些研究中也记录了其在促进儿童言语表达能力方面的作用(表 6.2)。

表 6.2　只单独使用 PECS 的研究

研究者	参与者	研究结果
Bondy & Frost(1994)	1 名 3 岁的儿童	言语表达能力有提升
Bondy & Frost(1994)	85 名儿童	29%的儿童同时使用口语和图像符号/书面文字;48%的儿童单独使用口语
Kravits, Kamps, Kemmerer & Potucek(2002)	1 名 6 岁的儿童	言语表达能力有提升
Charlop-Christy et al.(2002)	3 名 3~12 岁的儿童	在提供的表达机会中,有 40%~100%的机会提高言语表达能力
Ganz & Simpson(2004)	1 名 5 岁的儿童	言语表达能力有提升
Tincani,Crozier & Alazetta(2006)	2 名 10~12 岁的儿童	其中 1 名儿童的近似发声有提升,另 1 名儿童没有变化
Tincani,Crozier & Alazetta(2006)	1 名 9 岁的儿童	近似发声有提升
Magiati & Howlin(2003)	34 名 5~12 岁的儿童	言语表达能力有提升

目前有很多假设说明 PECS 与提高 ASD 儿童言语表达能力的关系。首先由于成人沟通伙伴经过系统的学习,知道在儿童出示句条(sentence strip)时如何配合上面的元素(如图像符号)发音,以及在朗读句条时如何停顿,以提供儿童将句子补充完整的机会(如我要……),这些技巧能有效地诱发和强化儿童的言语表达能力(Charlop-Christy et al.,2002;Yoder & Stone,2006)。另外,在教学过程中提供的高度有吸引力的增强物,也可能帮助 ASD 儿童主动说话(Charlop-Christy et al.,2002)。

Bondy 和 Frost(1994)首先提出了 PECS 的应用,他们做了两个研究,一个是单一个案研究,另一个是较多个案的研究。单一个案研究的个案是 1 名 36 个月大的 ASD 儿童。研究结果表明,经过 11 个月的教学,这名儿童学会了单独使用口语进行沟通。

在较多个案的研究中,研究者利用 PECS 对 85 名无功能性口语的 ASD 儿童进行教学。经过干预后,有 29% 的儿童学会了同时使用口语和图像符号或文字进行沟通;48% 的儿童学会了单独使用口语进行沟通。一些探讨 PECS 成效的后续研究,则更有系统地探讨了 PECS 在促进 ASD 儿童表达需求方面的作用。在这些研究中,有 8 个研究记录了干预前后或者干预中个案言语表达能力的数据,符合本回顾研究的收录标准,将在后面详细介绍。

Kravits、Kamps、Kemmerer 和 Potucek(2002)使用跨情境多基线设计的方法,利用 PECS 分别在家庭、学校、上课和休闲时间,针对 1 名 6 岁的自闭症儿童进行教学。在干预之前,这名儿童没有自发性语言,即使在提示下也只有很少的语言。经过干预后,儿童表达需求的能力有提升,此外,在教学过程中,以及在两三个与同伴的社会互动情境中,个案说出清晰的、自发的口语能力也有提升。

Charlop-Christy 等人(2002)也利用 PECS 在教室的自由游戏和学习时间对个案进行教学。他们在设计这个研究时,最初的目的是提高个案言语表达能力,但他们也间接评量了个案的社会互动行为和问题行为。他们的研究个案是 3 名 3~12 岁的自闭症儿童,这些儿童没有自发性言语,但是具有口语模仿能力。这个研究采用的是多基线跨受试的研究设计方案。此研究的言语评量是计算儿童在结构化机会中所产出的言语的百分比。其结果是在干预过程中以及干预结束后,3 名儿童在提供的机会中,出现 40%~100% 的自发性言语表达能力之提升。

Ganz 和 Simpson(2004)在利用 PECS 对 1 名 5 岁的重度自闭症儿童实施教学后得到类似的结果。在教学干预之前,这名儿童只有少量的、无功能性的延迟模仿性言语。研究者教个案使用 PECS,并用 PECS 向研究者以外的成人以及在不熟悉的活动中表达需求。在 PECS 训练中,个案每次接受测试时,都显现清晰的口语词汇有所增加。在阶段一,每次训练时个案平均词汇为 0.36;到阶段四,平均每次接受测试时已可出现接近 2.7 个三词组合的短语。

Tincani、Crozier 和 Alazetta(2006)进行了由两个部分组成的研究。其中一个部分是探讨 PECS 对 2 名 10~12 岁自闭症儿童的作用。在干预之前,这 2 名儿童都没有功能性言语。经过 PECS 教学以后,他们都学会了自发表达请求。其中 1 名儿童在训练过程中没有言语产生。但另外 1 名儿童在基线期所提供的沟通表达机会中,大约 66% 的机会里有出现近似发声的表达;在 PECS 训练阶段一的表现为 30%;在 PECS 训练阶段二的表现为 6%;但在 PECS 阶段四的表现跃升至 88%。而此高水平的表现在类化期仍继续维持。研究者认为他们在阶段四采取了时间延宕的策略,可以用来说明在这个阶段个案近似发声表达增加的原因。时间延宕策略的做法是,当儿童出示句条给成人时,成人读出它(如,我要……),然后等待 3~5 秒,才把儿童想要的东西给他。这个延迟可能会促使儿童发出类似大人言语的声音。

为了证实自己的假设,Tincani 等人(2006)又以 1 名 9 岁的自闭症儿童为个案,实施 PECS 训练,以此作为这个研究的第二部分。在 PECS 训练的阶段四,他们使用 A-B-A-B 的实验设计。在两个 A 阶段,他们在儿童出示句条以后没有安排时间上的延迟,直接就把儿童想要的东西给他。在两个 B 阶段,他们等待 3~5 秒再把儿童想要的东西给他。在 A 阶段,儿童在所提供的沟通机会中,只在 2%~3% 的沟通机会中发出近似言语的发声,而在 B 阶段,儿童在 80.5%~83.3% 的沟通机会中发出近似言语的发声。但是在这四个阶段中,他利用符号来表达需求的频率并没有出现任何变化。这个研究发现的意涵为:研究者有必要探讨一些特定的干预方法(如提示法和提示—褪除法)的有效性,从而判断这种方法是否对 ASD 儿童的言语产生具有关键性作用。

不同于以往 ASD 儿童使用 PECS 的研究,Magiati 和 Howlin(2003)的研究是教教师使用 PECS。该研究有 34 名 ASD 儿童参与,采用的是平行组别设计的研究方法。研究中,老师首先参加 2 天的工作坊,然后向 6 位 PECS 专家咨询,全面了解 PECS 的实施策略。这 34 名个案在基线期的平均词汇量为 6~10 个,经过 6 个月的训练,平均词汇量增加到 11~20 个。其间的增加量虽然很小,但在统计上也能被看成是显著增加。这个研究存在着一些局限,首先,他们的评量主要是由等级评定量表,以及其他一些家长及老师完成的间接评量组成。其次,研究未说明信度建立过程,使得研究方法缺乏严谨性。但不管怎样,这个研究也提供了由教师实施 PECS 进行教学的初步数据支持。

＞　PECS 与其他教学法的比较

为了进一步研究 PECS 对 ASD 儿童的作用,研究人员将 PECS 和其他 AAC 的干预方式进行了比较,有 2 篇符合收录标准的文献(表 6.3)。

Tincani(2004)针对两名自闭症儿童使用交替处理设计,比较了手势语和 PECS 的干预成效。这两名儿童在干预之前都没有自发性口语,但在实施训练以后,都具备了一定的言语模仿能力。研究者对儿童实施动作模仿能力评估发现,动作模仿能力较好的儿童容易学会使用手势语表达需求,而不是使用 PECS 进行表达。另外,尽管研究结果表明,这名儿童在两种模式下言语表达能力都有所提升,但是他在使用手势语时的言语是使用 PECS 时的两倍。

表 6.3　比较 PECS 与其他干预方案的研究

研究者	参与者	干预方法	研究结果
Tincani(2004)	2 名 5~6 岁的儿童	PECS 和手势语	两种模式都提升了言语表达能力
Yoder 和 Stone(2006)	36 名 2~3 岁的儿童	PECS 及回应教学和前语言期自然情境教学法	两种模式都提升了言语表达能力

Tincani(2004)的研究中,另外一名个案的动作模仿能力较差,在评估时,只能模仿 20%

的手部动作,她使用 PECS 进行需求表达比用手势语进行需求表达更准确。Tincani 等人(2006)的其他研究中也有类似的个案。开始的时候,那名儿童使用手势语比用 PECS 所发出的声音多一些。当她开始独立使用 PECS 的时候,其发声次数有显著的下降。然而,当进行到阶段四的时候,平均发声次数增加了 90%。研究者认为同样的方法在两个个案身上产生的效果不同,其原因在于他们的精细动作(手的功能)能力存在差异。精细动作模仿能力好的个案在用手势语进行表达时效果较明显。这符合我们前面所提出的建议:较少需要使用肢体动作和动作计划的 AAC 干预可以提供很好的帮助(Mirenda & Erickson,2000)。因此,PECS 可以作为那些肢体动作能力和精细动作能力较差的 ASD 儿童的一个选择。

另外一个研究是将 PECS 与回应教学和前语言期自然情境教学法(responsive education and prelinguistic milieu teaching,RPMT)进行比较(Yoder & Stone,2006)。他们的研究是对 36 名自闭症儿童进行随机分组实验。这 36 名儿童在 3 个累计的不同沟通样本中所搜集的词汇数都少于 20 个。两个实验组的儿童都接受为期 6 个月,每周三次,每次 20 分钟的教学。这个研究的独特之处在于他们用半结构化的方式,在自由活动时间来检验类化迁移的成效,而不像其他大多数研究那样,用高度结构化的方式来评量儿童的言语表达能力。整体而言,不管是在自发性口语沟通行为,还是在词汇量方面,PECS 组儿童的效果都优于 RPMT 组的儿童。但两组儿童在这两种实验教学中的自发性口语沟通行为和词汇量都有提升。

研究者还考虑到了儿童探索物品的能力,并发现经过 6 个月的教学,在 PECS 组中探索物品能力好的儿童,比起在 RPMT 组的儿童,会使用更多自发性词汇。反之这个结论也成立,即在 RPMT 组中探索物品能力差的儿童,所使用的自发性词汇远高于那些在 PECS 组中的儿童。因此研究者认为,如果一个个案不具备操作物品的能力,那么他更适合接受包含有操作物品能力训练的干预方案,如 RPMT。

> **PECS 之外的其他辅助性 AAC**

PECS 是最常被研究的 AAC 无语音输出的辅助形式,因此在 Millar 等人(2006)的回顾研究中,只有 1 篇研究是探讨 PECS 之外的其他辅助性 AAC 的应用,但根据 Millar 等人的研究评析收录标准,这篇文献没能被看作是具有最佳实证的研究。

Garrison-Harrell、Kamps 和 Kravits(1997)的研究对象是 3 名 6~7 岁的自闭症儿童,采用的是同伴干预策略。在社交互动中,这些同伴被教导如何沟通,研究设计为跨情境/跨受试和多试探/多基线的设计,研究目的是探讨互动的频率和持续时间,以及如何使用沟通板。在研究过程中,研究者教同伴在社会互动时学习使用沟通板,然后由同伴与自闭症儿童进行互动。此外,研究者还搜集了基线期和干预期沟通言语的比率。

Garrison-Harrell 等人(1997)的研究表明,这 3 名儿童的口语能力都有提升。虽然这是收录到的唯——篇使用非 PECS 且无语音输出的辅助性 AAC 的研究,但是其结果已提供了积极的鼓励。鉴于当前可用的各种无语音输出的辅助性 AAC(如主题板、沟通簿),研究者们也有必要探讨这些技术对儿童语言发展的作用。另外,研究者有必要探讨同伴或其他协助者在教学中提供支持与促进泛化迁移的作用。

有语音输出的辅助性 AAC

目前,随着技术的发展,市面上有很多电子沟通辅具可供使用,但令人奇怪的是,很少研究者关注有语音输出的辅助性 AAC 在促进 ASD 儿童语言发展之成效(表6.4),仅有两篇文献符合收录标准(Olive et al., 2007;Parsons & Lasorte,1993)。

表 6.4　有语音输出的辅助性 AAC

研究者	参与者	干预方法	研究结果
Parsons & Lasorte(1993)	6 名 4~7 岁的儿童	苹果 IIGS 计算机搭配 Echo IIb 语音合成软件	言语表达能力有提升
Olive 等(2007)	3 名 3~5 岁的儿童	4 个按键的语音沟通板	言语表达能力有提升

Parsons 与 Lasorte(1993)的个案是 6 名 4~7 岁的无口语自闭症儿童,其目的是研究在计算机系统中有否安装语音合成软件对自发性言语的影响。研究中验证了儿童使用言语的能力,但缺乏功能性口语的学生并没有包含在此研究中,实验设施是有彩色显示屏的苹果 IIGS 计算机和 Echo IIb 语音合成软件[关于设备更多的信息请见 Parsons & Lasorte(1993)]。使用软件时,儿童可以打出呈现在显示屏上的字幕组合,并且利用语音合成器朗读他们输入的文本。

Parsons 与 Lasorte(1993)使用的是交替单一受试实验设计。为了减少干预顺序的影响,他们采用了 A-B-BC-B-BC 和 A-BC-B-BC-B 的设计方法。其中 A 代表基线期,B 代表使用计算机,C 代表使用语音合成软件。在 B 的情况下,因为不使用合成语音,所以关闭计算机的音响。研究过程中,研究者搜集每个阶段个案自发性言语表达的频率。研究结果显示,当没有语音输出时(如 B 的情况),个案的自发性言语表达会与基线期(如 A 的情况)相同,或低于基线期(如 A 的情况)的水平。当同时使用计算机和合成语音时(如 BC 的情况),6 名个案的自发性言语表达都有增加。

在研究过程中,研究者还注意观察了儿童的行为。他们发现大多数儿童在使用计算机时动机都较高;很多儿童自发地模仿合成语音,整体来看,提供视觉、听觉和触觉等多种信息可以让儿童得到更多的帮助。遗憾的是,在这个研究中没有详细地记录儿童在干预之前的语言能力、研究的过程,以及儿童在研究中被要求完成的任务。但不管怎样,这个研究都提供了一些初步的数据,从而说明有语音输出的辅助性 AAC 对 ASD 儿童具有积极的作用。

Olive 等人(2007)的个案是 3 名 3~5 岁的自闭症儿童,其目的是研究加强型自然情境教学法结合合成语音的干预成效。这些儿童每天接受 5 分钟的教学,最多的教学时间为 19 课时。研究人员特别评估了在游戏中儿童使用语音沟通板、手势和口语等要素的成效。利用多试探、受试内的研究设计方法,此研究发现,3 名儿童中有 1 名在接受干预时的发声有增加。另外,3 名儿童在很短的时间内需求表达的能力也都有提升。尽管需要更进一步的研究,但是这个研究提供了一些初步的研究结果,支持了加强型自然情境教学法结合合成语音的干预方法应用于 ASD 儿童的可行性。

> ### 总结和临床意涵

利用 AAC 以提高 ASD 儿童功能性沟通的能力,是专家和家长们让 ASD 儿童使用 AAC 最初的目的。已有的一些研究证实了 AAC 可以提高那些无法以口语满足沟通需求的 ASD 儿童的沟通能力和言语能力(如 Lightet al., 1998, 1999)。我们可以理解有的家长认为 AAC 可能阻碍儿童言语能力的发展,而不愿意让他们使用 AAC 的想法。然而,这种“等等看”的想法可能有严重的后果,特别是在问题行为和言语发展方面。

虽然本章的研究回顾与分析并非系统化地去评鉴研究方法是否严谨、研究设计品质是否恰当,但是这些文献也提供了很多初步的证据。首先,像 Millar 等人(2006)的回顾分析一样,没有研究显示 AAC 对 ASD 个案的言语发展会有负面的影响。事实上,大多数研究都证实了 AAC 对这些儿童的言语发展有促进作用。其次,本回顾也阐明了特殊技能和实施 AAC 与言语发展间的相关性。在手势语部分,语音模仿能力似乎与言语发展也有相关性(Yoder & Stone, 1988)。在 PECS 部分,物品的探索技能似乎也有类似的相关性(Yoder & Stone, 2006)。另外,有的研究人员还发现,那些有一定言语模仿能力的儿童在自发性口语的习得方面,优于言语模仿能力差的儿童(例如,Charlop-Christy et al., 2002; Schwartz, Garfinkel & Bauer, 1998)。

最后还有一个重要的发现是,很多教学策略对 ASD 儿童的言语表达能力具有促进作用。例如,Tincani 等人(2006)的研究表明,应用在 PECS 阶段四的时间延宕策略对儿童的言语能力有正向的效果。类似的研究结果在另外一个研究中也有记载(如 Charlop-Christy et al., 2002)。Kouri(1988)有效地利用儿童引导策略教会一些发展性障碍儿童(包括 ASD 儿童)使用综合沟通法。Garrison-Harrell 等人(1997)的研究证明,同伴干预教学对儿童言语发展有正向的效果。而有这么多可供使用的教学策略,未来实有必要进行特定的分析,以决定它们对儿童言语发展的个别的效果。

局限性及未来研究方向

尽管通过上面这些文献,我们发现,AAC 对 ASD 个案言语发展的效果令人鼓舞,但也存在一些不足。首先,很少有研究系统地记录 AAC 干预前后以及过程中儿童言语表达能力的情况。这样的问题会限制我们将这些研究结果泛化应用于 ASD 个案的范围。其次,大多数研究最初的目的是了解 AAC 对表达性语言(如单字词)和/或特定沟通功能(如请求)的影响。而对言语表达能力的影响往往是作为次要目标进行了解。再者,本章所收录的一些文献并不符合 Millar 等人(2006)最佳实证研究的标准。最后,现在有很多 AAC 技术可以使用,但是研究并没有对这些技术进行探讨。

未来的研究需要判断哪些特定技能与言语发展有密切的关系(如言语模仿能力、鹦鹉式仿说等)。其次,未来的研究还需要讨论不同干预方法(如特定的提示和褪除策略等)的作用。再者,由于现在的一些研究都是在干预过程中或者在干预后,立即记录儿童经过干预后的言语变化,因此未来的研究需要探究长期成效。最后,未来的研究需要对不同的 AAC,尤其是有语音输出的 AAC 的效果进行探讨。

尽管上述研究存在一些局限,但是或多或少也已证实了 AAC 对 ASD 个案言语发展的正向的效果。未来更多针对这个主题所进行的高品质研究,将减少家长和临床人员拒绝让 ASD 个案使用 AAC 的现象,使得这些个案有机会获得适龄适时的沟通,从而促进他们语言、读写以及其他相关能力的发展。

第三部分

辅助沟通干预

第七章

AAC 和 SCERTS® 模式：整合 AAC 于完整和多专业的教育计划

Emily Rubin、Amy C. Laurent、Barry M. Prizant、Amy M. Wetherby　著

徐胜、曹真、杨炽康、董宜桦　译

因为自闭症谱系障碍（ASD）者的社会沟通能力与其日后的干预成效有高度相关（National Research Council, 2001），所以当我们在设计一个完整的教育计划时，应该要在个案的日常社交情境中去评估其进步情形，且要观察他们和不同伙伴互动时的表现，而非仅在一开始的教学情境中评估干预成效。虽然很多研究方法在个案日常的某一特定时间会需要一些协助，但个案的社交沟通能力会在不同的日常活动、社交情境以及社交伙伴间出现落差，而现有的课程却可能只着重在教育目标的达成上，提供的与社会沟通能力有关的信息较不足，因此仍需从不同的面向观察。

为社交障碍者设立适当的目标，并不一定能保证他们的互动伙伴也会调整自己的沟通方式，或是持续提供个案 AAC，甚至也无法保证伙伴是否会依据个案的独特学习方式、个案家人对不同能力的重视程度，以及个案在不同日常社交情境中的需求来调整环境（Simpson, de Boer-Ott & Myles, 2003）。有鉴于此，美国国家研究院（National Research Council）也从2001年开始强调自闭症谱系障碍者的这些需求，并建议相关人员应研拟一套更有意义的成效评估方法，同时要特别记录个案在不同情境、活动中，和不同对象互动时的社会沟通能力进步情形。

SCERTS®模式是一种多专业团队干预方法，可以提供完整的、课程本位的评估方式，借此确保我们为自闭症谱系障碍者所设定的目标，能够直接改变那些会影响他们社会沟通能力的核心障碍因素，并同时在各种自然情境、场域中，评估他们与不同对象互动时的进步情形（Prizant, Wetherby, Rubin, Laurent & Rydell, 2005a, 2005b）。因此，在评估个案的进步状况时，不只要记录个案的个人表现，同时也要记录他人与个案的互动情形，以及环境是否有依据个案所需的协助和 AAC 而有所调整。换句话说，干预目标的设定并不应该只是针对自闭症谱系障碍者本身，同时还需要考虑到个案的互动对象，所以在 SCERTS®模式中，特别凸显出沟通伙伴对于个案复杂语言能力、适当社交行为、观点取代能力，以及积极参与度维持的正向影响力。

SCERTS®模式的评估流程会使用一套机制来协助教育团队和个案家人，把评估目标放

在个案的学校、家以及小区日常活动上，以期让评估和教育计划能彼此结合。在这套机制下，社交伙伴要负责提供一系列的人际互动和学习支持，包括采用一致性的沟通调整方式、在各种自然情境和社交情境中提供 AAC 支持等。

本章将介绍 SCERTS 评估流程（SCERTS Assessment Process，SAP）在 SCERTS® 模式执行上所扮演的协助角色。其实 SAP 设计的目的，是要根据日常社交情境中所观察的情形，和直接从日常社交伙伴处所搜集到的信息，来记录（1）在功能性活动中，自闭症谱系障碍者所面临之核心挑战的改善状况；（2）在不同的沟通对象之间以及在不同的活动和社交环境中，所得到的干预成效类化情形和干预计划所反应出的真实性（Prizant et al.，2005a，2005b），借此提供评估者一个有意义的干预成效评估方法。特别需要注意的是，本章讨论的重心将会放在要如何把 AAC 融入于 SCERTS® 模式中，并针对不同发展、课程阶段的个案进行评估与执行干预计划。

记录自闭症谱系障碍者核心挑战的改善情形

在决定教育目标优先级和记录进步情形时，最重要的就是要将自闭症谱系障碍者所面临的核心挑战纳入考虑，尤其是那些会降低个案与不同沟通伙伴，以及在不同自然社交情境中的适应能力因素（American Speech-Language-Hearing Association，2006；National Research Council，2001）。根据一项纵向研究的结果显示，当自闭症谱系障碍者的核心挑战获得改善时，其改善的状况将有助于预测个案在语言获得、社交适应功能和学业成就上的进步情形（National Research Council，2001）。虽然不同自闭症谱系障碍者间的异质性很高，但一般而言，不管个案的认知能力或学习习惯为何，建立共同注意和预测社交伙伴行为均是这类障碍者最具指标性的挑战（Volkmar，Lord，Bailey，Schultz & Klin，2004），而且会进一步影响到个案的社会沟通和情绪调节发展。在以课程为本位的 SCERTS® 模式中，社会沟通和情绪调节都是评估的主要面向。

> ### 社会沟通

在社会沟通方面，难以建立共同注意和预测沟通伙伴行为的问题，往往会使个案在尝试开启沟通、理解他人意图及情绪状态上遭遇困难，因而影响相互共同注意能力的发展。另外，难以建立共同注意的问题也会影响个案的非口语沟通和语言的理解、表达能力，以及个案在遵循社交习俗或对话规则方面的能力。而上述的这些挑战，全都会影响到个案在符号使用能力上的发展（Prizant，Wetherby，Rubin & Laurent，2003）。随着个体日渐成熟，并从教育计划中获益后,这些社会沟通上的核心挑战很可能会以其他形式存在着,而且个案可能会通过多渠道沟通(例如手势、手语、物品/图片沟通辅具、口语、语音输出装置或是文字书写)来表达这些困难。因此,在决定采用何种沟通模式时,评估者必须要仔细考虑个案的发展能力,例如个案是否正处于符号前期或是语言萌发期,抑或已能使用较复杂语意和语法的言谈策略。

在 SCERTS® 模式中,上述的不同发展阶段会有不同的课程阶段与之对应(Prizant et al., 2005a, 2005b)。其中,社交伙伴阶段课程适用于那些主要还在符号前期,必须依赖手势来建立共同注意,并使用具体物品来理解他人意图(例如用果汁纸盒来表示活动将转换到点心时间)的个案。而语言伙伴阶段课程则适用于能够使用语言符号(例如口语词汇、手势语和/或图文符号)作为主要沟通方式,而且已经发展出单字、词组以及简单语句的个案。不过此阶段的个案可能有时仍会使用仿说,或是"借用"之前情境中的语词来传达沟通意图。至于第三个对话伙伴阶段课程,则适用于能够以口语进行对话,并正在建立社会观点的觉识能力以及理解社交习俗。

依据上述的发展阶段架构,相关人员可以拟出合适的长期目标和短期目标,以契合个案目前的优势能力、功能性需求、家人所希望改善的优先问题,以及日常社交情境和沟通伙伴的需求。而表 7.1 已列出了社交伙伴、语言伙伴和对话伙伴三阶段的短期教育目标范例,完全是根据课程本位的 SCERTS 评估方式所建立。

表 7.1　SCERTS 社会沟通课程:短期教育目标范例

社交伙伴阶段

相互共同注意
- 企图开启互动
- 看着他人
- 分享正向情绪
- 对于想要的食物或物品,提出要求或表示抗议
- 寻求安慰
- 想进行社交游戏
- 对事物提出评论
- 藉由重复的沟通行为来修复沟通中断

符号使用
- 借由重复动作或声音来进行沟通轮替
- 在熟悉的日常活动中能预测他人行为
- 在建构性游戏中使用熟悉的物品
- 使用常见的手势表达意图
- 使用固定的语音来表示某一活动
- 听到一些经常使用的语词、话语时,能有所回应

语言伙伴阶段

相互共同注意

- 进行延伸的双向互动
- 在开始沟通之前会先吸引对方注意
- 请求帮助或其他行为
- 问候
- 评论行为或事件
- 炫耀
- 调整沟通方式以修复沟通中断

符号使用

- 模仿熟悉的动作或语词
- 密切注意身体的碰触和远程肢体的碰触
- 在游戏中，会使用各种动作来操弄物品
- 使用不同的手势，并搭配注视
- 能理解并使用各种具关联性意义的词语组合（例如代词+动词+宾语、修饰语+宾语、否定词+宾语）

对话伙伴阶段

相互共同注意

- 根据伙伴所看到或听到的信息来修改用语
- 针对自身或他人情绪能说出引起的可能原因
- 和同伴互动时能分享沟通意图（例如问候、调整沟通轮替、称赞伙伴和表达同情）
- 开启多种话题
- 依不同伙伴调整对话长度和内容
- 察觉并修复沟通中断

符号使用

- 使用伙伴所示范的行为来引导自己的社交行为
- 理解沟通轮替和话题转换时的非语言线索
- 在戏剧游戏中扮演其中一个角色并与同伴合作
- 使用适当的姿势，并和他人保持适当的距离
- 理解并使用各种句型结构
- 遵循开启对话和对话轮替的常规

数据源：Prizant，B. M.，Wetherby，A. M.，Rubin，E.，Laurent，A. C. & Rydell，P. J.（2005）. *The SCERTS® Model：A comprehensive educational approach for children with autism spectrum disorders*. Vol.1：*Assessment*. Baltimore：Paul H. Brookes Publishing Co.；adapted by permission.

> ## 情绪调节

　　难以建立共同注意和预测社交伙伴行为，也会造成情绪调节上的困难，而情绪调节正是 SAP 所要评估的其中一个领域。因为有效调节情绪状态和行为的能力将有助于个案发展出合适的社交和沟通互动，所以要如何将这个领域的教育目标排出优先级是很重要的（National Research Council，2000）。不过，社交活动的积极参与度仍有赖于个案对他人社交

行为的预测能力,进而精确地辨识出各种社交事件。因此,自闭症谱系障碍者常常会错误地解读社交事件,而且可能没有察觉到沟通伙伴其实曾针对这些核心挑战提供了相关的协助。而此种互动模式会进一步影响自闭症谱系障碍者在双向调节能力上的发展,导致其社交焦虑和/或社交退缩变得更加严重。

个案在建立共同注意上的困难会影响其自我调节能力,并进一步阻碍情绪调节的发展。不过要想从模仿中学习,其实还需要有分享共同聚焦的能力,因为一旦共同聚焦中断,则个案就很容易会错失社交伙伴所提供的示范行为。而这也是为什么自闭症谱系障碍者即使早已脱离儿童初期阶段,仍常会持续使用先前发展出的、或自创的策略来调节情绪以及被激扰的情绪。另外,他们也可能会出现一些不成熟的行为模式,或是使用言语攻击、快速逃离社交情境等极端的策略。至于难以从他人示范中学习的问题,也可能会促使个案使用语言来自我调节,例如当自闭症谱系障碍者出现社交焦虑时,他可能会开启一个自己有兴趣的话题;或是当面对难以处理的社交情境时,他会把自己喜爱的电影台词背出来(Rydell & Prizant, 1995)。不过由于这些自我调节策略并不是一般人常用的,或者根本不合适,所以社交伙伴可能会给予惩罚,以至于个案情绪更加失调或是自尊心受创。

如同社会沟通的干预方式一样,在情绪调节方面,我们也需要使用发展阶段架构来确保所拟出的长期目标和短期目标是适宜的,以及是否能契合个案目前的优势能力、功能性需求、家人所希望改善的优先事项,以及日常社交情境和沟通对象的需求。表7.2 中已列出了社交伙伴、语言伙伴和对话伙伴三阶段的短期教育目标范例,完全是根据以课程本位的SCERTS 评估方式所建立的,评估的领域是情绪调节,而课程内容则主要是针对相互调节和自我调节。

人际发展与学习支持

自闭症谱系障碍者的社会沟通能力,与其沟通伙伴如何调整自己的沟通模式和如何提供学习支持来修正环境之间,具有强烈的相关性(American Speech-Language-Hearing Association, 2006; National Research Council, 2001)。事实上,自闭症谱系障碍者的社会沟通和情绪调节能力,需要靠个案和伙伴于不同社交情境中的成功互动经验来建立,但是沟通伙伴却往往在以下几个面向遭遇挫折,例如要回应个案不明确且不寻常的沟通意图、促进个案的沟通起始表现,以及提供 AAC 以协助语言表达和情绪调节。

表 7.2　SCERTS 情绪调节课程：短期教育目标范例

社交伙伴阶段

交互调节
- 表达快乐和生气
- 当伙伴给予安慰时，心情会缓和下来
- 忧伤时会抗议
- 当伙伴企图再次加入活动或互动中时，会有所回应

自我调节
- 注意到环境中的人事物
- 进行社交互动时，使用行为策略来调节被激扰的情绪
- 在活动转换时，使用行为策略来调节被激扰的情绪
- 将自己从过度刺激或不喜欢的活动中抽离

语言伙伴阶段

交互调节
- 理解和使用符号来表达情绪
- 当伙伴提供选项时，会做出选择
- 使用语言策略来要求休息
- 使用语言策略来要求可以调节情绪的活动或刺激输入
- 回应伙伴所使用的语言，以便从极度失调的情绪中恢复平静

自我调节
- 对于要求合理的任务，能持续进行
- 使用伙伴所示范的行为策略来调节被激扰的情绪
- 使用语言策略有效地参与延伸活动
- 在活动转换时，使用语言策略来调节被激扰的情绪
- 使用语言策略，从极度失调的情绪中恢复平静

对话伙伴阶段

交互调节
- 理解和使用不同程度的情绪词汇来表达情绪
- 回应伙伴所提供的信息或策略，从而调节被激扰的情绪
- 与同伴合作、协商以解决问题
- 寻求他人协助，以化解冲突并解决问题

自我调节
- 证明有约束行动和行为的能力
- 使用行为策略有效地参与延伸活动
- 使用自我监控和自我对话来引导自身行为
- 辨识和深思可以协助调节情绪的策略
- 在新的和改变后的情境中，使用计划和演练（亦即后设认知策略）来调节被激扰的情绪

数据源：Prizant, B. M., Wetherby, A. M., Rubin, E., Laurent, A. C. & Rydell, P. J. (2005). *The SCERTS® Model：A comprehensive educational approach for children with autism spectrum disorders. Vol.*1；*Assessment.*Baltimore：Paul H. Brookes Publishing Co.；adapted by permission.

有别于许多研究方法都着重在个案从抽离式课堂中所学到的目标能力，SCERTS 模式则强调要协助个案的伙伴在不同活动、情境中做调整（Prizant et al.，2005a，2005b），也因此 SCERTS 中以课程为本位的评估项目包含了沟通交流支持部分，会持续评估个案在不同对象、情境间所得到的人际关系和学习支持的一致性。其中所谓的人际关系支持意指沟通伙伴在互动模式上所做的调整，以便增进自闭症谱系障碍者的沟通起始表现、独立性以及沟通能力。而学习支持则是指环境方面的调整和 AAC 的提供，借此提升个案的相互注意能力、语言表达和理解、相关环境刺激的处理以及预测社交伙伴的行动。在表 7.3 中已列出了人际关系和学习支持方面的主要短期目标，这对要接受完整教育计划的自闭症谱系障碍者伙伴有莫大的帮助。

如同表 7.3 所示，在沟通交流支持课程中，AAC 被归在学习支持范畴内。而此处的 AAC 泛指手势、手语等非辅助性方式，以及物品、图片、图文符号、文字、语音输出装置、计算机相关设备和软件等辅助性方式。另外，伙伴的行为也将被全部纳入评估的项目，因为曾有研究显示，伙伴行为其实也会影响 AAC 的干预成效（American Speech-Language-Hearing Association，2005；Mirenda，2003），而且部分研究甚至进一步强调，AAC 的支持不仅能提升自闭症谱系障碍者在抽离式治疗中的沟通能力，还能提升他们在不同社交情境中，以及和不同社交对象互动时的沟通能力。例如，Schlosser 和 Lee（2000）就曾做过一项 AAC 成效的元分析研究，结果发现，假若伙伴能在自然情境中提供 AAC 支持，则大多数的 AAC 都能够有效地提升个案的社交沟通行为，并类化至不同情境中。

在沟通交流支持领域的学习支持中，共包含了四个主要的伙伴短期目标，可用以确保所观察到的进步情形反映出各个社交伙伴是否有持续提供 AAC 支持，以及个案是否能在各个社交情境和活动中使用这些 AAC 支持。特别是，伙伴的 AAC 使用情况会被进一步检视，以了解此因素对下列能力的帮助：（1）沟通和口语的理解，（2）语言和行为的理解，（3）情绪的表达和理解，（4）情绪的调节。而在接下来的章节中，我们会仔细探讨这些伙伴短期目标要如何将 AAC 融入 SAP 的不同阶段中，包括社交伙伴阶段、语言伙伴阶段和对话伙伴阶段。

表 7.3　SCERTS 互动支持课程：沟通伙伴的长期目标和短期目标范例

人际关系支持	学习支持
1.伙伴要对个案有所回应（例如回应任何信号，让个案察觉到自己的沟通能力；伙伴要辨识出个案情绪失调的迹象，并提供支持）	1.伙伴要规划好活动，方便个案积极参与（例如明确告知活动的开始和结束；提供个案可以预测的活动程序）
2.伙伴要协助个案开启沟通（例如提供选项，然后等待并鼓励起始沟通）	2.伙伴使用 AAC 来促进发展（例如沟通和语言表达、语言理解、情绪调节）
3.伙伴要尊重个案的自主性（例如给个案时间，让他用自己的步调解决问题）	3.伙伴使用视觉和有组织性的支持（例如使用一些支持向个案解说活动步骤和所需时间）

人际关系支持	学习支持
4.伙伴要引导个案参与互动（例如使用适当的非语言行为鼓励个案参与互动） 5.伙伴要提供个案发展性的支持（例如引导个案，使其能成功地参与活动） 6.伙伴要调整语言输入（例如依照个案的发展年龄，来调整语言输入的复杂度） 7.伙伴要示范适当的行为（例如当个案使用不当的行为时，要示范什么样的行为才是合适的）	4.伙伴调整长期目标、活动和学习环境（例如安排好学习环境，促使个案开启沟通；调整任务难度，让个案能成功地完成）

数据来源：Prizant, B. M., Wetherby, A. M., Rubin, E., Laurent, A. C. & Rydell, P. J.（2005）. *The SCERTS® Model：A comprehensive educational approach for children with autism spectrum disorder*s. *Vol*.1；*Assessment*.Baltimore：Paul H. Brookes Publishing Co.；adapted by permission.

＞　同伴使用 AAC 增强交流与表达语言

社交伙伴阶段针对社交伙伴阶段的个案,用来提升沟通和语言表达的扩大性支持可能会包含使用物品来协助建立相互共同注意（例如企图开启互动）,并建立符号使用的能力（例如使用常见的手势示意）。举例来说,我们可以将物品和个案喜欢的社交例行活动搭配,帮助个案在不同情境下告诉他人该活动的名称,或是要求进行该活动,所以假若一个特定的毛毯可能会在玩躲猫猫时使用,而火箭玩具与"3、2、1 发射"的活动做搭配,则最后沟通伙伴可以提供个案一个装着这些物品的篮子,让个案通过藉由碰触或将物品拿给伙伴的方式自己做出选择,并且通过靠近的动作或具有沟通意图的凝视来引起伙伴注意。另外在喂食或点心时间,伙伴或许可以提供一个沟通板,将个案喜欢的食物密封在一个透明的容器中,然后用魔术贴粘在沟通板上,并放在个案可以触摸到的地方作为"点餐板",因为这样的协助可以促使个案使用传统的手势示意,例如碰触加上具有沟通意图的凝视,或是碰触加上给予的动作。而上述这两种方式都是属于符号前期的沟通尝试,可作为符号语言学习的基础,以便日后能用符号语言达到相同的沟通功能（例如：妈妈打开、爸爸、饼干、帮忙、拜托）。

在这些早期的发展阶段,使用 AAC 支持可以确保个案能通过有效的沟通方式来满足工具性社交目的,从而避免个案遭遇所谓的沟通失败经验（Romski & Sevcik,2005, p.179）。而且正因为 AAC 支持提供了个案一个有效的沟通方式,所以研究显示 AAC 可以有效预防或是取代攻击、自伤等问题行为（Frea, Arnold & Vittimberga, 2001；Mirenda, 1997）。

语言伙伴阶段当自闭症谱系障碍者进入到语言萌发阶段,人们常会担心 AAC 是否会抑制他们的口语发展,但目前并无任何的实证研究可以佐证(请见本书第六章;Mirenda,2001,2003;National Research Council,2001)。而事实上却正好相反,因为曾有研究显示,不论是口语功能有限,还是在口语学习初期和后期想要以口语作为主要沟通方式的个案,AAC 都能促进其社交沟通和语言发展(American Speech-Language-Hearing Association,2006;National Research Council,2001)。虽然如此,美国国家研究院(National Research Council,2001)曾表示,现阶段其实还没有足够的研究显示哪一种 AAC 最适合哪一类个案,因此在语言伙伴阶段,可能要通过许多工具来了解 ASD 个案的独特学习方式和社交情境需求,以决定要采用何种 AAC,毕竟 AAC 的种类繁多,包括手势语、照片、图文符号,或是用来增加各种词语、早期词语组合以及简单句的语音输出装置。

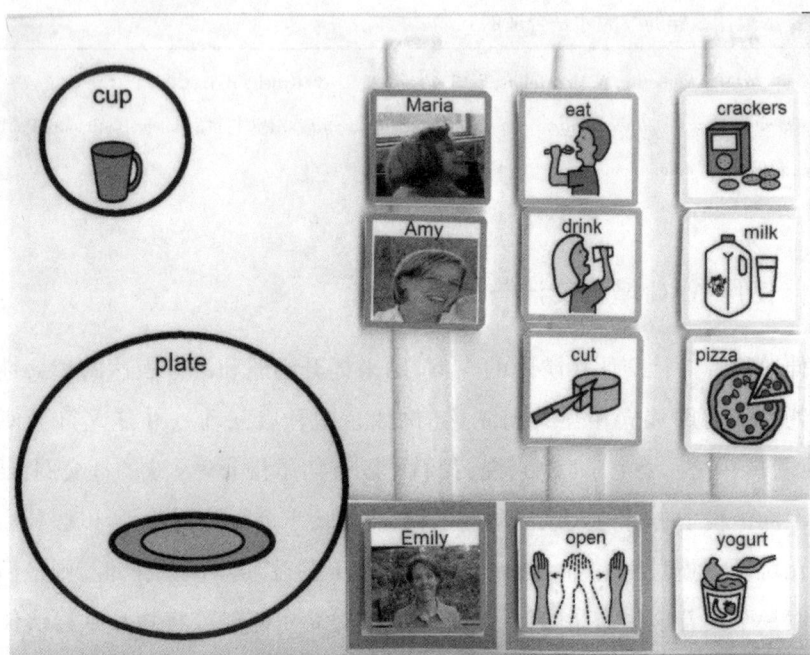

图 7.1　在语言伙伴阶段的一位学生的图像排列选单

在 SAP 的语言伙伴阶段,和语言表达、沟通表达有关之短期目标范例内容可能会包括协助建立相互共同注意(例如请求帮忙或其他行动;评论行为或事件),以及协助符号使用(例如使用词汇组合表达各种关系)。另外,也可让各个社交伙伴在不同的自然情境活动中,使用不同的颜色来区别照片和图像,以增进个案使用主语+谓语+宾语的造句能力。举例来说,在学校的午餐时间,或许可以提供个案桌垫图像选单,并附上老师的照片当作选项(例如,Emily、Amy),而且照片边框以粗红线来凸显;不同动作的图像符号(例如:打开、喝、切、吃)边框则以粗绿线来凸显;活动中的物品图像符号(例如:优格、牛奶、比萨、饼干)边框另以粗黄线来凸显(图 7.1)。此外,学生可能会拿到一个造句板,上面画有三个空白框格,一个框线是红色,一个是绿色,另一个则是黄色,借此引导个案造出主语+谓语+宾语的句子。接着,个案会在协助下将各个符号放在造句板上适当的位置,请求他人帮忙,并造出符合发展年龄的适当词组(例如:Emily 打开酸奶)。另外,和不同的社交伙伴,或是在不同的社交情境中,这些 AAC 支持都是可以被调整,以符合个案和活动的独特需求。

对话伙伴阶段在对话伙伴阶段,用来提升语言表达、沟通表达的 AAC 支持可能会包括手势语、图片、图像符号和文字。事实上,不论个案是否已经学会使用口语作为主要沟通管道,SAP 都保证会要求社交伙伴持续地为个案提供 AAC,以增进其沟通和语言表达能力。目前已有研究证据显示,非辅助性 AAC 和辅助性 AAC 两者皆有助于相互共同注意的建立(例如传达想要和同伴互动的意图),以及符号使用能力的提升(例如理解并能使用各种句型;遵循一般谈话时的话题开启和沟通轮替规则;American Speech-Language-Hearing Association, 2006; Johnson, Nelson, Evans & Palazolo, 2003; Krantz & McClannahan, 1993)。

对于对话伙伴阶段个案,若他们正要学习如何在自然情境开启对话,我们可以提供一个放有许多卡片的钥匙圈手环,而每张卡片的正面都是其中一个同学的名字或照片,至于卡片的背面则可针对该同学喜欢的话题,列出开启对话的方式。而在点心时间,我们可能要使用附有类似图文照片或文字协助的桌垫,来达成这项短期教育目标。

＞　伙伴使用 AAC 来提升语言理解和行为表现

社交伙伴阶段对于社交伙伴阶段的 ASD 个案,手势、手势语、物品、图像照片或语音沟通器等 AAC 的支持,将可提升其语言理解能力和行为表现,并增进符号使用的能力。而这些成效已在许多研究中得到证实,因为研究结果显示,使用这些视觉协助和语音输出装置来扩大口语表达确实是有效的(Brady, 2000)。在 SAP 的语言伙伴阶段,相关短期教育目标范例可能会包括在熟悉的活动中去预测他人的行为,以及针对一些常见的语句做出回应。举例来说,为了凸显出问候情境(例如有一个家人下班回家),伙伴可能会在这个家人还没到家时,给 ASD 个案看他/她的照片,借此强化个案预测社交行动的能力,以及理解"妈妈到家了"等熟悉语句的能力。同样地,伙伴也可使用手势或具体的手语,来增进个案在不同自然情境活动中回应熟悉语句的能力。此外,比出"打开"的手势语(亦即将手从中央位置移开,做出打开的动作)来辅助口语指导(例如打开门),也将有助于理解能力的提升。

语言伙伴阶段针对语言伙伴阶段的 ASD 个案,用来提升语言理解能力和行为表现的 AAC 支持可能会包括辅助性语言刺激,也就是同时呈现口语和相对应的视觉信息(请见本书第八章;National Research Council, 2001)。而其他像是图片、图文符号或文字等扩大口语表达的 AAC 支持,也都可以被用来增进符号使用的能力。

在 SAP 的语言伙伴阶段,相关短期教育目标范例包括了将游戏中的物品与一系列的动作结合,以及理解词汇组合中的相关语意。因此对于此阶段需要在融合教室上课的 ASD 个案,也可使用文字协助来提示游戏所需的步骤,以及和同伴互动时所需使用到的用语。例如表7.2就提供了比萨派对的游戏脚本范例,在其中的"要做"版面上的绿色区会列出个案所需做的每个步骤,然后个案每完成一个步骤,相关的文字协助就会被移到"已完成"版面上的红色区。过去曾有研究发现,此种学习支持可以有效增进游戏步骤的理解能力,并可提升个案响应他人沟通尝试的能力(Goldstein & Cisar, 1992; Thiemann & Goldstein, 2004)。

对话伙伴阶段针对对话伙伴阶段的ASD个案,用来提升语言理解和行为表现的AAC支持,可以有效确保目标拟定的方向与符号使用能力有关。而相关的短期教育目标范例,将包括(但不局限于)理解沟通轮替、话题转换时的非口语提示,使用适当的姿态和保持适当的距离,以及理解各种句型。

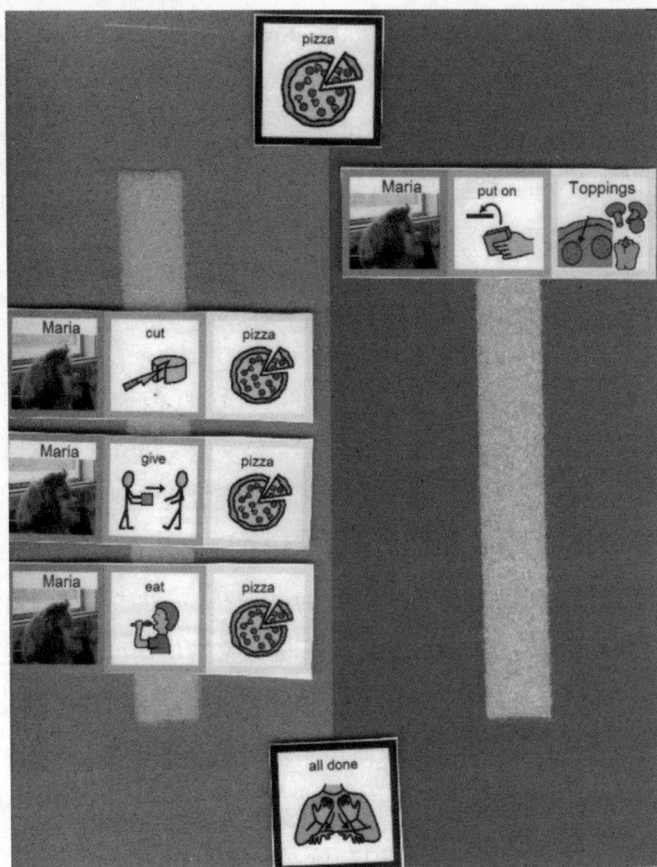

图7.2　在语言伙伴阶段中一位儿童所设计的"比萨派对"游戏版面

(The Picture Com-munication Symbols © 1981-2008 by

Mayer-Johnson LLC. All Rights Reserved Worldwide. Used with permission.)

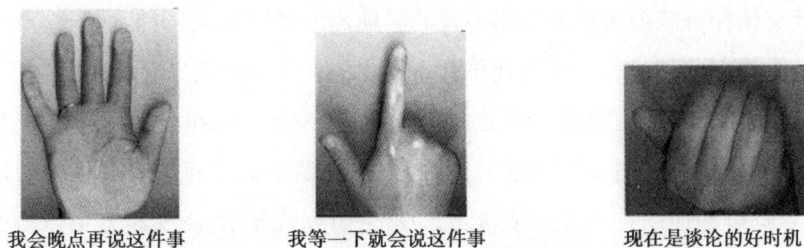

我会晚点再说这件事　　　　我等一下就会说这件事　　　　现在是谈论的好时机

图 7.3　在对话伙伴阶段中一位老师为学生而使用的图像提醒手势信号，
它提供有关开启一个意见或问题信息的适当时机

在增进沟通轮替时的非口语提示理解能力方面的例子，相关的 AAC 支持可能包括在授课过程中给班上同学一个手势，以确保大家能够察觉出何时才是提出评论或是问题的适当时机。例如当老师手心朝前时是表示"我会晚点再说这件事"（I can talk about this later.），当老师举起食指时是表示"我等一下就会说这件事"（I can talk about this in a minute.），而当老师手心朝上时则表示"现在是谈论的好时机"（This is a good time to talk.）。另外，伙伴也可用一些文字提醒与这些手势做搭配，以确保个案能够理解（请见图 7.3）。由于对话伙伴阶段的 ASD 个案常会难以找到适当时机开启对话，因为在此之前必须先建立相互共同注意和预测老师行为（亦即非口语社交提示）的能力，所以一旦老师提供了明确的手势，则解决社交问题的需求就会降低，而沟通互动的能力就会被增强。另外更重要的是，此策略或许可以取代令人沮丧的负面回馈方式，让 ASD 个案达成目标。

> ## 伙伴使用 AAC 来提升情绪的表达和理解

社交伙伴阶段与一般的同龄者相比，在社交伙伴阶段的 ASD 个案似乎较少去分享正向的情感（Dawson，Hill，Spencer，Galpert & Watson，1990；Wetherby，Prizant & Hutchinson，1998），而且较少去注意他人沮丧和不舒服的情绪表现（Sigman，Kasari，Kwon & Yirmiya，1992）。同样地，当这些个案被人称赞时，他们和对方的情绪互动也显得比较少（Kasari，Sigman，Baumgartner & Stipek，1993）。而上述的变项会进一步影响社交互动和语言学习能力的发展（Dawson et al.，2004），这或许是因为个案往往难以预测一个人的行为会如何影响他人的情绪反应，而且难以提供信息让社交伙伴了解要如何帮助彼此调节情绪。

在相互共同注意、相互调节的相关情绪理解及表达方面，AAC 支持可以有效地增进这些能力，例如借由使用与问题行为具有相同沟通功能的沟通工具，可以避免问题行为的产生（Bopp，Brown & Mirenda，2004）。而相关的短期教育目标范例可能会包括分享正向情绪，分享负向情绪，在不悦时表示抗议，寻求慰藉，以及当伙伴给予安慰时能恢复平静。而关于加强情绪表达的 AAC 支持范例则可能包括将生气的手势与全部完成的手势配对。若要达成此目标,社交伙伴可能要更能对个案不悦的早期迹象做出回应,更能适当地尊重个案的抗议行为,以及允许以其他的行为来替代推开不喜欢的食物或是攻击行为等问题行为。

语言伙伴阶段针对语言伙伴阶段的 ASD 个案,用来提升情绪表达和理解的 AAC 支持可以有效确保目标拟定的方向是与相互共同注意、相互调节能力有关。而相关的短期教育目标范例将包括理解和使用符号表达情绪,因为过去研究曾显示,图文符号可以提升字词回想效率和自发性沟通能力(Ganz & Simpson,2004),因此当伙伴提供这些 AAC 支持来协助 ASD 个案表达情绪时,个案就可以使用较能被社会所认可的方式进行更有效率的沟通,所以此策略往往能避免个案藉由问题行为来达到相同沟通功能(Mirenda,1997)。

在教室活动期间,我们或许可以提供 ASD 个案一个放有许多塑封卡片的钥匙圈手环,而且卡片上会显示各种情绪状态,其中正面会写出相关的文字信息(例如高兴、难过、生气;请见图 7.4a),而背面则会列出寻求协助的相关语词(例如高兴的卡片背面写着"击掌",难过的卡片背面写着"拥抱",生气的卡片背面写着"全部做完";请见图 7.4b)。当然这些 AAC 支持也是可被修改的,以便满足不同社交伙伴和不同活动、社交情境(例如学校、家庭、小区)的独特需求。

图 7.4　a 用来代表"难过"的图像符号卡片
b"难过"卡片的背面有一个用来代表合理请求协助"拥抱"的图像

(From Emotion Ring © 2006—2008 by Communication Crossroads;reprinted with permission.)

对话伙伴阶段针对对话伙伴阶段的 ASD 个案,用来提升情绪表达和理解能力的 AAC 支持可以有效确保目标拟定的方向是与相互共同注意、相互调节能力有关。而相关的短期教育目标范例将包括说出引发自己和他人情绪反应的可能原因,理解并使用不同程度的情绪词汇来表达情绪,或是回应伙伴所提供的信息、策略以调节被激扰的情绪。

增进情绪表达和理解的 AAC 支持范例可能会包括使用图像化的社交故事(Gray,1995),因为此方法可提供 ASD 个案文字上的协助,以加强适当的情绪表达,并帮助个案察觉社交行为对他人情绪状态和想法所造成的影响(Barry & Burlew, 2004)。

> ## 伙伴使用 AAC 来增强情绪调节

社交伙伴阶段针对社交伙伴阶段的 ASD 个案,用来提升情绪调节的 AAC 支持可以有效确保目标拟定的方向是与相互调节、自我调节能力有关。而相关的短期教育目标范例包括不悦时会表达抗议,对伙伴企图重新加入活动或互动能有所回应,以及在转换的过渡阶段能使用行为策略来调节被激扰的情绪。因为此阶段的 ASD 个案还不算是符号沟通者,所以使用简单的照片、物品,或许可以弥补个案在预测社交事件顺序和进行转换方面的困难(Pierce & Schreibman, 1994)。

当个案要转换到游泳池等进行小区活动时,可以将他/她的泳衣、蛙镜拿给他/她,让个案能明确地预测接下来的活动。同样地,在教室中也可以使用收纳柜来做活动时间表,借由摆放不同物品来告知个案活动进行的顺序。另外,在收纳柜的每一格内,也可放置一样物品,用来提醒个案下一步要做什么(例如针对自由选择时间可以放置一个个案喜欢的玩具;针对围圈圈分享时间可以放置一个橡皮鸭,用来表示活动开始的歌曲;针对点心时间可以放置一个果汁纸盒;而放置小球则代表休息时间)。最后,可以进一步将照片图像与这些物品做搭配,并附加图文符号来表示时间表上的各项活动。

语言伙伴阶段针对语言伙伴阶段的 ASD 个案,用来提升情绪调节的 AAC 支持可以有效确保目标拟定的方向是与相互调节、自我调节能力有关。而相关的短期教育目标范例包括使用确切的语言策略来达到下列目的:要求休息或要求进行可以调节情绪的活动,充分参与延伸性活动,在活动转换时调节被激扰的情绪。

可用来增强语言伙伴上述能力发展的 AAC 支持,包括使用活动内和活动间的时间表(Bopp et al., 2004; Bryan & Gast, 2000)。举例而言,对于一个正在教室进行手工制作美术活动的 ASD 个案,可以借由提供代表每个程序的照片或图文符号,来帮助个案理解每一个制作步骤。

对话伙伴阶段针对对话伙伴阶段的 ASD 个案,用来提升情绪调节的 AAC 支持可以有效确保目标拟定的方向是与相互调节、自我调节能力有关。而相关的短期教育目标范例包括和同伴合作、协商以解决问题、寻求协助以化解冲突和解决问题、使用自我监控和自我对话来引导行为,以及辨识和深思何种策略可以协助调节情绪。

目前已有研究显示,许多 AAC 支持都可有效促进这些领域的发展,例如漫画对话中的视觉、文字辅助(Gray，1995)就能有效帮助个案理解社交伙伴的观点，包括他们的想法、感受和意图，使 ASD 个案得以吸收一些社交信息和同伴协商，并思考不同的调节策略比较适合哪一个社交情境和伙伴(Kerr & Durkin，2004；Parsons & Mitchell，1999；Wellman et al.，2002)。

未来研究

关于 ASD 个案的纵向研究结果指出，增进社交沟通能力是有其重要性的(National Research Council，2001)。因此，SCERTS® 模式和相关的课程本位评估方式得以渐渐地从描述性群体研究中发展出来，而这些研究皆显示社交沟通和情绪调节发展成就可以预测出语言学习成效、社会适应能力以及学业成就，因为这些能力都可以提升社交能力(Prizant et al.，2005a，2005b)。

此外 SCERTS® 模式也强调，干预的最终目标不应该只着重在抽离式课堂中所学到的技能，而是要着重在不同的社交情境中以及和不同的伙伴互动时，都能观察得到个案的社交沟通能力进步情形。因此，沟通交流支持领域的概念提供了一套测量方法，可用来评估伙伴的行为，并确保治疗成效的真实性，以及确保进步情形能反映在不同的社交情境和对象上。另外，该领域融合了许多以实证为基础的方法和策略，可以用来提升社交沟通和情绪调节能力。

在 SCERTS 沟通交流领域所使用的方法和策略方面，AAC 扮演了一个很重要的角色，因为 AAC 可以有效促进沟通和语言的表达能力、语言和行为的理解能力、情绪表达能力，以及情绪调节能力(Prizant et al.，2005a，2005b)。而 SAP 的评估流程可以确保这些支持能被落实在各个情境和伙伴上，以满足不同情境的特定基本需求，并符合 ASD 个案的独特学习习惯。不过，SAP 所评估出的 ASD 个案干预成效是否可信，以及能否真实地反映出个案在不同情境中和对象间的进步情形，还有待未来研究去做探讨。不过一旦 SAP 的信度获得验证，则下一步要做的可能就是要进行一项随机分派的临床试验研究，并比较实验组和控制组之间的治疗成效，借此检视 SCERTS® 模式和其他完整的教育计划成效的差异。

另外，借由 SAP 中的沟通交流领域评估，也可检视特殊教育/治疗策略和 ASD 儿童社交沟通成效之间的关联性。例如在评估过程中，可以针对下列面向搜集相关信息：社交伙伴在沟通方式调整上的一致性，伙伴是否持续提供 AAC 支持，以及这些支持是否有依据个案在不同活动、情境和不同伙伴互动时的特殊学习习惯来调整环境。如此一来，研究人员便可得知并记录特殊人际关系支持或学习支持对个案所造成的影响，从而检视哪一个变量可能带来了最大的成效,并预测确切的成效为何。过程中可能会被探讨的一些关联性,包括但不仅限于:(1)提供 AAC 对情绪表达、情绪调节的提升情形,与问题行为的减少的相关性;(2)提供 AAC 对语言理解的提升情形,与个案在对话中使用传统方式起始沟通和进行沟通轮替之能力发展的关联性;(3)提供 AAC 对语言表达的提升情形,与个案整体社会沟通能力的关联性。

第八章

扩大性语言系统——应用于自闭症谱系障碍幼童

MaryAnn Romski、Rose A. Sevcik、Ashlyn Smith、

R. Micheal Barker、Stephanie Folan、Andrea Barton-Hulsey　著

徐胜、曹真、杨炽康、董宜桦　译

自闭症谱系障碍的一个特征是语言发展的社交沟通层面会有困难（Lord，2000；Wetherby，Prizant & Hutchinson，1998），而且部分 ASD 儿童因为有严重的语言发展迟缓现象，甚至完全不会说话，或是还处于口语和语言发展的初始阶段。事实上，根据最近的研究推估，大约有三分之一（Bryson，1996）到二分之一（Lord & Paul，1997）的 ASD 儿童和成人都没有发展出功能性口语（亦即他们只会鹦鹉式语言，或是只会说少数几个词汇；National Research Council，2001）。不幸的是，这些推论并没有明确说明参与研究的 ASD 者的年龄，也没有明确交代这些个案是否有接受过任何促进口语和语言能力发展的干预。

Lord、Risi 和 Pickles（2004）认为，ASD 儿童的语言特质会随着时间而改变，因此需要不断重新检视他们的能力，因为我们无法确定曾被说是无口语的幼童，是否会在日后也依然没有口语，也无法确定那些用来促进口语和语言能力的干预方法是否能带来成效，更无法确定这些干预对于哪些儿童最有可能带来良好成效。因此，"无口语"不应该被视为一种永远不会改变的状态，而应该被视为一种会因为成熟、干预或两种作用复合而日渐改变的特征。①

当儿童不会说话时，我们可以使用许多语言干预策略来促进他们的语言发展（如，Mirenda，2003；Mirenda & Erickson，2000；Sevcik & Romski，1999），所以本章将会对扩大性语言系统（System for Augmenting Language，SAL）进行探讨，那是一种专门使用在初始沟通儿童的 AAC 干预方法。而本章采用的研究数据是来自学龄 ASD 儿童以及疑似有 ASD 的学步儿之 SAL 研究，因此接下来的内容不但会介绍 SAL，同时也会对初始沟通者有关的 AAC 干预文献进行简要的回顾。

---

①　注：研究者在此要感谢所有参与这些研究的家长、老师和儿童，谢谢你们的合作与支持。另外也要谢谢 Lisa Wiggins 所提供的回顾研究采纳标准，让我们得以判断哪些儿童可能适合被纳入分析。本文中的研究（HD-06016 and DC-03799）是由美国国家卫生研究院（National Institute of Health）提供资助的。

初始沟通者的能力

初始沟通者是指口语词汇或符号词汇少于 50 个,正要开始学习语言的儿童(Romski、Sevcik & Fonseca, 2003)。因为 50 个词语在一般儿童的语言发展中是有重要意义的,代表着儿童准备要进入到词语爆发阶段。另外,对于这些初始沟通者而言,若要发展出功能性语言和沟通能力,他们必须要学会理解和使用表达性语言,以便在对谈互动中同时担任听者和说话者的角色(Sevcik & Romski, 2002)。

一般来说,正常发展的幼童大多会在 2 岁前开始学会说话,因为那时他们已经接触照顾者的口语刺激超过一年了。不过在他们说出第一个词语之前,他们已能理解大约 50 个词语,并且正在发展意图性沟通所需的发声和手势词汇库,用以请求或是指示环境中的物品和事件(见第三章;Adamson, 1996)。此外,从出生到 18~21 个月期间,正常发展的幼童大多会历经沟通发展中的言语前期和非表意阶段。而在大约 9 个月大时,儿童开始能够理解情境下的口语内容,等到大约 12 个月大时,儿童则能理解大约 50 个词语。

在 12~15 个月左右,幼童开始发出第一个类词语的语音(word approximations),然后再慢慢发展成词语。而且很快地,他们就能说出 50 个词语(18~21 个月大),并开始将字词做组合。不过大多数幼童在口语词语达到 50 个之前,他们沟通发展的重心是在语用(如意图性沟通和请求、评论等沟通功能)和语意(如词汇和之后的语意关系)方面,而非语法方面。

正常发展的儿童在词汇学习初期,似乎要仰赖语言环境中的相关信息,以便和发展中的声音类型做联结,借此表达欲望及需求(Baldwin & Markman, 1989; Golinkoff, Mervis & Hirsh-Pasek, 1994; Mervis & Bertrand, 1993)。另外,大部分儿童会在建立个人词汇的过程中,开始说话,这些个人词汇包含了多种语词(例如物品、动作、情绪;Nelson, 1973)。一直到 18~21 个月,他们才会进入到词汇爆发阶段,从此词汇学习的速度快得惊人,而且他们开始将词汇做组合,以表达一些语意上的关联。

虽然此时幼童还在沟通和语言发展的初期,并不会说话,但他们却有很多机会去建立沟通和语言发展的稳固基础,包括通过发声、手势和其他方式来进行沟通。上述行为甚至早在幼童还不会使用口语、手势语或图像符号等传统沟通方式,且尚未发展出语言理解能力之前就会出现。因此相关文献认为,这些早期经验对于日后语言理解和表达的发展是很重要的,而这也说明了沟通、语言和言语是一起发展的,所以三者虽然是分开的历程,但却彼此相连在一起。

对此阶段有障碍或迟缓的初始沟通者而言,常会因为彼此的生理状况、周遭环境和经验各有不同,以至于沟通能力存在着很大的差异性。另外,这些初始沟通者的年龄和障碍程度也都不一样,有些人可以说出无法辨识的口语和/或鹦鹉式言语,有些则只能说出极少的语词(例如 10 个以下),甚或完全没有口语。再者,每个幼童对于不同的语言干预策略会有不同的反应,往往因此影响干预成效。综上所述,会影响这群个案沟通能力的个人因素包括智力发展、障碍类型以及沟通经验(这也包括了生理年龄、发声和手势表达能力、以及口语理解能力;Romski,Sevcik,Cheslock & Hyatt,2002;Sevcik & Romski,2002)。另外,ASD 儿童的能力还会同时被 ASD 本身的特质所影响,例如他们会有明显的社交沟通和共同注意发展的困难(Adamson,Bakeman,Deckner & Romski,in press;Paparella & Kasari,2004;Mundy & Stella,2000;Wetherby et al.,1998)。其中共同注意发展的困难,可能尤其会进一步影响到这类儿童的口语和语言能力,以及他们使用语言来沟通的能力。

为了满足初始沟通者的需求,所提供的 AAC 干预应该要能把个案的沟通经验和语言理解、表达活动加以结合,因此这类干预方法必须要使用科技并且要符合儿童发展的本质,例如 SAL 即为一例(Romski,Sevcik,Cheslock & Barton,2006)。

扩大性语言系统

SAL(Romski & Sevcik,1996;Romski,et al.,2006)是一种 AAC 干预方法,起源于一项语言发展纵向研究。因为当初该研究的对象是有中度到重度智力障碍的学龄阶段初始沟通者,所以研究者就设计了 SAL 来辅助这些初始沟通者,以弥补其天生受到严重损伤的语言理解和表达能力,并协助他们在日常情境中使用常见的方式与人沟通,主要包括家庭和学校两个情境。另外,这些参与 SAL 计划的儿童,其实都至少具有原始的沟通意图,也能通过粗大动作进行指认,但可辨识的口语词语或类词汇语音皆少于 10 个,而且经历过的负面沟通经验和治疗经验都至少有数年之久。

SAL 的构成要素

SAL 由五个要素构成:(1)SGD;(2)个别化的词汇和所代表的视觉图像符号;(3)可以刺激但不强求儿童使用符号表达的日常自然情境;(4)由沟通伙伴示范如何使用符号;(5)持续不断的资源和回馈机制。另外,SAL 是要在自然情境中去落实,包括家庭、学校和社区等场所,而沟通对象可以是任何一个人,包括父母、手足、同伴、老师、语言治疗师以及其他会和儿童互动的人。而此干预方法之所以会被称为一个"系统",是因为上述五个要素缺一不可,必须同时发挥功效,因此若只靠其中一个构成要件,例如 SGD 是不够的。而且我们认为,语言学习的进步是这五个要素融合之后的成果(Romski et al., 2006)。

> ## 构成要件 1:SGD

SAL 的第一个构成要件是 SGD,也被称为计算机为主的语音输出沟通设备或语音沟通板(voice output communication aid, VOCA)。回顾过去的十几年时间,市场上价格合理的构成要件,不论是在数量上还是品质上,都出现了极大的提升(McBride & Rush, 2007)。而构成要件 1 所谓的 SGD 并没有特定性,而是要依个案的需求和现有科技而定。不过就我们的观点来看,构成要件 1 的关键重要性在于语音输出和儿童使用沟通板的能力,因为辅具毕竟只是一个工具罢了。

语音输出是 SAL 的关键要素之一,因为 SGD 可作为语言经验建立的媒介,让个案借由计算机发出的语音来弥补其视觉沟通系统的不足。况且有了这些合成或真人录音的听觉讯号,家长就可以在儿童选择符号后听到相关的语音输出,立刻了解信息的内容。而此特征对于需要接触一般社区情境,并和许多熟人、陌生人沟通互动的儿童尤其重要,因为在社交情境中,SGD 会自动将儿童的视觉符号与大家熟悉的听觉信号做连接,让儿童能在视觉通道以外通过其他多种通道进行沟通,其中也包含了语音(虽然不是个案自己的)(Romski & Sevcik, 1996; Romski et al., 2006)。

> ## 构成要件 2:词汇库和符号组

SAL 的第二个构成要件可分成两个方面来介绍:相关的词汇库或词汇,以及所代表的视觉图像符号。儿童所能理解和表达的词汇库,对于语言学习是很重要的,因为沟通互动的进行必须要以这个词汇库为基础。但是,对于那些口语很少或无口语的儿童而言,虽然他们所接触到的口语刺激量和有口语的儿童相似,但却可能因为 AAC 版面上所能呈现的视觉图像符号选项有限,而连带使他们所能表达的词汇极度受限。由此可见,虽然此特征过去曾被指出可以通过扩大的方式来协助这类儿童学习,但却也同时可能限制了他们的符号使用,毕竟版面上一次所能呈现的词汇数量和范围有限。而此处所谓的扩大方式,是指图像符号的使用,因为这需仰赖他们相对优势的辨识记忆,而非仰赖他们相对弱势的回忆记忆(Fristoe & Lloyd, 1979)。

构成要件 2 的第二个方面是用来表示这些词汇库的视觉图像符号组,但如何决定个案要使用哪种词汇库却是个复杂的议题(详见 Mineo-Mollica, 2003; Sevcik, Romski & Wilkinson, 1991)。其中,任意性符号和所代表的事物间相似度不大,但非任意性符号则和所代表的事物间具有某种程度的相似性。举例来说，英文单字 cap 是一个任意性符号，因为这个字和头上戴的帽子外形一点都不像，但图像沟通符号（Picture Communication Symbol，PCS）中的帽子符号是帽子的线条图，所以是属于非任意性符号。

回顾 SAL 的发展历史，词汇库的表示法已渐渐从任意性符号（亦即文字）转变为 PCS 等图像符号。因为当研究者们开始探索幼童沟通能力的发展时，儿童家长向他们回馈表明，图像符号似乎比任意性符号更适合这些幼童，所以研究者们便决定改用图像符号，而不使用任意性符号（Sevcik，Romski & Adamson，2004）。另外，Mineo-Mollica（2003）也曾建议，当我们在选择符号组时，必须要去考虑儿童的能力、符号表征的类型、版面所能同时呈现的符号数量，以及符号的排版方式。

> 构成要件 3：通过自然沟通互动来教导

构成要件 3 和构成要件 4 着重在 SAL 的教学部分。其中构成要件 3 是要找出儿童会在哪些地方使用 SGD 与人沟通，以及他们要如何使用这个装置。另外，我们也要给儿童提供一些结构松散但却很自然的沟通经验，以鼓励儿童在日常生活中去使用这些符号，但是并不会用强迫的方式。而这些自然的沟通经验将会从儿童所需进行的日常例行活动中获得。以上方法恰好与近代的研究和理论相符，皆主张 AAC 干预应落实在自然情境中，以强调语言的功能性，并协助把例行的沟通活动表现泛化到其他情境中，增加儿童沟通时的主动性（相关文献回顾请见 Romski，Sevcik & Fonseca，2003）。

虽然传统上，结构化干预大多是在抽离式的情境中进行，由干预人员和儿童互动，但是若能将干预情境移至像家庭、学校和社区等自然情境中，反而可提供儿童熟悉的场域，营造分享式的沟通经验。此外，自然情境也可提供许多日常例行活动让儿童参与（例如用餐、洗澡、睡觉），从而制造沟通机会。

> 构成要件 4：让沟通伙伴使用沟通辅具

第四个 SAL 构成要件是伙伴在沟通互动中所扮演的积极角色。因为在传递沟通信息时，伙伴不仅要担任说话者的角色，提供儿童信息，同时也要身兼聆听者的角色，回应儿童的沟通行为。不过也因为儿童使用的是视觉图像符号，所以这些沟通伙伴们势必要跟着改变自己的沟通方式。因此，SAL 的教导重点还包含伙伴在内，则教导内容就要考虑到伙伴所需扮演的两种角色，亦即说话者和聆听者，而且伙伴一定要能对儿童使用的 SGD 感到自在。另外，Romski、Sevcik、Adamson、Cheslock 和 Smith（2007）指出，接受过结构化训练的家长可以学会使用 SGD 来和儿童进行沟通。

在执行 SAL 的过程中，沟通伙伴会被鼓励去使用扩大性语言输入，以便把 SGD 和自己的口语做结合。而这里的扩大性语言输入是指沟通伙伴所提供的沟通/语言输入,内容包括 AAC 符号的语音补充、SGD 的语音输出,以及环境线索(Romski & evcik,2003)。举例来说,当伙伴要表达"汤米,我们一起去**外面**骑你的**脚踏车**吧"这句话时,他/她会启动 SGD 来发出"**外面**"和"**脚踏车**"这两个语词,而其余的内容则是用口语表达。如此一来,儿童的家人和老师就可以将 SGD 运用在持续进行的沟通互动中,并且同时提供口语的示范。

对儿童而言,伙伴的扩大输入具有很多功能,其中第一个功能是可以提供 SAL 的使用范例,包括如何使用、何时使用,以及用来做什么。另外当儿童的沟通伙伴使用 SAL 来扩大语言输入时,语音输出和视觉符号的同时呈现,可以让儿童从语言学习环境中提取相关的口语词汇。如此一来,借由符号和合成语音的同时呈现,伙伴就能将关键词语/符号从持续不断的自然口语中切割突显出来(例如"让我们一起看看你的**洋装**吧"),并协助儿童将语词/符号和其所代表的事物做联结。接着在第二个功能部分,伙伴的扩大输入使用或许可以强化 SGD 的使用成效,因为当伙伴将 SAL 融入在成功的沟通互动时,儿童便可通过真实世界的经验同时了解到符号的意义,以及符号所具有的各种功能,进而了解到 SAL 可能的使用方式和所带来的影响。最后,伙伴使用扩大输入的第三个也是最重要的功能在于通过他人的示范,儿童可以间接地了解到 SGD 是一种可被大家接受的沟通工具,而且沟通伙伴也愿意去使用(Romski & Sevcik,2003;Sevcik & Romski,2002;Sevcik,Romski,Watkins & Deffebach,1995)。

> **构成要件 5:监控持续的使用**

SAL 的第五个也是最后一个构成要件是用来监控儿童和伙伴是否有持续使用的资源和回馈机制的,这个机制包括定期从儿童和他/她主要的沟通伙伴那边取得相关信息。这些信息若再加上各种工具的评估结果,就可协助临床人员了解伙伴的沟通使用模式、过程中所得到的成就和所遇到的困难,以及使用时所碰到的操作性问题。另外,也可借由和儿童的沟通伙伴定期开会,提供面对面的互动机会,一起讨论儿童的进步情形和所遇到的相关问题。

AAC 文献和 ASD 儿童

如同本书所强调的,AAC 文献中包含很多干预策略,可用来教导 ASD 儿童的各种沟通和语言的方面,而部分研究也曾检视 ASD 儿童对 SAL 各个要素的反应(例如 SGD、扩大性沟通输入)。在本节中,我们会简介这些研究报告的结果,并说明目前现有研究是如何落实 SAL 的各个要素,以及各要素为 ASD 儿童所带来的干预成效有多大。

虽然 Schlosser 和 Bischak(2001)在其文献回顾的研究中指出,语音输出对 ASD 儿童的干预有很重要的影响,但他们却也在结论中提到,目前仍缺乏明确且一致的证据可以证明语音输出究竟扮演着什么样的角色。不过后来 Lancioni 等人(2007)也针对语音输出的使用(在该研究中被称为语音沟通板或 VOCA)做了最新的文献回顾,其中至少有三篇研究的对象包含了 ASD 儿童在内,结果发现,SGD 的干预可促进儿童的语言理解或语言表达,而且通常是提问方面的能力进步最明显。

Light、Roberts、Dimarco 和 Greimer(1998)做过一项个案研究,研究对象是一名有严重语言理解和表达困难的 6 岁自闭症男孩。在他使用了两年装有 Write：Outloud 软件的苹果麦金塔 Powerbook 电脑后,对于班上或家中所看过的故事,他皆可以适当地回应相关问题(谁、什么、何时、哪里)。另外,他还可以执行含有介词的单一步骤口语指令,以及用口语或文字呈现的 2~3 步骤指令。因此,虽然他是以口语为主要的沟通方式,但是当他需要沟通比较复杂的信息时,就可以使用 Powerbook 来扩大他的口语表现。

综合上述文献可知,不论是简单的或复杂的 SGD,或许都可成为 ASD 儿童语言和沟通干预方法中适当的工具媒介,但 SGD 究竟在干预方法中扮演了怎样的角色,这还有待后续研究去做进一步的探讨(有关本议题之完整回顾与讨论,请见本书第五章)。

词汇库和符号组

对于 ASD 儿童的功能性词汇发展,目前相关的比较性文献为数甚少。大部分研究所采用的词汇都局限于物品(例如汽车、书本)或是其他名词(例如食物、饮料),以供儿童做请求时使用(例如"我想要××")。此外,Mirenda(2003)指出,目前仍缺乏相关的研究证据表明哪些类型的符号(任意的、图文的)最能促进 ASD 儿童的符号学习。

扩大性输入

儿童使用 AAC 时,常会接触到的输入提升方式有三种,分别为扩大性输入(augmented input；Romski & Sevcik, 2003)、辅助性语言的刺激(aided language stimulation；Goossens' & Crain, 1986)以及辅助性语言的示范(aided language modeling；Drager et al., 2006),但这三种方法之间仍存在细微差异。

先前在本章,我们曾提到过扩大性输入,它的特征在于儿童的沟通伙伴会提供沟通/语言输入,其中也包括口语,并辅以环境线索、AAC 符号、以及符号选择后所产生的语音输出（Romski & Sevcik,2003）。而辅助性语言的刺激则是一个比较广义的词,和综合沟通法、同步语言沟通法（simultaneous communication;例如手势语加口语）有些相似。至于辅助性语言的示范则同时使用了上述两种策略,并且要在儿童参与交互式游戏过程中,示范如何在没有语音输出的沟通板上使用 AAC 符号。

上述三种干预方法全都强调了伙伴在与 ASD 儿童沟通互动时所扮演的重要角色,而且都很重视语言发展过程中的理解能力（Romski & Sevcik,2003）。目前已有部分研究检视过扩大性输入对初始沟通的 ASD 儿童的干预成效。

Peterson、Bondy、Vincent 和 Finnegan（1995）以两名有问题行为的自闭症男童（年龄分别为 7 岁和 9 岁）为研究对象,并评估三种沟通输入模式对他们的任务执行和问题行为出现频率的干预成效。这个过程中使用到的三种沟通输入模式分别为口语、图片或手势,以及图片加口语或手势加口语。后来的结果发现,若只单独使用口语,则两位男孩的表现并没有提升,尤其是在与两种方式并用的干预法相比时。另外,研究者甚至还发现,若只单独使用口语,两位男孩的问题行为反而有变多的情形。

Cafiero（2001）以一名无口语的 13 岁青少年为研究对象,想要检视某个自然辅助语言干预方法对他沟通、行为和学科表现的成效,一共进行了 22 个月。首先,在图像符号沟通板干预的前 3 个月,该名个案的功能性词汇变多了,而且可以使用这些词汇做请求、评论、以及将 2~3 个字词组合成句。不过在后来的暑假那几个月中,他并没有接受自然辅助语言干预策略。也就在那时他的词汇量开始出现了下降的情形,直到学校开学后才再度增加。对于此现象,研究者认为,若要维持沟通的词汇量并刺激语言成长,就必须要持续地使用自然辅助语言策略。

另外,Drager 等人（2006）以两名自闭症的学龄儿童为研究对象,他们的功能性词汇量均少于 30 个。而该研究的目的,是要检视辅助语言示范对这些个案的符号理解和表达之干预成效,过程中所使用的辅助语言示范包含了辅助语言刺激和扩大输入,并同时结合了图像符号沟通板来进行沟通。最后的结果显示,这两名个案的符号理解都进步了很多,而且都被诱发出较多的符号表达,不过若要将理解能力与表达能力相比,则理解能力进步的幅度还是比较大。

整体而言,上述有限的研究结果所显示,扩大性沟通输入可以有效增进 ASD 儿童的符号理解和表达能力,但此干预方法还有待后续研究的进一步检视。

家长对 ASD 儿童的教导

SAL 的另一个构成要件是家长所扮演的沟通伙伴角色。不论是在 AAC(Light & Binger, 1998)或是 ASD 儿童干预领域,对伙伴进行教育都不是一个新概念,而且家长的教学方式有很多种。接着我们要用四个具代表性的研究,来说明家长要如何成功地学会并使用早期语言和沟通干预策略,来和他们的 ASD 儿童互动。

在第一个研究中,Laski、Charlop 和 Schreibman(1998)教导家长使用自然语言范例(Natural Language Paradigm,NLP)来协助他们的自闭症儿童(年龄范围为 5~9.6 岁)与人沟通。研究者所提供的家长教育内容包含下面三个部分:(1)一起讨论 NLP 程序;(2)观察一名受过训练的 NLP 干预人员如何和儿童进行互动;(3)在家长执行 NLP 期间,仍持续地观察并给予回馈。而当家长接受完第二堂训练课程后,除了治疗室内的干预外,还要开始在家中执行每周四次的 NLP 干预。直到家长接受了全部的训练课程后,他们只需要在家中执行 NLP 干预即可。该研究结果表明,当家长被教导如何执行 NLP 后,儿童至少会在下述任一领域出现进步:模仿、回答、自发性口语或是发声。

在第二个研究中,Kaiser、Hancock 和 Nietfeld(2000)教导六位家长如何使用加强型自然情境教学来与他们学龄前的 ASD 儿童互动,并检视干预成效。后来家长们全都学会了这些干预策略的使用方式,并在 6 个月后,至少能在家维持低水平的加强型情境教学。另外结果也表明,这些儿童的很多沟通表现都进步了,而且 6 个儿童中有 4 个可以在干预后的第 6 个月仍维持当初的沟通能力。

在第三个研究中,Kashintath、Woods 和 Goldstein(2006)教导 5 个自闭症幼童的家长,在日常例行活动中使用特殊策略来协助沟通。这些策略包括环境安排、自然增强、事后模仿,以及在帮助儿童命名物品时采取时间延宕方式。后来的研究结果表明,5 位家长在日常例行活动中的策略使用次数都增加了,而且他们孩子的沟通表达能力也全都进步了。

在最后一个研究中,Grela 和 McLaughlin(2006)以一名 3 岁 ASD 男童为研究对象,检视将家长教育与聚焦刺激法结合后的干预成效。而干预的重点是要协助儿童理解问句"××正在做什么?"以及简单的单一步骤指令。这个过程持续四周,每周研究者都会和家长见面 1 个小时,教导家长一些策略,例如跟随儿童的引导、对儿童在进行的活动提出评论,以及使用聚焦刺激法来协助达成沟通干预目标。结果发现,在干预开始的 3 周后,个案对于目标问句和指令的反应分别增加了 75% 和 20%,而到了干预结束时,个案已能回应 80% 的目标问句和 30% 的目标指令。

> 小结

这些研究结果全都表明，ASD 儿童可从以下几个方法受益，包括 SGD、扩大性输入技巧，以及由家长针对语言发展所做的教导。虽然这些研究中的儿童个案数量不多，但研究结果均表明，SAL 的各个构成要件的确有助于 ASD 儿童的进步。

> SAL 研究的各个阶段

SAL 干预法原先只是一项研究计划中的一部分，而该研究计划的目的，是要检视哪些因素会影响有显著发展迟缓儿童的沟通能力发展。一开始，SAL 的系列研究是以一名 13 岁的学龄儿童为研究对象，并针对其 SAL 的使用情形进行纵向研究（Romski & Sevcik, 1996）。后来这些研究者又做了一些探索性研究，想要检视 SAL 干预方法对学龄前儿童和幼童的干预成效（Sevcik, Romski & Adamson, 2004）。

而上述的探索性研究，后来又促使研究者们针对 SAL 中各个理解和表达的构成要件进行检视，甚至进一步将这些构成要件和口语沟通干预方法做比较，采用随机分组研究法，而研究对象则是 60 名有发展迟缓的学步儿，他们同时都有口语发展困难的风险（Romski et al., 2008）。在接下来的章节中，我们将会简述这些研究的结果，以及关于学龄阶段 ASD 儿童的 SAL 使用报告，并回溯检视那些在学前阶段就被诊断为 ASD 的学步儿。

学龄儿童：SAL 的沟通干预成效

研究结果发现，13 名曾接受 SAL 干预的学龄儿童（平均生理年龄为 12 岁 8 个月），后来皆可将 SGD 和他们现有的声音、手势结合（Romski, Sevcik, Robinson & Bakeman, 1994），因此能够通过较丰富且多渠道的沟通方式，来成功地和大人（Romski, Sevcik, Robinson, et al., 1994）及同伴（Romski, Sevcik & Wikinson, 1994）沟通。不过每个个案的干预成效皆有所不同，少则可以使用 20~35 个符号，多则可以使用 100 个以上的符号，在各种与成人互动的日常情境中传达参考性和社会规范的信息（Adamson, Romski, Deffenbach & Sevcik, 1992）。其中部分儿童甚至发展出符号组合的能力（Wilkinson, Romski & Sevcik, 1994），或是能够说出可以辨识的口语词语，并发展出基本的阅读能力（Romski & Sevcik, 1996）。

从上述儿童身上，可观察到两种沟通能力进步情形，一种是高成就形态，一种是初始成就形态。因为其中九名高成就者不但很快就能理解和使用他们的符号词汇，还很快地学会其他象征性符号；而另外四名初始成就者一开始的符号理解能力优于使用能力，而且与高成就者们相比,他们的整体词汇量比较少(即少于35个符号或者更少),整体进步速度也比较慢。

在SAL干预五年后,Romski、Sevcik及Adamson(1999)又进行了一项新试验,采用重复评量设计,让这13名SAL使用者和一个陌生成人对话,然后在这个过程中系统性地控制他们使用SGD的机会。后来研究结果发现,当个案可以使用SGD和陌生的成人伙伴沟通时,他们在对话中的表达方式较适当,意思较明确,且能表达更多确切的信息,但是当他们无法使用SGD时,表现则相反。

在另一项类似的研究中,Romski、Sevcik、Adamson及Bakeman(2005)以群组设计来比较三组个案的能力,三组个案类型分别为13名SAL使用者、13名有口语的智力障碍者,以及13名无口语且从未使用过SAL的个案。研究结果表明,若跟无口语且对符号较无概念的个案相比,曾使用过SAL的个案较能适当地表达,意思也较明确,而且能表达出更多确切的信息。另外,虽然SAL使用者仍无法表达出与过去和未来事件有关的信息,但他们的沟通模式,其实和会说话的智力障碍者沟通形态有部分相似之处。借由此比较性群组设计,研究者得以确认最初的假设是成立的,那就是SAL的干预会比没有提供干预带来较好的结果,因为他们在研究中发现,SAL的使用经验可以增进13名个案和陌生人的沟通技能,而且与无口语组相比,他们的沟通表现比较接近有口语的智力障碍组。

对发展性迟缓的学步儿和学前儿童进行 SAL 的干预

过去也有研究把学前儿童当作SAL干预的对象(Sevcik, Romski & Adamson, 2004)。而在接下来的章节中,作者将会简述一个由家长执行语言干预的研究结果(Romski et al., 2008),以及60名学步儿(平均生理年龄为29.5个月)在SAL各个构成要件方面的使用情形。这60名学步儿全都有发展迟缓,且口语词汇或类词汇语音数量均少于10个。在该研究中,研究者会对这些学步儿施行三种干预,然后观察他们的词汇发展。这三种干预方法分别为:扩大性沟通输入、扩大性沟通输出,以及口语沟通干预。另外,研究者最后也会检视学步儿将词汇泛化到家庭情境的能力。

由于考虑到该研究中的儿童年纪尚小,所以我们将SAL中的理解(即扩大性语言输入)和表达(即扩大性语言输出)部分进一步分成两个干预:扩大性沟通输入和扩大性沟通输出。其中扩大性沟通输入会包括SAL的理解要素,而扩大性沟通输出则包括SAL的表达要素,不过两者皆会使用到有真人录音输出的SGD。另外,每组家长和儿童都会被随机分派到其中一个干预组。

在扩大性沟通输入组中,每个儿童的干预者和家长都会使用到一个SGD,其内附有个别化的视觉图像符号和口语目标词汇,以便借由词汇示范提供沟通输入(Romski & Sevcik, 2003)。另外,环境中与符号代表物有关者也会用符号标示出来。而在扩大性沟通输出干预中,每个儿童的干预者和家长也都会使用到一个 SGD,其内附有个别化的视觉图像符号和口语目标词汇,以鼓励儿童用 SGD 来表达(Romski & Sevcik, 2003)。最后在口语沟通干预组部分,因为是要作为扩大性沟通输入和扩大性沟通输出的对照组,所以每个儿童的干预者和家长都只会得到一份个别化的目标词汇,用以鼓励和诱使儿童说出这些词汇。

上述三种干预都是由家长在家中执行,而且在干预前,三组的个案都有经过各种条件配对,所以三组的成员之间并无显著差异。另外,研究中的干预者都是具有心理或沟通障碍领域学士学位的女性,她们均有接受过三种干预方法的相关训练,并在这个过程中由一名合格且有执照的语言治疗师进行督导。

虽然这三种干预使用的沟通管道并不一样,但三者仍具有些许共同特征,例如都是规划要进行 24 课时(或 12 周),其中 18 课时(或 9 周)是在实验室进行,剩下 6 课时(或 3 周)则是在个案家中进行。每堂课都是 30 分钟,每 10 分钟会更换一种活动,所以总共有三种活动,依序是游戏、阅读和点心时间。另外,每个儿童的目标词汇都是个别化的,会由家长和计划中的语言治疗师共同选出。

三种干预的目标都着重在家长的执行角色上。首先,家长会收到一份干预规则的手册,里面会列出每一周的干预内容,包括家长、干预者和儿童分别需要达成的目标(Romski & Cheslock, 2000)。接着在前 8 课时(或前 4 周)中,家长和语言治疗师会先观察干预者如何对儿童进行干预,并在过程中由语言治疗师向家长强调干预者所使用的策略为何,若家长有相关疑问,语言治疗师也会给予解释。从第 9 课时开始,家长会在最后 10 分钟(点心时间)一起加入,由干预者引导家长如何执行该干预规则。而到了第 16 课时,家长会主导整整 30 分钟。至于最后 3 周,家长则会改在家中执行干预。在研究过程中,所有的干预课程都会被录像记录下来。

研究结果表明,所有儿童在其家长执行语言干预后,都出现了显著的干预成效,而且家长都已准备好且确实地学会在儿童身上使用这三种干预规则,其中包括 SGD 的使用(Romski et al., 2008)。另外,该研究也发现,只要 18 课时(或 9 周)的时间,两种扩大性语言干预(扩大性沟通输入和扩大性沟通输出)可以提供儿童一个新的沟通方式,让他们通过视觉图像符号加上真人录音来和别人沟通,而且在 24 课时后,儿童仍能持续地在家中使用 SGD。

当干预训练进行了 18 课时后,和口语沟通干预相比,扩大性沟通输出和扩大性沟通输入都明显地增加了儿童使用少量口语词汇表达目标语词的可能性,不过扩大性沟通输入的成效比扩大性沟通输出稍低。而这样的进步情形也一直持续到第 24 课时,那时是由家长在家中执行干预。因为扩大性沟通输入和扩大性沟通输出这两种干预都会将目标语词特别强调出来,所以可以同时提供儿童和家长额外的辅助。此外,和口语沟通干预组的个案相比,扩大性沟通输入组和扩大性沟通输出组的个案也都出现了较大的字词变化率（type-token ratio，TTR），并且在可被理解的语句数量上显著地高于口语沟通干预组的个案。而这样的结果似乎表明，SGD 加上口语的使用或许能增进他人对儿童沟通内容的理解程度（关于此研究的详细报告，见 Romski et al.，2008）。

对自闭症谱系障碍儿童进行扩大性语言系统的干预

过去有两项研究探讨过 ASD 儿童的 SAL 使用情形。在第一篇研究（Romski & Sevcik，1996）的个案中，有两名儿童被诊断为重度智力障碍伴随自闭症。而第二篇则是先前介绍过的学步儿干预研究（Romski et al.，2008），在参与的 60 名个案中，有 12 名是进入幼儿园时才被诊断为 ASD。

> ### 学龄儿童

两名被诊断为重度智力障碍伴随自闭症的儿童（生理年龄分别为 16 岁 7 个月和 7 岁 3 个月），最后都学会了使用 SAL 与人沟通，并被归类为高成就者（Romski & Sevcik，1996），因为他们全都很快地学会了目标符号，甚至开始出现符号组合以及其他符号能力（例如辨识文字）。不过，Romski 和 Sevcik（1996）在其报告中指出，虽然他们的表现和学习能力与其他 11 名个案差不多，但"这 2 名自闭症儿童给我们的印象是，他们对 SGD 本身的机械操作的兴趣似乎大于使用它来沟通"（第 106 页）。

探索有 ASD 风险的儿童使用 SAL 来协助理解和表达

在 Romski 等人（2008）的研究中，已被诊断为 ASD 的儿童不会被当作研究对象，因为研究者认为，这些儿童的家人可能会有一些先入为主的观念，进而影响到儿童的干预成效。不过，当研究者在干预后的第 12 个月进行追踪评估时，60 名全程参与的学步儿中，有 14 名个案家长告诉研究者，他们的孩子是在干预结束后才被诊断为自闭症。但因为考虑到干预后的成效良好，所以研究者决定利用回溯的方式来特别检视这些儿童如何从干预中获益。

14 名儿童中只有 2 名是经由适当的测验工具才被诊断为 ASD，但其余 12 名个案则没有，因为他们的家长表示，专业人员只给出了自闭症的诊断，却没附上任何标准化评估的测验结果。所幸，在我们这群研究者中，有 2 名有 ASD 相关经验（一位是语言治疗师，另一位是特教教师),所以他们后来一起重新检视了这 12 名个案的评估报告,以及一段 30 分钟的视频,视频内容是个案和家长在追踪评估时的互动情形。之后,这 2 名研究者都各自依据精神疾病诊断与统计手册第四版修正版(The Diagnostic and Statistical Manual of Mental Disorders, Fourth Edition, Text Revision)的标准,来评估这 12 名个案是否有自闭症或非特定型广泛性发展障碍(pervasive developmental disorder-not otherwise specified, PDD-NOS)(American Psychiatric Association, 2000)。

　　借由这些分类方式,此探索性分析研究才得以采用较宽松的收案条件。后来在这 12 名个案中,有 10 名分别从 2 位研究者那得到相同的评估结果:12 人中有 9 人符合自闭症或 PDD-NOS 的诊断标准,但另 1 人则不符合。至于另外 2 名个案,则因为 2 位研究者的评估结果不一致,并未被纳入接下来的数据分析。所以最后,我们总共只对这 11 名个案的数据进行检视。

　　在这 11 名儿童中,有 6 名是被随机分派到其中一个扩大性语言干预组(3 位是在扩大性沟通输入组,3 位是在扩大性沟通输出组),但是基于本回顾性研究的目的,研究者把他们都归为同一组。至于其他 5 名个案则是被随机分派到口语沟通干预组。而这 11 名个案在干预研究开始时的相关资料请见表 8.1。

　　针对每个儿童设计的个别化目标词汇,其实都包含了两个部分的内容,一个是特定例行活动所需要的语词,另一个则是干预课程所用到的核心词汇。不过,其中的核心词汇是在每个例行活动中都会提供给个案使用,但与特定例行活动有关的语词,则只会在该活动进行期间才提供给个案使用。上述两类词汇大多是与社会规范有关(例如,我的、换我了、这是什么、还要),或是与动词(例如跳、吃、玩、打开、洗干净)和物品(例如,牙刷、鱼、书、饼干、拼图、泡泡)有关。经过了 18 课时的干预后,表 8.2 列出了扩大性沟通输入/扩大性沟通输出组以及口语沟通干预组个案的干预成效。分析结果发现,两组个案可以使用的目标词汇平均数分别为 15.7(范围为 12~21)和 15(范围为 13~16),而且他们也都能持续地使用这些目标词汇直到 24 课时干预课程结束。

　　另外,表 8.2 也列出了在进行第 18 课时(即在实验室内进行的干预课程)和第 24 堂课(包含在家中进行的第 19~24 课时干预课程)时,11 名个案所能使用的目标词汇百分比。结果表明,当干预课程进行到第 18 课时,对于语音沟通器中的目标词汇,6 名扩大性语言干预组的个案所能使用之百分比平均值为 71%,但其中 5 名已能使用大多数的目标符号了。而且当干预课程来到第 19~24 课时,也就是要移至家中进行时,6 名个案中有 5 名可以持续使用他们的目标符号(平均值为 68.5%)。至于口语目标词汇方面,有 1 名口语沟通干预组的个案和 2 名扩大性沟通输入或输出干预组的个案,是在干预课程进行到第 18 课时,能自己说出少数目标词汇。而且这 3 名个案中,有 2 名个案可以持续说出这些语词直到第 24 课时,但有 1 名个案则无法持续使用。另外在口语沟通干预组中,其实还有 1 名个案,是在干预课程进行到第 24 课时,才开始使用少量的目标词汇。

表 8.1 研究个案在干预前的个人资料

个案编号	组别	年龄（月）	性别	族群	Mullen 标准分数	SICD 语言理解年龄（月）	SICD 语言表达年龄（月）	MCDI 项目 C.1[a]	Vineland 标准分数
1	ACI	24	男	白种人	64	8	10	0	64
2	ACI	26	男	白种人	58	16	16	0	65
3	ACI	26	男	白种人	48	16	8	1	66
4	ACO	38	男	西班牙裔	48	16	12	0	62
5	ACO	34	男	亚裔	48	16	8	0	62
6	ACO	24	男	白种人	54	12	8	1	66
平均		28.7			53.33	13.33	10.33	0.33	64.17
7	SCI	21	女	亚裔	51	10	10	0	69
8	SCI	32	男	西班牙裔	54	12	12	0	69
9	SCI	30	男	非裔美国人	67	20	16	0	66
10	SCI	37	男	白种人	57	20	16	0	63
11	SCI	38	男	亚裔	48	16	8	0	57
平均		31.6			55.40	15.60	12.40	0.00	64.40

关键词:Mullen 是指 Mullen Scales of Early Learning(Mullen,1995);SICD 是 Sequenced Inventory of Communication Development 的简称(Hendrick,Prather & Tobin,1984);MCDI 是 MacArthur-Bates Communication Development Inventory 的简称(Fenson et al.,1993);Vineland 是指 Vineland Scales of Adaptive Behavior(Sparrow,Balla & Cicchetti,1985);ACI 是指扩大性语言输入(augmented language input);ACO 是指扩大性语言输出(augmented language output);SCI 是指口语沟通干预(spoken communication intervention)。项目 C.1[a]:0=从不;1=有时。

表 8.2 目标词汇使用百分比(全部词汇)

儿童	组别	符号		字词	
		第 18 课时	第 24 课时	第 18 课时	第 24 课时
1	ACI	95%(21)	76%(21)	0%(21)	0%(21)
2	ACI	29%(14)	0%(14)	0%(14)	0%(14)
3	ACI	83%(12)	92%(12)	17%(12)	0%(12)
4	ACO	81%(15)	94%(15)	13%(15)	6%(15)

续表

儿童	组别	符号		字词	
		第 18 课时	第 24 课时	第 18 课时	第 24 课时
5	ACO	53%(16)	93%(16)	0%(16)	0%(16)
6	ACO	88%(16)	56%(16)	0%(16)	0%(16)
	平均	72%(15.7)	69%(15.7)	5%(15.7)	1%(15.7)
7	SCI	N/A	N/A	0%(16)	0%(16)
8	SCI	N/A	N/A	0%(13)	15%(13)
9	SCI	N/A	N/A	0%(16)	0%(16)
10	SCI	N/A	N/A	7%(15)	7%(15)
11	SCI	N/A	N/A	0%(15)	0%(15)
	平均	N/A	N/A	1%(15)	4%(15)

注:表格中的数值代表所占的总词汇数百分比,而总词汇数则被标示在括号中。关键词:ACI 是指扩大性语言输入(augmented language input);ACO 是指扩大性语言输出(augmented language output);SCI 是指口语沟通干预(spoken communication intervention)。

在此大型研究中,所有的干预课程都由录像记录下来。不过我们只会将基线期、第 18 课时和第 24 课时的录像数据,通过逐字稿的系统分析(Systematic Analysis of Language Transcripts,SALT)软件(Miller & Chapman,1985)转译成文字。关于儿童在这三个阶段以词素计算的平均语句长度(mean length of utterance in morphemes,MLU),和他们的字词变化率(type-token ratio,TTR)、可被理解的语句百分比、表达速度、每次沟通轮替的平均表达长度,以及沟通轮替总次数的数据,请见表 8.3。分析后发现,此结果与最初个案类型较多的研究结果一致,因为根据第 18 课时和第 24 课时的数据显示,扩大性沟通输入/输出组的个案,不论是在字词变化率或是语音清晰度的百分比方面,都进步得比口语沟通干预组的个案多。不过,与最初的研究结果不同之处在于,口语沟通干预组的个案比扩大性沟通输入/输出组的个案,出现较多的沟通轮替次数。

表 8.4 则列出了家长的 MLU、每次沟通轮替的平均表达长度,以及沟通轮替总次数。而这些数据也和最初个案类型较多的研究结果一致,因为从基线期到第 18 课时和第 24 课时,扩大性沟通输入/输出组的家长在每次沟通轮替的平均表达长度部分,均有不断减少的情形,但口语沟通组的家长则没有出现一致性的减少。

表 8.3　儿童语音样本的逐字稿分析表

个案编号	组别	平均语句长度			字词变化率			可被理解的语句百分比			表达速度			每次沟通轮替的平均表达长度			沟通轮替总次数		
		S-00	S-18	S-24	S-00	S-18	S-24	S-00	S-18	S-24	S-00	S-18	S-24	S-00	S-18	S-24	S-00	S-18	S-24
1	ACI	0.94	0.96	0.96	0.13	0.30	0.24	0.00	0.68	0.54	0.54	2.57	2.43	1.14	1.10	1.07	14	70	68
2	ACI	1.00	1.00	1.00	0.04	0.17	0.13	0.00	0.26	0.29	0.83	1.93	1.03	1.09	1.26	1.15	23	46	27
3	ACI	0.86	1.00	1.00	0.17	0.10	0.10	0.00	0.86	0.81	0.23	3.67	4.03	1.00	1.93	1.75	7	57	69
4	ACO	1.00	0.99	0.95	0.05	0.10	0.12	0.00	0.34	0.53	0.74	9.37	7.90	1.00	1.60	1.44	22	176	165
5	ACO	0.98	0.99	0.99	0.02	0.12	0.12	0.00	0.43	0.79	2.00	3.90	4.30	1.09	1.14	1.05	55	103	123
6	ACO	1.00	0.99	1.01	0.01	0.20	0.26	0.00	0.80	0.84	2.63	2.83	2.27	1.03	1.18	1.10	77	72	62
平均		0.96	0.99	0.99	0.07	0.17	0.16	0.00	0.56	0.63	10.16	4.05	3.66	1.06	1.37	1.26	33.0	87.3	85.7
7	SCI	1.00	0.99	1.00	0.07	0.07	0.04	0.05	0.07	0.00	1.47	2.40	1.77	1.10	1.13	1.04	40	64	51
8	SCI	1.00	1.00	1.09	0.08	0.05	0.06	0.03	0.08	0.24	2.07	4.30	13.0	1.22	1.28	1.54	51	101	254
9	SCI	0.97	1.02	1.05	0.11	0.09	0.07	0.08	0.30	0.30	1.30	5.27	3.83	1.08	1.24	1.19	36	127	97
10	SCI	1.00	1.06	1.12	0.11	0.18	0.11	0.21	0.33	0.43	5.55	6.83	6.37	1.44	1.38	1.58	112	149	121
11	SCI	1.00	1.00	1.00	0.04	0.02	0.04	0.00	0.00	0.00	0.77	1.43	0.77	1.00	1.02	1.00	23	42	23
平均		0.99	1.01	1.05	0.08	0.08	0.06	0.07	0.16	0.19	2.23	4.05	5.15	1.17	1.21	1.27	52.4	96.6	109.2

关键词:ACI是指扩大性语言输入(augmented language input);ACO是指扩大性语言输出(augmented language output);SCI是指口语沟通干预(spoken communication intervention)。S-00表示基本观察期;S-18表示第18课时干预课程;S-24表示第24课时干预课程。

表 8.4 家长语音样本的逐字稿分析表

儿童	组别	平均语句长度			每次沟通轮替的平均表达长度			沟通轮替总次数		
		S-00	S-18	S-24	S-00	S-18	S-24	S-00	S-18	S-24
1	ACI	3.04	2.69	2.73	20.12	6.65	5.46	17	69	90
2	ACI	2.34	3.21	2.88	14.91	10.81	11.35	35	53	54
3	ACI	2.70	3.11	3.46	15.09	6.02	7.03	34	91	73
4	ACO	2.97	3.43	3.25	29.05	2.48	3.29	21	179	166
5	ACO	3.07	3.53	3.48	18.40	6.09	7.10	42	101	115
6	ACO	3.12	3.25	3.02	10.32	10.43	9.97	69	69	75
	平均	2.87	3.20	3.14	17.98	7.08	7.37	36.33	93.67	95.50
7	SCI	2.96	2.69	2.59	16.95	10.84	12.03	38	61	60
8	SCI	3.54	3.33	3.52	13.34	6.44	2.36	50	87	236
9	SCI	3.31	3.23	3.53	16.38	5.27	6.02	37	117	99
10	SCI	2.53	2.23	2.19	3.43	3.15	2.48	120	152	131
11	SCI	4.02	2.39	2.96	40.05	18.05	38.72	22	40	25
	平均	3.27	2.77	2.96	18.03	8.75	12.32	53.40	91.40	110.20

关键词：ACI 是指扩大性语言输入（augmented language input）；ACO 是指扩大性语言输出（augmented language output）；SCI 是指口语沟通干预（spoken communication intervention）。S-00 表示基本观察期；S-18 表示第 18 课时干预课程；S-24 表示第 24 课时干预课程。

　　当干预完成时，比较在沟通发展顺序评量表（Sequenced Inventory of Communication Development，SICD；Hendrick，Prather & Tobin，1984）的语言理解和表达的得分，儿童在扩大性沟通输入或输出的干预分数分别为 17.33 和 13.33——平均增长了 4 个月和 3 个月（计算 6 名儿童中的 4 名）。儿童在口语沟通干预中 SICD 的语言理解和表达的分数分别为 16.4 和 16——平均分别增加了 0.5 个月（只有计算一位儿童）和 3.6 个月，所有的 5 位儿童都被计算在内。此增加结果到底是干预的成效或自然成长的结果，实在是很难判断。这些后来被诊断为 ASD 的幼童所使用的探索性数据表明，他们接受到扩大性沟通输入或输出的干预，在 18 课时的教学之后能够使用符号来沟通，并且当干预转移到家中时仍能维持符号使用的水平。经过 18 课时的教学干预，仅有少部分接受口语沟通干预的儿童有能力使用口语或类口语,并说出非常少量的目标词汇。当他们正在学说话时,他们没有其他传统的方式来沟通。当然,在解释这些探索性发现时,应谨慎小心;因为在干预组中仅有少数几位儿童,而所收集到的资料仅能阐明 SAL 干预成果的潜在能力。

整体而言,这些描述性研究结果似乎表明,ASD 儿童的干预成效和其他儿童差不多,而且 SGD 可能在 ASD 儿童的早期沟通干预中扮演着重要角色,因为此种干预方法提供了儿童一种立即性的沟通方式,让他们可以和家长或其他伙伴沟通。

假若 ASD 儿童从小就能和别人沟通,或许可帮助他们建立对环境的控制能力,进而减少问题行为从很小年纪就出现的可能性。另外,我们的研究结果也表明,虽然这些 ASD 儿童的口语很晚才出现,但 SGD 并不会阻碍他们的口语发展。

上述的比较数据是以回溯性研究所做的初步分析,因此还有待日后更多研究去进一步探讨,以厘清由家长执行扩大性语言干预在语言和沟通发展上所扮演的角色。此外,由于目前也很需要一些前瞻性研究,以了解本篇分析中的正向成效是否仍能再次获得验证,所以我们将会持续地追踪这些个案,即便他们已经要进入小学,并在他们 6~9 岁大时,再针对口语、语言、AAC 以及读写能力进行评估。另外很重要的一点是,鉴于这些儿童很小就接受过由家长执行的 SAL 干预,所以当他们在小学期间,仍要持续检视他们的沟通能力发展情形,并找出他们的沟通优势和弱势。

Yoder 和 Stone(2006)做过一项随机分组的控制研究,拟比较 PECS 和前语言自然情境教学法(prelinguistic milieu teaching approach)对 ASD 儿童的成效,结果发现,PECS 的干预成效良好。因此,如果我们之后也想比较 PECS 和 SAL 的干预成效,或许就可以进行一个类似的随机分组控制研究,以厘清这两种干预方法中,有哪些要素可能会改善 ASD 儿童的语言和沟通能力。

结论

过去的研究结果表明,不论是有发展障碍的学步儿、学前儿童、学龄儿童,还是他们的家人,SAL 都是一种可以成功增进语言能力的干预方法。虽然目前还没有研究特别针对 ASD 儿童来检视他们的 SAL 使用情形,但根据本章所做的初步资料分析结果发现,SAL 有希望为这些儿童带来良好的干预成效,而且针对疑似有 ASD 的幼童,SAL 或许也能作为他们的一种语言干预策略,因为 SAL 可以弥补他们所欠缺的口语和语言能力,并同时协助家长和其他沟通伙伴与他们互动。

第九章

运用辅助沟通科技来建构自闭症谱系障碍幼童的社交互动

Kathryn D.R. Drager、Janice C. Light、Erinn H. Finke　著

熊利平、杨炽康、董宜桦　译

自闭症影响几乎所有的发展领域。自闭症谱系障碍儿童在社交、认知、语言和读写方面发展上有极高的发展迟缓风险或出现障碍。引进辅助沟通和适当的早期干预，可以为 ASD 儿童提供参与沟通的方法和机会，这些沟通有较多的目的，其中也包括了社交互动，它将显著地影响语言刺激发生的机会和语言的发展。[①]

本章着重讨论运用 AAC 科技促进 ASD 幼童的社交参与。本章的"辅助沟通（AAC）"既包括非辅助性的（如手势、符号）和辅助性的系统，也包括低科技的（如非电子的沟通板和沟通簿）和高科技的（如语音沟通板或 SGD）辅助系统。而"AAC 科技"特指电子辅助沟通（如 SGD）。

ASD 的特征即在一定程度上存在社交互动的缺陷。社交能力对语言学习和沟通能力的发展具有重大影响。关于 ASD 儿童为何存在社交互动困难，有几种假设。以社交互动为目的的沟通，需要有与他人互动以获得新信息、观点的基本愿望。这种渴望可能受 ASD 儿童心智理论（theory of mind）缺陷的影响（Asting & Baird，2005）。"心智理论"涉及了解他人持有不同观点的能力。Tager-Flusberg（1996）、Mundy 和 Stella（2000）指出 ASD 儿童无法获得"心智理论"的特点阻碍了他们开启社交沟通行为的内在动机，因为这需要有想了解他人想法的愿望。

Stone、Ousley、Yoder、Hogan 和 Hepburn（1997）提出这样的假设：ASD 儿童社交互动不如典型发展儿童普遍，原因在于 ASD 儿童发现与成人分享注意较没益处或价值。因此，他们会较少参与评论，因为评论行为本质上是社会性的。然而，根据 Stone 等人（1997）的研究结果，2~3 岁的 ASD 幼童在通过沟通以满足需要或希望的表现优势，比起通过沟通吸引和维持他人的注意还要高。在 Stone 等人（1997）的研究中，在为诱发出请求或评论而专门设计

---

① 本章有一部分是由美国联邦政府强化沟通复健工程研究中心（the Communication Enhancement Rehabilitation Engineering Research Center，AAC-RERC）所支持。AAC-RERC 是一个非常重要的 AAC 研究中心，它是由美国教育部国家身心障碍与复健研究院（National Institute on Disability and Rehabilitation Research，NIDRR）所补助的大型研究计划（补助编码 H133E030018）。本出版物是经补助对象筛选后的内容，它并不需要反应出资助者（美国教育部）的所有补助目的。

的结构性活动中,ASD 儿童比语言和年龄配对的儿童更少出现沟通行为。当 ASD 儿童进行沟通时,他们更多是要求物品或活动,而较少对物品或活动进行评论。

Quill(1997)就 ASD 儿童的社交缺陷提出另外一种假设。她指出要求与拒绝(即为需求与希望而沟通)都与明确的情境线索有关。视觉提取线索(如喜欢的东西)的呈现会成为请求行为的提示。相反,社交环境没有提供此种具体的视觉线索。因此,ASD 儿童社交行为缺陷,在一定程度上是在缺乏视觉提示的情况下提取相关信息功能的缺损。

不管机制为何,ASD 儿童在开启社交互动的沟通上有极大的困难。很多 ASD 儿童言语发展也存在极高风险。据估计,约 14%～20% 的 ASD 儿童无法发展出足以满足日常沟通需要的言语、语言技能(Lord,Risi & Pickles,2004)。无法获得沟通机会将使 ASD 儿童在语言、认知和社交发展方面存在发生缺陷的持续风险。在提升无日常功能性沟通言语 ASD 儿童的沟通技能时,AAC 和 AAC 科技已经被应用为各种不同的形式。

辅助沟通和 ASD 个案

自闭症儿童的辅助沟通方法包括非辅助性的和辅助性的。非辅助性沟通包括手势沟通,如手势语,这种沟通方式快捷、方便、经济。一些自闭症儿童具备动作技能方面的相关能力。本书第四章已重点论述使用非辅助沟通方式方面的研究和临床应用。大量研究也表明辅助沟通(通常为非电子的)在提高功能性沟通上的有效性。在比较受欢迎的辅助沟通方法中包括 ASD 儿童常用的图片交换沟通系统(PECS)(第十章;Bondy & Frost,1994)。

有关各种 AAC 方法应用于 ASD 儿童效果比较的实证研究非常有限。然而研究也已证明辅助与非辅助沟通方法对很多 ASD 个体是具有成效的,尤其是在达成要求的功能方面(Mirenda,2003)。若提供适当的机会和教导,ASD 儿童能学习使用非辅助或辅助沟通。支持辅助技术特别是 SGD 在 ASD 儿童中使用的现存证据更少。另外,涉及使用任何形式 AAC(即非辅助的、非电子辅助的或 SGD),以教导 ASD 儿童学会"要求"以外的沟通功能的研究,几乎是空白(Mirenda,2003)。也因此,ASD 儿童的沟通干预需要打破只探讨要求功能的局限,更广泛地关注沟通障碍的核心缺陷,特别是社交互动(National Research Council,2001)。

运用 AAC 科技提高 ASD 儿童社交互动能力

本章的主要目标即探讨将辅助沟通技术作为提升 ASD 儿童的社交互动能力的方法。

具体而言,本章将:(1)回顾适合 ASD 儿童的 AAC 科技设计和适配方面的相关研究;(2)回顾促进社交互动的干预研究;(3)呈现一个个案研究,以说明使用 AAC 科技促进社交互动的意义;(4)讨论未来研究的优先性,以促进对 AAC 有需求的 ASD 儿童的理解与改进,提供给这些儿童的干预实务。

就像对其他群体一样,促进对 AAC 有需求的 ASD 儿童的社交互动的干预中,也要考虑两个基本要素:AAC 系统和 AAC 干预/教学技术。AAC 科技是确保有效沟通的工具,考虑到 ASD 幼童沟通上特别是社交沟通上的不足,这些工具的设计必须要能满足需要,适应他们的技能。然而,只有沟通工具是不足以满足 ASD 儿童的沟通需求的。考虑能帮助 ASD 儿童建立社交互动技能的干预方案,以及这些干预策略对其社交沟通发展的影响也是同样重要(适合的 AAC 科技和干预策略等要素)将在下文中一一论述。

＞　选择与订制 AAC 科技

所有人都以多种方式进行沟通,既有非辅助性的技巧,也有辅助性的技术。情境、背景环境、沟通伙伴不同,选择的方式也会不同。尽管支持高科技 AAC 科技的实证仍十分有限,但这些系统确实有促进 ASD 儿童社交沟通的潜能。高科技 AAC 科技也许最适合 ASD 儿童的技能和需求,原因如下:首先,SGD 不仅提供了一个扩大表达方法,同时也提升理解其他同伴所传递信息的手段(Light,Roberts,DiMarco & Griener,1998)。当 ASD 个案需要更多时间处理语言输入,或是当一些 ASD 个案也被诊断为伴随认知缺陷时,提供 ASD 儿童理解语言是必要的。另外,高科技 AAC 会通过视觉通道,用静态图片或符号呈现语言。而使用视觉通道对自闭症儿童有潜在的益处,事实上已有证据证明他们在视觉处理技术上有相对优势(Wetherby,Prizant & Schuler,2000),尽管现有支持这一论点的研究证据还非常少。Mirenda(2001)进一步指出,SGD 对 ASD 儿童有利,因为它们提供言语输出,因而更有可能帮助这些儿童轻易地融入有陌生人的环境中。因为有言语输出,SGD 可以引发自然的社交沟通。言语输出为个案提供了更高的掌控环境的能力,使他们能获得别人的注意,并能在一定距离范围内进行沟通。SGD 还有其他的优势:很多 ASD 儿童对科技产品感兴趣,计算机活动对他们具增强作用(Stromer,Kimball,Kinney & Taylor,2006)。

一些研究提到可以使用 SGD 教导 ASD 儿童各种具体的技能。如 SGD 就曾被有效地应用来教导一个 ASD 学生拼写单词(Schlosser,Blischak,Belfiore,Bartley & Barnett,1998)。Sigafoos 等人(2004)用 SGD 补偿两名青春期自闭症学生的沟通障碍。另有几个研究也提到运用 SGD 教导自闭症个体案如何做请求(Brady,2000;Durand,1999;Sigafoos & Drasgow,2001;Son,Sigafoos,O'Reilly & Lancioni,2006;Van Acker & Grant,1995)。本书第五章已进一步回顾此领域的研究。

Schepis、Reid、Behrmann 和 Sutton(1998)在一个很独特的研究中评估了运用 SGD 提高 ASD 儿童社交互动的效果。该研究的对象为 4 名就读于 ASD 儿童自足式特教班中的 3~5 岁的儿童。研究者为每个儿童提供了一个 4 格或 8 格的数字语音输出的 SGD;在例行的点心时间或玩耍时间进行自然的教学。干预中,4 个儿童的沟通轮替次数都有增加,从基线期的每分钟 0.2~1.6 次增加到每分钟 2~3 次。儿童们主要用预先录好的词汇要求物品或活动,也用于回答是非问题,以及在要求物品或活动中表达如"请""谢谢"等社交性评论。

到目前为止,AAC 科技的设计很少针对性地考虑如何提高应用于自闭症儿童的有效性。目前的 AAC 科技设计反映的是一般成人的概念模式(Light & Drager,2002)。然而,这些技术可能不适合 ASD 幼童,且通常很难学会。Light 和 Drager(2002,2007)指出 AAC 需要重新设计以提高其适用范围,并降低对所有有显著沟通障碍的幼童的学习要求。本章的讨论将特别关注此议题,特别是针对 ASD 幼童。

> ## 提升吸引力

目前的 AAC 科技可能无法吸引幼童。一般而言,这些系统的功能单一,只有方形的按键,而且色彩黯淡单调(Light,Drager & Nemser,2004)。如果 AAC 科技吸引不了幼童,它一开始就可能无法吸引他们去使用,或不具备使人继续使用的持续动力。到目前为止,还没有研究确定哪些 AAC 科技的特征层面对 ASD 儿童具有吸引力。ASD 儿童往往有特异的行为模式和兴趣(American Psychiatric Association,2000)。这种特异性可能会影响到他们使用特定 AAC 工具的兴趣和动机。在各种特征中,典型发展的儿童似乎喜欢和/或回应整合以下的特征:功能多元(如:沟通、玩、幽默、娱乐、艺术表达),多种明亮、鲜艳颜色,可作客制化或变化的选择,有趣的声音效果,个性化系统(Light,Drager & Nemser,2004;Light,Page,Curran & Pitkin,2007)。可能会有一些 ASD 儿童也对这些特征感兴趣。但这些特征也可能使其他 ASD 儿童分心或成为过度刺激的来源;然而,根据 Shane 等人(2005)的论述,ASD 儿童在媒体上所花时间比其他活动上更多,而且显得较偏爱动画角色。

将有意义及能刺激动机的活动与 AAC 科技结合,将是提升吸引力的潜在可行方法。已有研究指出当有动机时,使用 AAC 科技进行的沟通会被提升(Mirenda & Schuler,1988;Quill,1995)。Moore 和 Calvert(2000)的调查结果表明,对 ASD 儿童而言,科技本身就是一种激发动机的因素。在此研究中,研究者将 3~6 岁的 ASD 儿童随机分到两个组中的一个,教导他们词汇。一组被分到行为处理组,另一组除了接受行为干预,也通过计算机增加了感官强化、颜色、动画、音乐和有趣的声音。结果发现使用计算机组比行为处理组的 ASD 儿童更专注、更有动机,学到更多的词汇。实际上,计算机组的儿童 97% 的时间都很专注,而行为组的只有 62%。这些结果表明,科技的使用可以增加 ASD 儿童对任务的吸引力、动机,以及专注于任务的时间。

> ### 减少学习上的要求

除了要有吸引力,AAC 科技还必须容易学习。证据表明,现有 AAC 科技对典型发展儿童而言,在决定如何使用这些科技(如系统版面安排,网格或视景显示),以及如何组织词汇方面的学习要求很高(Drager et al.,2003)。也因此,对有认知缺陷的 ASD 儿童来说,使用 AAC 科技的要求可能更高。而借由适当设计系统中的所有组成成分,如"语言概念的表征""概念的版面安排与组织""系统导览""概念选择""输出"等,应该能够降低学习要求(Light & Drager,2002)。

语言概念的表征

有证据表明 ASD 儿童能够通过学习理解和使用各种符号,包括手势语与手势、抽象程度不一的线条画,以及传统的文字(Mirenda,2005)。这些符号系统都有个共同点:它们都是视觉的。

一直以来都有这样的争论:ASD 儿童视觉空间能力相对更强。虽然支持这一主张的实证研究很少,但很多此领域的作者和临床治疗师都提到了 ASD 个案在视觉空间的优势(Ogletree & Harn,2001;Quill,1997)。鉴于此,在考虑 AAC 的符号表征时,充分利用这一潜在优势可能更为恰当。

大多数现有的 AAC 符号套组的呈现反映的是一般成人的想法。Lund 等人(1998)和 Light、Worah 等人(2007)宣称儿童早期出现的语言概念表征和现在使用的很多符号系统套组所使用的表征都不同。在上述两组研究者的研究中,典型发展儿童画出 10 个早期出现的概念,与代表这些概念的传统 AAC 符号比较,两者有显著差异。儿童的表征大量使用情境,且与儿童熟悉的经验有关,用整体场景描述概念,而不是像很多传统表示方式一样只用物体或事件的孤立部分表示。相对地并没有相关的研究确定出,ASD 儿童到底使用哪种表征来表示概念。

组织

表征的组织和版面安排会促进或阻碍儿童在定位、选择和使用概念去与人沟通的精确性和效率(Light & Drager,2007)。传统上,表征是放置在一个网格版面上,每个 AAC 符号在一个单独的行和列中,但这种方法对 ASD 幼童很难。尽管 ASD 儿童的视觉、空间能力优势会被频繁地提及,再加上也有报道称对接收到的视觉信息/输入,ASD 儿童会将注意力集中在具体细节而不是"大图像"上(Happe & Frith,2006;Kanner,1943)。事实上,"持续关注物体的某部分"是 DSM-IV(American Psychiatric Association,2000)中自闭症的诊断标准之一。用网格版面表征概念,让项目分隔在不同空间,并不能促进 ASD 儿童对整个概念的理解,甚至可能会增加其关注物品细节部分的趋势,进而造成其无法整合和理解一个情境整体的概念。

近期注意力开始转向将视景显示(visual scene display,VSD)作为表示和组织策略(Light & Drager,2007;Shane,2006)。VSD用图片描述情境、场所或经验。例如,可从儿童生活中的某个地方或某件事情中选取一张照片放在AAC中。语言概念则被置于被选出能提取概念的热点下(图9.1)。图9.1中的场景的设置是为了引发参与搔痒游戏的互动。热点可以让儿童选择他喜欢被搔痒的部位。这些热点的选择产生了指称每个被搔痒的身体部位的言语输出。图9.1a描述儿童可以看到的VSD。而图9.1b描述所标出的热点(这不能让儿童看到)。

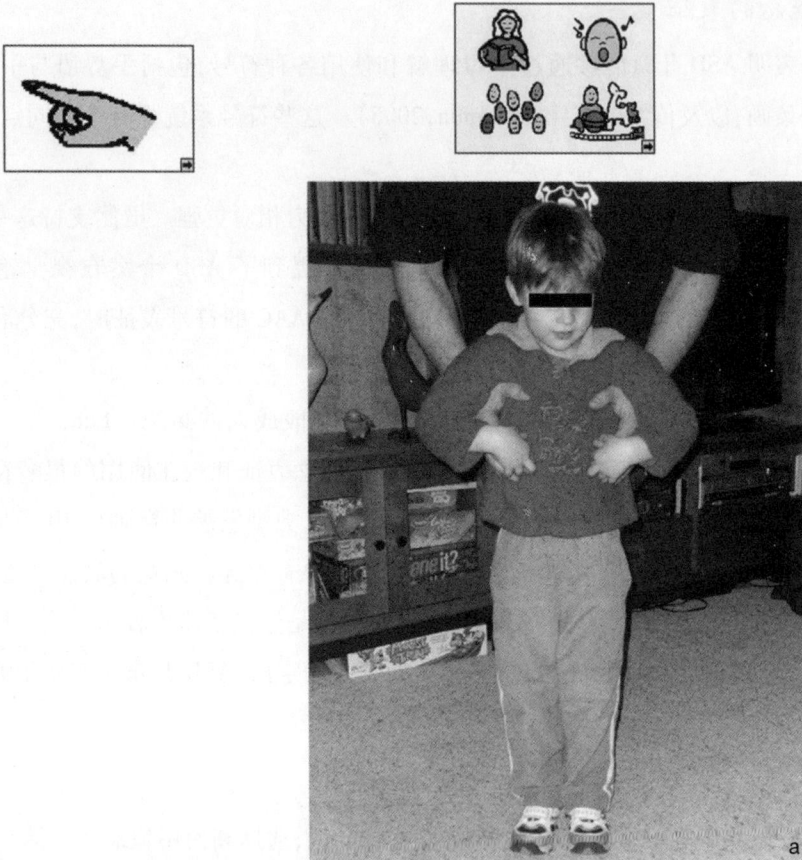

图9.1a　视景显示"搔痒"活动的例子(注:页面以儿童系统所用的色彩来呈现)

VSD是为ASD儿童设计AAC和组织词汇的一种有趣的新概念,因为它们在一个整体背景下集中信息,而不是将词汇孤立地变成互不相干的因素。这样,VSD强调了与沟通互动活动或背景有关的概念和词汇的关系。这与AAC的传统组织形式恰恰相反,传统形式系由网格显示组成,将语言概念分成了独立的格子。VSD保留了生活中出现的符号间的概念和视觉关系,将概念纳入到它们出现的背景中。如人的照片中,鼻子就会比腿显著地小很多。网格显示不能保持这种比例,在其中鼻子和腿的尺寸可以差不多,还可能鼻子被放到了腿旁或腿的下面。

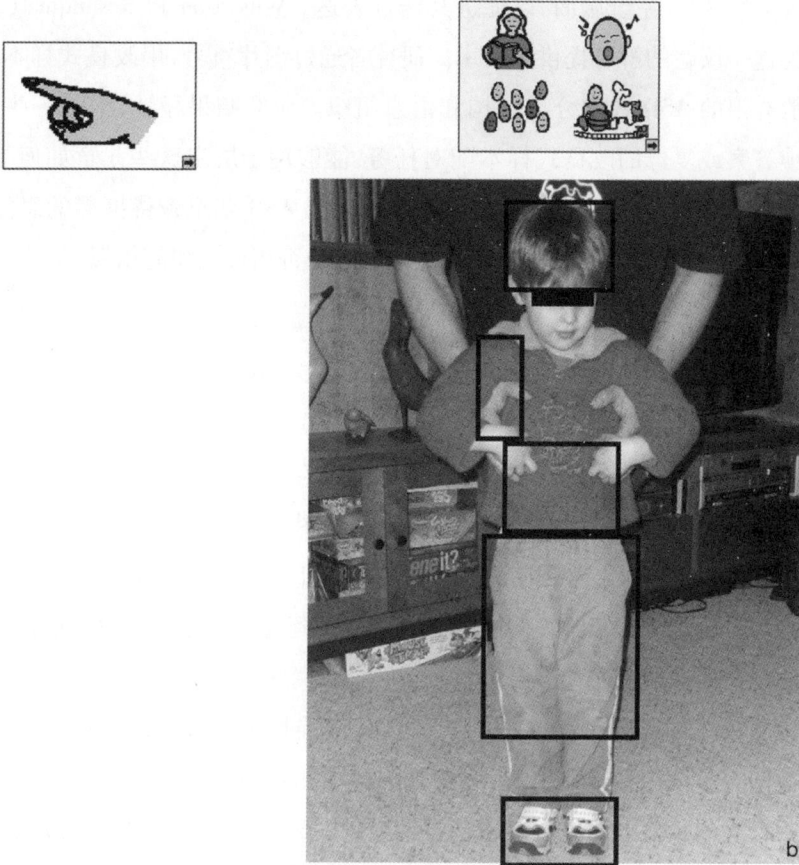

图9.1b　描述所标出的热点

　　迄今为止,唯一一篇论述 VSD 有效性的已出版研究是以典型发展儿童为研究参与者。如 Drager 等人(2003)的研究,结果显示 2 岁半的典型发展儿童使用 VSD 组织方法学习词汇比网格方法更快。Shane(2006)也提出了一些 ASD 个案变通性地使用 VSD 的方法,尤其是作为教学的背景和组织事件信息的手段,远远超过视觉时间表所提供的信息。

　　VSD 的潜在优势在于场景天生就能将词汇以图表形式进行组织。尽管幼童语意组织的偏好在一定程度上仍存有争议(Traylor,2004;Wilkinson & Rosenquist,2006),但很多文献已经说明 5 岁及以下典型发展儿童组织上偏好图表形式(如:Fallon,Light & Achenbach,2003;Lucariello,Kyratzis & Nelson,1992;Maaka & Wong,1994;Nelson,1996;Sell,1992)。考虑把在典型发展儿童身上得到的研究结果运用到 ASD 儿童身上是非常有趣的。ASD 儿童和典型发展儿童思考和组织概念的方式类似吗? 几项研究证实高功能 ASD 青少年组织词汇的方式和他们的典型发展的同龄同伴非常相似(Boucher,1988;Tager-Flusberg,1985)。然而,幼童和无法用言语满足日常沟通需求的 ASD 儿童是否也有一致的情况仍无清楚的定论。

了解自闭症幼童组织语言概念的方式很重要。只有这样才能建构出符合儿童内在概念组织地图的辅助性 AAC 系统版面,以促进其语言表达。Wilkinson 和 Rosenquist(2006)所做的初步调查为这一议题的解答提供了技术。研究者通过图片符号,用改良式样本配对方式,评估口语技能有限的 ASD 者的分类结构和语意组织。研究结果显示,给予一些教学后,此项可以有多项答案或复选的改良式样本配对任务,能够用于决定这些儿童如何组织语言概念。这一发现进一步促进以下理解:(1)如何设计能与 ASD 儿童看待世界的思维方式匹配的 AAC;(2)ASD 儿童和典型发展儿童在语意组织上是否相似及如何相似。

导览

当符号被选择并组织在系统中,系统设计的下一步考虑就是儿童如何定位或找到想要的符号(即儿童如何在系统中导览)。系统导览,尤其是动态显示系统,需要儿童理解他们所作的选择将带出另外的选择。也就是说,导览工具和菜单项作为上一层分类标志,这样通过他们的选择,能到达词汇项目。如一张滑梯和单杠的图片可能连接操场页面。成人和熟悉系统的人知道,这些符号仅仅是导向更多类似符号的上一层标志。而对 ASD 儿童而言,这种导览至更多符号的方式却很难理解或得到功能性的运用。由于 ASD 儿童常专注于细节,他们可能无法辨识或理解符号代表上一层分类标志。

作为一种变通方式,Drager 等人(2004)建议代表连接到其他页面的示意图就用该页面的小型屏幕截图表示。在其研究中,典型发展的 3 岁儿童用这种菜单页面比用只有代表连接主题的单一符号的菜单页面更能快速学习词汇(在第一个学习时段后)。动态页面选单中连接页的小型屏幕截图可协助 ASD 儿童辨认连接。不管怎样,处于沟通初始阶段(即:新近符号化或第一次获得符号沟通的方法)的 ASD 儿童最初可能无法独立地在很多页面间导览。在这种情况下,与其限制提供页面的数量,不如让沟通伙伴说明想找的页面(Light & Drager,2007),直到儿童发展出可独立完成的技能。

选择技术

只要概念恰当地被表征并呈现在系统中,ASD 儿童就可选择想要的词汇项目。尽管一些 ASD 儿童存在精细动作的困难(Rinehart et al.,2006;Vanvuchelen,Roeyers & De Weerdt,2007),大部分儿童都是使用直接选择。Rinehart 等人(2006)指出很多 ASD 幼童在动作计划及模仿上有困难。考虑到所需精细动作控制的水平,这种潜在缺陷可能会影响儿童使用标准键盘和鼠标控制 AAC 科技的能力。除了动作要求外,使用外部控制还需要在认知上能理解,在键盘或鼠标上的动作会影响屏幕上的光标移动,它在实际空间里不是输入设备。相反地,触摸屏科技因为儿童在屏幕上的触摸直接影响到系统的动作,因此不需要此种认知要求。使用触摸屏应该可以作为简化 ASD 儿童使用 AAC 的一种方法。

输出

最后一个可能影响 ASD 儿童学习要求的 AAC 科技要素是输出,输出在做出选择后发生。输出可以用视觉(典型的如打印)或听觉形式。尽管有一些证据表明智力障碍儿童在有言语输出呈现时比没有时更快地学习符号,但少有研究论及个案在 AAC 的输出议题(Koul & Schlosser,2004;Schlosser et al.,1995)。AAC 科技输出方面的研究一直主要集中在调查一般成人和年长儿童运用合成语音输出时的表现。以幼童为对象的研究表明 4~5 岁儿童听合成语音的表现没有使用自然言语准确(Axmear et al.,2005)。单词信息合成语音清晰度对于 3~5 岁的儿童学习者特别低(55%~75%)(Drager,Clark-Serpentine,Johnson & Roeser,2006)。虽然有上述研究发现,但目前我们还不清楚哪种语音输出的优势较适合 ASD 个案,他们更可能对视觉刺激而不是听觉刺激作出反应。然而,语音输出确实可以让个案与熟悉的、不熟悉的人有更多的自然互动(Mirenda,2001),尽管语音输出必须清楚被理解才会有效。听觉输出也可以包含非语音的声音。有研究证据显示,与社交刺激(如口语符号或他们的名字)相较,ASD 儿童更会对非社交性听觉刺激(如:玩具的咔嗒咔嗒声和播放音乐时的声音效果)做出反应(Dawson,Meltzoff,Osterling,Rinaldi & Brown,1998)。

> 小结

要使 AAC 成为 ASD 儿童沟通和社交互动的有效工具,AAC 的设计应该适合 ASD 儿童。需要研究哪些因素使 AAC 对 ASD 儿童具有吸引力,以便能让其持续使用。除此之外,AAC 的各个层面、表征、组织、导览、选择和输出,大部分都是基于一般成人概念的基本架构。因此,未来研究需要进一步确定 ASD 儿童的概念发展,以及发展 AAC 科技的设计规格。AAC 系统需要被设计来最大化 ASD 儿童的技能,并可以提供支持以适合儿童的需求。

干预技术

设计良好的 AAC 科技可为 ASD 儿童提供社交参与和沟通的工具。然而,ASD 儿童还需要适当的干预以促进社交互动。沟通干预方法可以被描述成一个从结构化的行为干预,到以儿童为本的社交性语用本质的干预方式的连续统(Prizant & Wetherby,1998)。在此系列的一端是基于传统行为原理的干预方法,使用单一尝试教学法、密集练习和直接教学技术(如,Lovaas,1977)。这些干预使用高度结构化的教学方法,活动也主要是成人引导的。尽管目前很多干预或教学法较趋于向连续统的中间靠拢(如,核心反应训练;Koegel & Johnson,

1989），但所有应用行为分析方法都源于这些原理。在连续统的另一端是社交语用和发展模式法，强调在有弹性的结构中发生的事件或是有意义的活动（如，SCERTS 模式，在第七章中有详述；Prizant，Wetherby，Rubin，Laurent & Rydell，2006）。

尽管有证据显示自然教学法可能对有口语的儿童的语言学习有益（Camarata，Nelson & Camarata，1994；Koegel，Koegel & Surratt，1992），但迄今为止，没有研究证据说明在连续统上不同点的 AAC 干预方法的相对效能。然而，证据显示，综合应用多种教学/干预方法的 AAC 干预对 ASD 幼童的沟通技能发展有正向作用，干预既可以用结构化行为方法（如，Richman，Wacker & Winborn，2001），也可以用社交性语用方法（如，Wetherby & Woods，2006）。最有效的策略端视个体和干预目标间的互动情况而变。在建构社交互动能力方面，发展性与社交性语用干预模式可能会更具优势，因为社交互动最终目标的本质与此种干预方法更相配。

社交语用干预方法的构成要件

如前所述，以往的大多数研究都关注于对需求与愿望的沟通，具体而言即请求。很少有研究是特定地探讨需要 AAC 的 ASD 儿童的社会互动干预。这一节将讨论社交语用干预方法，它为需要 AAC 的 ASD 幼童设计，旨在解决 ASD 幼童社交互动困难的问题。根据 Prizant、Wetherby（1998）和 Woods，Wetherby（2003）的论述，社交语用干预方法：（1）需要家长及其他照顾者参与，（2）发生在自然环境中，（3）应紧密结合在功能性、意义化的情境中，（4）使用在本质上是互补式沟通。

> 干预中家庭成员及其他照顾者的参与

熟悉的照顾者在 ASD 儿童社交互动、语言学习中发挥着至关重要的作用（Kaiser，Hancock & Nietfeld，2000）。照顾者干预风格的变化对 ASD 儿童的沟通技能有相当大的影响（Koegel，2000）。父母和照顾者常常对儿童的发展和福祉有既定的兴趣，通常有动机全程参与干预。对 ASD 以外群体所进行的研究显示，家庭变项是早期干预成果的重要预测指标（Shonkoff，Hauser-Cram，Krauss & Upshur，1992）。当干预没有规定特定的时间段，而是贯穿十全大的自然例行活动中时，可以发现儿童在沟通上有所收获，同时，家庭的压力也有所下降（Koegel，Bimbela & Schreibman，1996；McConachie & Diggle，2006；Schreibman，Kaneko & Koegel，1991）。当专业人员在场时，不用管谁在干预中担任主要的执行者，当所有人都离开时，依然在那里的只有家庭成员。因此，照顾者也要参与到干预过程中，以保证一致性和持续性。

> **在自然环境中进行干预**

Woods 和 Wetherby(2003)描述自然环境中的干预应符合以下标准:(1)儿童学习功能性、意义化的技能;(2)在日常活动中学习;(3)照顾者为儿童调整所发生的学习过程。自然环境是社交互动最终发生的情境。自然环境干预有很多好处,可以保证目标技能是相关的,也可以促进技能的自发、泛化应用(Light & Binger,1998)。另外,ASD 儿童熟悉的人和事可以促进他们参与活动。而且,文献也已显示,需要早期干预的 ASD 儿童,若使用积极、正向的参与活动越多,其成效越好(Woods & Wetherby,2003)。

儿童的自然环境通常是他们的家庭。Wolery 和 Garfinkle(2002)回顾对 8 岁及更小 ASD 儿童的研究发现,大部分研究是在教室环境中,很少研究关注家庭环境。与此类似,Mirenda(2003)提到,几乎没有研究关注 AAC 科技在家庭或社区环境中的使用。

> **将功能性和意义化的情境嵌入干预活动中**

在社交互动中,个案必须通过相互积极参与才能将互动维持下去(Light, Parsons & Drager,2002)。这与为需求与愿望而沟通的干预大不相同,需求与愿望的沟通干预关注的不是人,是目标物或行为(Light,1988)。AAC 干预通常都是在日常活动中的点心时间或是用餐时间进行。尽管调整他人行为的能力很重要(如在表达请求时),但这些情境不易支持社交互动。更确切地说,社交互动需要在意义化的、有目的性的情境中,通过多次的轮替,才能使参与者一直积极参与。根据 Watson、Lanter、McComish 及 Poston Roy(2004)的看法,使儿童参与对其有意义且有吸引力的活动的策略对促进 ASD 幼童语言和沟通发展很重要。也有证据指出,活动和词汇的选择对干预成果有直接影响(Koegel,O'Dell & Koegel,1987)。

意义化的情境发生在自然环境中,有熟悉的人和有吸引力的活动。意义化的情境应该为互动提供自然线索以指示沟通机会。无法识别自然线索的个案可能在泛化技能上有困难(Halle,1987)。

> **沟通在本质上是信息的互换**

沟通是一种一来一往的双向过程,在本质上是信息的互换(McLean,1990;McLean & Snyder-McLean,1978;Wetherby & Prizant,2000)。根据此种观点,沟通发展取决于儿童和他的沟通伙伴间的互动。这样的轮替互动以一系列的行动和应答为特征。沟通伙伴的反应取决于互动(沟通)发生的情境和儿童行为(行动)的类型。在互换的基础架构中,沟通被看作是一个动态过程,其中,儿童、沟通伙伴和环境同样影响着互动的本质和成效(Sameroff & Chandler,1975)。当以此种概念来看待沟通时,在修复沟通过程中断或不足时,干预的重点必须关注儿童的行为、照顾者以及互动发生的环境。干预应能协助照顾者学习使用支持儿童沟通的策略，如清楚指明轮替机会、提供示范性沟通行为，以及运用自然后果。

> **清楚指明轮替机会**

沟通机会可通过期待延迟（即，带着期待的神态注意儿童并等待；Halle，Marshall & Spradlin，1979；Kozleski，1991）来标明。一旦沟通机会已标明出来，很重要的是等待儿童应用可用的各种方法在这个轮替中沟通。研究报告指出，ASD 儿童的父母比典型发展儿童的父母更具指导性与控制性（Kasari，Sigman，Mundy & Yirmiya，1988；Siller & Sigman，2002）。另外，一些家长在学习和坚持使用期待延迟时存在困难（Elder，Valcante，Won，& Zylis，2003）。然而，研究也显示，当家长提供期待延迟时，ASD 儿童的沟通语句会有所增加（Seung，Ashwell，Elder & Valcante，2006）。有报告称，期待延迟和时间延迟对提高有口语和无口语的 ASD 儿童的沟通都有促进作用（Hwang & Hughes，2000）。

提供沟通行为模式

在互动中，为儿童提供的沟通模式可以是多种组合形式：言语和手语/手势、言语和低科技符号，或言语和高科技系统。在互动中，视觉模式可以达成多个目的。AAC 的使用可以向儿童表明使用此系统可达成的功能，也可向儿童展示 AAC 是可接受的沟通方式（见第八章；Romski & Sevcik，1996）。视觉模式可促进仅有口语词汇困难儿童的理解。在促进社交互动的干预中，模式也可向儿童展示适当的游戏和社交互动技能，也为儿童学习新的语言概念提供了机会（Binger & Light，2007；Drager，Postal，et al.，2006）。

好几种 AAC 教学技术都使用示范作为干预策略之一（见第八章）。这些策略包括辅助语言刺激（aided language stimulation）（Goossens'，1989；Goossens'，Crain & Elder，1992；Elder & Goossens'，1994）、语言扩大系统（System for Augmenting Language）（Romski and Sevcik，1996；Sevcik，Romski，Watkins & Deffebach，1995）、自然辅助语言（natural aided language）（Cafiero，1998，2001），和辅助语言示范（aided language modeling）（Drager，Postal，et al.，2006）。除辅助语言刺激没有公开发表的报道外，其他每种教学方法都已被证实对 ASD 儿童具有成效。尽管存在很多差异，所有上述特定的干预策略都包含两个共通构成要件：扩大信息、提供扩展示范。此外，所有策略皆可在自然情境出现的机会中实施。

提供自然后果

互惠是社交互动的本质，所以沟通伙伴的行动和 ASD 儿童的技能是同等重要。过去研究一致指出对沟通伙伴的相应响应，对包括 ASD 儿童在内的发展性障碍儿童的语言和沟通的发展是有益的（Siller & Sigman，2002；Warren，Yoder，Gazdag，Kim & Jones，1993；Watson，1998；Yoder，Kaiser，Alpert & Fischer，1993；Yoder & Warren，1998）。沟通伙伴在促进 ASD 儿童沟通互动发展时可以用辅助的或非辅助的方式对其所有沟通意图做出回应，包括回应ASD儿童可能的沟通意愿、扩展儿童传递出来的信息和示范更复杂的沟通形式。例如Siller和Sigman（2002）的研究就发现学前ASD儿童的语言输出（在10年和16年的后测）与父母回应儿童所关注的焦点所花的时间成正相关（回应时没有指引儿童的行为）。

> 小结

尽管目前并未有任何具体的研究证据可以说明哪种干预方法对提升社交互动更有效，但社交语用取向让人看到了相当有价值的前景，因为他们强调以互惠式人际互动为提升沟通能力的情境（Prizant & Wetherby，1998）。因此，这种强调在提升社交互动的干预方法中是很重要的。自然环境干预，在功能性/有意义的日常例行活动中的干预，强调沟通的相互作用性质，家庭成员和其他照顾者的参与，都是这种干预方法的构成要素，也可以促进需要AAC的ASD儿童的社交互动。

临床实践意义：一个个案研究

由于AAC科技和社交语用干预方法都对ASD儿童有潜在的好处，因此Drager等人（2005）做了一个初步调查，将AAC科技用在4个学前ASD儿童的社交互动和沟通上，调查社交语用方法用于AAC干预的效果。其中，3个儿童被确诊为自闭症，1个被诊断为未确定广泛性发展障碍。此干预研究的目标为增加儿童参与和社交及扩大语意概念的范围。干预的重点是促进持续的社交互动。尽管请求和其他行为调节也是重要目标，但不是干预的首要目标。干预之初，所有儿童都是3~5岁。以下会呈现其中一个儿童的数据以说明如何使用AAC科技培养ASD儿童的社交沟通。

> 参与者

Wes（化名）干预之初为39个月，被诊断为自闭症。Wes有规律地使用两个手势："还要"和"做好了"。他就读于支持自闭症的自足式特教班，每周去4个上午。在学校，Wes想要玩具或零食等物品时，可用大约10张图卡沟通符号（PCS）表达，但只有在大量提示下才会用。

Wes的粗大和精细动作具功能性。他是个活跃、灵活的儿童，经常进行高能量的活动如追逐和跳蹦床。在提示下他能单独用食指去指（虽然自发的指还不稳定），因此他适合以直接选择的方式使用辅助系统。他能非常精确地使用两个手势语（"还要"和"做好了"），这样两个手势语很容易被辨别。他的视力和听力都在正常范围内,尽管 Wes 对过大的声音过度敏感。除了两个手势语、PCS 和一些挑战性行为(即自残、伤害他人/物品、发脾气),Wes 没有其他的表达方式。研究刚开始时,Wes 的父母做了麦克阿瑟沟通发展量表(MacArthur Communicative Development Inventory):单词和手势语(Fenson et al.,1993)。他们指出 Wes 对一些指令有反应,如"不准""到这来""我们走吧,再见"。他对自己的名字或"妈妈/爸爸在这里"等话语说明没反应。此外,Wes 好像理解一些基本的东西,如动物的叫声和名字、车、玩具、食物和饮料、衣物、一些身体部位、家具、房间、日常用品,一些人名和一些动词。他能理解的形容词非常少(坏的、好的、想睡的和疲倦的除外),不能理解代名词、疑问词或介词。他能表现出的沟通手势也很少(如拿东西出来的行为或摇头),不参加任何常见游戏或例行活动。

> **基线期**

在干预开始前,观察 3 次 Wes 与父母互动的,每次 15 分钟。在观察期间,Wes 每次大约有 2 次轮替(多为手势语"还要"),显著低于同年龄段儿童水平(Paul,2001)。

> **干预**

干预按以下步骤实施(源自 Light & Drager,2005):(1)确定有意义的沟通情境和能引发动机的活动;(2)发展适合的 AAC;(3)借由调整儿童、同伴和 AAC 系统的位置以调整共同注意力的需要;(4)确定、指出沟通机会;(5)示范多渠道 AAC 搭配言语的使用;(6)对沟通意图做出反应;(7)适当时机引入新情境。干预阶段干预活动大约每周一次,每次 30 分钟,在他家进行,爸爸、妈妈或父母双方都在。

意义化且能引发动机的活动是通过观察 Wes 自由时间的活动选择和父母的报告而决定的。干预以持续的社交活动为目标。活动如下:(1)将熟悉的书扫描进 SGD,含课文的热点;(2)将歌曲录进 SGD,含与核心词汇相关的表征;(3)加上熟悉的活动如搔痒游戏,熟悉的玩具如大理石塔。当 Wes 变得更能胜任这些活动后会再引入新的活动。经过一段时间后,再引入 Wes 不熟悉的书籍、歌曲和游戏活动。大约每 1~2 周(即阶段)会引入新活动。

为降低 Wes 在他自己、沟通伙伴、AAC 科技和正进行的活动间转换注意的要求,干预者坐在 Wes 正前方,手上拿着 SGD 面对 Wes,SGD 高度刚好在干预者脸的下方,同时与同伴的视线方向一致。在熟悉的游戏中(如搔痒游戏、玩玩具),会提供几个机会让 Wes 可以与沟通伙伴交际互动。Wes 能做几种选择,如:下次轮到谁,妈妈或爸爸会不会对他搔痒,他希望被搔痒到的是身体的哪一个部位。在干预之初,Wes 的父母对没有外在增强物时他是否会参与互动没有信心,所以在几个休息点,会让他选择继续参与还是吃点小东西。这种选择会逐渐褪除。

SGD 上呈现的主要是 Wes 活动中的数字照片或扫描的熟悉的书或歌曲的图像。组织方式则使用 VSD。例如：进行搔痒游戏时，Wes 要选择这个活动，只要从主菜单中选择一张自己被搔痒的照片就可以。一旦选定，一张同样的照片出现在屏幕上，画面上的热点可让他了解哪个身体部位会被搔痒到（如，腿、肚子、脚）。随着 Wes 能力的提升，研究逐渐改用混合版面设计，这样 VSD 里一个格式中同时有其他选择（如，一张妈妈的照片和一张爸爸的照片，让他可以选择由谁来搔痒）。

SGD 上的很多符号也以非电子符号的形式呈现给 Wes。它们大约是 2 英寸×2 英寸大小，且被分割开以方便活动中使用。Wes 显得更有动机使用计算机本位系统，而不是非电子符号。此外，在整个干预过程中，研究者也为 Wes 示范了几个新的手势语。

> ## 结果

每个基线期和干预阶段都有录像记录。从每个阶段中选择 15 分钟的代表性样本。结果如图 9.2 所示，其中包含了 1 年多的干预阶段。刚引入 AAC 时，Wes 的轮替从基线期的 15 分钟 2 次增加到 15 分钟 13 次（增加了 6 倍）。次年（到 4 岁 3 个月）Wes 平均每 15 分钟轮替 63 次（平均每分钟 4.2 次，比基线期多 30 倍），最多时达 138 次（每分钟 9.2 次）。与此相比，到 24 个月时，典型发展儿童在自由玩耍时，大约每分钟会出现 7.5 次的轮替（Paul，2001）。在一年的干预中，虽然平均频率没有达到典型发展儿童的频率，但 Wes 取得了持续的进步。大部分轮替（94%）都在使用辅助系统（主要是 SGD）的情况下完成，小部分（6%）则是在使用手势语的情况下完成。

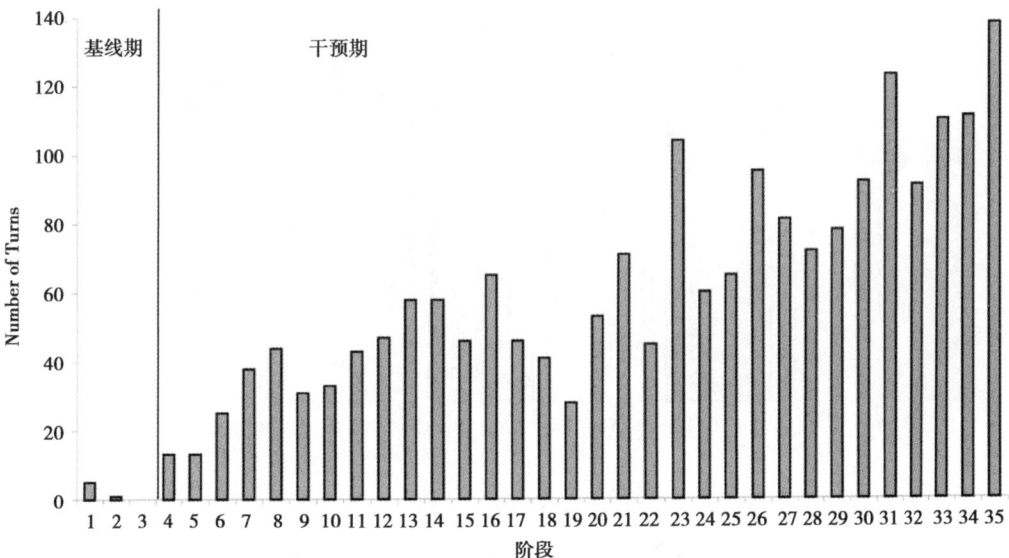

图 9.2　在基线期和干预期，Wes 在 15 分钟的互动中表现出的沟通轮替次数

（注：Wes 在基线期的第三阶段没有任何的沟通轮替出现。）

Wes 在基线期表现出的沟通互动意图很有限。他只有在行为调节时才沟通（特别是提出要求和抗议时）。干预期间，Wes 学习表达更广泛的沟通互动意图。根据 Wetherby、Cain、Yonclas 和 Walker（1998）的分类系统将沟通互动意图从沟通功能上分为行为调节、社交互动和共同注意力。干预的一年中，Wes 用到了所有的三种沟通功能。特别是行为调节信息，他55%的时间有用到，主要为要求物品、要求行动，偶尔是抗议。30%的时间表达出社会交互信息，全部都是参与社交例行活动。15%的时间用到共同注意力，主要是对物品或事件表达意见。

图9.3 显示了每个阶段每种沟通功能的相对比例。在基线期，Wes 沟通时只有行为调节信息。在干预之初，Wes 在沟通时出现最多的也是行为调节信息。在干预过程中，他在社交互动和共同注意力方面有所增长。与此相比，处于单词阶段的典型发展儿童使用行为调节的情况比较少（与 Wes 的55%相比，只有大约42%），社交互动行为较少（大约19%，而 Wes 有30%），而共同注意力行为则明显多出很多（大约39%，Wes 有15%）（Wetherby et al.，1988）。

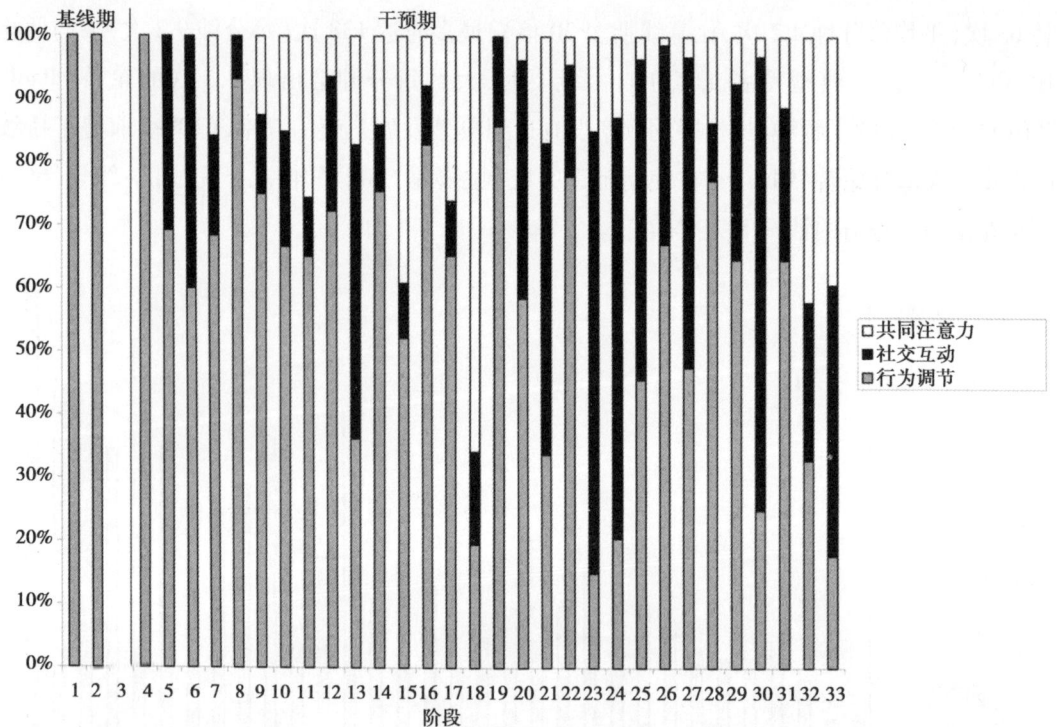

图9.3 在基线期和干预期，Wes 在每个阶段中用以表达共同注意力、社交互动和行为调节的轮替百分比

（注：Wes 在基线期的第三阶段没有任何的沟通轮替出现。）

此外，也根据 Retherford、Schwartz 和 Chapman（1981）等描述的分类系统，从语意关系对轮替进行编码。尽管在基线观察时，Wes 只用到一个概念（"还要"，反复出现），但他很快开始表达各种语意关系,包括动作、陈述、动作者、属性特质、实体、否定、物品、数量、重复、社交感叹(如啊、喔),以及书本或歌曲中一些句子。据此编码所进行的分析结果显示,Wes 使用较多的语意关系包括物品(即承受动作的人或物)、属性特质(即描述物体或人的大小、现状或质量的形容词)、实体(即在没有动作时,可适当地说出人或物品名称)、重复(即要求或表达要更多的实例或数量)。这些语意关系似乎比动作者(即动作的发出者,有生命或无生命的)和动作(即动作者所做出来可被感知的动作或参与的活动)更具体。

Wes 在基线期和干预期时,在每次轮替时都只使用一个概念。干预大约 9 个月后,Wes 开始组合概念表达出新的语句。这些组合可以是 SGD、手势语,或者 SGD 和手势语的组合。例如,在 Wes 开始组合符号的第一个阶段,他用手势语表示"还要",用 SGD 要求苹果。几个干预阶段后,Wes 用 SGD 组合妈妈和肚子,表示他希望妈妈挠他的肚子。在没有直接教学,只是同伴示范导览的情况下,干预进行了大约 6 个月后,他开始使用计算机本位系统上的导览工具(主菜单、返回)。

讨论

本章所呈现的证据是基于一个个案的研究,结果的推论受到限制。然而,尽管这一个案研究所提供的证据只是初步的,但研究的结果仍充满希望。AAC 设计适当的 AAC 科技,再加上以社交参与为核心的干预,对 ASD 幼童的社交互动必能产生积极的影响。而通过实施为达成这些目标而设计的有效干预原则,社交互动能力提升是可能的。对任何需要 AAC 的 ASD 儿童为对象的干预来说,关注他们障碍的核心缺陷是非常重要的——应该要强调其沟通的社交层面。因为虽然要求和拒绝对 ASD 个案是很重要的,但这些不是沟通能力发展中唯一必需的功能。

未来研究

未来研究仍需要继续调查使用 AAC 干预以提升 ASD 个案的社交互动能力的议题。AAC 和 AAC 干预中还有很多未解的问题。未来研究也需要改进 AAC 设计,尤其是 AAC 科技,以顺应 ASD 儿童的特质需要和能力。对 ASD 儿童来说,提升吸引力、降低学习要求很重要。同等重要的是,研发重新设计 AAC 科技的技巧,以提供动态的社交情境支持 ASD 儿童的社交互动和学习。未来研究要确定这些设计对社交互动、语言发展和有效沟通的影响。

除此之外,未来还需要研究能以适当的 AAC 干预,来促进 ASD 儿童的最大社交参与和语言发展。尽管本文中提及个案研究和一些先前的研究在干预方面已提供了一些初步的资料,然而目前有效的实证仍是相当有限。同时本文介绍的个案研究中也只使用了社交语用法。因此未来研究可循着行为到社交语用法一系列上的各种社交互动干预方法的相对效果。

由于 ASD 在特征上有很大的异质性,决定哪种技术在哪种情况下最适合哪种儿童的特征也很重要。最后,未来还需要开展将适当的研究结果运用到实务上的工作。确定对 ASD 儿童有效的实证本位的干预很重要,可使社交互动得到最大化发展。

结论

ASD 儿童常常在沟通的社会性方面出现困难。AAC 在处理 ASD 儿童社交互动这一核心缺陷上具有潜在优势。迄今为止,使用 AAC 的干预方法绝大部分适用于关注需求与愿望的沟通,较少注意社交互动技能的发展。此外,到目前为止 AAC 干预法主要关注非辅助和低科技辅助系统。这一章讨论了运用 AAC 科技促进 ASD 个案的社交互动。未来的研究仍迫切需要探索 AAC 系统和干预方法,以提升 ASD 个案的社交互动。

第十章

图片交换沟通系统：临床诊断与研究应用

Andy Bondy、Lori Frost　著

林欣莹　译

图片交换沟通系统(Picture Exchange Communication System, PECS)是本章作者于1985年对使用各种沟通训练方案教导自闭症谱系障碍(ASD)幼童的困难所作的回应。我们已经试过传统的说话训练，但许多学童在发展说话模仿技巧方面的失败真的让我们感到非常挫败。此外，我们也要考虑花多少时间去教导那些学习说话模仿的儿童一些功能性口语。

我们教一些儿童学习手语，但问题是那些儿童少有同样使用手语的沟通伙伴，另外，因为他们精细动作有限，所以我们从他们的使用情况中发现了一些符合他们特性的手势。当我们试图教导指图系统时，我们发现儿童不会直接和沟通伙伴互动并开启沟通交换，或者就是用令人困惑的手势动作，这使得他们的信息难以被理解。例如，有些学生不会单独使用食指来指图片，这些儿童通常重重地拍他们的沟通簿，或是在沟通时同时使用多张图片，然后让沟通伙伴忙于翻译他们的信息。另外有些儿童则是指着某张图片，但眼睛却没有看着图片，也没看着老师，这样一来，我们也难以理解其表达的信息，因为我们无法确认他们是否在进行有沟通的意图。此外我们也想到，这些以图片为基础的系统是在教导学生指挥自己做动作来拿取图片，而不是指挥自己与人互动，因此忽略了沟通当中不可或缺的社交层面。

起初，PECS是给学龄前ASD儿童使用的，因为他们只有一点点或完全没有功能性或可接受的社会性语言。这些儿童可能完全不说话，可能只在"自我刺激"的情况下说话，可能只在受提示的时候说话，或可能完全只会模仿说话。他们沟通的困难都跟社会性有关：他们不会规律地接近别人来进行沟通，避免与人互动，或者只有在响应直接而明显的线索时才进行沟通。这些年来，我们发现除了ASD的儿童之外，许多儿童在习得说话技能上也有困难。因此我们现在也教导各种临床诊断或教育分类有沟通问题的儿童和成人使用PECS。

PECS的训练步骤(Frost & Bondy, 2002)以应用行为分析原理的相关研究与实际应用为基础。个别教学、增强、错误修正和一般性的策略，在教导各个技巧时都是必要的。PECS训练步骤也类似于一般的语言发展阶段，因为它先教导儿童如何沟通和沟通的基本法则。儿童使用PECS来学习沟通时，刚开始是以一张图片(或是立体对象，请见 Ganz, Cook, Corbin Newsome, Bourgeois & Flores, 2005)进行兑换沟通，然后是从两张或三张图片中做选择来进

行兑换沟通。最后,儿童会结合多张图片以表达不同的语法结构、语意关系和沟通功能。

图片交换沟通系统与语言行为

PECS 的一项重要理论基础来自语言分析的创始者 B.F. Skinner 的研究著作《语言行为》(Verbal Behavior,1957)一书。在这本书中,Skinner 提出"语言是基于一种基本单位的功能性分析"的观念。每一个基本单位或语言操作,都可借由可观察的行为或环境里各种层面中事情发生的前因与后果来加以定义。

Skinner 将语言行为定义为任何能够通过他人调整而被强化的行为。他分析的中心思想是:语言操作是具有功能性的,与其形态无关。因此,在 Skinner 的分析中,verbal 指的不是口语声音,而是任何的行为,只要它能够影响别人,都可以被视为具有语言功能,包括使用的图片或对象。PECS 的理念便是如此。

当一个人对别人做了什么事,然后对方给予某种形式的增强,无论是具体的或是具社会性质的,这些可被观察到的行为就是语言行为。例如,一项请求特定增强物的行为,在产生之前就会有某种动机操作(而不是由环境中特定的刺激物所激发)。这样的行为就像是请求、命令或要求。而其中的对象命名(tact)是由环境中特定的层面所控制(包括那些可能发生在我们身上的事),但却产生了社会性增强。互动性语言或他人的语言是由先前所产生的语言行为来控制(换言之,那些最初是他人产生的语言行为),但互动性语言的形式是不同于其前的语言刺激形式(例如,当听到 2、4、6 的时候能够响应 8)。互动性语言是由社会性的结果来增强的。这种基本单位和它们各种结合的分析,对于用来规划习得语言各层面的完整课程,实在是非常重要的(Bondy,Tincani & Frost,2004)。

在本章,我们将首先描述 PECS 的阶段架构,接着会讨论几个引导 PECS 发展的要素。然后我们会介绍用 PECS 来扩展词汇及增加语言结构复杂性的几种方法,最后,我们会检视与 PECS 有关的研究及它带来的好处,并讨论对未来研究的启示。

图片交换沟通系统的执行步骤

整个 PECS 的执行步骤共分成六个清楚明确的训练阶段。所有的学生都从第一阶段开始,这个阶段教导学生基本的沟通原则。在开始执行 PECS 之前,只需要做好增强物评量(Frost & Bondy,2002)就好。一旦老师找出有力的奖赏(说明:是学生坚持想要得到的物品），那么 PECS 便可随即开始。

> ## 阶段一：教导沟通的交换

第一个阶段是从教导儿童沟通的肢体行为开始。一般来说，这个阶段我们教导儿童要求（request）[说明：在 Skinner 的架构中指的是请求（mand）]。在开始执行 PECS 之前或在这个初始阶段中，不需要做图片的区辨。一位老师（被称作沟通伙伴）呈现一个儿童想要的物品。这个儿童会得到肢体协助（来自他背后的第二位老师，即肢体提示者），帮助他拿一张该物品的图片给沟通伙伴。沟通伙伴一拿到这张图片，就马上说出儿童所要求物品的名称（例如：喔！你要这块饼干）并且给儿童这个物品。在进行交换之前，是没有任何口语提示的，因此，这个响应并不是在沟通伙伴额外的口语控制下产生的。在儿童伸手想要得到那个奖赏或图片之前，沟通伙伴不会让儿童看到他打开掌心，这个方法避免了手在图片交换过程中具有控制刺激的功能。此时，不会提示或期待儿童模仿声音。由肢体提示者教导拿起、伸手、交换图片，以后向连锁（backward-chaining）的教学形式逐渐褪除提示。因此，这个逐渐褪除的肢体提示自始至终都与拿起图片有关。

> ## 阶段二：教导坚持

经过几次独立与沟通伙伴以一个手臂为距的图片交换物品的尝试之后，第二阶段就此开始。通常在第一个训练阶段，大多数的儿童表现出对得到增强物的动机，第二个阶段就必须教导儿童在不同障碍的阻挠下（像是增加与沟通伙伴和/或与沟通簿的距离）坚持下去。沟通伙伴逐渐远离儿童，以教导儿童去寻找沟通伙伴，不论他在周围的什么地方。此外，在这个阶段训练的前期，其他的人也可以扮演沟通伙伴的角色，这样儿童才不会惯性地只与同一人兑换图片。最后还要注意，这个阶段要教导儿童拿着图片并找出沟通伙伴。不论这张图片离想要的物品有多远、或者距离沟通伙伴有多近，这样的变化，可以增加儿童搜寻图片的能力。完成这个训练阶段时，儿童应能够找到他的沟通簿，上面只有一张图片，把它拿起来并交给一个控制他想要的物品的人，这样才能得到他想要的东西。

O'Neil（1990）建议学习者在学习要求特定的物品或活动之前，应该要先学习抓住沟通伙伴的注意力。PECS 不需要如此的事前训练，因为把图片交给老师，其意义类似于 O'Neil 所提及的抓住对方注意力的行为。然而，在最初的交换时，大多数的儿童在接近他们的图片时会注意的是老师的手，而不是老师的眼睛。为了使沟通伙伴的眼神接触成为重要且关键的特点，建议老师们坐着（如此眼睛才能）平视儿童拿图片。肢体提示者用身体引导儿童去碰老师的肩膀，或者在给老师图片之前先轻轻地抬起老师的脸。这个步骤只能加在第二阶段过程中交换行为被建立之后。这一系列的训练基本上是要教导儿童们一件事：与沟通伙伴有眼神接触是很重要的,尤其是在交换信息的情况下。因此,比起传统教导儿童要求他们看着老师(例如,老师说"看我"),PECS教导的重点是——让老师看着儿童。

> **阶段三:区辨训练**

在阶段一与阶段二,每一个训练情境中都只有一张图片能够真正给予回馈、发生作用,而阶段三要教导区辨不同图片的能力。有多种技术可以用来培养区辨能力。有一种策略是利用两张图片,其中一张代表着儿童非常想要的物品或表征特定情境,相反地,另一张图片则是儿童不想要的物品或不适合当下的情境。例如,儿童想要一个玩具车,而不是一只袜子。老师在呈现这两张图片的同时,也会让儿童看看这两样东西。如果儿童拿了玩具车的图片给老师,他就可以得到玩具车;如果他拿给老师的是袜子的图片,那他相对得到的就会是袜子。若是出现后面的情况,儿童很有可能会拒绝、丢弃这只袜子。这个时候,老师进行错误修正策略,帮助儿童选择正确的图片,以便获得想要的物品。与某特定项目相链接的情境,也可用来强调两个选择中的其中一项的增强效果(Frost & Bondy,2002)。

在阶段三,"儿童用图片要求的东西"和"在呈现出的两个选择中,他/她所选择的东西"两者间的一致性也是需要被测试的。我们这么做是因为,增强物的选择概率是相等的,我们无法通过一次特定的尝试就知道儿童究竟是想要得到哪个物品。因此,区辨训练的第二个部分,是在收到儿童拿来的图片后,对他说:"去吧!拿吧!"或者"给我看!"老师尽量避免说出他所要求物品的名称,这个一致性确认的目的是要确认儿童能够了解图片和物品之间的关系,而不是因为声音的标记。如果儿童拿的物品和图片相符,那么他就能够被允许使用该物品。但是,如果他拿的物品与图片不符,那就要再次使用错误修正策略了。当儿童能够持续地正确执行兑换动作,物品和对应的符号数量可以逐渐变化,图片列阵的大小也可慢慢地扩展。

> **阶段四:教导"我要"的句子**

当正常发展儿童开始使用单词表达时,他们会用这些单词来要求、评论和指称物品。他们的沟通伙伴从听出语调(或发音方式)的不同来区辨这些单词的功能,因此,"球?"表示一个请求,而"球(也许还加上一个停顿)"则意味着一个评论或标记。然而,当儿童只使用一张图片来沟通时,他的沟通伙伴很难知道儿童究竟是要表示请求还是评论。

在PECS这个训练阶段发展一项等同于语调功能的策略是相当重要的,这能让儿童厘清他们所选择图片的功能。因此,我们在阶段四教导儿童用两张独立的图片建构"我要—想要的物品"的句子。"我要"这个符号是一张独立的图片。我们使用后向连锁的形式来教导这个图片的使用,而这个符号最初被放在一个可拆式的带子上,这个带子被称作"句条"(更多详细内容,请见 Frost & Bondy,2002)。

> 阶段五:教导回答"你要什么?"

阶段五的目的是使儿童的要求发生在其他人说了一些话之后,也就是说,要教导儿童去回应一些简单的问题。根据 Skinner 的分析,这个步骤需要互动性语言的引导,因为儿童的回应形式和问题的形式是不同的。这个步骤须加入询问"你要什么?",沟通伙伴同时以手指着"我要"的符号,然后再使用延迟提示的方法来逐渐消退手势提示。而儿童反应的方式——使用句条来建立"我要—想要的物品"的句子,这是儿童在阶段四就已经具备的能力了。虽说如此,但是值得注意的是老师提问所带出的儿童的回应,有部分其实是受到这个口语刺激所控制的,因此,在阶段五的尾声,儿童已经能够主动使用符号请求,也能够以要求来回应问题了。这两个技能具备后,便拉开了下一个训练阶段的序幕。

> 阶段六:教导其他类型开头的句子

老师在阶段六加进新的句子开头,包括:我看到、我有、我听到等。在儿童可看见之处放置其想要的物品,老师一边问:"你看到什么?"一边指着那张"我看到"的图片。这个手势提示在上一个训练阶段已经建立过了,足以帮助儿童拿起这个句子开头的图片,并将它放到句条上。然后儿童要将刺激物的图片也放到句条上,并把句条交给沟通伙伴。在拿到这个句条之后,老师接着念出"我看到球"或类似这样的句子,但是不会将这个球给儿童。如此,这个阶段教导的是对象命名(如,标记),虽然这也和老师问题的互动性语言控制有关。

为了发展儿童自发性评论的能力,老师的提问必须被消除。有许多方法可以用来代替这个老师提问的步骤。例如,沟通伙伴在展示某样物品的时候也同时发出一些像是"看哪!"或"哇!"这样的评论,在这之后,沟通伙伴开始减少这样的评论,并且改以非口语的提示来代替,像是扬起眉毛或做一个充满期待的表情。然而需要注意的是,如果评论只是针对沟通伙伴行为做回应(不论是有声或无声的),那么自发性的评论就没有建立。因此,阶段六的目标就是要建立一个自发产生的纯粹命名行为。

图片交换沟通系统词汇延伸的策略

PECS 的教学步骤也可以被扩展应用到教导其他的语言形态上,包括有关颜色、大小、形状、质地、地点、身体部位和动词等不同特质的词汇。在本节,我们介绍增加学习者语汇的几个基本策略。

> ## 教导属性特质

许多 ASD 儿童有非常特殊的喜好。如果给他们一桶积木,他们可能会坚持原则只选出大的积木、长形积木、三角形积木或者是绿色的积木。因为有着这种对物品(或事件)具选择性的反应,这些学生显现出对"属性"的觉知,因此可以教他们物品或事件的特征或属性。一个会挑出绿色积木的儿童,可能从未学过"颜色",但他显然对颜色的差异是有敏感性的。如此一来,该儿童用 PECS 来请求的能力,可以被用来教导他/她使用属性特征等来改善或厘清请求。也就是说,我们靠着儿童对特定特征的不同的反应,在沟通训练课程中教他们属性特征。

许多老师相信学生必须要先在接受性语言中建立这些属性概念,才能够在用 PECS 请求时表达性地使用它们,我们还没有看到支持这项声明的相关研究。而且,最近两项研究显示,儿童不需要经过"与样品配对的技能"的训练就能够学习区辨图片(Dyer,Sulzer-Azaroff & Bondy,2006;Peterson,Bondy,Glassberg & Neef,2002)。在这两个个案的研究当中,在阶段三区辨能力的请求训练之后,儿童的"与样品配对的技能"进步了。由此,没有证据说儿童必须先学会按照指令"碰黄色的东西"才能够学习"请求黄色的东西"。如果学生总是在午餐时间要拿黄色果汁,而且还不要我们提供的红色果汁,那我们可以合理地断定学生可以看见并了解不同的颜色。在听到"碰黄色"就能够伸手去碰黄色或请求一个黄色积木,都可以看出儿童有关颜色的沟通技巧。

另一个要考虑的要素是与这些不同技能相联结的动机。例如,当一个儿童请求黄色糖果,他就可以得到黄色糖果;但当他对"摸黄色色纸"有正确的回应,他得到的是赞美,而不是色纸。对 ASD 儿童来说,主动请求"黄色"的动机可能远比正确回应他人的指令以取悦他人的动机来得高。

教导属性特质关键的第一步是先确定特定的属性特质何时对学生来说很重要。如果学生不在乎他拿到的饼干是什么颜色,那他对于学习如何与人谈论饼干颜色就不会有动力。因此我们从调查学生现有的词汇开始,并找出是否有哪种特定大小、颜色、形状或其他方面的特质可以高度强化儿童。我们利用阶段三所执行的一致性确认检核的相关数据作为此种评估的一部分。例如,我们给儿童一大碗薯片,他只拿大片的,或者我们给他一整盒荧光笔,他只拿绿色的荧光笔。或也许我们已经知道儿童喜欢特定口感的花生酱(颗粒/柔滑)、喜欢特定温度的饮料(冷/温),或者特定形状的饼干。如果真是这样,那这些偏执喜好都显示在特殊情境下,颜色、质感、温度和/或形状对儿童来说是很重要的。因为我们知道他或她对找到有特殊属性特质的物品有很强的动机,所以我们就可以开始在要求的情境下教导他们属性特质了。

首先使用对儿童很重要的、有特定特质的材料来教他。例如有个学生已经显现出对橘色指甲油的喜好,而且很不喜欢蓝色指甲油。我们先安排一个沟通版面,使用的图片只有我要、橘色和指甲油。当儿童用我要指甲油建构出一个句子,我们利用前向连锁策略和肢体提示来教他把橘色的符号放到句条上,放在我要和指甲油的中间,以上所述如图 10.1 所示。

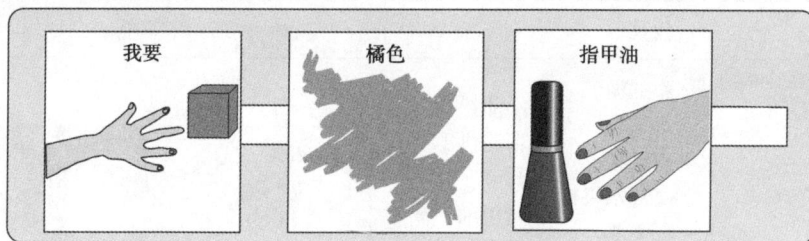

图 10.1 用 PECS 句条请求一个特定颜色的指甲油

当学生可以独立建构并兑换这个三张图片构成的句条后,我们开始进行已使用在阶段三基础期的策略——用非常喜欢和不喜欢的两种特质,去教导两种颜色的区辨。因为学生不喜欢蓝色指甲油,那两张代表不同颜色的符号都会放在沟通板上,学生必须使用橘色的符号才能够得到橘色指甲油。如果学生在不同的时间点所喜欢的颜色有两种或两种以上,那教学策略如同在阶段三所做的一致性确认检核一样。当学生可以建构并兑换句条,他的沟通伙伴开始执行一致性确认检核,确认用对了指甲油的颜色——沟通伙伴在念出句条的时候不需要说出颜色,只要对学生说"拿吧"或"去吧",如果学生拿的指甲油颜色与原先用句条所表达的颜色相同,那就可以允许他去使用;如果学生拿的指甲油颜色与原先用句条所表达的颜色不同,那么沟通伙伴就会执行错误修正策略。我们利用 PECS 有关请求的功能来教导各种属性特质,都呈现在表 10.1 里面。

当儿童请求的东西有好几个不同方面的特质时,就需使用较为复杂的沟通技巧。例如,当要建一座积木塔时,学生可能需要一种特定颜色的积木来堆栈,还得要特定的大小。他要求一个大积木,但可能得到的不是他要的颜色,相反,他要一个蓝色的积木,却在大小方面错了。他得说要一个大的、蓝色的积木,才能得到一个符合需求的积木。而在另一种状况下,也许有两个大的、红色的积木,一个是三角形的、一个是长方形的,在这个情况下,学生可能会特定地请求大的、红色的、三角形的积木。也许这个学生是盖塔专家,他不只想要大的、红色的、三角形的积木,他可能同时要不止一个,那么他必须说三个、大的、红色的、三角形的积木。

这种多重概念请求的教学策略,涉及区辨物品的所有目标向度。例如,我们可以教导学生请求鸡蛋,因为我们在塑料蛋里填满了他喜欢的东西,像是糖。当学生请求得到蛋,我们开始将这些蛋做变化,一个是装满糖果的,剩下的都是空的或者装有他不喜欢的东西,像是纸。我们把装有糖果的蛋放在学生面前,好让他或她可以看到那个蛋在哪里。起初我们教导学生请求一颗有特定颜色或大小的蛋,到现在,我们结合这两种特征,好让学生必须追寻颜色和大小都相同的蛋,并请求这个装有糖果的蛋。我们甚至可以结合两种颜色(例如,蓝色和橘色)涂满这颗蛋,并教导学生在句子中使用"和"这个字(例如,我要这颗大的、蓝色和橘色的蛋)。图 10.2 所展示的是可用以教导多重概念请求的教具。

表 10.1　使用图片沟通符号教导属性特征的概念和范例教具

概念	教具		举例
颜色	彩虹糖 水果卷 糖果条 星霸水果糖 荧光笔 油漆 果汁	小甜饼 薄脆饼干 口红 指甲油 鞋子 衣服	我的　橘色　指甲油
大小(例如: 大/小、长/短)	食物 模型玩具 铅笔 欧亚甘草绳		我要　长的　铅笔
形状	饼干 薄脆饼干 饼干模型 积木 彩色形状积木		我要　三角形的　饼干模型
身体部位	马铃薯先生 胶布要贴在哪? 按摩哪呢? 乳液要擦哪里呢? 印章要盖在哪里呢? 要刷哪里呢? 文身贴纸要贴在哪里?		我要　乳液　手臂
位置(例如:里面、上面、下面、后面、第一个、第二个、近的、远的)	任何属性的强化物—— 一个不喜欢、一个喜欢。 儿童喜欢的那一个要放在 目标位置。		我要　中间的　小甜饼
质感	咸的/不咸的卷饼 砂纸/平滑的纸 粗的/光滑的土豆片		我要　粗的　薯片

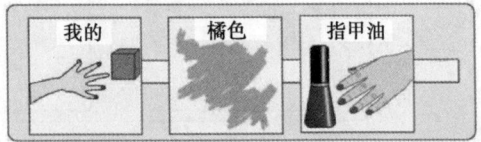

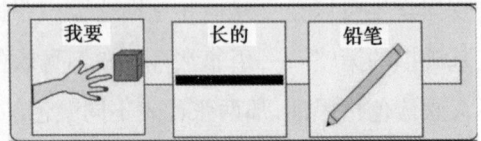

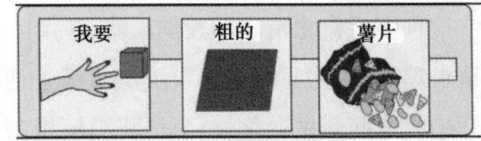

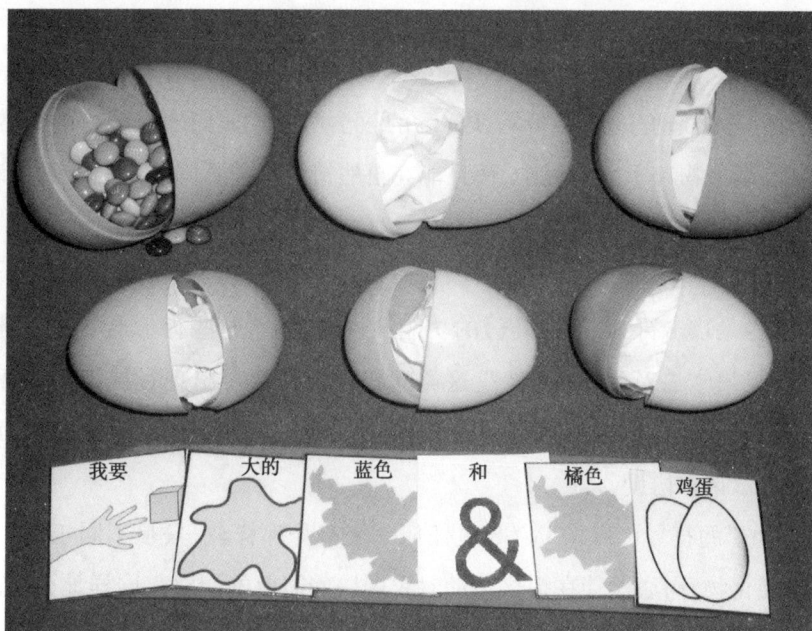

图 10.2 教导多重特征的请求"我要一颗大的、蓝色和橘色的鸡蛋"的教具和图片

> ## 教导动词

我们认为教导动词的方法和教导属性特质的方法是相似的。儿童在语言训练方案中通常是沉浸在动词训练中,例如要他们说出图片或解说他人的动作。因为这些 ASD 儿童们都不喜欢这些活动,所以我们改成教他们请求某个活动来取得物品,或者要求看别人来执行某个活动。例如,我们教导学生要求我要踢(这颗)球,然后用之前提过的一致性确认查核程序——在我们说"去吧"之后,我们仔细看学生是准备要踢球还是要丢球。如果他或她是踢球,那么我们是允许的;如果他或她开始丢球,我们必须停止这个活动,然后进行错误修正策略。同样地,我们教导一位喜欢命令梅格老师来执行特定活动的学生有关动词的使用。例如她会要求:我要梅格哭,或者我要梅格跳舞。

> ## 图片交换沟通系统的衍生性使用

有一项很重要的技能必须要教给所有使用 AAC 的学生,就是当他或她想要某个物品却没有对应图片时该怎么办。像这种情况发生时,我们等着看学生会拿哪一张图片来请求物品,许多学生会用有趣(而且常是创新)的方式来表达他们想要的东西。像是要给一群学龄前儿童粉红色的、有糖霜的酥皮点心,学生们都没有相应的图片,他们可能会改以请求"我要长方形饼干""我要扁平的蛋糕",或者"我要粉红色的长方形"。诸如此类的请求反映出儿童们语言的创造力与变通性。

Marckel、Neef 和 Ferreri（2006）教导两名自闭症男童在没有对应图片的情况下用描述符号（像是有类似用途、颜色和形状）解决问题（也就是随机应变），请求想要的物品。这个多基线、跨描述性符号的研究的结果显示，PECS 的教学增加了他们随机应变的次数。这些技能也泛化到各种新事物和不同情境中，而且能在自然情境下向不同的沟通者发出请求。

> ### 教导使用"请帮忙"符号

问题行为（像是攻击行为或发脾气）的功能性评量表示，这些行为通常是由逃离或回避情绪所维持的（见第十二章）。因为像是这类问题行为通常会出现在抗拒困难任务的情境（例如，瓶子打不开、不会绑鞋带、玩具无法正常运作、笔没有办法写），因此一个"请帮忙"的符号可以用来表示请求协助。

这个"请帮忙"的符号可以像 PECS 里任何一个符号那样教，只是不同于提供实体物品或活动等作为强化物，沟通伙伴在提供帮助时要做一些简单的调整。同样地，在任务要求较高的状况下，一张表示"暂停"的符号也可以用同样的方式来教导，如此，学生可以要求暂离该情境。使用"暂停"卡表示儿童在一段时间后将会回到原来的活动，而不是全然离开这个活动。在 PECS 步骤里所用的基本策略也可以用来教导正确使用"休息"卡。

将图片交换沟通系统视为扩大性沟通系统

大多数的教师、康复人员认为，一个不会说话的儿童可以学习使用像 PECS 或手势语等 AAC 策略来沟通，然而，我们认为使用 AAC 教导有口语的儿童更复杂的沟通和语言技能，还没有被广泛地接受和利用。本节将介绍几个教导有口语儿童使用 PECS 的策略。在 PECS 手册（Frost & Bondy, 2002）中的许多原始建议是依据我们的临床经验获得，而这些建议还有待相关研究的确认。

> ### 儿童会说话，但不会开启对话

沟通行为关乎二者：一个是说话者，另一个是倾听者或信息的接收者。儿童必须学习扮演二者角色。有些能够说话的 ASD 儿童精通扮演倾听者或回应者的角色，并且能够回答像是"你要什么？"或"这是什么？"这样的问题。然而，这些儿童中有很多还没学会如何开启一段对话，通常他们只会等待别人靠近，或等别人开启互动。这种自发性的缺乏会让儿童受挫，而且会被与他或她互动的人们视作是消极的沟通者。

教导开启对话的一个方法是让儿童使用一个符号来开启。在 PECS 中，我们建议请一位伙伴来提供肢体提示（这样可以快速消退），而不是由沟通伙伴引导开启对话的同时还要给予提示。提示搭配互动较有可能导向儿童依赖提示。在我们的经验中，当有口语（但不会开启对话）的儿童学习如何使用 PECS 来自发地沟通，并学习将图片放在一起变成一个简单的句子后，他们几乎会完全停止使用图片，而是用口语来开启互动。

> ### 具鹦鹉式仿说语言的儿童

有些儿童有鹦鹉式仿说语言，也就是说他们可以重复字词，也许也可以直接回答问题，但通常得先重复问题。曾经有这类儿童成功使用 PECS。我们观察到他们把图片组成句子放好，不需要重复沟通伙伴的问题，然后在交换句子的时候大声地说出他们的回答。我们使用这个策略仅短短数周，就让许多儿童已学会使用口语词汇。这表示 PECS 给这些儿童另一种练习的方式，或者在回答问题之前可以"得到时间"，进而防止了其鹦鹉式语言的回应（其他的例子，请见 Frost，2003）。

> ### 那些说话不清晰、令人难以理解的儿童

有些儿童需要比别人更多的时间来发展清晰的言语。他们可能有语音替换或扭曲的问题（即构音障碍），或者他们可能使用简化策略，不适当地把语音组合成词汇（音韵障碍）。有一小群这样的儿童，因为动作困难，在执行与整合连续言语所需的动作上出现困难，从而使用奇特的言语说话类型（即发展性言语失用症）。出现这些困难的有些儿童可能会使用手势来弥补他们的说话能力。然而，许多 ASD 儿童还没有准备好发展一套有效的手势技能，因此，当他们的口语沟通意图不被了解时，就很有可能出现不适当的行为。

针对这群儿童的沟通干预方案，应该结合以"增进口语沟通"和"有效且迅速的替代沟通学习工具"为要点的技术。这些儿童常常能够很快学会用 PECS 与不同的沟通伙伴互动，而当他们学会结合图片形成特定的语法结构时，他们能扩展这些互动。一般来说，当这些儿童习得更清晰明了的说话能力时，会渐渐停止使用 PECS（Frost，Daly & Bondy，1997）。

图片交换沟通系统相关研究的回顾

PECS 的第一个研究报告，是一份针对 85 位 ASD 学龄前儿童在公立学校受到 PECS 全面影响的计划（Bondy & Frost，1994）。其中的 66 位儿童在 5 岁以前开始使用 PECS，而且使用时间至少 1 年，39 位完全只使用口语来作为沟通工具，其余的 25 位则是结合使用口语及 PECS。在这个运用不同沟通方式的群体中，大多数人最后是以口语作为唯一的沟通工具，

但都是要在学校生活几年之后才行。另一群人数极少的儿童则学会一些口语,但尚未成为他们唯一的沟通工具。有些儿童则是从使用 PECS 转换到使用语音沟通器(SGD),以配合他们逐渐增加的符号性词汇的需求。5 个儿童学会 PECS 技能但未发展口语,他们同时出现全面性发展迟缓和 ASD。

有关 PECS 的研究在这几年推陈出新的速度越来越快。从 1994 年第一篇研究发表到 2000 年之间只有 3 篇有关 PECS 的个案或团体干预研究。然而在 2001—2004 年,有 12 篇研究论文发表;自 2005 年开始,已有超过 18 篇研究加入此主题的探究中。我们并不是这些研究的作者,这个事实更能说明 PECS 强烈的吸引力。另外,美国之外也已有 13 篇有关 PECS 普遍正向影响的实证研究。

当这一章节写完时,有 33 篇有关 PECS 的研究是可查阅的。11 篇个案研究,12 篇是 10 人或更少参与者的小团体研究,10 篇是 10 人或更多参与者的大团体研究。当这个系统刚开始被宣传介绍时,初期的 PECS 研究是有关 5 岁以下学龄前 ASD 儿童的(Bondy & Frost, 1994)。其他还有 11 篇关于学龄前儿童、24 篇关于小学升中学(有几篇与学龄前儿童重叠),3 篇是关于成人的(Chambers & Rehfeldt, 2003; Rehfeldt & Root, 2005; Stoner et al., 2006)。而在这些有说明特定障碍的研究中,ASD 学生在 23 篇研究中作为主要焦点,另外有 7 篇研究是有关有全面性发展障碍的儿童的(Bock, Stoner, Beck, Hanley & Prochnow, 2005; Chambers & Rehfeldt, 2003; Rehfeldt & Root, 2005; Stoner et al., 2006),还有的包含脑瘫(Almeida, Piza & LaMonica, 2005)、全盲者(Lund & Troha, 2007)和全聋者(Okalidou & Malandraki, 2007)。

PECS 已成功地帮助不同年龄层与各种障碍的特殊需求者发展出功能性沟通技巧。在一份总结有关 PECS 和 SGD 研究的报告中,Lancioni 等人(2007)注意到,在有关 PECS 研究的 173 名个案,除了 3 个个案,其余都有相当大的进步。

> **图片交换沟通系统与问题行为的减少**

在我们有关 PECS 的研究(Bondy & Frost, 1994)回顾中,我们发现,研究对象在语言发展方面有广泛的进步,同时在行为问题方面也有进步,包括特定目标行为全面性的减少,以及自闭症主要的特征也减少了(以 Aberrant Behavior Checklist 异常行为检核表测量)(Krug, Arick & Almond, 1980)。自从那时起,另有 6 篇研究报告同样也发现问题行为的减少(Anderson, Moore & Bourne, 2007; Charlop-christy, Carpenter, Le, LeBlanc & Kelly, 2002; Frea, Arnold & Vittimberga, 2001; Okalidou & Malandraki, 2007; Webb, Baker & Bondy, 2005; Yokoyama, Naoi & Yamamoto, 2006)。

最重要的是,这些改变是相互关联的,虽然有少数研究是凭经验说明这些改变的。例如,Charlop-christy 等人(2002)观察 3 名 ASD 学生在学习和游戏情境下一连串的行为(包括发脾气、抢夺、离开座位和干扰行为),他们发现到,在 PECS 训练后,跨行为和情境的问题行为降低了 70%,其中有四个问题行为完全消失掉。一份追踪这 3 名儿童其中一位的三年长期报告注意到,教导这位儿童在 PECS 系统中使用"暂停"卡是一项有效改善行为问题策略的重要因素(Kern,Gallagher,Starosta,Hickman & George,2006)。

> 图片交换沟通系统与游戏、互动技能的进步

有一些研究观察到使用 PECS 和游戏、互动技能进步之间的关系。这些包括在自由时间玩耍(Anderson et al.,2007)、增加和老师的互动(Carr & Felce,2007)、改善在自由玩耍时玩玩具的能力和共同注意力(Charlop-Christy et al.,2002)、改善在学校与同伴的社会互动能力(Kravits,Kamps & Kemmerer,2002)、改善在家与父母的社交亲近行为(Okalidou & Malandraki,2007)、增加与学龄前儿童的社交亲近和游戏行为(Schwartz,Garfinkle & Bauer,1998),以及增加在故事时间与同伴的互动(Webb et al.,2005)。

像是下面的例子,Carr 和 Felce(2007)发现,仅仅通过学校情境进行 15 小时的 PECS 训练,个案自发性的沟通就有明显的进步。他们也发现,在学生与老师之间的互动方式有所改变,包括"增加儿童与大人间沟通的回应,减少老师不提供足够的机会让学生回应的沟通倾向"(第 732 页)。Carr 和 Felce 注意到,在 PECS 教学步骤的阶段二中维持数名不同的沟通伙伴加以教导会特别有效。在 PECS 训练之后,他们观察到一件有趣的事,老师们减少了他们主动开启与儿童沟通的次数,并增加了让儿童开启沟通的机会,他们也发现儿童对老师的沟通意图有更多的回应。

> 图片交换沟通系统与自然口语的发展

在我们一项有关 66 名于 5 岁前开始使用 PECS,且使用这个系统超过 1 年的学龄前 ASD 儿童的研究中,全体研究对象的 88% 可以使用口语,这当中有 59% 将口语作为唯一的沟通策略,有 29% 则结合使用口语及 PECS 作为沟通策略(Bondy & Frost,1994)。因为有些儿童使用 PECS 不到 1 年,因此使用口语的比例就相当少。7 名学前儿童发展口语并以之作为唯一的沟通媒介,他们加入这个 PECS 研究计划的平均年龄为 3.5 岁,他们说出第一个单字词的平均时间为 5.4 个月,而他们口语词汇量达到与所使用的图片量相同的点平均用时在 11.3 个月,而此时,他们平均用来沟通的图片数量有 71.3 张。

这些儿童的口语发展模式通常是他们的图片词汇量呈现稳定上升,然后有一段时期的口语发展较为缓慢,接着口语发展变得相当迅速,而且渐渐地减少图片的使用。再一次,我们必须指出,我们并未对这些儿童进行实验设计,而是对有参与这个自闭症方案、大于 5 岁

的儿童做一些文字描述。

在其他 PECS 的研究中,有 11 篇已经充分回答了有关口语发展的议题(关于这个主题的更多数据请见第六章)。特别有趣的是一些有关 PECS 教学步骤方面的要素。Ganz 和 Simpson(2004)为 3 个年龄为 3~7 岁 ASD 或其他发展性障碍儿童设计了一个受试者间的实验。所有儿童在 2 个月内都学到了 PECS 的阶段四(建立简单句构能力),且在口语输出和平均口语表达长度方面都有增加,在阶段四的训练过程中曾经有一次明显增加其口语表达长度的表现。也就是说,当在 PECS 训练中使用句子建构和延宕提示策略,这 3 个儿童口语的使用都有增加。Ticani,Crozier,和 Alazetta(2006)也注意到阶段四对 2 个学龄儿童中的一位有影响。此外,他们的实证结果说明,在阶段四建立明确的增强策略控制了口语表达的增加。也就是说,当强化物被保留用在发音训练时,口语输出就会被明显降低。

Carr 和 Felce(2006)的研究提供进一步的证据说明 PECS 对说话的影响。其研究中 24 位学龄前儿童中的 5 位,在 PECS 训练的阶段三(符号的区辨)口语表达有明显增加。综上所述,很显然地,PECS 阶段三确实对口语输出有适度而可靠的影响,但随之而来的阶段四则出现更强而有力的口语输出。

> ### 比较图片交换沟通系统与其他沟通干预

最近,开始出现一些比较 PECS 和其他 AAC 或沟通干预使用的文献。这些包含 PECS 与手势语、SGD 和前语言沟通干预之间的比较。本节我们要回顾这一部分的相关研究。

图片交换沟通系统与手势语

至今只有两篇有关使用 PECS 和手势语的比较研究。这些比较是看习得词汇的速度及口语输出的潜在效果。而且,这些研究只检视 PECS 第一阶段到第三阶段的影响,即最能看出对口语影响的教学步骤时间点应在第四阶段之前。在一个个案研究(Adkins & Axelrod,2002)当中,作者发现使用 PECS 进行功能性沟通的进步大于使用手势语的。然而,Tincani(2004)的报告提到,一个学生发展图片交换沟通系统比手语系统来得快,而另一个学生则出现相反的效果。然而在这份研究中,使用手势语和图片的人数都太少了。

图片交换沟通系统与语音沟通器

也有少数研究比较 PECS 和 SGD 的使用。Bock 等人(2005)用一项替代干预的实验设计教导发展迟缓的学龄前儿童,结果学生通过 PECS 和 SGD 学会了开启互动的技能,且一些儿童出现只对其中一种有所偏好。如同稍早提到的,Lancioni 等人(2007)回顾近 15 年来有关使用 PECS 和 SGD 的文章,但这些文章中少有对两者的直接比较。这些文章都说明了 PECS 和 SGD 可以支持功能性沟通,并且不会出现对口语发展的干扰。Lancioni 等人(Son,Sigafoos,O'Reilly & Lancioni,2006)有一篇研究举例说明在执行这些比较性研究上的困难。

在这篇研究中,作者们比较 SGD 和他们比较喜欢使用的"图片交换"。严格来说,他们在研究里所指的并不是 PECS,因为他们的教学策略基本上和 PECS 的教学步骤是不一样的。

图片交换沟通系统与回应式教学和前语言自然教学法

Yoder 和 Stone(2006a,2006b)比较了 PECS 训练和一种叫作回应式教学与前语言环境教学(Responsive Education and Prelinguistic Milieu Teaching,RPMT)的干预方法。RPMT 聚焦在教导家长如何和儿童玩、如何和儿童说话以促进他们语言的发展。在这份研究中,学龄前儿童被随机地分到两个干预小组中,19 名在 PECS 控制组,17 名在 RPMT 组。经过 6 个月的训练之后,PECS 组的儿童在非模仿性词汇的频率和相异非模仿性词汇的产出数量,与 PRMT 组的儿童比起来都展现出较多的进步。本研究并未提供儿童特定的表现类型。作者们也注意到,经过 6 个月之后,起初对物品未产生兴趣的儿童也开始像 PECS 组的其他儿童一样增加词汇的产出。我们还需要进一步的研究来说明在追踪阶段之前或在这个阶段内的状况对本研究参与儿童的影响。

研究应用

PECS 原是一套专为 ASD 儿童量身订制的方案,但渐渐地它越来越清楚地显示这不是一个"专属于自闭症者"的策略。在过去的十年,有关各类障碍个案有效使用 PECS 的报告一直增加。我们期望这些报告将会持续增多,如检视 PECS 使用者的年龄层。除此之外,尽管过去研究已显示 PECS 可以增加说话表达、减少问题行为、鼓励社交亲近行为,但还是需要更多的研究来澄清这些效果。

另一个正在进行的研究方向,是将 PECS 这种教导使用图片和符号的一种方法,从建构 PECS 教学步骤的特定教学策略有效性中拆解出来。例如,有一些研究利用 PECS 步骤中的几项元素来教导 AAC 形式的运用(例如,手势语,Adkins & Axelrod,2002,and Tincani,2004;SGD,Bock et al.,2005)。这些元素包括使用两人的提示策略、从请求开始整个步骤但不需要太多的区辨能力、在开始区辨训练之前作提示泛化。一些在 PECS 步骤中提到的错误修正策略需要独立进行研究以证实其支持的效力。简而言之,PECS 对某些个案也许是有效的,这不只是因为使用特定的 AAC 模式,而是因为有效的教学策略已经结合在教学步骤当中了。这个议题对 AAC 教学具有启发意义,且还需要更多的相关研究。

> ## 图片交换沟通系统应用的实际情形

PECS 使用手册第二版已于 2002 年发行(Frost & Bondy,2002)。这个版本包含更多有关策略和教学选择的详细内容,实施步骤也有更清楚详细的说明,并介绍了它的成果可以如何被测量。我们也发展了一套 PECS 的认证流程(Frost & Sulzer-Azaroff,2007),这可以帮助我们确认执行 PECS 各阶段的质量。这个流程包含回答标准化的复选题、简答题来评估对 PECS 的了解,但主要还是依赖录像带或教学者在 PECS 中执行关键策略的真实的行为样本。因此,那些被认定的"合格的 PECS 教导员"都已展现出他们对 PECS 步骤的了解,也能够执行特定的教学技能来教导 PECS 的使用者们。

我们相信这些标准应该在有关 PECS 步骤的相关研究中被保留,以确保执行的质量。有些已发表的研究已有这样的声明:"已经遵循 PECS 训练过程中所提供的步骤。"却未提供有关执行的详细说明。Yoder 和 Stone(2006a)提供一个与此有关的值得注意的例外,他们用一套他们发展的量表来评量 PECS 执行的确实性。所幸,这个议题在未来的研究中将更持续地被讨论。

> 评估图片交换沟通系统的效用

有个议题是如何确认 PECS 是否成功。举例来说,我们相信 PECS 主要的目标在教导功能性沟通,而其次的成效是对口语发展的影响。因此,假如一个儿童成功学习 PECS 一到六阶段并拥有了可观的词汇量(也就是超过 80 张的图片),但在使用 PECS 之外,他并没有习得口语,我们不会将这样的情况视为失败,当然,这儿童并没有在任何事情上失败。

口语能力的习得是需经过一段复杂的过程,并需要大量的时间、练习及使用的机会。Hart 和 Risley(1999)估计一个正常的三岁儿童在学说话之前已经听过 150 万个词语了,实在是需要花很大的努力来学会具功能性的口语能力。由此,第一年使用 PECS,口语输出(或理解)方面未必会出现。

有鉴于此,我们不相信可以用将功能性沟通移除的测量工具来正确算出 PECS 的效能。例如,Howlin、Gordon、Pasco、Wade 和 Charman(2007)用一个随机的临床试验来评估 PECS 训练对英国学龄儿童(平均年龄为 6.8 岁)的影响。该研究的成效评量中有一项是学生开启沟通的比例,且此评量显示在 PECS 训练后有明显的正向效果是合理的。然而该研究没有其他有关 PECS 使用的直接测量记录(例如使用的图片的数量、完成的阶段数量、建构的句子复杂程度)。相反,儿童必须在 5 个月的 PECS 训练之后,接受不同的标准化语言测验,包括接受性与表达性语言,而且结果显示没有显著的进步。虽然找出 PECS 潜在的附加效果是一件重要的事,但我们希望未来研究会继续聚焦在直接测量 PECS 的使用效果上,而不是只关注潜在的附加效益。

结论

我们已经介绍过教导使用 PECS 时所需的步骤。过去的 20 年,PECS 的效用已经通过它在全球的广泛应用,以及持续研究来支持其使用的有效性。临床的观察和使用单一受试和小团体设计的研究都已经显示出 PECS 许多正向的附加效益,包括增进口语能力的习得、口语复杂性、社交亲近行为,以及减少问题行为。PECS 原先是为 ASD 幼童发展的,但已经被认为是对任何年纪、有不同形式沟通困难的学习者都有成效的。

我们希望未来研究会持续精进 PECS 标准步骤中最基本的教学策略,且不同的有效策略可以被视为 PECS 各阶段能力提升的助力。我们预期未来研究会持续关注有关提升口语(或其他 AAC 模式)、社交互动和行为管理等议题。最后,我们期望延伸更多有关如何帮助专业人员、助理人员和家长教导那些能从使用 PECS 中受益最多的人们的相关研究。

第十一章
一张图片胜过千言万语：
自闭症谱系障碍者扩大性输入的视觉支持

Pat Mirenda、Kenneth E.Brown　著

熊利平　译

绝大多数自闭症谱系障碍者是强视觉学习者，这一点已非常确定（Grandin, 1995；Hodgdon, 1995, 1996）。另外，一些研究结果显示图片可能比文字更有利于他们掌握语义（Kamio & Toichi, 2000）。因此，教学中视觉媒介的使用可以促进 ASD 个案充分感知并理解他们居住、工作、上学和玩耍的复杂社交环境，并使其获得秩序感（Quill, 1995a）。

视觉支持是精心设计的，通过照片、符号、线条图（line drawing）等图像媒介的呈现来增强理解与学习效果的教学辅助。它的基本理念是通过图像媒介的使用来促进理解与学习。这样做的效果是，视觉支持策略至少减轻了许多 ASD 者在遇到自己意料之外的事件时的困惑、紧张和挫折感，也可以提升 ASD 者理解社会情境、因果关系以及学习新技能和替代行为的能力。最后的结果通常是他们用于摆脱困惑和/或新情境的问题行为减少。

Wood、Lasker、Siegel-Causey、Beukelman 和 Ball（1998）曾在他们辅助沟通系统输入框架的报告中提到视觉支持是"扩大信息"的策略，即帮助个体更加准确有效地接受和理解信息。一些研究已经显示当信息是以视觉加言语的形式而不是单纯的言语形式呈现时，ASD 者能够更加有效地处理及运用信息（如 Brown & Mirenda, 2006；Forsey, Raining-Bird & Bedrosian, 1995；Peterson, Bondy, Vincent & Finnegan, 1995）。例如，Vaughn 和 Horner（1995）描述了一个名叫 Karl 的 ASD 年轻人在进餐时出现的一个场景。有时，关于食物的选择会以口头语言的形式呈现给 Karl（即，"你早餐想吃麦片还是鸡蛋？"），而有时则是以口头语言加上与食物相对应的照片的形式呈现的。以第一种方式选择的食物，Karl 的接受率在 2/3 左右，同时会频繁地出现攻击性行为与破坏行为。而通过后一种方式选择食物，Karl 的接受率上升到 85%~100%，同时很多天内在用餐时间未出现问题行为。作者推测给 Karl 提供食物的照片，比单纯的言语更能使 Karl 准确地理解。

从 Wood 等人的观点来看，视觉支持可被看作特别设计来提升个体理解言语信息、环境的期望和/或即将到来的事件的 AAC 输入技术。Shane 和 Weiss-Kapp（2008）在视觉沉浸方案（Visual Immersion Program）的内容中提到这些目标，这是一种专为自闭症障碍者设计的综合视觉语言方法。该方案由以下几部分构成：视觉表达模式，此模式中视觉支持被用于表达

性沟通；视觉教学模式，此模式中视觉支持被用于加强理解；视觉组织模式，此模式中视觉支持被用于表征代表一个活动、常规或者时间表的组织。在这一背景下，本章中所探讨的视觉支持包括视觉表达模式策略与视觉组织模式策略的实例。

本章以受到较多研究的视觉支持策略开始：活动间时间表、活动内时间表和视觉扩大性社会故事。同时，也讨论了一些研究基础较有限的研究，包括视频加强活动时间表策略、相应后效事件地图策略、动力卡策略、规则脚本和图表策略、认知图片演练脚本策略。

活动间时间表

研究者和临床治疗师早已注意到 ASD 者通常在高度结构化的环境中表现较优（Dawson & Osterling，1997；Quill，1995a，1995b）。早期的研究致力于给这类障碍者提供更具一致性和稳定性的流程、活动、人员配备与物理空间（Schopler，Brehm，Kinsgourne & Reichler，1971）。尽管此类研究得到以下结论：高度一致性可获得正向行为和学习成果（Olley，1987），但在真实的情境中维持这种一致性对父母、教师和其他人来说是非常困难的。因此，近期的研究试图揭示 ASD 者为何在高度结构化的环境中更有优势（Flannery & Horner，1994）。研究发现可预测性是这类环境的重要特征；许多 ASD 者更喜欢能准确预测未来事件的环境和活动（Flannery & O'Neill，1995）。由于家庭、学校和小区生活通常不可能每天都发生相同的变化，所以我们需要制定策略来帮助 ASD 者更能理解和预测他们不断变化的日常例行活动与活动或事件时间安排。

活动间时间表即利用某种符号呈现计划的活动顺序的干预方式。它们最初源于 Stillman 和 Battle（1984）以及其他实务工作者，他们将物体排放在"日历盒"中代表各种活动，以帮助盲聋障碍者。有人把这类方法称作活动或事件时间安排系统（Mesibov，Browder，& Kirkland，2002）、时间表和日记（Bloomberg，1996）。无论其名为何，发展这些视觉支持都是为了 ASD 者更能预测和理解即将发生的事件。通常，ASD 者以口语形式被告知即将发生的事件；然而，他们可能不理解我们描述事件顺序的语言。活动间时间表式的视觉辅助可用来扩展口语信息，促进理解。典型的做法是，实物、图片符号或书面文字按顺序呈现，以告知他们各个时间的活动安排。整个时间表可以以图片的形式突出即将到来的活动或者简单的事物，或者用语言来呈现安排中的下一项活动。不管怎样，活动间时间表要能确保提供与活动转换相关的主要线索。图 11.1 提供了一个活动间计划表的范例——运用实物告知一名学前 ASD 女孩在学前班级中将面临的活动。

图 11.1 用实物活动间时间表为 ASD 幼儿描述学前常规

越来越多的研究支持对 ASD 者运用活动间时间表。表 11.1 呈现了这些研究的实例,包括参与者、安置环境、问题行为、时间表类型和所用到的符号,及每一项研究的成果评量等信息。表 11.1 只纳入了可以证明自变量和因变量间的功能性关系存在的实验设计研究。

表 11.1 ASD 参与者的活动间时间表相关文献

作者	参与者 (年龄,诊断类别)	安置	目标行为/情境	时间表的 形态与符号	成效
Amtzen, Glide & Pedersen(1998)(2004)	女童(14 岁,ASD)	治疗中心的教室与厨房	依赖提示/在休闲时间以及自主活动时	活页夹里的照片(外加活动内时间表)	GSI:期望行为渐进持续的增加
Bryan & Gast(2000)	Jack(8 岁,ASD) Jenny(8 岁,ASD) Alan(8 岁,ASD) Tim(8 岁,ASD)	抽离式资源班	不期望行为/语言课,艺术课	在相册里的线条画,每页一张图	ISI:期望行为立即达到将近 100% 的水平
Clarke, Dunlap & Vaughn(1999)	John(10 岁,阿斯伯格综合征)	在家晨间例行活动时	破坏性、发脾气、不期望的行为/在口头要求时	图片以及文字标示在纸上(外加活动内时间表)	ISR-PB:问题行为立即减少到近乎为零的水平;ISR:立即在时间内减少,ISI:期望行为将近 100%
Dettmer, Simpson, Myles & Ganzanz(2000)	Jcfff(32 个月,ASD、ID) Josh(5 岁,PDD)	小区出游(Jeff);在家一对一课程(Josh)	违规/活动间的转换时	纸上的线条图(针对 Josh 外加定时器以及手写活动内时间表)	ISR-PB:问题行为减少至基线期的 30%;GEN:可以类化

续表

作者	参与者 （年龄，诊断类别）	安置	目标行为/情境	时间表的 形态与符号	成效
Dooley, Wilczenski & Torem （2001）	Chris（3岁，PDD）	半天隔离式学前特教班	攻击性行为以及扰乱性行为/教室活动的改变	线条图排序在一页之中	ISR-PB：问题行为减少至近乎为零的水平；ISI：转换合乎常规；GEN：类化至学年结束
Flannery & Homer （1994）	Aviv（16岁，ASD、轻微脑瘫、ID）	自足式特教班	破坏公物以及攻击性行/无法预测时间与顺序的教学课程	活动顺序的页面（外加定时器）	ISR-PB：问题行为减少至近乎零的水平；GEN：可以类化
Krantz, MacDuff & McClannahan （1993）	Jack（8岁，ASD） Jay（6岁，ASD） Mike（7岁，ASD）	家里	攻击性行为以及扰乱性行为/情境转换	照片时间表在三孔夹里，一页一张照片	ISR-PB：问题行为减少至近乎零的水平；ISI：期望行为立即达到将近90%的水平
MacDuff, Krantz & McClannahan （1993）	Mike（9岁，ASD） Walter（9岁，ASD） Steve（11岁，ASD） Roy（14岁，ASD）	小区本位的家庭教学小组	不期望行为/非结构化休闲以及回家作业	照片时间表在三孔夹里，一页一张照片	ISI：期望行为立即达到将近100%的水平
Morrison, Sainato, BenChaaban & Endo （2002）	Ned（4岁，ASD） Kelly（5岁，ASD） Michael（3岁，ASD） Janet（5岁，ASD）	学前统整性课程	期望行为/教室中的四个游戏角落的活动	照片时间表在剪贴板上，照片配对在教室里的玩具箱上	ISI：期望行为立即改善
Newman 等（1995）	Scott（14岁，ASD、ID） Peter（16岁，ASD、ID） Alex（17岁，ASD、ID）	公立学校课后课程	依赖提示/无法融入活动中	罗列活动顺序与时间（外加定时器）	GSI：Scott与Peter的自主辨识情境的转换达75%及85%；Alex：一个月追踪有进步
Schmit, Alper, Raschke & Ryndak （2000）	Alex（6岁，ASD）	隔离式早期疗育特教班	攻击性行为以及扰乱性行为/情境转换	用照片提示接下来转换的活动	ISR-PB：在其中两个环境中，问题行为减少至近乎零的水平；GSR-PB：在另一个环境中渐进持续的减少至零的水平

续表

作者	参与者 （年龄，诊断类别）	安置	目标行为/情境	时间表的 形态与符号	成效
Watanabe & Sturmey （2003）	Mark（22 岁，ASD） Bob（40 岁，ASD） Nick（30 岁，ASD）	成人服务 课程	不期望行为/结 构化的任务	写下参与者选 择的时间表	ISI：期望行为立即 从基线期的 19%～ 41% 进 步 至 59%～77%

注：ASD：自闭症谱系障碍；FU：追踪；GEN：结果类化至新环境；GSI：渐进持续的增加；GSR-PB，确定的问题行为的渐进
持续减少；ISI：立即且大量地增加；ISR-PB，确定的问题行为立即（在 3 个期间或 3 天里）且大量的减少；ID：智力障
碍；PDD：广泛性发展障碍。

　　Dooley，Wilczenski 和 Torem（2001）的一项研究示范了活动间时间表的用法。作者发展
了一个时间表，将其用于一个学前特教班，以减少一个被诊断为广泛性发展障碍的 3 岁小男
孩发脾气的次数和攻击性行为。作者首先对小男孩进行了功能性行为评估，这与 O'Neill 等
人建议的程序一致（1997）。功能性行为评估获得的信息显示，在响应教师的提示转换时，该
男孩就会出现发脾气的行为，以逃避新活动的要求和得到老师的注意。为了更好地帮助男
孩在活动间顺利转换，该研究建立了一个以图片为基础的时间表系统，系统中线条画符号按
顺序呈现在时间安排板上。教小男孩在每天开始前回顾时间表，接着以以下顺序贯穿他的
一天：（1）移除第一个活动符号；（2）将活动符号与实际活动配对；（3）实际参与活动；（4）恰
当地识别并回应提示转换或活动完成的闪烁的灯光；（5）将已经完成的活动符号存放在一个
容器中；（6）返回时间表获取下一个活动符号。实施该时间表系统 3 天，男孩对转换线索的
服从显著提升，问题行为也减少到几乎为零的水平。在该学年接下来的时间内，都保持稳
定，且因为其家庭亦实施了这套时间表系统，效果还迁移到男孩的小区与家庭。

　　Dooley 等人（2001）获得的积极结果同样表现在表 11.1 中的活动间时间表研究中。活
动间时间表已经被有效地运用于各种环境中，包括家庭、小区、儿童养护机构、隔离教室、融
合教室。这些干预对不同年龄的 ASD 孩子都产生了积极的行为结果，从婴幼儿（如 Dettmer、
Simpson、Myles 与 Gana，2000）到青少年和成人（如 Newman 等人，1995；Watanabe 与 Sturmey，
2003）。不管其认知水平如何，ASD 孩子显然都在活动间时间表中获益匪浅。

　　至今为止，研究中获得的积极成果包括：（1）在活动间独立转换的能力提升，依赖提示有
所减少；（2）期望行为增加，不期望行为减少；（3）转换服从增强；（4）完成任务的速度加快；
（5）扰乱性、攻击性行为、刻板行为和/或破坏性行为减少。变化的范围令人印象深刻，变化
的速率和大小则更甚。大多数研究报告大量的行为变化是迅速的、显著的，并且在时间上具
有稳定性。似乎在许多案例中，活动间时间表提供给研究者可增强参与者理解能力和预测
即将发生的事件和变化的能力的方法，同时也减少因不可预测和不确定性而产生的困扰与
问题行为。

活动内时间表

活动内时间表(也被称为活动时间表;详见 McClannahan 与 Krantz,1999)以图画展现一个活动或任务的步骤。尽管活动内时间表在形式上与活动间时间表有相似之处,但它们在功能与侧重点方面显著不同。活动间时间表会跨越一天中有代表性的几个时段,并且如前所述,通常是为了提高对活动变化或一项活动向另一活动转换时的预测能力,以减少问题行为。与之相反,活动内时间表的侧重点是一项活动而非一系列的几项活动。活动内时间表的目标是通过依序描述活动中所需的一系列步骤或技能,增强个体在没有外力说明的情况下从事某单一活动的能力。个案会被教导在按顺序完成每个步骤后,参考活动内时间表,将图片作为下一步的提示。图 11.2 描述了为一个 ASD 青少年洗澡而设计的活动内时间表(Brown,2004)。在使用时间表前,该少年需要不断地提示言语和动作才能完成该洗澡活动。然而,通过使用活动内时间表,他可以独立地完成任务了。

图 11.2 为一个 ASD 青少年洗澡而设计的活动内时间表

(来自 Brown,K.E.[2004].Effectiveness of functional equivalence training plus contingency mapping with a child with autism. Unpublished master's thesis. University of British Columbia,Vancouver;reprinted with permission)

第一篇针对 ASD 孩子使用活动内时间表所发表的案例是由 Hall、McClannahan 和 Krantz（1995）所提供的。三个随班就读的孩子参与该项研究；第一个被诊断为过动，第二个为 X 染色体易脆症，第三个小孩 Larry 被诊断为 ASD 儿童。Larry 完全依靠成人的帮助以完成像书写这样的任务。因而，为其设计的活动内时间表为在一本小相册内放入照片，从头到尾呈现书写活动的一系列步骤。例如，用图片描述：（1）Larry 书写前面所参与的一项活动；（2）Larry 走向他的书桌；（3）Larry 拿出他的铅笔盒；（4）Larry 在铅笔盒中找到他的铅笔；（5）Larry 从铅笔盒中拿出他的铅笔；等等。Larry 的教室助理被教导如何使用活动内时间表，同时也被要求不要使用言语和手势提示来指导 Larry 完成书写任务。结果揭示，在使用活动内时间表，去除言语和手势提示的情况下，Larry 的独立性和任务的顺利完成率都得到了显著提高。

从表 11.2 可以看出，几个其他的研究也表明活动内时间表能有效提升儿童独立完成很多活动任务的能力，包括就餐准备（Arntzen，Gilde & Pedersen，1998）、职训任务（Copeland & Hughes，2000）、教育任务（Dettmer et al.，2000）。这类研究表明可以有效地运用活动内时间表，教导 ASD 者独立从事各种新的任务。表 11.2 只纳入了可以证明自变量和因变量之间功能性关系的实验设计研究。

表 11.2　有 ASD 者参与的活动内时间表文献

作者	参与者 （年龄，诊断类别）	安置	目标行为/情境	时间表的 形态与符号	成效
Arntzen 等 （1998）	女童 （14 岁，ASD）	治疗中心的教室与厨房	依赖提示/在休闲时间以及自主活动时	活页夹里的照片（外加活动间时间表）	GSI：期望行为近 100%可自主完成
Clarke 等 （1999）	John（10 岁，阿斯伯格综合征）	家里换衣服时	不期望行为、破坏性、发脾气行为/在口语提示时	图片以及文字标示在纸上（外加活动间时间表）	ISR-PB：问题行为立即减少至零水平，ISR：完成活动；ISI：期望行为立即达到近 100% 水平；GEN：可以类化
Copeland & Hughes（2000）	Charles（15 岁，ASD）	职训课程：教职员休息室	依赖提示/清理例行活动	小相册	ISI：自主完成任务（近 100%）
Dettmeer 等（2000）	Josh（5 岁，PDD）	在家一对一课程	违规/活动间的转换时	纸上的线条图（针对 Josh 外加定时器以及手写活动内时间表）	ISR-PB：问题行为减少至基线期的 30%；GEN：可以类化

续表

作者	参与者 (年龄,诊断类别)	安置	目标行为/情境	时间表的 形态与符号	成效
Hall 等 (1995)	Larry(7 岁, ASD)	普通班统 整性教室	不期望行为与 依赖提示/开始 写字	小相册	GSI:自主活动逐渐与 持续改善
Massey & Wheeler (2000)	Karl(4 岁, ASD)	融合式学 前教室	任务参与、攻击 性、破坏性行 为、发脾气、不 合常规、刻板/ 休闲以及午餐	活页夹或纸板 上的彩色照片	ISI:任务参与度立即 增加;GSI:可类化至午 餐;ISR-PB:不期望活 动立即减少;但是休闲 时的不期望行为稍微 增加
Pierce & Schreibman (1994)	Jon(8 岁,ASD) Howard(9 岁, ASD) Robby(6 岁, ASD)	诊 所 与 家里	期望行为与不 恰当行为/三项 日常活动	每一个任务一 个小相册	ISI:期望活动立即增 加至近 100%;GSR- PB:确定的问题行为 逐渐改善;GEN:三项 日常活动中有两项可 类化;追踪前两个月有 好的结果

注:ASD:自闭症谱系障碍;FU,追踪;GEN:结果可类化至新的情境;GSI:渐进持续增加;GSR-PB:特定的问题行为渐进
持续减少;ISI:立即且大量地增加;ISR-PB:特定的问题行为立即(在 3 个期间或 3 天里)且大量减少。

视觉扩大性社会故事

社会故事干预旨在运用一些能够描述出社会情境中的相关线索、他人的观点以及恰当的应对措施的小故事,以促进儿童发展出适当的社会行为(Gray,2000;Gray & Garand,1993)。事先积极地用小故事向 ASD 者解释将要发生的事件,如此可避免因误解、困惑、不可预测等因素而导致不恰当行为。社会故事的发展者 Carol Gray 如今在书面文字中加入了图片,就像在《我的社会故事书》中展示的一样(Gray & White,2002)。通常情况下,图片可促进 ASD 个案对社会故事中所呈现的信息的理解与记忆。表 11.3 呈现了视觉性社会故事实验设计的实例,以及参与者信息、环境、目标行为、干预措施以及结果。

表 11.3 有 ASD 者参与的视觉扩大性社会故事文献

作者	参与者（年龄，诊断类别）	安置	目标行为/情境	同时进行的干预	符号套	成效
Agosta, Graetz, Mastropieri & Scruggs (2004)	Robert（6 岁，ASD）	自足式特教班	哭闹，叫喊，发出哼哼声/团体圆圈活动	静静坐着时的有形增强系统	文本和 PCS	问题行为稍微减少，安静坐在位置上的行为有些微增加
Barr y & Burle (2004)	Holly（7 岁，ASD）Aaron（8 岁，ASD）	自足式特教班	适当的游戏技能，独立做选择，与同伴分享与交谈/教室中心	教师提示，提供矫正的回馈，强化目标行为	用图表形式给每个学生读文本	GSI：两个孩子做选择，GI：Holly 适当的游戏技能，Aaron 进步较少
Crozer & Tincani (2007)	Thomas（3 岁，ASD）Daniel（3 岁，ASD）James（5 岁，ASD）	融合的学前班级	恰当地坐在位置上/圆圈活动时（Thomas）；与同伴说话/点心时间（Daniel）；恰当的同伴游戏、撞、抓、喊叫、推挤/积木中心（James）	每读一个故事后同理解性的问题；在第十期后为 Daniel 增加与同伴交谈的提示	给参与者念带彩色符号的文本	ISI：Thomas 和 James 恰当坐和玩，ISR-PB：James 抓等，增加提示时 Daniel 与同伴交谈 ISI；2 周 3 周的 FU，仅 Thomas 良好
Hagiwara & Myles (1999)	个案 1（7 岁，ASD）个案 2（9 岁，ASD）个案 3（7 岁，ASD）	普通班和资源教室	不服从洗手的指令/用餐和吃点心前；逃离任务行为/在资源教室或融合班级的学科活动时	对洗手进行工作分析（在干预中）	用计算机呈现故事文本、图片、录像带和口说的故事	洗手和坚持任务行为有少许增加
Kuoch & Mirenda (2003)	Andrew（3 岁，ASD），Henry（5 岁，ASD）Neil（6 岁 PDD-NOS）	在家（Andrew），夏日幼儿园（Henry），夏日学校（Neil）	攻击，哭闹和尖叫/玩具时（Andrew）；发出不适宜声音，吐出食物和触摸生殖器吃饭时（Henry）；欺骗，不适当或负向评价/与同伴游戏时（Neil）	没有其他干预	文本和 PCS 或卡通图片	对 Henry 和 Neil ISR_PB 接近 0，对 Andrew ISR_PB

Kuttler, Myles, & Carlson (1998)	Jon（12岁，ASD，X脆性，间歇爆发性精神障碍）	隔离式班级	发脾气的先兆（不当的发声或滚地）/在教室中，非预期的转换，等待时间或自由时间	代币增强	为参与者读文本，PCS	跨情境 ISR 降低到趋于0的水平
Lorimer 等人 (2002)	Gregg（5岁，ASD）	独立的特教班	发脾气前的干扰和发脾气/当未安排喜欢的活动和喜欢的成人照顾他人时	迷你时间表，定时器和情绪学习器和情绪期和干预（在基线期和干预期）	用 PSC 把文本读给参与者	ISR_PB 到 0 的水平
Quilty (2007)	自闭症资 Ben（6岁，ASD） Sarah（10岁，ASD） Adam（10岁，ASD）	源室（Ben, Sarah）；普通班（Adam）	不停要求回家/课堂作业（Ben）；攻击/计算机时间（Sarah）；可笑行为（大笑，倒地，挠痒）/体操、艺术和音乐课上（Adam）	未报告任何干预	文本和图片	GSR-PB:6周的 FU 所有人都能维持；Ben 和 Sarah 9周 FU
Reynhout & Carter (2007)	Adam（8岁，ASD）	独立的特教班	在阅读活动时候在任何物体的表面上拍打	教师口语提示看故事	文本和图片	问题行为在间隔期从63%少许下降到41%
Thiemann & Goldstein (2001)	Greg（7岁，ASD） John（8岁，ASD） Casey（6岁，ASD） Ivan（12岁，ASD）	图书馆的融合小团体教室	受损的沟通技能/与同伴在小组训练环节	视觉提示和视频回馈	文本，PCS 或者图片	教授的沟通技能 ISI，立即且大量地增加；基本能维持，极少迁移到新环境

注：ASD：自闭症谱系障碍；PCS：图片沟通符号；FU：追踪；GSI：渐进持续的增加；GSR-PB：确定的问题行为的渐进持续的减少；ISI：立即且大量地增加；ISR-PB：特定的问题行为的立即（在3个阶段或3天里）且大量的减少；PDD-NOS：广泛性发展障碍——尚未确定。

Lorimer、Simpson、Myles 和 Ganz（2002）报告了一个运用视觉支持的社会故事干预的典型实例。在这项研究中，参与者是一个 5 岁的 ASD 男孩，他在特殊儿童学前教育教室中表现出发脾气行为（如尖叫、撞击、踢、扔东西）。Lorimer 和他的同事首先用动机评估量表（Durand & Crimmins，1992）进行功能性行为评估。动机评估量表的数据显示该男孩的问题行为是为了获取注意和实物强化；直接观察也证实了这一评估结果。而且，观察结果显示，该男孩一直试图在表现出问题行为之前通过无效的和有些不恰当的言语来表达他的期望和需要（如，他会再三叫喊着："禁止说话！""听我说！"或者"你太吵了！"）。

根据功能性行为评估，作者设计了社会故事干预，教男孩通过举手或说"打扰一下"来赢得成人的注意，然后等待轮到自己说话。他的社会故事也包含了男孩必须等待的活动建议，包括看视频、听有声书、看书，或者玩游戏。因为该男孩为前阅读者，所以文本配有线条图，并且由成人把社会故事念读给他听。图 11.3 描述了该男孩的视觉扩大性社会故事。

用 A—B—A—B 设计评估干预成效。社会故事策略一经施行，该男孩的不恰当言语便显著减少，同时他的发脾气行为也几乎降到了零水平。第二基线期结束时效果重现。作者就此得出结论：视觉扩大性社会故事能有效减少发脾气和发脾气前的不恰当行为。

社会故事中运用了多种符号组，包括线条画、照片和全动态录像带。除此之外，视觉扩大性社会故事似乎可以用于矫正跨情境的多种行为。表 11.3 中大部分研究都指出问题行为的显著减少和/或适当行为的增加。尽管如此，其他几个针对社会故事研究的回顾分析，也关注到现有许多研究在方法上的严谨性问题，并呼吁需要对有关此议题的干预研究的方法及实务进行更聚焦的分析（Ali & Fredirickson，2006；Sansosti、Owell-Smith & Kincaid，2004；Rust & Smith，2006）。

研究基础有限的视觉支持

尽管绝大部分针对 ASD 儿童的视觉支持策略所进行的研究，都是以活动内时间表，活动间时间表和视觉扩大性社会故事为主，但仍有许多其他的策略被探讨。这些策略包括视频促进活动时间表、动力卡、相应后效事件地图、规则脚本/图表和认知图片演练脚本。

> ### 视频加强活动时间表

Stromer、Kimball、Kinney 和 Taylor（2006）记录了"活动时间表和计算机之间具有一种自然吻合，因为后者可以将静态的视觉支持配上附加的语言指导性的刺激"（p.14）。这种视频加强活动时间表在过去几年中在以 ASD 者为参与者的研究中受到广泛关注。用微软 PowerPoint（Rehfeldt，Kinney，Root & Stromer，2004），在视频加强活动时间表里将活动内时间表的图片与描述某人进行某项活动的步骤的嵌入视频片段结合在一起。

图 11.3　社会故事："和成年人交谈"

（来自 Lorimer，P.A，Simpson，R.L.，Myles，B.S. & Ganz. J.B.［2002］.The use of Social Stories as a preventative behavioral intervention in a home setting with a child with autism. Journal of Positive Behavior Interventions，4，56；reprinted with permission.）

　　虽然现今的视频加强活动时间表的研究都未涉及使用 AAC 沟通的个案，但干预确实符合扩大输入的框架（Wood et al.，1998），因为通过图片媒介的使用，视频加强活动时间表强化了教导训练内容的意义、特点和理解。图 11.4 展示了为一个 6 岁的 ASD 女孩设计的视频加强活动时间表，用以教导她在私立学校班级中的独立游戏（听有声童话书）、社会戏剧游戏（与木偶对话）和同伴游戏技巧（和一个同伴玩童谣律动游戏）（Stromer et al.，2006）。

　　Dauphin、Kinney 和 Stromer（2004）描述了另外一个视频加强活动时间表的运用案例：一个正在学习参与社会戏剧的 3 岁 ASD 男孩。他的活动内视频加强活动时间表是由图片和视频组成,用以说明玩耍的玩具、如何玩各种玩具及如何描述它们。研究者制作了独立的幻灯片,描绘玩玩具的每一步骤,每个教导步骤后都插入"玩耍提示"幻灯片,提供给男孩每一个描述到的玩具玩耍的机会。10 个练习时段之后,男孩与每一个目标玩具玩耍,并且能以100%的准确率模仿目标语。而且他也可以将习得的技能类化到 6 个新玩具和短语。接着,孩子能将学到的技能迁移到只用图片说明玩玩具步骤的一般的图片时间表。视频加强活动时间表还被有效地运用在教导 ASD 孩子的同伴游戏开启技巧(Kimball,Kinney,Taylor & Stromer,2004)、独立遵循活动时间安排的技巧(Kalaigian,Kinney,Taylor,Stromer, & Spinnato,2002)、衍生性拼写技巧(Kinney,Vedora & Stromer,2003)和基本的数数技巧(Vedora,Bergstrom,Kinney & Stromer,2001)上。

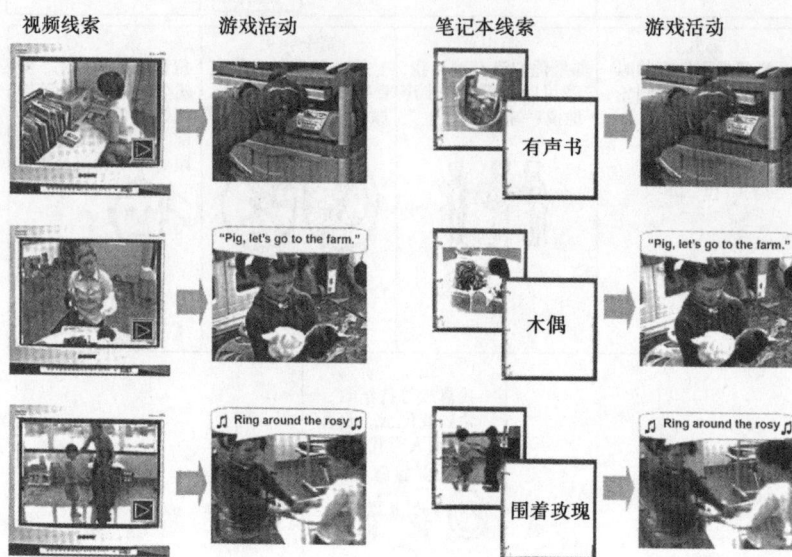

图 11.4　配视频和图片提示的视频加强活动时间表片段

(a)听磁带书,(b)与木偶玩耍,(c)玩环环相扣到天堂游戏。右列的图片显示 ASD 小孩计划参与的活动。

(来自 Stromer.R.Kimball.E., & Taylor,B.[2006])Activity schedules,computer technology, and teaching children with autism spectrum disorders. Focus on Autism and Other Developmental Disabilities,21,18;reprinted with permission of Sage Publications.

➣　动力卡策略

动力卡策略是"一种视觉为本的策略,用于将个体的适当行为或社会技能与其特别的兴趣相连接"(Keeling,Myles,Gagnon & Simpson,2003,p.104)。这一策略由一个个别化的脚本组成,这个脚本会在呈现一个问题事件之前念读给个案听。此个别化的脚本会描述:(1)以相关图片或其他图表描述个案的英雄或特别感兴趣的榜样(如荷马·辛普森,恐龙);(2)问题行为或情境;(3)英雄或榜样用 3~5 步策略尝试成功解决问题的行为或情境;(4)并建议个案尝试使用英雄或榜样成功使用的同一策略（Gagnon，2001）。

在目前仅有的发表的研究中，Keeling 等人（2003）运用了多基线设计评估动力卡策略对一个 10 岁 ASD 女孩的效果。女孩输了比赛或在学校学业成绩不理想时，会很没有运动员精神地表现出消极行为（即，发牢骚或尖叫）。这个女孩对霸王美少女很痴迷。因此，研究者为她提供了一张 3 英寸乘 5 英寸大小的动力卡，卡片的一面是霸王美少女图，另一面是如果她们赢得或输掉一场比赛，她们该如何表现的简单故事（例如：霸王美少女希望每个人都能愉快地比赛，如果你赢了你可以：微笑，高高举起手庆祝，或说声"耶！"；如果输了，你可以：深呼吸，大声对朋友说"表现不错！"或是说"下次见分晓"[p.106]）。卡片还附有简要的脚本，女孩可以在每次游戏前先读，还附有一张记分卡用以监控游戏者，看每一场是谁赢谁输。结果证明，引入动力卡策略后，通过三个连续的活动，女孩发牢骚和尖叫的行为都被消除了。尽管此研究并没有评估这位女孩所喜欢榜样的图片描绘的功用，以及脚本的可能贡献，但这看来是有明显说服力的视觉支持策略，至少对某些 ASD 个体和问题行为是这样的。

＞　相应后效事件地图

相应后效事件地图是表征或代表环境—行为—后果关系的图表（即图片式的）（Brown，2004；Brown & Mirenda，2006）。相应后效事件地图旨在应用图表描述当前和替代性前导事件—行为—后果的关系图，以帮助学习者清楚明了不适当行为（即，问题行为）和适当行为（即，替代行为）的相应后效。相应后效事件地图本身代表了下面所有的因素及其相互之间的关系：（1）在问题和替代行为之前发生的前导事件；（2）问题行为和替代行为的描述；（3）有条件地针对替代性行为提供的功能性强化物；（4）问题行为所产生的相应后果。

Brown（2004）描述了一个使用相应后效事件地图的临床案例。一个 5 岁的 ASD 男孩，在一所郊区小学校上幼儿园。尽管男孩开始有一些口语技巧，但他首要的沟通模式还是手势，还有发脾气（即，尖叫、哭泣、击打和逃跑）之类的问题行为。他发脾气的行为在学校是最麻烦的，这常导致他被暂时带出教室，坐在暂停椅上。

功能性行为评估（O'Neill et al.，1997）揭示男孩主要对某些类型的噪声（包括孩子的哭声、汽笛声、喧嚣的摩托车声音和厨具发出的较大的声音）会有发脾气的反应，发脾气具备可以让他逃离噪声的功能。根据这份评量，男孩的支持团队决定教他当遇到厌恶的噪声时，捂住耳朵，指最近的门要求离开此环境。不幸的是，尽管支持计划在技术上似乎很完备，团队的支持也很有力，但干预失败了，没能产生有意义的改变。当遇到某些特定的噪声时，男孩还是会发脾气。

因为孩子团队里的许多成员坚信他一定是一个强视觉学习者，所以团队决定使用相应后效事件地图来描述前导事件—行为—后果作为其支持计划,如图 11.5 所示。男孩的教学助理用相应后效地图上的图片向男孩解释,如果他听到大的噪声,他应该用手捂住耳朵,通过指门要求离开。她也向他解释,如果他要求离开,他会被允许去一个安静的地方。另一方面,她告诉他,如果他遇到大的噪声就发脾气,那么他将不被允许离开噪声。相应后效事件地图配上简要的解释,在学校一日活动中,在每个大的活动转换前都会呈现给男孩看。在几天之后,他的问题行为减少到趋于零的程度。他开始把手放在耳朵上,不需要提示,通过手势请求离开。相应事件后效地图好像帮助他学会了新的行为—环境事件的相应关系,并明白了捂耳朵和指门这样的替代行为的好处。

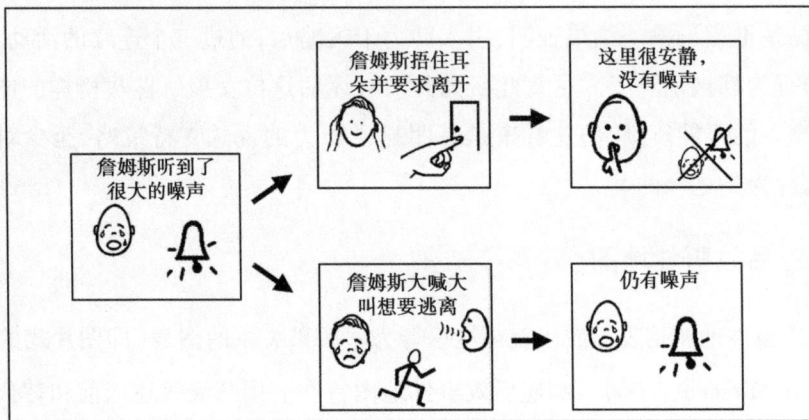

图 11.5　用相应后效事件地图来解释在偶发事件下的替代性行为(捂住耳朵和指向门口)

和问题行为(哭闹,大喊大叫或逃离)

(来自 Brown,K.E.[2004],Effectiveness of functional equivalence training plus contingency mapping with a child with autism.未公开出版的硕士论文,不列颠哥伦比亚大学,温哥华,经许可引用。)

在后来的一个调查中,Brown 和 Mirenda(2006)以实验证明了相应后效事件地图的有效性。参与者为一个 13 岁的 ASD 男孩,在学校极度依赖提示。当男孩完成了一项作业时,他从不会主动告知老师他已经完成。因此,他经常有一长段时间闲坐着,无所事事,直到有人注意到他已经完成。当老师以口语说明他这个问题时(例如,"如果你完成了工作但不交给老师,你就得不到奖励[即选择一种最喜欢的小吃]。如果你完成了工作并且给老师看,你就能得到奖励。")他从未以其他替代行为告知老师他完成作业了。然而,当同样的口头信息配上描述事件的图片,男孩马上在三个教室例行活动中表现出把作品给老师看的替代行为。作者建议在干预中使用相应后效事件地图,再加上现有的所有视觉支持策略,可用于教导个体为什么和在何种情境下应该使用替代行为(p.161)。

> ### 规则脚本/图表和认知图片演练

规则脚本(Mirenda, MacGregor & Kelly-Keough, 2002)或规则图表(Hodgdon, 1995)已被认为是一种和相应后效事件地图相似的视觉支持策略。规则脚本描述问题情境和相关的社会规则。在目标活动中,它们可用来演练、阐释、提示与回顾规则。Mirenda 等人(2002)提供了一个临床案例说明此策略。研究者为一对广泛性发展障碍伴随严重听力损伤的双胞胎女孩发展简单的图片脚本,告知她们早上在家看电视时的规则(即,上学期间的早上不能看电视,但周末的早晨可以)。有趣的是,Mirenda 等人报告说在实施规则脚本的两周内,这对双胞胎由于上学期间早上不能看电视而发脾气的情况降到近乎零的程度。

Hodgdon(1995,1999)提供了很多其他的临床案例,并假设规则脚本可以促进行为改变的作用与下列因素有关:(1)很多孩子认为视觉辅助是决定规则的权威;(2)规则脚本可说明与澄清成年人所期待的行为;(3)事件的视觉描述可以促进照顾者间和照顾者内的一致性。未来研究需要进一步从实验上建立规则脚本的有效性,并说明可以促进有效性的因素为何。

最后一个视觉支持策略是认知图片演练,是"以图片伴随脚本的形式呈现一系列行为,再据此教导小孩反复地操练这一系列行为"(Groden & LeVasseur, 1995, p.288)。认知图片演练是一种意象为本的干预方式,会与渐进放松训练结合使用(Cautela & Groden, 1978)。此策略建立的观念是隐蔽事件(如想象),就像可观察的行为一样,都是建立在遵循着相同行为准则的观念上(Cautela, 1979)。因此,对伴随想象行动的想象事件的操控可以用来改变公开和隐蔽的行为。Groden 和 LeVasseur(1995)提出可用图片促进意象化过程,并把这种方式叫作认知图片演练。

与相应后效事件地图相似,认知图片演练也要求用照片或线条画,去描述一系列前导事件、替代行为和与问题行为相关的正向结果。然而,认知图片演练和相应后效事件地图的显著区别在于,认知图片演练在现实生活中没有真实的结果可操控,同时,认知图片演练通常不包括问题行为及其后果的描述。图 11.6 描绘的是一个因班级作业出错而生气的青少年的认知图片演练脚本(Groden & LeVasseur, 1995)。脚本被设计用于教会他在生气时可用于处理此问题的应对话语,并结合使用渐进放松训练让其学到减压的放松方式。

尽管缺乏实验证据来支持这项技术,作者(Cautela & Kearney, 1993; Groden & LeVasseur, 1995)提供的逸事证据和其他以别种个案为研究对象所获得的支持(Mirenda, 1986)显示,作为视觉支持策略,它在一些环境下是有用的。同样地,仍需要研究检验其有效性并说明在何种情形下此类方法是适合的。

卡片1：前导事件

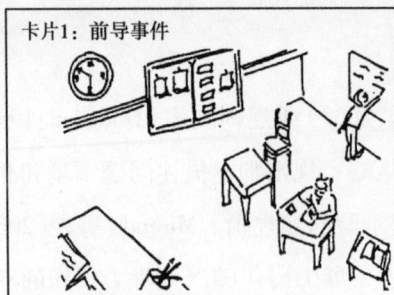

你正坐在桌旁做加法

卡片2：前导事件

老师看了你的作业说："汤姆，检查一下最后一个问题，答案不对。"

卡片3：目标行为

你深吸一口气，放松手臂，缓慢吐气并说："小菜一碟，我能搞定。"

卡片4：目标行为

你用计算器再算了一次。

卡片5：强化

现在你得到了正确答案，感觉很棒，你告诉了老师。

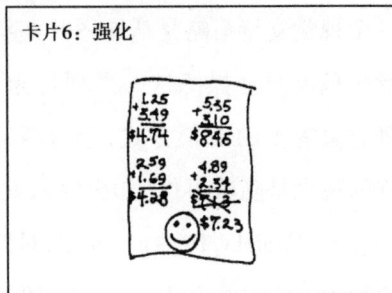

卡片6：强化

她笑了并在你的作业本上打了大大的钩，你很开心，你迫不及待地想回家告诉妈妈。

图 11.6   为在班上犯错而苦恼的孩子设计的认知图片演练脚本

（来自 QUILL.TeachingChildren with Autism，IE；1996 Delmar Learning，a part of Cengage Learning，Inc.

Reproduced by permission. www.cengage.com/permissions）

总结和研究应用

视觉支持策略常常被用在出现各种不同行为问题的 ASD 个体身上。因此，在使用视觉支持时，首先进行功能性行为评估会大大提高获得正向成果的可能性（Bopp，Brown & Mirenda，2004）。功能性行为评估除了鉴定问题行为的功能和情境外，还可以说明建立所需要的视觉支持的种类。例如，对预测性有较高需求的个体就可以从活动间时间表获益，因为它可以让他们预测将要发生的事件，从而顺利地从一个活动/环境转换到下一个。而在独立表现方面有较大问题的个体，则需要渐进的活动内时间表，以使他们能完成与目前问题行为相关的具体任务。对社会事件和期待的理解力很低的个案，则可以从视觉扩大性社会故事获益。因其从相关的社会线索、其他人的观点和适当的行为反应等方面，运用了特别的风格和格式去描述情境、技能或概念。

当教导新的社会和学业技能是主要关注点时，视频加强活动时间表可能比较合适。通过动力卡的运用，可以激发有特别兴趣的个体表现适当的行为。而相应后效事件地图则可用来辅助教导替代行为（包括那些在本质上具沟通性的行为）以代替问题行为。最后，规则脚本/图表可以用于阐释与特定背景相关的社会规则，认知图片演练可结合形象性放松技术，用于教导自我控制和自我管理技能。

虽然我们已知各种可应用于 ASD 个体的视觉支持策略，但对于如何将特定策略与特定学习者的特质匹配，还知之甚少。实际上，视觉支持的临床决定通常都非常随意。例如，表11.1 到 11.3 中所列的研究，没有任何一个提供了研究者如何选择干预中使用的符号类型（如，实物、照片、线条图、书面文字）的信息。这些表明，做决定的时候缺乏系统化的符号评估程序，尽管这在 AAC 临床工作中极为普遍（Beukelman & Mirenda，2005）。同样地，对一些策略（如社会故事和动力卡等）的语言理解和读写要求方面的信息也很少，干预中添加图片的实际提升有效性程度的信息也缺乏。针对具备特定技能的个体，如何最有效地使用视觉支持策略，还需要进一步研究探索，以澄清上述这些问题。

Jeff Sigafoos、Mark F. O'Reilly、Giulio E. Lancion　著

李丹、张桂嘉　译

第十二章
功能性沟通训练与选择干预法：
自闭症谱系障碍者问题行为的治疗干预

　　关于自闭症谱系障碍者的描述，有不同类型的问题行为常会被提及。以 Kanner(1943)为例，他最初描述了 11 名 ASD 儿童问题行为的范围。Kanner 观察到这些孩子的行为包括毁坏财物，固执地坚持同一性、重复性的言语，尖叫，发脾气。后来的研究描述增加了其他形式的问题行为，包括攻击性行为、不顺从、刻板行为和自伤行为(Mancil,2006)。尽管这些行为不一定只出现在 ASD 者身上，但是数据显示，这些问题行为发生在 ASD 者和其他发展性障碍者身上的概率，比发生在正常发展的同龄儿童身上的概率高出 2～3 倍(Einfeld & Tonge,1996)。如此高的流行率，就不难解释为何会有大量关注 ASD 者和其他发展性障碍者的评估和治疗研究了(Matson,Dixon & Matson,2005)。

　　除了有高流行率的问题行为外，ASD 者也表现出沟通障碍。Osterling、Dawson 和 McPartland(2001)提到，将近25%的 ASD 者无法习得言语，另外一些 ASD 者虽可能习得一些言语，但却无法以适当的功能性和社会性的方式去使用。例如，ASD 者可能只是简单地模仿别人的言语，或者复述从电视上听到的词语或者短句。即使 ASD 者的言语可以发展到熟练的程度，仍会保持相当古怪和不寻常的言语和语言特征，例如不寻常的语调、语音扭曲、颠倒发音、句子结构缺乏多样性和不成熟的语法（例如：简单的名词—动词形式）。ASD 者普遍存在的沟通障碍和问题行为，吸引了大量关于其评估和治疗的研究(Goldstein,2002)。

　　本章采用综合观点讨论沟通障碍和问题行为。我们将特别回顾使用以沟通为本位作为 ASD 者行为问题的治疗干预。沟通本位的治疗干预旨在通过加强沟通和做选择技能以减少问题行为(Carr et al.,1994)。这种治疗方法的支持，来自 ASD 者和发展性障碍者的沟通缺陷和问题行为的出现之间可能有相关性的证据。

问题行为和沟通缺陷的关系

　　研究者们证明许多在沟通障碍和问题行为之间有趣的关系，并强调这些关系对于治疗

目标有重要的意义(Reichle & Wacker,1993)。例如,有许多的研究证明发展性障碍者表达和接受语言上的缺陷与其问题行为的关联性呈上升趋势(Beitchman & Peterson,1986;Chamberlain,Chung & Jenner,1993)。

在一个类似的研究中,Sigafoos(2000)对 13 名学龄前发展性障碍儿童进行评估,每六个月以标准化早期沟通发展和问题行为量表为施测工具,对儿童的沟通技能发展和 58 项严重的问题行为评估,时间持续三年。结果显示,沟通能力和严重的问题行为有很强的负相关。也就是说,儿童的沟通技能发展得越少,就会有越多的严重的问题行为产生。

这些发现暗示了沟通发展迟缓或缺陷或许是问题行为出现的开端。倘若一个人的沟通能力有限,沟通的机会也有限,问题行为就更有可能出现。数据也表明沟通缺陷的程度可能影响幼童问题行为的严重程度。然而,Sigafoos(2000)的研究资料和相关的研究表明,两者之间有很大的相关性,然而对于沟通缺陷和问题行为的关联性也只是提供了间接的支持。

支持这种关联性研究的证据来自实证研究的数据,这些数据显示 ASD 者的一些问题行为是有其沟通功能的(Carr & Durand,1985;Durand,1986)。在这些方法中,Iwata、Dorsey、Slifer、Bauman 和 Richmond(1982)描述了一种具有实验功能的评估方法,用以指认出会让问题行为持续增强的结果。他们最初的研究里,有 9 个具有发展障碍和自伤行为的儿童。研究者在几个 10 分钟的干预时段里,建构和重复结构化的情境,以评估儿童的自伤行为是否和获得关注、逃避学业或者产生感官刺激有关。

为了评估注意力,治疗师坐在孩子的旁边但忽视他,直到自伤行为出现。一直到发生自伤行为,治疗师才会关注这个小孩。有些小孩在本研究中出现高频率的自伤行为,这代表他们的行为有表达要求注意的功能性。此研究另外有一个设定的情境是孩子们被要求辨别图片。在任务中,每个自伤行为出现后,简短教学指令就会撤除。在这种情形下,问题行为的发生可以被解释为拒绝和抗议的一种沟通形式。在第三种设定情境中,孩子被安排独处,没有被关注、提供物品或者要求完成任何任务,几个孩子在这种情形下发生自伤行为,代表他们的自伤行为可能是寻求感官刺激。可是,如 Lovaas(1982)所表示的,在缺乏社交能力的情况下,通常很难解释这些问题行为。这些行为的功能,可能是获得感官刺激、召唤成人,或者是沟通表达无聊之感(Donnellan,Mirenda,Mesaros & Fassbender,1984)。

在 Iwata 等人(1982)先前的研究中,任何情况下,大量的功能性研究表明问题行为通常都因两种具增强性的事件而得以维持:(1)获得他人的注意或者得到想要的东西;(2)逃避不喜欢的活动或互动,为负增强型式(Iwata et al,1994)。当问题行为因为这些偶然事件而得到维持时,就可能被解释为一种具有沟通意图的行为,用来表达喜好、想法和需要(Durand,1986)。更具体地说,如此的问题行为,可以被理解为就像正常发展儿童在早期沟通功能的行为,用来吸引注意力,例如要求得到喜爱的物品,拒绝不喜欢的物品、活动或互动。和正常发展儿童不一样的地方是,正常发展儿童通常会在习得的常规范围内实现这些沟通功能(例如共同注意力的技能、指物品、言语),而 ASD 儿童及具有重大沟通缺陷者在这些技能方面严重不足。若缺乏有效的治疗干预协助发展适当的沟通技能,问题行为可能会填满沟通的裂缝。

将问题行为概念化成沟通性功能对于制订治疗干预来减少和阻止问题行为有实质的意义。实际上,从 1980 年代初期开始,一系列以沟通为本位,治疗 ASD 者问题行为的方法被证实是有效的(Carr et al.,1994;Peck Peterson et al.,2005)。在本章中,这些方法可以被分成两大类:功能性沟通训练(FCT)和选择干预法。

功能性沟通训练

Carr 和 Durand(1985)发展了功能性沟通训练(Functional Communication Training,FCT),作为一种主动性的方法来减少发展性障碍个案的问题行为。FCT 方法的宗旨,在于通过教导儿童更多适当的沟通方法来减少问题行为。这种方法的理论依据,与问题行为常会因萌发阶段的社交沟通效果(亦即获得注意力、获得喜欢的物品、逃避不喜欢的物品)而持续的证据一致符合(Sigafoos,Arthur-kelly & Butterfield,2006)。

逻辑上,如果问题行为是由这些原因而间接产生,那么这些问题行为应该用加强另一种沟通形式来治疗,这些沟通形式对于个案可以得到同样的增强后效。例如,一个无口语的儿童曾经因为发脾气得到食物而获得增强,那么他会学到当他饥饿的时候发脾气就能得到食物。这种场景可能是父母尝试用糖果安抚这个发脾气的小孩。使用 FCT 方法,教导孩子使用手语或者图片交换来表达想要的食物,孩子以后发脾气的次数就可能会减少。再举另外一个例子,一个 ASD 成人可能会习得毁坏物品来逃避不喜欢的工作任务。在这种情形下,FCT 可以聚焦于教导这个成人在某些合理的工作日程内提出休息的要求。

为了验证 FCT 的逻辑性,Carr 和 Durand(1985)甄选四名(年龄 7~14 岁)在教室里出现问题行为的儿童。这些孩子有不同的障碍类别(例如自闭症、脑伤、发展迟缓并伴有严重的听力损失)和多重问题行为(例如打别人、咬手和尖叫)。在此研究的第一部分,孩子们接触了三种情境:(1)一个困难的任务和成人频繁的注意力;(2)一个简单的任务和成人频繁的注意力;(3)一个简单的工作和较少的注意力。有两个孩子(Jim 和 Eve)在被给予困难的任务时表现出高频率的问题行为,但是在其他两种情形下问题行为很少。这证明他们的问题行为是逃避要求。反之,另外两个孩子(Tom 和 Sue)在注意力程度降低时,他们表现出更多的问题行为,证明其动机是获得注意力。

在此研究的下一个阶段,教导孩子在面对困难的任务或者成人的注意力减少时使用相关或不相关的沟通回应。由于 Jim 和 Eve 的行为和任务的困难有关,因此为他们在任务困难寻求帮助时选择的相应回答是说:"我不明白。"而实验者则会以帮助这个孩子完成任务来回应他们。为 Jim 和 Eve 选择的不相关回应陈述是问:"我做得好吗?"实验者则会以社会性的互动作为回应。反之,为 Tom 和 Sue 所选择的相关回应是问"我做得好吗?"来得到实验者的注意。会选择以此作为相关回应,是因为 Tom 和 Sue 所呈现的问题行为的功能是为了得到注意。而替 Tom 和 Sue 所选择的不相关回应则是说:"我不明白。"这个回应和他们的问题行为是不相关的,因为他们的问题行为功能是为了减少困难的任务,不是获得注意。

这些结果证明了研究者的假设,在四个案例中,只有在相关的回应被增强时,问题行为才会减少。因此这些数据证明训练以相关的沟通回应来替代问题行为,获得注意力(Tom 和 Sue)和避免困难的任务(Jim 和 Eve)是有效的。而此干预的成功结果并非全由于沟通的训练,因为不相关的回应语句并没有减少问题行为。

从 Carr 和 Durand(1985)最初的研究开始,FCT 已成功地运用在有严重沟通缺陷的个案身上,且过程不运用口语。例如,Sigafoos 和 Meikle(1996)评估了 FCT 干预两个 8 岁自闭症无口语男孩替代问题行为的成效。因为两个孩子没有口语,因此尝试干预辅助沟通以替代孩子的攻击、自伤和破坏行为。首先,以功能性的评估鉴定孩子问题行为的沟通功能。功能性评估涉及有计划地给予和撤销注意力、学业任务以及喜好的物品,用以评估操作的结果对于问题行为出现率的影响。举例来说,问题行为在缺乏注意力时的出现频率高于给予注意力时,代表问题行为存在的功能是为了获得注意力。另一种情况,如果在有任务时出现问题行为的频率高于没有任务时,代表问题行为的功能是为了逃避任务。最后,如果不能得到喜好的物品时出现问题行为的频率高于能得到喜欢的物品时,那么问题行为可以被解读为孩子要求得到喜好物品的一种表达方式。

最初的研究结果显示,这些男童的问题行为发生最频繁的时候,是当注意力暂时停止和喜欢的物品暂时拿不到时。这代表这些问题行为具有两种沟通功能:吸引注意力和获得喜好的物品。据此分析,两个男童都被教导使用 AAC(即手势和图片)来获得老师的注意力和要求得到喜欢的物品。

以使用 AAC 来获得注意力和得到喜欢物品的教学,是在相关的情境中开始的。获得注意力的相关情境是老师出现但是没有注意到这个儿童。而要求获得喜好物品的相关情境是看见了喜好的物品,但是物品被放在拿不到的地方无法获得。系统性的教学步骤包含延迟提示和立即增强(Duker,Didden & Sigafoos,2004)。这两种教学步骤对于教会两项新的 AAC 回应很有效。研究中的两个男孩得到这项替换形式以获得注意和喜欢的物品,这和问题行为的减少是有关联的。因此,这个研究证明了 FCT 和 AAC 的结合使用,能有效减少缺乏口语的 ASD 儿童的问题行为。其他的研究同样显示 FCT 结合 AAC 使用的可行性。

总结来说,有不少的证据支持使用 FCT 对 ASD 个案问题行为的治疗(Mancuk,2006;Mirenda,1997)。这种方法已成功地运用于和沟通功能有关的一系列问题行为。儿童被教导以具有沟通功能的方式来代替问题行为,例如口语、短语、手语、图片沟通系统和语音沟通器(speech-generating devices,SGDs)。从这些文献可看出,成功使用 FCT 涉及三个相关步骤:(1)确认问题行为的沟通功能;(2)选择合适的沟通替代;(3)执行系统化的教学来教导儿童在适当情形下使用沟通替代。

> 确认问题行为的沟通功能

在计划 FCT 干预的关键第一步,是如果出现任何问题行为,先确认问题行为的沟通功能。Mirenda(1997)强调 FCT"需要全面的评估来确认行为的功能(或信息)"(p. 207),这可以用 Iwata 等(1982)描述的功能性评估或相关的步骤(O'Neil, Horner, Albin, Storey, & Sprague,1997)来完成。

功能性评估的目的是确认控制问题行为的变项。这些变项包括引起问题行为的前因情况和持续这些行为的后果。在行为分析框架中,问题行为可由其相对应的控制变量的显现而得到解释(Skinner,1988)。功能性分析的结果通常可以解释问题行为,因此,Sigafoos 和 Meikle(1996)有效地解释了两个男孩的行为,证明男孩在学习中显示出的问题行为是由特定原因的情况(即转移注意力、得不到喜欢的物品)所引起,以及被特定的后果(即获得老师的注意、得到喜欢的物品)所增强。

一旦问题行为的存在被解释,对于说明问题行为具有沟通功能就很有用。举例来说,儿童发脾气是由不喜欢的任务所引起,可以解释成具有沟通形式的抗议;尖叫开始于孩子没有得到想要的糖果,当得到糖果后尖叫就停止了,问题行为就可以被解释为孩子要求糖果的方法。同样地,当老师走开时,儿童就开始自伤,但是当老师靠近和孩子互动时就停止了,问题行为可以解释成孩子获得注意的方法。

值得注意的是,要解释问题行为的沟通功能可能会很困难,有时候甚至会出现误导。Durand(1986)提醒如此的解释通常被认为是隐喻性的,然而这种隐喻性的解释仍可协助临床人员选择合适的干预目标。一旦问题行为的沟通功能被解释成一种获得要求或者拒绝的形式,临床人员就可以确认替代方式或者更适合的方法,来满足个案想表达要求或者拒绝的沟通需求。当然,仅仅简单地把问题行为解释成沟通性行为是不够的。比起把问题行为归因于沟通的解释,更重要的是需确保被选择干预的沟通替代是与控制问题行为的原因和结果有关的。

＞　选择合适的沟通替代

FCT 涉及教导新的沟通技能（例如使用图片交换），希望能替代儿童存在的问题行为（例如发脾气）。因此，临床人员必须选择具有沟通功能的干预措施，对所涉及的问题行为有很好的替代功能。研究建议，如果新的沟通回应将替代现存的问题行为，以下这两种情形是必需的（Bopp，Brown & Mirenda，2004），首先，这个新的回应方式应该也必须是目前问题行为的控制变项，这就是为什么需要先确认导致问题行为的原因，以及使这些问题行为持续增强的是什么。正如 Carr 和 Durand（1985）所论证的，沟通的选择替代干预必须和那些相同的先前行为及结果相对应。

其次，新的沟通回应必须比问题行为更有效（见第十三章）。在本章中，有效意味着沟通替代行为比现存的问题行为更快速和更容易执行，并能持续地被增强（Horner & Day，1991）。因此，临床人员应该致力于那些较不需要体力和认知能力的沟通替代为目标（Bopp et al.，2004）。如果沟通伙伴可迅速地、持续地增强，他们就容易了解新的沟通回应，例如手势符号或抽象的图片符号，但这些被证实其有效性较线条图、印刷字和 SGD 差（Durand，1999；Rotholz，Berkowitz & Burberry，1989）。研究也证明当教导选择沟通替代行为时，通过同时执行消退和惩罚的步骤来减少问题行为的效能也是相对重要的。

＞　教导沟通替代行为

为了要替代当前的问题行为，新的沟通技能可能需要系统化的教学（见第十三章）。这一系列系统化的教学步骤已经被证实能有效教导 ASD 者（Snell & Brown，2006）。系统化的教学基础是执行适当的行为教学步骤，例如刺激、提示回答、提示的消退和不同程度的增强（Duker et al.，2004）。FCT 的干预通常结合系统化教学的种类于教导沟通替代的整体干预课程中，仔细地设计教学的范例，以确保能更迅速和频繁地使用新的沟通替代来替代问题行为。

在这些方法中，Drasgow、Halle 和 Brucker（2005）以系统化教学来教导一个 10 岁的 ASD 男孩拒绝不喜欢的物品。治疗前的观察和评估指出孩子以问题行为来拒绝不喜欢的物品。研究者持续使用 FCT 方法，干预的目的是教会孩子使用新的沟通回应（即触摸"不用了，谢谢你"的卡片）来替代他现有的不合适的拒绝行为。

为了教会孩子新的拒绝行为，老师提供了不喜欢的物品，然后将卡片移动到孩子可拿得到的地方作为刺激提示，使孩子触碰卡片。一旦孩子触碰了卡片，就移走孩子不喜欢的物品，移走不喜欢物品的功能作为触摸卡片的负增强。通过一段时间的成功教学，移动卡片这种刺激提示被消退，并让卡片持续放在能拿到的地方。使用这种提示、消退和增强的步骤，孩子很快学会在被给予不喜欢的物品时,触碰"不用了,谢谢你"的卡片表达拒绝,而不是以问题行为表达拒绝。

Martin 等人(2005)完成的这个教学范例,涵盖了系统化教学的一般原则。此范例包含五个主要构成要素:

1.在引起问题行为的情境发生时给予教学。

2.鼓励和增强新的沟通方式来替代问题行为。

3.当孩子能独立使用新的沟通方式时,提示就要逐渐消退。

4.每当新的沟通方式发生时,需要迅速和持续地增强这个方式。

5.在确保旧有的问题行为不再发生之前,增强策略应当持续使用。

此外,实务工作者要小心使用如 Martin 等人(2005)描述的提示、消退提示和不同的增强,且应该在引起问题行为所发生的相同的情境下进行教学。例如,当一个孩子总是在爸爸持续打电话几分钟后就开始发脾气,发脾气就可以被解释成是孩子用来获得父亲注意的方式。而根据 FCT 的逻辑,可以教导孩子使用更适当的沟通方式获得注意,例如靠近父亲并且用 SGD 询问父亲还要打多久时间电话。

为了促进 SGD 的沟通性功能,SGD 的教学必须在每次引起发脾气的情境下进行。因此,当爸爸在打电话的时候,就应该教导小孩使用沟通辅具。另外,持续发脾气造成的结果(获得父亲的注意),也应该在使用 SGD 后得到增强。当孩子在遇到会引发问题行为的相同原因和动机行为下不需要提示,也能使用新获得的沟通替代行为时,这个沟通替代行为才算保持了它的功能性。

选择干预法

FCT 的有效性,是由于新的沟通方式能为个案提供更有效的方法,来产生控制、表达喜好及指出想要的和需要的事物。选择干预法(Choice-making intervention)是一个与之互补的方法,可以使个案产生控制、表达喜好及指出想要的和需要的事物。

选择干预法的目标,是增加个案做选择的技能和机会。这些技能和机会可能有/或没有涉及沟通,例如选择咖啡或茶的时候,有人可能会直接伸手端走其中一杯,有人可能会选择 SGD 上的茶或咖啡图像表达其喜好(例如我想喝茶/咖啡)。这两种沟通技能都可以通过使用系统化的教学步骤教学,但是只有后者涉及功能性沟通训练。因此,尽管 FCT 和选择干预法二者是互补的,它们的目标和中心却不一定完全相同。

回顾 FCT 的重点,是教导适当的沟通技能来取代问题行为的功能或目的,也就是说,

FCT 的目标是用功能性相当的沟通技能来取代问题行为。而依 O'Reilly、Cannella、Sigafoos 和 Lancioni(2006)所述，选择干预法通常包含两个重点：(1)教会适当的选择技能，但其技能可能有/或没有涉及沟通；(2)增加个案做选择、表达喜好和控制环境等机会的数量和范围。如果个案已经能够做相关的选择，那么干预时，可以将相关的选择纳入引起问题行为的情况；相反，如果个案缺乏有效做选择的技能，那么最初的干预必须关注教导有效地做选择的技能。做选择的回应可能包括自然言语、正式或非正式的手势、手语、图片交换，或者使用 SGD。选择干预法与 FCT 的理念一致，被选为做选择的回应必须比问题行为还要更能被接受、更为有效，这是非常重要的。尽管具体明确的目标可能不同，但是选择干预法的逻辑和 FCT 是相似的，增加选择的技能和机会不仅能得到更好的控制和自治，还能减少问题行为。

　　除了加强有效的做选择技能外，Sigafoos(1998)建议，任何关于做选择的技能干预必须针对个案的问题行为的功能性。与 FCT 干预的沟通技能一样，"选择干预法"的选择技能和机会必须和个案不同种类的问题行为的控制变项相关联。例如，如果个案的问题行为是为了逃避不喜欢的任务，可以提供个案可选择的其他任务；相对地，如果个案的问题行为是特定具体物品所引起的，应提供个案更频繁地从一系列物品中选择的机会(Horner & Budd, 1985)。另外一个例子，如果个案的问题行为是为了获取注意力，干预时就应该给个案提供机会来选择要和谁在一起。

＞　提供做选择的机会

　　在一些案例中，仅是提供做选择的机会就能有效减少问题行为。Bambara、Koger、Katzer 和 Davenport(1995)证明了提供选择机会的正向作用。他们的研究对象是一位 50 岁的发展障碍者，伴随频繁的攻击行为、尖叫和咒骂。他的问题行为多发生在被要求完成家务杂事的时候(例如摆桌子、用吸尘器清扫走廊、打果汁、倒垃圾)，表示其问题行为动机是逃避家务杂事。

　　为了增加他的选择和可控制的机会，研究人员开始在定时的和按照顺序排列的家务杂事中给他提供更多的选择。例如，不是简单地要求他摆桌子，而是给他一个任务选择(例如"你想摆桌子还是打果汁？")。另外，不是简单地叫他用吸尘器打扫，而是让他选择用吸尘器打扫哪间房间(例如"你想用吸尘器打扫这个房间还是那个房间？")。当这些类型的选择机会整合到日常例行活动中，个案的参与度增加了，问题行为也减少了。

　　可惜的是，目前还不清楚为什么提供选择的机会能够有效减少问题行为。有种解释是，因为干预增加了个案的选择和控制。另外一种可能的解释是，这些多样的选择使家务杂事变得不那么令人厌恶，因此使逃离任务的行为得到负增强的效果。后续的研究显示，在任何情况下提供多种选择(例如，选择强化刺激、选择材料、选择做什么任务与何时做)，都可以增加 ASD 者和其他发展障碍者的参与度和减少其问题行为（Cannella，O'Reilly & Lancioni，2005）。

选择干预法能否成功，可能取决于做选择的机会是以何种方式呈现给个案。例如，个案的语言理解能力有限，呈现真实的物品或实物的照片能使个案做得更好，而非口头上询问：你想要咖啡还是茶？（Vaughn & Horner，1995）此外，正如先前所提到的，只有当个案已经掌握了有效做选择的技能时，才能有效地提供做选择的机会。某些个案可能缺乏这个做选择的技能，因此就必须直接教学。

> ### 教导做选择的技能

幸运的是，使用和 FCT 相同的系统性指导步骤，同样可有效地应用于训练做选择技能。举例来说，Browder、Cooper 和 Lim（1998）以系统性的指导步骤教导三个成年发展性障碍者做选择的技能，这个实验是在评估他们各种休闲活动的喜好。每个成人均有重复的机会来选择各种活动（例如练习高尔夫、阅读杂志或参加社交聚会）。训练者呈现可参与的休闲活动的符号作为刺激，以提供做选择的机会，例如呈现杂志的订阅卡代表看杂志。个案均被提示选择该刺激物后便可以体验相关的休闲活动。过一段时间后，当个案开始选择喜好的休闲活动时，提示会慢慢消退。

为了使个案能做相关的选择，需要先从最基本的机会范围中开始教导做选择的技能。例如，最开始的选择机会可能是要求选择喜欢的点心，选择要做的活动或者任务，或者选择看电视还是外出散步。接下来，为个案提供涉及更多复杂决定的选择机会（例如选择职业、选择在哪里居住、选择和谁住在一起）。当选择的机会扩展，个案就能提升控制自己生活的能力，这种控制能力的提升不仅可提高生活质量，还可以消除问题行为的束缚（Carr et al.，1994）。

临床意义

对 ASD 者来说，治疗问题行为是整个康复训练中首要的项目。问题行为的评估和治疗在过去三十多年间有重大的进展，在家庭、学校、诊所、工作单位及小区环境中与 ASD 者接触的专业人员，应该要熟悉问题行为治疗的最新发展。

评估方面的主要进展是延续 Iwata 等人（1994）的开创，功能性评估方法持续地发展和精致化。如今，临床人员使用功能性评估方法通常能够明确地查出引起问题行为的具体前因条件，以及问题行为维持的原因。目前最佳的临床实践是，强调采用先前功能性评估的重要性，来辨别一系列可能的控制变项，包括注意力、获得实物和逃避任务的要求，因此临床人员必须要有设计和施测功能性评估的能力，来辨别个案控制问题行为的控制变项。

新的功能性评估技术的发展与理解沟通本位问题行为的概念发展是一致的（Durand，1986）。在许多案例中，一个个案的问题行为可以被解释为和一个或多个基本沟通功能有关系，这些基本的沟通的功能包括吸引注意，要求得到喜欢的物品，拒绝不喜欢的物品、活动或互动。临床人员要有能洞察、解释这些功能性评估数据的能力，知道在什么时候从沟通观点有意义地解释问题行为。

在以功能性评估数据得到可信和有效的沟通功能解释结果后，所得到的结果常被用来选择合适的沟通技能，以取代之前的问题行为。当用替代性沟通和做选择的技能来取代问题行为时，必须要考虑许多问题，正如本章前面各章所提到的，主要的议题包括社会适应、身体和认知努力，以及可理解性。

治疗上的进展为很多不同个案以及不同的问题行为带来更多以沟通为本位的细致干预。事实上，以沟通为本位的干预，是众多能有效治疗发展性障碍个案问题行为方式的其中一种（Didden，Duker & Korzilius，1997）。因此临床人员必须要学习如何设计、执行和评估FCT以及选择干预法，因为这些通常是许多具有显著沟通障碍和严重行为问题的ASD者的治疗选择。

虽然FCT（在较小的范围中进行选择干预法）已经被编写成册（Carr et al.，1994；Durand，1990），但临床人员在设计、执行和评估这些治疗时，仍会面临许多复杂的决定。临床人员不只要决定适合的替代性技能，还要提出该在何时何地给予指示，在教学中要使用哪种提示，怎样褪除提示，以及要如何推动类化和维持结果。做这些技术性和逻辑性的选择，需要真正理解构成有效干预的基本操作性和回应性原则（Linscheid，1999）。同样地，记住整体的干预目标对临床人员也非常重要，干预目标能改善ASD者的整体生活质量，记住这项整体的目标能帮助临床人员减少ASD者的问题行为时所面临的困难。

尽管以沟通为本位的干预能达到很高的有效性，但是需要强调的是，FCT和提供做选择的机会对于减少问题行为并非永远有效。此外，FCT和选择干预法可能不是产生临床上显著减少问题行为的唯一必要程序，因此，临床人员必须要有能将FCT和选择干预法与其他为解决ASD者沟通缺陷和问题行为的实证支持干预方法相结合的能力。

研究的意义和未来的研究

尽管大量的应用干预研究已证明FCT和选择干预法的有效性，然而仍有很多重要的研究问题在文献中尚未受到足够的关注。确切地说,关于预防问题行为的研究文献数量仍然很少,如结合 FCT、选择干预法以及应用以沟通为本位的方法来改善 ASD 者的核心症状(拒绝改变和坚持同一性)。

> ## 预防问题行为

FCT 和选择干预法主要被用来减少现有的问题行为是可以理解的,然而,目前用 FCT 和选择干预法来预防严重问题行为的可能性并未被忽略(Sigafoos & O'Relly,2006)。尽管 FCT 潜在的预防效果是被认可的,但据我们所知,目前并没有研究确实地评估其预防 ASD 儿童严重的问题行为的潜能。

由于一些原因,在早期,FCT 的引入可能被抵制。首先,有人会有错误的观念,认为孩子的成长会解决其问题行为,因此没有接受治疗的必要。在学龄前,孩子还不强壮,不会造成严重的伤害和毁坏,问题行为的出现容易被家长和老师接受。因此同样造成成人不愿意接受 AAC 作为 FCT 干预的一部分,害怕会因此妨碍孩子言语和语言的发展。

上述的理由都是没有根据的,其实,问题行为反而很可能会因为孩子年龄的增长而变得更严重(Einfeld & Tonge,1996),且 AAC 有可能会促进而非阻碍语言的发展(Mirenda,1997)。强而有力的证据显示当父母使用 FCT 来取代发展性障碍儿童的问题行为是具有正面结果(Wacker et al.,1998)。以上父母以 FCT 治疗幼儿的问题行为成功的案例显示早期引入 FCT 也可能是一个有效的预防性措施。未来更多的研究文献应该来探讨此一假设。

> ## FCT 干预和选择干预法的结合

因为 FCT 和选择干预法两者都能有效减少问题行为,因此将这两种方法结合起来有可能呈现出更有力的治疗方法,目前也需要相关的研究来证明将 FCT 和"选择干预法"有效结合的方法。依照这个思路,Peck Peterson 等人(2005)证实了将做选择的机会加到 FCT 中的作用。这些研究者首先将 FCT 运用到两个被诊断为发展性障碍的男孩身上,而先前的功能性评估显示这两名孩子的问题行为的原因是逃避课业任务的结果。这两个男孩被教导使用手语或者言语来表达休息的需求(例如"抱歉,我想要休息"),以取代用来逃避任务的问题行为。

在两个孩子习得了这些替代性要求后,问题行为减少了,但遗憾的是,能完成的任务量也同样因为两个男孩不停地要求休息而减少。为了增加能完成的任务,研究人员随后提出了两个选择,一个为再继续工作一段时间,另一个为立刻休息。如果两个男孩选择立刻休息,他们可以得到 15 秒的休息,但在这期间没有玩具或成人的注意;但如果他们选择继续工作,他们会在之后休息 2 分钟,并且得到玩具和成人的注意。这些选择机会和 FCT 干预结合,不仅将问题行为的频率降低,同时也增加了孩子对重要课业任务的参与程度。

这些结果显示了将选择机会和 FCT 结合的好处,未来的研究需要评估 FCT 和做选择的其他组合的效果,若成功地将两种方法结合,便能让临床人员设计更有效的干预。

> **扩展至 ASD 其他的核心特征**

到目前为止,FCT 和选择干预法已被运用在干预 ASD 者的自伤、攻击、毁坏物品、发脾气和刻板行为上(Mnncil,2006)。未来的研究应将目标扩展到评估改善其他与 ASD 有关的问题行为的有效性,来达到以沟通为本位的干预的普遍应用。

在拒绝改变和坚持同一性这两个问题行为上,目前缺乏有实证研究支持的治疗方式。Kanner(1943)描述了 11 名 ASD 孩子的拒绝改变和坚持同一性的特征行为,在今天,这些行为还是 ASD 的显著特征。通常 ASD 者拒绝改变和坚持同一性的行为会达到非常严重的程度,例如,如果一件家具从它平常的位置移动了,或者父母更改了经常回家的路线,这个孩子可能就会大发脾气。尽管这些特征在关于 ASD 的描述中普遍存在,但目前几乎没有相关的研究去探讨 ASD 者这两个主要的问题领域(Marchant,Howlin,Yule & Rutter,1974)。

用 FCT 和"选择干预法"来治疗这两个 ASD 的核心特征是有可能的。例如,可以教导孩子在两条回家的路线中做选择,或者训练他们提出想要的环境改变的要求能力,而不是因为一点小小的环境改变就大发脾气。而这些方法是否真的能处理 ASD 的核心特征,目前仍待讨论。

结论

对 ASD 者的问题行为来说,FCT 和选择干预法是系统而完整的干预方法。在技术熟练的专业人员完成干预时,证据显示这些是很好的方法。但是,在配合任何其他干预时,这些方法都需要经常调整来适应个案。甚至当方法都调整好来适应个案时,干预仍可能会失败,而达不到预期的结果。

当使用的目的正确时,FCT 和选择干预法都是很有效的好工具。然而,这些方法不一定总是最好的,或者是唯一的工具,因为问题行为的存在不一定总是由沟通所造成。而当问题行为是因为沟通所造成时,FCT 和选择干预法无疑是很好的选择。FCT 和选择干预法是与AAC 干预实证本位服务的进展相符的(Schlosser,2000)。

曾经有一段时间,问题行为产生后,人们往往不会考虑让个案接受沟通治疗的干预。而在今日,问题行为出现后大家会考虑 FCT 和选择干预法。我们相信 FCT 和选择干预法在预防出现严重问题行为方面有一定的作用,因此,即使当个案没有严重的问题行为时也应该考虑这些方法。如果临床人员因为个案没有严重的问题行为,就没有考虑让个案接受这种有效的、以沟通为本位的干预,那将是很可惜的一件事。

第十三章

辅助性 AAC 的角色：
以常规的沟通行为代替非常规的沟通行为

Krista M. Wilkinson、Joe Reichle　著

李丹、黄凯君　译

本章主要检视如何通过基本的原则，用更常规的沟通方式，特别是辅助沟通（AAC）形式，来有效地替代特异行为或者问题行为。首先本章将描述一些被大家认可的回应问题行为的原则。这些原则源自长期的研究传统，且许多已被整合到有效的临床干预方法中，例如功能性沟通训练（见第十二章）。我们的目标是将这些原则与辅助性 AAC 干预模式的潜在作用相结合，使得自闭症谱系障碍（ASD）学习者能从辅助性 AAC 模式运用中获益。因此，本章将会列出取代问题行为的基本原则概要，并同时注意运用辅助 AAC 模式时所产生的议题。

本章将审视辅助性 AAC 的潜在功能，它不仅可以取代现存的问题行为（如这些已经存在于学习者的技能中），同时也可以提升新的与被期望的行为。有一句谚语——"大自然不存在真空"——恰当地描述了许多问题行为出现的情况，特别是具有沟通功能的。当学习者只用极少数的常规方法来表达自己的意图时，可能是以工具为目的（例如，获得想要的物品，或者拒绝不想要的物品），或以社交为目的（例如，引起他人的注意，或者维持社会关注），就有可能发展特殊的方式，其中大多数可能被较大的社会群体认为是有问题的。在问题行为开始前或者在问题行为变得很难被取代之前，积极地计划提供系统性的常规沟通方式，可以阻止问题行为的发展。

要成功地使用这种方法，非常重要的一点是：如何选择对使用者而言具有相同的或者更大沟通能力的常规行为。因为辅助性沟通形式在成为一种沟通方式时，会面对独特的挑战（根据身体特征、信息准备速度等），因此，在用它们取代问题行为时，专业的考虑是必要的。

因此，本章概述一些应用辅助性符号和实证研究例子的教学法，说明如何有效替代问题行为。这些方法为干预者提供了一种干预途径，让辅助性沟通可以成功地取代问题行为，且可以成为现有的训练技巧的补充方法。我们的目标是将这些策略整合到每个学习者合适的沟通目标中。

最后一部分将聚焦于和 ASD 个案有特定关联的议题上。在此，我们的目标是要说明为何在之前的两节中讨论过的架构，不仅适用于常规沟通行为——这是在 AAC 和 ASD 领域已

被广泛研究的;还适用于共同注意力沟通行为。共同注意力尽管对 ASD 者来说(Wetherby,2006)很重要,但却很少在 AAC 的研究中受到关注。

因为我们在本节所讨论与关注的想法几乎没有直接的相关研究,所以我们在此的讨论只是研究初探。尽管如此,我们还是认为讨论辅助性 AAC 教学方式作为教导共同注意力的潜在可能性以及如何受益于辅助性 AAC 模式是很有帮助的。因为我们希望这些想法能有助于促进此专题的直接研究。

替代特异的行为:概述

特异和问题行为的功能可能是社会性的,也可能是非社会性的(例如,Johnston & Reichle,1993)。在本章中,我们的重点放在社会性动机行为上,此行为的功能结果是因沟通同伴的中介而产生的;这些功能包括获得或逃避注意、物品和活动,或者别的渴望或非渴望的结果。我们选择这个行为是因为社会性动机行为会因沟通干预(如提供辅助性 AAC)而被改变的潜力较高。

要建立常规的沟通技能,新的沟通形式必须要和被替代的特异行为匹配,这是很重要的。例如,如果学习者以发牢骚逃避学校的特定活动,沟通替代必须解决逃避行为。如果干预者不允许学习者逃避,就需要另外的干预策略(Halle,Bambara & Reichle,2005)。此外,对于学习者而言,新的沟通替代必须要比现有的沟通策略更吸引人,或同样吸引人,这也是很重要的——也就是,新的替代行为至少要和现有的一样有效。一些变项或因素对于实施效率是很有帮助的(Hernstein,1961),包含立即增强、增强速率、所需要的体力和认知的回应力,以及增强的质量。

> 立即增强

让我们以一个学习者的自伤行为为例:干预者立刻阻止学习者伤害自己,但是如此的做法,他们不经意地却增强了学习者获取注意力的自伤行为。而如果干预者选择教会学习者触摸语音沟通器(SGD)上的符号,以"请来这里"作为替代行为,让他获取注意,那么干预者使用 SGD 的回应要和原始的伤害自己的行为一样快(最好更快)。否则,从学习者的观点来看,新的沟通替代将会成为更差的替代方法。另外,新的替代行为若能在学习者为了得到别人的回应而变得焦虑甚至绝望前提供,才会获得注意且被立即增强。

> 增强速率

增强的速率指的是学习者在获得想要的结果之前,必须从事某一行为的次数和持续的时间长度。例如，当老师转过背面时，学习者可能会持续一段时间发出可笑的或者扰乱的声音来引起老师的注意。如果我们建构在语音沟通器上选择的信息，可以立即就引起老师的注意，那么我们就已经创建出一个情境，使得使用辅助性沟通作为吸引注意力的增强速率比学习者一开始的扰乱声音来得高。

> ## 体力和认知能力的付出

体力的付出指的是要完成一种行为所需要的身体能量（例如卡路里）。人们通常喜欢花费较少体力来达成目标的行为，而不是花费较多体力的行为（例如，更强的精细或粗大动作协调或更大的力气）。任何替代行为所需的体力必须比起被替代行为所需的体力更少。此议题对于 AAC 尤其重要，因为沟通辅助模式需要学习者从一系列符号中找到和选择符号。许多问题行为涉及较少体力。例如，殴打隔壁同学，甚至只打一次通常就有立即的、可预期的和直接的结果。如果学习者使用特别令人讨厌和相当不费力的行为即可完成她的目标，那么她就不可能花费更多的努力去完成相同的目标，例如选择一系列的图像符号。要取代她的问题行为，必须将这一个重要的因素考虑进去。

除了体力之外，认知能力在回应效率上扮演了重要的角色。一些行为可能在某些固定的情境中经常发生，最后就变成自动化的行为。我们很多人可能曾经历以下的事情：我们每天开车上班，可能不记得经过哪个路标，或者在哪个路口转弯，然而我们还是可以在不发生意外事故的状况下到达工作点。实际上，我们对于经历的路线太熟悉了，就不必再聚精会神完全投入地开车。同样的情境出现在处理问题行为中。有时学习者卷入问题行为中，是因为问题行为在特定的情境中已被反复地练习，毫不费力地就自动产生了。如果是这样的情况，学习者就会不自觉地视问题行为比新引进的替代行为更有效。Johnston、Reichle 和Evans（2004）提供了很多有效处理这种情形的细节指导教学。

> ## 增强的质量

对增强的质量进行描述有一定的挑战性。从根本上来说，我们必须考虑学习者学习的新的回应方式和旧的、不需要的回应方式比较之下，相关的价值在哪里。这可以通过以下两种方式进行操作：（1）增强物的数量或增强时间；（2）已经被确认对学习者而言是特别有效的增强物。当我们要为学习者找机会实施替代行为时，辨别出其喜好的增强物是特别重要的。通常我们给学习者的反馈都是我们相信具有增强作用的，如社会性的赞美（例如，"做得好！"）、零食或是活动（如额外的甜点和休息）。如果我们的信念和学习者实际的喜好一致，那么就要把该反馈纳入干预的主要组成部分。如果反馈对于学习者是没有动力的（或者甚至是令人厌恶的），那么干预将不会成功，甚至阻碍目标结果。因此，评估就变成关键了：为每一个个别的学习者评估出能真正增强目标行为的回馈。

综合上述,这四个回应的效能也会带来其他潜在的附属效益。例如,如果学习者学会举手而不是用讨厌的噪声来获得老师的注意力,老师就会赞美他(例如,"谢谢你的举手!")。另外一个相关的潜在好处是改善了同伴的交往;同伴可能害怕靠近有问题行为的学习者,但当问题行为不再那么显著的时候,就有可能进行初步的社会交流。

通过辅助性 AAC 来激发可接受性的替代行为

当学习者不具备常规的沟通行为时,通常会出现特异的行为,也包括问题行为。学习者产生的行为会成为他们行为技能的一部分,而当别人对这些行为的持续回应和学习者的需要一致时,这些行为就会增强,变成具有意图的行为。具有意图的行为会依序沿着从社会可接受的到社会不能接受的范围渐进发展成形。如果学习者被提供同等效能、有效的和不费力的自我表达模式,缺乏常规表达的问题行为就会被替代甚至被制止。本节会讨论切实可行的辅助替代方式,以对抗学习者最初的问题行为。

虽然代替特异或问题行为的功能性沟通训练可能涉及提供言语、手语或者视觉辅助符号作为替代,但本节只聚焦于视觉辅助符号。当然,当非辅助性手势或者手势语能被同伴所理解时,他们可能和非常规行为或口语沟通模式一样有效力。可是,视觉图形符号,例如图片、文字、图标或者其他图案形式,正如接下来讨论的那样,提供了一些特殊挑战。

＞ 焦点议题和纪律理念

在语言干预、ASD 和 AAC 的领域当中,情境和干预形式的适切性被视为长久以来的议题。当要学习机会出现时,我们是否应该自然主义干预来进行学习? 或者我们应该在抽离的治疗时段,用高度计划的目标性学习机会来建构干预? 从历史上看,这种讨论被视为"二选一"的论点。可是,目前很多领域已慢慢承认两种混合方法的组合元素都可能产生独特的优势(例如:Paul,2007)。

Fey(1986)讨论了关于语言干预方法中的自然谱系。他总结道,虽然当其他每件事都一样的时候,自然方法是较受欢迎的选择,但此方法同样也会有高度结构化的干预去设定特定的目标。这些情境通常和特定的沟通目标、学习者的气质和发展特性有关。Kaiser、Yoder 与Keetz(1992)阐述了使用自然的和结构干预方法产生混合干预元素的有效性;同时 Warren 和Yoder 也回顾、评析了儿童为中心(例如自然原则)、以临床人员主导(例如结构化的/精心策划的)和此两者混合的干预方法。

对于每种方法独特和互补的贡献的评价,最近也出现在 ASD 领域(Mundy & Wetherby, 2006;Quill,2006;Warren & Yoder,1997)。在本章,我们将这种理念扩展到 ASD 学习者的辅助性 AAC 干预中。这里回顾的方法大部分(尽管不是专门的)位于教学连续统中倾向"较不自然"的方向。然而,尽管我们的焦点是计划好的实用程序,以及促进临床人员主导的替代问题行为的学习机会的功效,但是我们没有打算用这些策略来代替或者作为自然干预的先决条件。相反地,我们还提供了以实证为基础的方法来补充自然干预的不足,这个方法会提供额外的练习特定技能的机会,或是教导在自然交谈中极少产生的目标行为(Warren & Yoder,1997)。我们的建议也可以被用来补充或者加强各种自然示范和辅助语言输入方案,这些干预方法已经被证明可以成功地应用于特殊需求儿童身上,包括 ASD(见第七章至第九章)。

本章中讨论的许多干预技巧系来自行为心理学的学习原则。特别是在刺激控制分析领域,对"环境支持会促进或阻碍功能性行为"的论述。许多我们所提供的策略依赖于样本配对(match to sample,MTS)的任务,在其中参与者需要从一系列目标样本中选出目标刺激。大量的研究一致证明大多数智力与语言有障碍的个体都可以在独立或者遵循简单的指示状况下,很快地完成 MTS 的任务(例如,Carter & Werner,1978;Lattal & Perone,1998;Mcllvane, 1992;Mcllvane,Dube,Green & Serna,1993;Wilkinson & Rosenquist,2006)。

从实用的观点来看,MTS 的任务构成了许多临床评估和干预方法的基础,包括沟通行为本身。例如,接受性词汇的标准化测验,像是皮博迪词汇测验(Peabody Picture Vocabulary Test,PPVT)(Dunn & Dunn,2006)和接受性单词图画词汇测验(Receptive One Word Picture Vocabulary Test)(Brownell,2000),要求学习者将口语词汇与图片配对。许多表达性或接受性符号知识的研究和临床评估涉及符号或者指示物的呈现,期望学习者能从一系列的选择中选出合适的配对(例如 Brady & Saunders,1991;Franklin,Mirenda & Phillips,1996; Wilkinson & Rosenquist,200)。除此以外,初期的 AAC 教学总是涉及用示范、提示和组合去教会学习者:特定的符号(例如,照片)匹配(例如,配对)特定的指示物(Bondy & Frost,2001; Romski & Sevcik,1996)。使用符号沟通的学习者通常会选择适合的符号去配对喜欢的指示物。

通过辅助性 AAC 取代问题行为的基本原则

使用 AAC 视觉辅助沟通的个体面临的最大挑战是他们信息准备速度相对较慢。Beukelman 和 Mirenda(2005,p.67)指出和自然说话者相比,辅助沟通者常碰到沟通速度"急剧"下降的问题。当口语沟通进程每分钟最多 150~250 个词时,使用辅助沟通的信息构建估计每分钟是少于 15 个词的。减少的准备信息速度对于辅助性沟通所需要的效能和努力有直接的意义,特别是涉及问题行为时。例如,为了逃避而打旁边同学的行为,见效快且不费力。那么我们怎么用图形符号代替此种问题行为? 毕竟为了寻找与选择符号需要更多的视觉和动作的努力与时间。

为了完成这项活动,教导过的符号(例如,帮助、休息)应该以大尺寸,单独出现在版面上,或者放在讨喜的、容易让学习者拿到的地方。这样可以让学习者用最少的时间找到符号,让找寻符号变得有效且相对较不费力。其次,要让学习者在使用新的符号时得到立即回应,并且在从事相关的问题行为时,用不那么立即的回应是很重要的。例如,如果学习者使用休息符号获得了 3 分钟的休息,当他打邻居逃避时,他应该得到更短的休息(例如 30~60秒)。一旦我们考虑和回应有关效能的基本策略后,我们将为已经有意愿参与教学而具有非常规沟通技能的个案,建构一个完善的课程。

使用辅助符号来培养"期望的沟通行为"之进阶策略

我们如何培养能够与问题行为竞争的常规辅助性沟通行为技能呢? 在许多可能的策略中,我们选择那些对于辅助性沟通相对具有特殊挑战的。这些包括:(1)评估辅助性 AAC 需要的视觉技能;(2)决定学习者对于前导事件线索和计划的后果敏感性;(3)完成无误的教学;(4)选择适当的沟通功能性目标;(5)区别和促进沟通行为的使用环境;(6)扩展学习者现有的符号技能。

为辅助性 AAC 干预评估视觉技能

学习者产生一个或多个具沟通功能的问题行为,是因为他们无法使用被提供的常规沟通替代方案。例如,沟通版面的视觉要求可能和学习者的感知能力无法匹配。如果视觉呈现过于复杂,或者符号让学习者很难明白,他们就会继续使用问题行为或发展出问题行为取而代之。

在设计沟通版面时,应考虑到基本和复杂的视觉处理历程是很重要的。在基本的层次,我们必须考虑到相关的排列和版面上的符号大小。如果符号放的位置太接近(例如,呈现得太拥挤),或者符号太小无法精确地区别,就可能让学习者无法以想要的方式来使用它们,进而让他们又回到常见的问题行为。因此,评估学习者区别不同尺寸和近似的符号的能力是非常关键的，而且不仅是评估个别符号，也要综合版面一起评估。有关这些议题以及如何使用 MTS 策略来评估的深入讨论，可以在其他文献中取得（Utley，2002；Wilkinson & Mcllvane，2002）。

在这些评估中有一些很重要的议题，包括学习者可以区别大小和颜色相近的辅助性符号到什么程度（例如草莓符号相对于苹果符号），他们理解口语词汇和所对应的物品或图片指示物之间关系的程度（例如，当听见口语"苹果"时，怎么从一系列的符号中选出"苹果"），他们能如何区别发音相似的口语（例如，从一系列符号中选出正确的符号代表 hat、cat、bat）。研究表明，以上这些理解的标志是对使用辅助性 AAC 的学习者之后学习效率和结果的重要预测，也包括那些 ASD 者（Romski & Sevcik，1996；Sevcik & Romski，2005）。

除了评估与视觉及现有符号匹配的有关技能之基本知觉处理历程外，临床人员也需要注意一些复杂的视觉因素，这可能对于决定学习者是否能够有效和正确地处理沟通版面符号来说是很重要的。文献建议有特殊类型障碍的学习者可能在视觉处理上有过度区辨模块的问题。例如，有一个现象是智力障碍或 ASD 有过度选择的注意力—注意力仅仅关注在刺激物的某一细微特征中（例如，Gersten，1980；Happe & Frith，2006；Huguenin，2004；Liss，Saulnier，Fein & Kinsbourne，2006；Litrownik，Mclnnis，Wetzel-Pritchard & Filipelli，1978；Wilhelm & Lovaas，1976）。

过度选择注意力的存在对于辅助性版面的架构有显著的意义。如果学习者仅仅关注符号的细微特征，（例如，呈现一些线条图，代表各种不同的水果），她可能在分辨樱桃和苹果时会有困难。另外一个视觉处理历程的特征是 ASD 个案狭窄地关注视觉的某一领域，而不是整体（Wainwright & Bryson，1996）。这个特质同样对辅助性版面架构是有意义的，因为符号出现在某个特定的位置（例如角落）可能对学习者会有一定的影响。Wilkinson、Carlin 和 Thistle（2008）对这点的论述和对其他视知觉的考虑提供了进一步的讨论。

尽管有特殊障碍个体的视知觉认知模式目前只停留在最初的观察上，更深入的探讨还没有文献支持，但是显而易见的，学习者之间的视觉处理能力各不相同，对这个个体合适的视觉版面呈现方式，不一定就合适另外一个个体。这种现象的产生不只是因为认知和沟通能力不同，也是因为学习者视觉处理能力与特定沟通表现形式不匹配。这样的问题就会让父母和专业人员疑惑（想知道），为什么某种/些符号被忽视，而另外有些则被过度使用。

MTS 任务可用于评估 ASD 个体的视觉处理技能。此项任务可以被用来检验个体对刺激的观察广度或者整体的视野（Mcllvane，Dube & Callahan，1996），以及学习者依靠视觉线索的程度，例如位置或者颜色（Stephenson，2007；Wilkinson，Carlin & Jagaroo，2006；Wilkinson et al.，2008）。设计沟通版面的时候，如此的评估可以帮助临床人员做出适当的调整以适合每个学习者的视觉处理模块。

如何决定学习者对前导线索和计划结果的敏感性

具有沟通功能的问题行为其实是学习者之前摸索出来的结果。正如先前所提到的,如果新的行为被选择来代替这些特殊行为,但没有提供相似的或者更有促进作用的后果,问题行为有可能会继续出现。因此,学习者对于特殊的增强和设计学习者寻求成果的干预是很重要的。

完成这个任务的第一步是确定造成学习者出现问题行为动机的结果是什么。通常,干预者会对一个新的沟通行为提供社会性增强(例如,口头上的)。他们会在学习者产生那些行为的时候给予赞美。对于许多学习者,社会性/口语上的结果具有增强作用,且随着时间推移,新的沟通行为使用频率也会增加。可是,对于另外一些人(特别是 ASD 学习者),如此的社会性增强可能没效,或者需要做调整来适应学习者的喜好和兴趣。来自 MTS 任务和刺激控制分析的评量技术,可以用来评估某种特定增强物的有效性,且在这方面已经被成功地使用(如 Dube & Mcllvane,2002;Mcllvane et al.,1996;Neef,Shade & Miller,1994)。

一旦学习者喜欢的增强物被确认之后,下一步就是设计将增强物纳为结果的干预。一开始,如此的干预可能不能注重自发性的沟通,可是它们可以成为沟通的基础部分。一旦对某位学习者具有激励性的结果(例如增强)被确认,就有必要尽可能提供机会,让其来使用那些可引起后果的行为。如此做,可以教会学习者哪种行为会产生哪种后果。当目标沟通行为在对话中不太可能产生时,构建环境促使它发生就显得很重要(Warren & Yoder,1997)。而且重要的是,这样做能使沟通者和学习者互动,提高正向行为,而不是单单减少不想要的行为。

最后,在一些特定的环境中,增加增强物的价值,也会使新的沟通替代选择更有吸引力。例如,考虑以下一个情境:学习者在此情境中已可以学会提出要求来获得休息,而不是使用问题行为逃避。之后当学习者使用休息符号时,干预者不仅仅是让学习者离开桌子一段时间,而是让她在休息期间也可以玩一下计算机游戏。以此为例,附加的有形增强有可能使得使用"休息"符号,比对问题行为断断续续地可获得的结果更有吸引力。此外,鉴定新的沟通行为所产生相应有力的增强物,同样还可以为干预者提供正向结果相结合的机会。

> 使用无错误的学习技术

MTS 任务可以用来教导取代问题行为的沟通行为。当目标沟通行为在自然的交谈中没有频繁出现,或是当干预者想让个案有更多机会练习新的行为并体验其结果时,MTS 任务会是很好用的干预方式。在某种程度上，这种手段可以在"现在"和"未来"目标的架构中被概念化（Beukelman & Mirenda,2005）。"现在"目标是将学习者目前的功能最大化，给他或她现存的沟通技能或者一套技能。例如，我们可能提供实物日程表，帮助沟通者明白今天接下来会发生什么（因此，在时间转换时可以少发脾气）。或者我们可以设计环境，增强学习者使用他现存的沟通模式，来表达需求、分享信息或者增强与朋友和家庭成员参与社会亲密互动的能力。"未来"目标和新的技能有关，学习者应该被教会未来可以在不同情境下以及与不同沟通伙伴可以更有效地沟通的技能。未来目标可以包括：（1）教会目前使用非符号模式（例如，手势、发声）沟通的学习者去使用简单的符号，例如物品；（2）教会使用物品符号沟通的学习者使用较高阶的符号组，例如照片或者线条画。这样做的优势是照片或线条画通常比实物容易携带，也更适合表达抽象概念，例如停止和热。

在此种情形下，结构化的干预策略可以充当学习者当前的沟通行为和我们想象的"未来"模式之间的桥梁。例如，某位学习者通过攻击行为获得逃避，我们很清楚地可以：（1）设计结构化环境来支持适当的、现存的沟通模式；（2）在每一个可能的自然互动中示范符号使用（例如，物品），以替代攻击行为。此外，我们也可以设计特定的教学时段，用以教导休息符号的使用和获得休息之间的关系。据此，我们可以在自然和结构的条件下提供最适当的练习与经验。

> MTS 作为尝试错误教学的替代选择

一些教学方法使用尝试错误技术，学习者被鼓励猜测正确的回答和从后果中学习（例如，当正确的时候得到增强，不正确的时候得不到回应）。因为它很简单，可以从一个有吸引力的地方开始教学方案。可是，许多专业人员可能经历过学习者一旦犯了错误就很难从错误形式上移开的经验。对于这样的学习者，尝试错误技术可能会产生反作用，因为他们建立了必须被移除的错误形式。因此，尝试错误经常被 ASD 个案拒绝，因为他们无法容忍失败（Richmond & Bell,1986;Sidman & Stoddard,1967）。最近的研究直接比较了尝试错误技术和 MTS 为基础的无错误教学技术的效能（排除学习，将在本章后面做描述），结果显示对于 ASD 孩子，无错误技术在建立照片和物体关系上显示出优越的结果（Carr & Felce,2008）。

对于起始沟通者，辅助符号教学可以用简单的 MTS 任务完成，学习者首先被教会从一系列符号中找出相同的符号（例如，从一系列的线条画中找到相同的线条图）。随着学习者能力的进步，教学活动开始包括以部分特征为基础的配对（例如，从一系列图画中找到与照片匹配的），或者随意的特征（例如，从一系列中图画找出和一个文字相匹配的线条图；Wilkinson & Mcllvane,2002）。如此的替代教学方法可以被用来减少错误和促进正向回馈。

开始，学习者可能无法准确地从一系列形状中选出确切的形状。例如，当呈现三角形时,他不能从三角形和其他形状里选出配对的三角形。为了增加学习者从序列中找出相同刺激的概率,我们可以在 MTS 任务序列中探索一些基本的视觉认知特征。集中他的注意力的一个方法是呈现一个"格格不入"的刺激(即选出特异的物品)。为了这样做,我们呈现一个三角形和一系列由其他相同图形组成的序列(例如,一个三角形和三个形状相同的正方形)。让三角形作为"格格不入"的,使其在别的都一样的刺激中更显"突出"。逐渐地,误导选项(在这里是正方形)的数量再被系统化地减少,直到只有一个目标符号和一个误导选项作为样本。研究已经证实这种方法在教导发展性障碍者和智力障碍者配对技能的有效性,不仅出现在形状,也同样出现于颜色和其他刺激特征的配对上(例如,Carlin, Soraci, Dennis, Strawbridge & Chechile, 2002; Mackay, Soraci, Carlin, Dennis & Strawbridge, 2002)。

进一步的无错误学习技术也可以用来教导以特征为基础的配对或者随意的配对。"样本刺激行为塑造程序"可以让干预者在整个教学中逐渐改变刺激(例如,线条画)成为另一个刺激(例如,文字)。使用这种方法,我们可以从同一配对(例如,线条配线条)开始,把学习者带到逐渐增加难度的任务中,接着配对不同的形状(例如,从线条画到照片或者从线条图到实物),然后终止于随意的配对(例如,线条图配对文字)。如此系统化的教学对于那些学习目标包括从较多的图像符号移到使用较少的图像符号(例如,从照片到线条图,或者从线条图到文字)的学习者可能很重要。尽管要消耗时间和力气,如此的技术已经成功地用于教会重度智障学生学会配对关系(见 Carr, Wilkinson, Blackman & McIlvane, 2000; Serna, Wilkinson & McIlvane, 1998)。

所有这些例子说明了辅助沟通所呈现的前事线索和增强后果的教学方法,同时也最大化了新沟通行为的可能性,使新的沟通行为成功地取代之前的问题行为。这些简单的方法是因为以下原因而有效。首先,它们让学习者经历到常规(虽然简单的)沟通行为带来的正向后果。如果我们正确地评估和选择好增强物,那么对于学习者进行新的行为将是一种正向的经验,他或她更有可能经常(将会更少进行非期待的行为)地进行这些行为。而且,如果我们正确地选择目标行为,学习者将同时被教会至少两项沟通任务——如何从一系列符号中用视觉搜寻找出特定目标符号,以及如何选择和想要的指示物相同的目标符号。同时,这两个组成部分是常规辅助沟通的基础结构。

另外,这些方法可能有效,是因为他们允许干预者有大量的机会使用正向的方法和学习者互动,并结合其想要的增强物。通过促进正向互动和常规的沟通替代,这些方法会和问题行为相互抗衡,并用以获得想要的增强物。

> ## 在最初的教学中,以要求或者拒绝作为目标功能

最初的教学目的在于建立沟通的技能,通常涉及教导学习者在他们的环境中要求或者

拒绝物品或事件(例如,行为调整)。要求和拒绝在儿童沟通发展中是最早出现的沟通功能,因此以它们作为干预的早期目标是最适合的(例如,Reichle,Drager & Davis,2002;Sigafoos et al.,2004)。而且,要求和拒绝是许多 ASD 者表现出来最为强而有力的沟通功能(Wetherby,2006),因此可成为最可靠和最具动机性的教学情境。

选择能符合现存的特殊行为(例如,攻击性问题行为)所带来的社会功能之替代性沟通行为是很重要。例如,如果干预者决定学习者以沟通行为来逃避某个事件,便有各式各样的沟通行为可以被教导。正如先前所提供的例子,一个选择是教会学习者用符号要求休息。另外一个选择则特别适合那些因为工作要求非常困难(而不是因为工作时长)想逃走的学习者,干预者可教会其使用"请帮忙"符号,其结果是他可获得额外的协助,而不是休息。在短时间内,这种选择将显著减少学习者任务的困难度;在长时间内,将提供给干预者机会来教会学习者随着协助的强度逐渐消退,而变得更加独立。第三个选择是教会想逃避的学习者使用"我不想做这个"的符号,因为他们不喜欢这个活动,即使这个活动很短暂且他们也能独立完成。

为了决定教哪种沟通替代,我们发现有系统地操纵情境中与问题行为有关的特定特征是很有用的。例如,在问题解决任务中,我们可以在学习者成功地用25%的时间和他用75%的时间完成的任务之间,进行选择替代。如果问题行为大都是发生在25%情形中,那么教会学习者提出请求帮助可能是合适的沟通替代。

另外一个例子,假设一个学龄前儿童的问题行为是为了逃避早上的"圆圈时间"。这个活动操作性的特征可能涉及比较,当持续活动5分钟后休息30秒,和持续15分钟后问题行为发生的比率。如果问题行为在15分钟的情形下出现更多,那么教会学习者要求休息可能是合理的沟通替代。

在这两个例子中,我们考虑到任务中的特定条件可能会引起想要逃避的结果。

有条件地使用新的沟通功能

对于很多刚开始沟通的人主要的重要符号挑战之一就是有条件地使用沟通行为,也就是只在特殊的环境(如,特殊状况)中使用此行为,而不是一直使用。对于干预者,同样的挑战是区别情境,从问题状况的使用和那些缺乏泛化的系统中,学习者的错误产生新的沟通行为系统。例如,Drasgow、Halle 和 Ostrosky(1998)教三个发展性障碍幼童使用常规的要求方式,而不是使用特异的沟通方式(例如,问题行为)来获得想要的活动。学习者的教室是在活动中习得、运用新沟通行为的场景。类似的活动在学习者的家里也会发生,学习者很可能在教室学会新的沟通行为,但是却没有在家中使用他们新学会的要求行为,而是继续用问题行为争取他们想要的。这时,他们的父母被教导在家里如何避免增强他们的特殊行为。一旦发现这些问题行为变得无效,三个小孩中的两个就开始使用新的沟通行为做替代。

综上所述,学习者并未在家里产生新的沟通行为似乎是学习者并未将习得的沟通行为类化到新的情境(例如,从学校到家里)。可是,当他们在家里的问题行为的结果变得比替代行为效率更低时,三个孩子中的两个立刻显示出相对应的行为改变。如果这个议题只是单纯的类化失败,干预者就需要在家庭中直接教新的沟通形式。然而,结果显示至少有两个学习者开始在家使用他们新的常规沟通方式,因为学习者理解使用新的沟通行为更能有效地获得增强物。

教任何新的沟通功能的时候,有条件地使用会起广大作用。Reichle 和他的同事实施了一系列的研究验证有条件地寻求帮助。他们教导儿童什么时候可以要求协助,什么时候不能这样做(Reichle & Johnston,1999;Reichle & McComas,2004;Reichle et al.,2005)。而在 Reichle 与 McComas(2004)的研究中,其干预方法为首先教学习者在碰到超出了他现有能力的工作时,要会请求协助(在这个案例中是数学)。接着,干预者开始逐渐撤出肢体协助,提供回应来帮助他所提出的要求;横跨教学时段,学习者变得更有竞争力和独立性。最后,当学习者成功地和独立地完成了作业时,他所获得的增强物会比其要求协助时所获得的更有吸引力。结果显示,一旦这种有条件使用阶段被执行,他只会在真正需要的时候(例如,减法问题)才会寻求帮助,当他不需要时,就会克制自己不要这样做(例如,加法问题)。

扩展与增加符号数量

到目前为止,我们已考虑以视觉处理以及增强原则为基础作为解决问题行为的策略,并且也将这些原则基础放置于沟通情境的复杂挑战中。本节将说明一个以 MTS 为基础的无错误教学方法,去帮助一个已建立有良好沟通能力的个案扩展符号数量。

当个体缺乏可用的词汇,而浩成虽有动机要表达,但却无法如此做时,此种挫折对任何理解沟通能力的人来说,都会感到很沮丧。在这样的情形下,学习者可能发展出特异行为或者问题行为来表达,因其沟通版面并无可用的资源。还没有学会阅读或者使用辅助符号沟通的个案,尤其会经历和此问题相关的挫折。这是因为对于他们而言,现有的词汇是有限的,包括他们沟通辅具和版面的符号。产生这种挫折感的潜在因素,会出现在当负责该项目的支持者或者沟通版面的组成没有能够包含沟通者想表达的大量主题。因此,检验扩大现存的辅助符号技术内容的一些策略就变得很重要。

在本书的其他章节中会对与此议题有关的不同计划性模式进行详细的描述，包括辅助语言示范和其他自然的方法。因此，我们选择了一系列专门的研究，包含 MTS 程序来检验直接运用于 ASD 个案和智力障碍者的辅助符号的词汇扩展。

Wilkinson 和她的同事以有或没有沟通和认知障碍的孩子为研究对象，进行了一系列有关"消除歧义和快速映射"或者"从排除中学习"的研究（Wilkinson，2005，2007；Wilkinson & Albert，2001；Wilkinson & Green，1998）。"快速映射"指的是学习者在少量的接触状况下可以快速地习得部分词意。通常，快速映射程序采用简单的匹配任务。学习者首先会看到一系列包含大量视觉刺激（例如，物体、照片、线条画或者文字）。在基线期，一系列已知的物体会呈现给学习者看，接着他们会被要求指出其中的一个；例如，学习者可能被要求从提供的一棵树、一个苹果和一只猫的照片中指出苹果。

在快速映射实验中（同样被 Wilkinson 和她的同事叫作"从排除中学习"，见 Wilkinson，2007 讨论文献中的术语），这一系列包括一样新的或者没有命名的刺激，和一系列已知的物品放在一起。例如，这个系列图片可能包括一棵树、一个苹果和一个不寻常的物体（例如，一个压蒜器）。在这些实验中，学习者会听到一个无意义的词汇，并被要求指出与此词汇相匹配的物品（如，请给我那个铝制品），以确定学习者是否明白新词汇所指的是没有命名的照片（例如，压蒜器），而不是他们已知名称的物品照片。在这种情形下选择新的照片，是证明快速映射能力的最初证据，被后来的研究所证实学习者能联结无意义词汇和新物品。

典型发展儿童在 15~18 个月时（Markman，1989）开始发展出快速映射的能力（例如，当呈现新的符号时，能从新的符号中选出相应的物品）。具有智力和发展障碍的个案，包括 ASD 同样有证据显示出能快速映射一个新的单字（Chapman，Kay-Raining Bird & Schwartz，1990；Mervis & Bertrand，1995；Romski，Sevcik，Robinson，Mervis & Bertrand，1996；Stevens & Karmiloff-Smith，1997）。

在她的研究中，Wilkinson 和她的同事（Wilkinson，2005，2007；Wilkinson & Albert，2001；Wilkinson & Green，1998）改编了常见的快速映射程序，检验具有重度智力障碍（包括 ASD）学习者如何习得多种词语。尽管，正如所期待的，在这些研究中，学习者确实选择新的指示物，而不是新的单词，在干预中智力障碍者对于展示的图片学习要比对词汇配对更敏感（Wilkinson，2005，2007）。例如，在一个直接检验教两个新单词的教学程序中，Wilkinson（2005）发现给智力障碍个案引入新单词的方案应该更仔细地建构；在引入新的单词前，这些个案同样需要系统练习每个单词。在这两个研究案例中，这些方案都会依特定学习者而个别制订，也可以在视觉辅助词汇教学中获得成功（Wilkinson & Albert，2001）。这些研究提供了最初的证据表明间接的自然学习进程，例如快速映射，可以用来探索辅助沟通者的词汇教学。另外，Carr 和 Felce（2008）的研究显示对于 ASD 儿童，用排除法改编的教学法比错误改正技术更能帮助他们习得图片—物体的关系。

> 小结

辅助性 AAC 可以被用来代替在很多方面具有社会功能的问题行为。在这点上,系统化地运用这些代替非常规行为的基本原则是有效的,特别是如果教学考虑到教导沟通辅助模式的具体挑战(例如,与沟通速率、视觉处理能力、教学关注和符号教学问题相关的调整)。本章接下来将检验使用辅助性 AAC 来解决 ASD 个案需要被特别关注的共同注意力问题。

以共同注意力为干预目标的辅助性 AAC

和同伴分享共同注意一个物体的能力对于早期语言和社会发展很重要,一般被称作共同注意力(请见 Bakeman & Adamson,1984)。正如 Yoder 和 McDuffie(2006)所提到的,在文献资料中有不少关于共同注意力的定义。其中有一些是以特定的行为(例如,凝视、指示)为基础;而另外的定义则强调学习者在一个片段中参与分享参照物,但不管其特定的行为(凝视、指示)为何。当考虑非常早期(例如,前语言期)出现的共同注意力,Yoder 和 McDuffie 观察到大多数的定义是"幼儿在物体和人之间表现出同时的或依序的注意力"(p.118)。他们区别了两种前语言期共同注意力的子类别,似乎可以预测学习者治疗的结果和后来的语言结果,即回应共同注意力和起始共同注意力。回应共同注意力是学习者回应(即跟随)成人的行为或者成人注意的焦点,而起始共同注意力是学习者开启一个为了分享内容或者表达己见的行为。

回应共同注意力和起始共同注意力都是典型发展学习者将来接受性和表达性语言结果的预测因素(例如,Watt,Wetherby & Shumway,2006;Yoder & McDuffie,2006)。研究已经证实 ASD 个案在整合沟通同伴和物体或者环境之间的共同注意力时有特定和选择性的缺陷特征(Mundy,Sigman & Kasari,1994;详见 Wetherby,2006 的综述和分析)。学龄前 ASD 学习者在回应共同注意力和起始共同注意力方面出现不寻常的类型已在很多研究中被报道;幼童早期这些明显的行为特征异常程度,可以预测其后来的诊断和语言发展(Charman et al.,2003;Sullivan et al.,2007;Toth,Munson,Meltzoff & Dawson,2006;Warreyn,Roeyers,Van Wetswinkel & De Groote,2007;Wetherby,2006)。而一些前语言期共同注意力也和 ASD 儿童其他认知与适应的结果是相关联的(Toth,Munson,Meltzoff & Dawson,2006)。

考虑到共同注意力的重要性,因此最近的研究已探究是否可通过直接干预来增强 ASD 儿童共同注意力的发展(Kasari,Freeman & Paparella,2006;Dube,MacDonald,Mansfield,

Holcomb ＆ Ahearn，2004；Jones，Carr ＆ Feeley，2006；Martins ＆ Harris，2006；Whalen ＆ Schriebman，2003）。Kasari 等人（2006）实施了一项将 ASD 儿童随机分派成三组的控制干预研究：共同注意力干预组、符号游戏干预组以及一个控制组。行为促进技术被用来诱发设计在各个情形中的目标行为。研究显示接受共同注意力干预的学生，无论是实验性评估还是与父母互动的类化评估，比较起控制组，在回应共同注意力和起始共同注意力的表现上都有较重大的进步。

尽管在这个研究中还有很多其他重要的层面，但我们的主要目的是要说明当共同注意力成为操作性可测量的行为时，是可以经由干预而改变的。其他运用行为分析方式所进行的共同注意力干预教学，也出现了类似的正向结果（Dube，Klein，MacDonald，O'Sullivan ＆ Wheeler，2006；Jones et al.，2006；Martins ＆ Harris，2006；Whalen ＆ Schriebman，2003）。

辅助性 AAC 在共同注意的干预中可作为潜在有用的附件

辅助性 AAC 的一个潜在应用是增强学习者向同伴分享喜欢的物品的行为，也就是共同注意力（Light，1989，2006；Wilkinson ＆ Hennig，2007）。事实上，一些辅助符号的特征使他们更适合用来增强 ASD 儿童的共同注意力。第一，辅助性 AAC 使用的视觉符号和许多 ASD 学习者的视觉学习优势能力相匹配。第二，辅助性 AAC 可以很容易地融入许多用以诱发共同注意力的活动中。

尽管有这种潜在的优势，实际上没有 AAC 研究直接将共同注意力视为特定干预目标。以共同注意力、AAC、辅助性或者视觉符号等关键词，在四个主要数据库中搜寻文献的结果是零（Academic Search Premier、Psyclnfo、PsychArticles 和 ComDisDome 等数据库）。因此，我们必须从其他主要目的不是验证共同注意力的研究中推断出辅助性 AAC 对共同注意力的潜在作用。

其中，有一个研究（Yoder ＆ Stone，2006）考查了辅助 AAC 干预的平均沟通速率。这个研究原来是为了比较两种沟通干预的功效而设计的，并不是专门以共同注意力为干预目标的。Yoder 和 Stone 比较了两种干预环境中出现的沟通行为——回应性前语言环境教学和图片交换沟通系统（PECS）。在 PECS 干预中和干预后，共同注意力被观察到有所增加，特别是在实验的初期具有较低共同注意力水平的学习者（例如，基线期较低的）。这些发现表明，即使并未将共同注意力设定为直接干预目标，但在以 PECS 形式的辅助符号干预后，共同注意力相关的行为也可以增加。

另外一种可以探索关于辅助性符号的使用以及共同注意力的研究是绘本阅读。绘本阅读和共同注意力的关系是很明显的,因为阅读需要在成人和儿童间形成共同注意的焦点。事实上,阅读活动也是沟通和象征性行为量表(Communication and Symbolic Behavior Scales)中诱发共同注意力的活动之一(Wetherby & Prizant,1993)。分享式阅读长期以来都被用作语言干预的内容,最近 AAC 研究也提倡把它用来作为教导辅助符号的教学活动(Liboiron & Soto,2006;Trudeau,Cleave & Woelk,2003)。但到目前为止,没有一个参与这些研究的人曾被诊断出有 ASD。虽然如此,将辅助性符号整合至绘本故事书所提供的丰富教学情境中,以诱发与增强儿童的共同注意力,是大有可为的。这对于临床和研究都是可发挥、重要的领域。

另外,辅助沟通的运用可能也非常适合 ASD 学习者兴趣有限的特质。许多 ASD 学习者如此沉迷于某种特殊的兴趣,以至于他们不愿和别人分享(例如,他们专注于玩火车,但是不欢迎别人和他一起玩)。干预者应该将辅助符号融入与整合至 ASD 儿童所沉迷的活动中,以便培养和促进分享兴趣。用这些可获得的符号(例如,在火车相关的装置贴上魔术贴),别人可以评论学习者的兴趣(如此增强共同注意力的回应)或者诱发出学习者自己的评论(如此增强共同注意力)。但同样地,此种想法的临床和研究仍有待验证。

结论

在本章中,我们已经为 ASD 个案发展出起始的沟通技能。我们提出大部分 ASD 学习者已经具有功能性的沟通策略(通常是以问题行为的方式呈现),这些策略是在正式沟通干预前产生的。因此,干预者必须依据文献中所描述的,通过功能性沟通训练以恰当的社会性行为来替代现有的沟通方式。此外,我们亦聚焦于讨论相关的挑战,像是习得符号的区辨使用,有条件地学习使用新的沟通行为,以及能够在尚未习得的情境下使用新的沟通行为。

我们也将焦点放在迄今 AAC 文献中极少被提及的沟通功能——共同注意力。当然,如同本书的任何一章,一些重要的议题也没有被完整地阐述出来,像是如何在对话修复中建立更宽泛的沟通互动。这个能力经常起始于初始沟通者的萌发阶段,我们选择聚焦于讨论要求和拒绝这些经常和降低问题行为相关的干预目标。

在过去的十几年中,可以用来支持 ASD 的起始沟通者的有效教学策略有激增的现象。逐渐地,干预人员将能够选择和执行有较高可能产生有用沟通技能的策略——将使得 ASD 的起始沟通者尽可能地走向最佳的融合生活。

第四部分

辅助沟通相关议题

第十四章

使用辅助沟通的自闭症谱系障碍者的读写能力

David A. Koppenhaver、Karen A. Erickson　著

廖诗芳、杨炽康、黄凯君　译

……书面语言超越所有惊人的发明。无论地点和时间间隔得多么遥远,人类崇高心灵的梦想就是想要找到方法向其他人表达他最深刻的思想! 通过一页 20 个字符的不同组合排列我们就可向那些印度人对话,向那些尚未出生,或者一千年、一万年之后仍未出生的人讲话,这是怎样的一个工具啊!

伽利略,1632

伽利略早就认识到书面语言在跨越时空的沟通交流中的价值。即使在今天,近 400 年后,伽利略娴熟的书面语言仍很好地阐述了他的论证。然而,直到近些年,学者们才意识到书面语不仅可用于远距离的交流,更可用于有实时与面对面沟通需求的辅助沟通使用者(AAC;Blackstone,1989)。近年,书面语与使用辅助沟通的自闭症谱系障碍者(ASD)相关的研究不外乎讨论他们书面语的超读(hyperlexia)异常表现(Cobrinik,1974),其有争议性的"协助沟通"(facilitated communication,Green & Shane,1994),或是难以达成的读写学习准备程度观点(例如 Koppenhaver,Coleman,Kalman & Yoder,1991)。

第一个关于使用 AAC 的 ASD 个案读写能力的主要评论已于 2000 年发表(Mirenda & Erickson,2000),并且立即在期刊获得关于同一主题的热烈讨论(Bedrosian & Koppenhaver,2003)。本章将继续深入并扩大以上两篇论文中提出的一些问题,特别将讨论重点放在读写能力上。首先我们会定义和描述读写能力的各个层面;接着,会纵贯地描述读写能力的两个平行但又有所区别的模式(亦即,阅读和书写能力模式);最后,将探讨那些使用辅助沟通的 ASD 者研究文献以及读写能力对于临床实践和研究的影响。

读写能力的定义和描述

近年来读写能力(literacy)在英语世界已成为越来越模糊的概念,产生不少争论,并创造出像文化知识(Cultural literacy)、媒介素养(media literacy)、计算机知识(computer lietracy)

等用语,以及因应数字技术而产生的新形态的读写能力的争议(例如 Leu & Coiro,2004)。很显然地,文化、传媒、科技以及其他许多因素都会影响读写能力学习,但在本章并不认为以上型态的读写能力会影响书面语言学习的本质。本章将读写能力简单定义成阅读和写作(即理解和构成认知过程的书面文本)。独立地读或拼写单词技巧是阅读和写作定义的必要非充分条件。读写能力是在现实生活达成广泛的沟通和学习的有力工具;包含了实时的(例如,涉及面对面互动的第一个字母的提示或缩写/展开技术)以及跨越时空的(例如,上午在家列购物清单,下午再到商店使用)。

> **理论基础**

本章所讨论的读写能力,所引用的是关于识字与阅读理解以及书面撰写信息的认知模式。该模式解释了读写能力研究与辅助沟通(AAC)有关的 ASD 个案所需要的理论基础。本章中使用的模式的前提是:需要 AAC 的 ASC 儿童的认知过程与典型发展儿童相似,且其学习的成效是个人技能与学习机会的结果。这个前提并不只是哲学的观点,因为这种看法得到 Nation 和同伴的文献回顾以及检视 ASD 个案的学习特质的文献所支持(Nation,1999),(Nation,Clark,Wright & Williams,2006)。

阅读模式

Cunningham(1993)所提出的由"整体到部分"模式(whole-to-part)的前提依据是:阅读教学或干预的最终目的是教学生以默读来进行理解。从"整体到部分"是用来说明整体结构(亦即默读理解)是由各部分组成,而每一部分本身即是一个整体结构。这些构成部分可分别进行评估与教学,以单独或整合的教学方式帮助学生以默读来进行理解。这些构成部分的要素包括文字辨认、语言理解和印刷文本处理。

文字辨识被定义为从印刷文本转换到声音的认知过程,将他们熟悉或陌生的字样从印刷文本转换成发音。这种转换是不需要发声的,事实上,它通常是典型的默读或处于精熟水平的读者大脑神经的处理过程(例如 Cunningham & Cunningham,1978)。熟悉的字是自动转译而不需要读者有意识的注意。对不熟悉的单词,读者通过使用各种不同的语音或语词的策略进行译码。语言理解在本模式中特别指的是书面语言的理解,或理解文字所需的语言综合技能——无论是有声或无声的阅读,又或者以其他的模式来呈现的技能(例如,手势或大声朗读)。语言理解既包括了现实世界的知识,也包括了文本的知识。印刷文本处理涉及整个上下文的文字眼睛动作的认知控制,使得印刷文字能直接和它们的意义联结,用内在言语来监控相对成功的阅读,映照文字的韵律,并整合上述的四个阅读技能。这些认知技能都是在印刷文本处理中的单字层面之上进行的。有关使用 AAC 学生"阅读模式"的在 Erickson、Koppenhaver 和 Cunningham(2006)书中有深入讨论。

写作模式

这里所描述的写作模式引用了 Flower 和 Hayes（1981）的论述，并涵盖了 Singer 和 Bashir's（2004）对文章写作时产出的观点。它也被描述为整体到部分模式，因为个别构成本身就是整体，但在写作时却是以个别构成传达呈现整体的意义。写作的要素包括计划、转译、回顾、文本产出和监控。

计划是针对书面文本设定目标、产生意念和组织思想所组合而成的过程。转译需要作者将想法，如影像、感官印象和口语，依据约定俗成的文字规则转换成书面语。

回顾是由修正（即，重组现存文本）和评价（即评价一个文本的水平是否可以满足作者心目中的计划）两个要素所组成。文本产出指的是在各种媒体上形成字样的模式和速度，会受写作者的书写运动技能（graphomotor, Singer and Bashir, 2004）和所使用的个别书写工具（如，铅笔、计算机键盘、拼写预测软件和其他技术）所影响。文本产出对理解使用 AAC 工具作为写作工具者的写作历程特别有相关。上述的工具通常需要有意识的注意工具本身，其中，口语有效理论（verbal efficiency theory, Perfetti, 1985）表示文本产出将会限制其认知资源影响到其他写作的构成。最后，当组成一个指定的文本时，监控是指作者参与和调整这些处理要素的能力。

读写萌发

在提及使用 AAC 的 ASD 个案读写技能的文献之前，我们需做最后的定义和描述。上述模式所描述的是指传统的读写能力（即，依据传统的拼写、文法和使用的阅读与写作能力，其使用是指可以促进具有识字能力者之间的沟通）。然而，读写能力也可以采取萌发的形式来完成。

读写萌发是指发展中的学习者在达到常规识字之前所呈现的非常规行为（通常是特异的行为）以及理解能力。

读写萌发可能在一位发展性障碍的学龄前儿童使用所喜爱的书的语言时显而易见。例如，引用他喜爱的书《100 万只猫》（*Millions of Cats*, Gag, 2002）中的话来形容他的绘画，说："我画了数百个点点、数千个点点、数百万个点点、数亿个点点、数千亿个点点。"（Butler, 1980）

在 ASD 成人身上，我们常看到他们在支持性书写表达时，会将 vacuum 拼写成 vacm；sponge 拼写成 spoj；或者将 broom 拼写成 brum（Foley & Staples, 2003）。

相对来说，读写萌发是一种经验功能而不是发展性功能。因为读写萌发依赖的是非常规的文字形式，依据的是读者个人对所写内容的口头理解或个人背景知识。另一方面，传统读写能力在本质上是独立于个人经验的，因为它遵循了传统的形式。具有传统读写能力者可以书写和阅读由其他具有常规能力者所创造的文本；但此种状况是不可能用于说明正处于萌发阶段的读者和作者的。

常规读写能力不是一个单一的结构,它是在一特定时间点的成就。相反,常规读写能力从识字开始就一直存在,呈现在年幼读者和作者头几年的正规教育中,一直发展到高度复杂的读写形式,达到作家、诗人、哲学家或学者等水平。因此,常规读写能力也是一个规范性的概念;对在学校的儿童来说,如果他们在读和写达到其他一般相同年龄儿童的发展水平时,这些儿童就具有传统的读写能力(Perfetti,1985)。

以读写能力模式作为 ASD 者的读写能力参考

早在 1990 年之前,Biklen 就介绍了协助沟通运用于 ASD 个案读写能力的研究,主要集中在两个领域方面的研究:超读和线索字的教学。这些研究显示有些自闭症个案可以通过各种不同的教学方法来学习认字,但即使他们可以理解这些字,仍然会远远落后于正常同伴(例如 Cobrinik,1974)。

随着 Biklen 于 1990 年所发表的协助沟通论文,研究的焦点转移到读写能力的研究,以作为支持沟通的方法。这些研究主要以实验研究的形式试图验证协助沟通里的信息是否来自被协助者。在这些实验研究的基础上,得出的结论是协助沟通的(例如 Cardinal,Hanson & Wakeham,1996)许多信息的产生其实是来自协助者,而非是他们所协助的 ASD 个案(例如 Green & Shane,1994);仅有少数的例外。然而,这些领域的研究结果并不是很容易转译成实用性的信息,他们也无法完全将它当成读写发展模式的参考,并在更广的情境中使用该框架的结果。在此文献中回顾的其余重点将是依此"读写能力"的研究情境化,同时检视和参考其他类型的研究,以作为上述从整体到部分的阅读和书写模式。并非所有的研究都提供关于个案沟通技能的具体信息,然而,我们会尽量提供此具体信息。

> 阅读

在阅读能力这个领域中现存的最大研究是 Nation 等人(2006)报告的 41 名 ASD 儿童的阅读情况,这些儿童的年龄从 6 岁到 15 岁不等,已拥有足够参与研究的语言能力,因此可对他们阅读的各方面进行传统客观的评量。在对从整体到部分的阅读模式进行检视后,发现了他们在阅读上的优势和弱势,这些对临床和理论研究意义都很重大。在从整体到部分阅读模式中,由 Nation 等人通过从整体到部分阅读模式所做的评量的特殊构成要素包括了促成性文字辨识(mediated word identification),它使用了无意义文字测验评估和不计时文字辨识测验。虽然未应用到自动文字识别的评量,但以打印文字处理历程的代理任务来做评量,此任务需要参与者大声地朗读相关的文本。文本语言理解力没有被评量(如,理解别人大声朗读的文本),只通过单词理解词汇测验和一个句子的理解程度测验,来评量真实世界中的知识。

在研究过程中,有 9 名儿童未能完成任何评量任务,因此在进一步的分析中将他们排除。其余 32 名儿童在促成性文字辨识和对印刷文字处理历程等方面的平均表现落在正常范围内,但阅读理解相较于常模将近低 1 个标准差。研究人员注意到研究对象之间存在极大差异,他们几乎在每个评量项目中的表现都大相径庭。在阅读理解上有困难的儿童,在语言理解方面普遍比阅读理解成绩中等或中等以上的儿童表现得更差。没有意义的文字译码测验尤其困难,有 42% 的研究对象,其表现至少低于常模 1 个标准差。

有 5 名文字辨识达平均水平的儿童,在无意义词汇阅读测验中处于垫底的位置,这也许也支持了以下的观点,那就是无意义词汇阅读任务给译码增加了一定的难度,使得译码本身无法准确地运用其语音知识(Cunningham et al.,1999)。无意义词汇代表了一种尝试,它可以确保学生必须使用译码技能来完成评估任务。然而,他们在真实字解码上的表现有很大的差异,因为他们没有涉及操弄文字对声音的匹配来辨认已知的文字。相反,无意义词汇辨识任务需要读者做文字对语音的匹配,并且通过真实字拼字模块里的语音匹配的比较来判断其正确性。因此,无意义词汇辨识任务涉及一定程度的元认知语言觉察,但当作真实字的解码时则不需要此能力。这样的任务可能会令 ASD 儿童相当困惑,因为根据报告,他们具有普遍而明显的语言理解缺陷(如 Kjelgaard & Tager-Flusberg,2001;Lord & Paul,1997)。

Nation(2006)等人认为他们的数据中显示了"阅读不是一个单一的结构,阅读所需的技能要素可能与发展性障碍者是分离的"(p. 918)。然而,文字辨识对印刷文字的处理和语言理解上各项评量有不同的成就表现,也说明了从整体到部分的阅读模式对 ASD 个案是适用的。各方面技能的分离是由多种原因造成的,对于儿童来说有内在原因和外在原因。例如,曾经接受过常用字辨识教学的儿童,若较少注意其他阅读要素,以文字作为评量可能会有较好的测验成绩,而在文本程度或语言理解测验上,则其成绩较差。

正常发展读者在从整体到部分模式的各个要素中,展现出其相对的优势和需求也是常见的。正常的阅读者若在语言理解一般评量表现较差,在阅读理解评量表现上也会倾向较差的表现,其结果也与 Nation 等人研究中的 ASD 儿童的表现一致。这些优势和需求通常会随着经验的累积和接受到的教学而逐年变化。在本研究中 ASD 儿童之所以会出现此表现的深层原因,以及他们是否会响应重点干预,仍有待进一步的研究。

Myles 等人(2002)使用一份非正式的阅读清单,评估了 16 名 6 至 16 岁亚斯伯格综合征学生的阅读技能。评量报告结果显示学生的文字辨识、对印刷文字的处理能力、语言理解和总体阅读表现等,均大致接近其本年级应达的水平。因为在阅读中语言理解扮演着最基本的角色(如 Catts & Kamhi,2005),因此发展中阅读者的能力当中,语言理解是最大的需求领域;在整体阅读能力达到高中水平以前,阅读者的听力理解通常高于其阅读理解(Erickson et al.,2006)。这一看法得到进一步的实证支持,即对受测参与者来说,准确地回答推论性问题比起字面上的问题难度显然更大。另外一个比较重要的研究发现是,这些儿童的"受教程度"(即,可使学生在有老师指导的情况下,取得最佳学习效果的文本难度)和"受挫程度"(即,使学生在有老师辅导的情况下,学习仍有困难的文本难度)只有很小的差异。因此,对于临床实践的关键见解是,从业的专业人员需要投入相当大的注意力在评估和监控 ASD 儿童文本阅读的困难上,以达成正向学习成果。

文字辨识

Nation 等人(2006)和 Myles 等人(2002)的研究发现证实,ASD 个案在文字辨识的准确性方面通常是相对有优势的。尽管上述的证据显示,干预的努力应聚焦于该族群相对弱势的语言理解技能建构,但目前很多研究却是聚焦于运用各式各样的方法来教导正确的文字辨识,而较少专注于语言理解层面。

超读症

这也许是针对 ASD 个案读写能力研究最广的一个方面,超读症指的是超常的文字辨识能力和较差的阅读理解力间存在的巨大落差。虽然超读症并不是 ASD 个案独有的现象,但大多数超读症个案都被发现是 ASD 者(Grigorenko et al.,2002)。研究人员认为,ASD 个案之所以有超读症,是因为他们在感知处理方面拥有较强能力的同时,在联想和推理能力(Happé,1994)、强迫和重复行为上通常存在缺陷(Tirosh & Canby,1993);以及在使用上下文和意义的建构上有特别的缺陷(Frith,2003)——在回顾了一系列关于读写能力的发展,研究过 ASD 个案和超读症后——Nation(1999)总结认为,最好将 ASD 个案的超读症理解为"这是个案在与阅读有关的能力上出现个别差异的结果,因此他们的阅读发展可纳入正常阅读发展的理论框架内"(p352)。

AAC 的影响

多数起始沟通者需要依赖图像符号的 AAC 来沟通,至少需等到他们发展出足够的读写技能,才足以让他们使用书写文字来和他人互动(Beukelman,Mirenda & Sturm,2005)。使用 AAC 图像符号对文字辨识发展技能的影响仍不甚清楚。当文字和图像符号同时呈现并作为完整沟通干预的一部分时,符号和文字也可以同时被学会,甚至于不需要直接教学(Romski & Sevcik,1996)。然而研究也指出,在有阅读教学的情境下,搭配使用符号和文字不如单独使用文字有效(Rose & Furr,1984;Singer,Samuels & Spiroff,1973;Singh & Solman,1990)。

语言理解

有大量的研究文献证明 ASD 儿童有严重的语言障碍(如 Tager-Flusberg & Joseph,

2003）。针对 ASD 儿童的研究发现显示，这类儿童往往不仅阅读理解有困难，在理解他人大声朗读的文本时也有困难，这说明他们有潜在的语言理解缺陷（Nation，1999）。重要的是，这些缺陷与整体认知和语言能力有关。比如，在 Snowling 和 Frith（1986）的研究中，患有 ASD 和认知障碍的儿童，在句型和文本理解的测验中表现较差，而患有 ASD 但无认知障碍的儿童的表现却与同年龄正常发展儿童应有的阅读能力表现相差无几。由此，在本研究中 ASD 儿童与典型发展儿童一样，其阅读理解水平与其整体语言理解水平是相符的。

和语言理解力有关的是心智理论，即一个广泛研究和报道的理论结构，有高达 80% 的 ASD 个案有迟缓或障碍的现象（Baron-Cohen，Leslie & Frith，1985）。事实上，Baron-Cohen（1995）等人已经断言，ASD 儿童出现的明显社交障碍是由受阻的心智理论引起的。心智理论指的是感受"自己和他人的心理状态——欲望、情绪、信念、意图和其他的内在经验等，能导致并体现于个人的行为"的能力（Wellman，Cross & Watson，2001，p. 655）。

在整体到部分模式中，心智理论就是背景知识的一个方面（如对人物动机的理解），它有助于解释 ASD 个案在语言理解方面出现的一些困难。事实上，故事常被用来帮助 ASD 学生对心智理论发展出更好的理解（如 Nelson，1996）。然而，尚未有研究对语言的发展和心智理论的关系进行详尽的探讨（Astington，2001）。

教导词汇意义

文字辨识长久以来一直被认为是 ASD 个案的优势能力。因此，研究人员对于如何教导 ASD 学生词汇的意义，并将词汇运用到接受性和表达性沟通中的策略投入极大的关注。几项早期研究显示，ASD 伴随智力障碍个案通过要求或标记一个自己偏爱的物体（Hewitt，1964；LaVigna，1977；McGee，Krantz & McClannahan，1986）并表达他们的愿望和需求（Hewitt，1964），能够学会运用印刷文字来提升他们的沟通能力。最近的研究已经提供了一个更贴近检视行为种类的方法，它对教导 ASD 个案文字阅读技能是最有效的。

Eikeseth 和 Jahr（2001）比较了接受性和表达性文字阅读的沟通习得速率以及使用手语来支持沟通的习得速率。四名 ASD 参与者分别在四种情况下使用了印刷文字、图像和符号。第一种情况是阅读（接受性），向儿童展示三张图像并要求他将印刷文字与相应的图像做搭配。另一种情况是写作（表达性），给儿童提供三个印刷的单词，并让他根据图像找到正确的词。在接受性手语测试中，给儿童三张图像，并要求他根据研究人员做出的手语找出相应的图像。最后一种情况是表达性手语测试，给孩子三张图像，并要求他根据"这是什么？"的问题做出正确的手语。在每种情况中给予的教学都是一样的：正确的回答会得到赞美、微笑和个别化的增强，而错误的回答则得到口头响应"不对"，并且褪除训练的刺激。研究结果说明，接受性阅读的习得率比其他情况的习得率更高。其中两名参与者在接受性手语方面未获得任何成绩，而另外一名未获得任何表达性技能（写作或手语）。此外，四名参与者均显示能保留他们已经习得的阅读技能。本研究结果也说明了，如果能给予足够的尝试，ASD儿童可以学会印刷文字和图像的匹配。

Fossett和Mirenda（2006）在配对联想的学习任务中，比较了图像对文字的匹配。此研究中两名参与者在干预期间，通过"将单词与图像配对"的方式学会了五个单词。然而，当五个单词通过和图像搭配共同在一张纸上出现时，他们的学习成果是相当不成功的。此外，在停止干预后的四个月，经过评量，他们仍保留通过单词与图像配对所学会的那五个单词。两位作者认为，参与者在单词与图像配对中的实体参与以及主动的角色，克服了大家所熟知的阻塞效应（Didden，Prinsen & Sigafoos，2000；Singh & Solman，1990）。

最后一个研究由McGee、Krantz和McClannahan主导，此研究涉及使用随机教学的程序来提升ASD儿童的文字阅读。此研究有两名参与者很快地学会以阅读文字来要求想要的玩具，并在储存的盒子中找到玩具。这个教学方法与前述的图像对文字匹配程序截然不同，此方法的文字提供是随机的，是在游戏期间研究者与参与的儿童互动中所提供的。

此种现象非常类似于Koppenhaver和Erickson（2003）在由儿童主导的互动情境下所提出的萌发读写技能的发展，这些儿童学会了阅读文字，因为他们可以用对其有意义的方式，通过使用这些文字来取得想要的玩具。此外，在完成干预的15天和25天后，这些儿童仍保留这些文字的含义和用法，并将他们对这些文字的知识转化成新的文字刺激。

有趣的是，最后一个研究里的教学法是少数与一般发展儿童词汇教学中的最佳教学实践类似的教学法。最佳教学实践建议包括：要让学生沉浸到语言氛围浓郁的环境中；要帮助学生在已习得的词汇和未习得的词汇间建立联结；提供给学生丰富的例子，并在有意义的情境中适当地使用目标词汇；以及提供学生许多运用和重复使用目标词汇的机会（Beck，McKeown & Kucan，2002）。虽然关于文字阅读能力的研究已经提供实证，ASD个案能够学会阅读文字和将这些文字运用在与他人沟通上，但是至于研究提及的策略是否是最有效的，或将已学到的阅读技能做最大的类化，仍有待澄清。这些议题对需要AAC的ASD个案而言尤其重要，因为书面文字也提供了一个重要的沟通方式。此外，当这些个案需要保留和转换这些知识以将沟通能力最大化时，他们需要习得大量的书面文字。

教导文本理解

在现有文献中，极少发现有以文本为主的语言理解干预研究。在少数研究中，O'Connor和Klein（2004）曾探讨"程序协助"（p.117），即通过有意图的文本结构调整来提示各种执行过程，研究人员相信它可以提升语言理解。参与者包括25名年龄为14~17岁的高功能ASD学生。使用的文本为六年级的水平，并以下列三种方式之一来调整：（1）加上读前问题，以协助读者思考和文本中心思想相关的个人知识和经验；（2）每篇短文都设置一个完形的填空（克漏字，cloze），掌握了前三个句子的信息，便可填入除了代名词之外的答案；（3）做出一个段落的首语提示版本,它由 12 个画底线的代名词和所提供的三个可能的参照词汇所组成。

从阅读教学的观点来看,这三种调整后的内容,其本质只是不同形式的评量。首语重复提示可使参与者在读后理解问题上取得更好的表现,这可能是因为它是三者中唯一有提供信息而非要求信息的,即使在还有其他两个干扰项的情况下。在回答读后问题时,参与者在复述时倾向于对主要事件进行列表式的回顾,而不是故事中的文法要素,在关于中心思想的问题上,他们提供的是片面的信息而非全面的回答,还有他们只回答了主要人物或物体的名称而不是主旨。这一结果说明了与语言相关的难度,也指出了在为 ASD 个案设计干预方案时区别评量和教学程序的重要性。

使用辅助沟通的个案

文献指明了使用 AAC 的个案间在语意和特殊词汇知识上有巨大差异(Udwin & Yule,1990)。有些儿童跟他们同龄的正常儿童一样展现了通过快速映射的方式习得词汇的能力,但这个过程即使在最好的情况下也还是比较慢(Romski,Sevcik & Robinson,1996)。拥有最佳语言能力和内化词汇的儿童似乎弥补了他们在 AAC 系统外在词汇的限制,这是通过采用各种元语言补偿策略,如使用同义字、同音异义字和修改标记来达成(如"在同样的类别中作为……";Soto,1999)。

遗憾的是,在 ASD 儿童中,有大量的研究文献显示他们有严重的口语障碍(如 Tager-Flusberg & Joseph,2003),有少数的研究文献显示 ASD 幼儿具有口语沟通能力。上述两类的研究文献均显示使用 AAC 的 ASD 儿童通常在快速映射和元语言补偿策略的使用方面会遇到极大的困难。长此以往,在有限的词汇增长下,口语和书面语理解上的困难将会使他们陷入危险的边缘。

语汇知识和口语及书面语理解之间的正向关系已经有了相当完整的文献资料(如Muter,Hulme,Snowling & Stevenson,2004;National Institute of Child Health and Human Development,2000)。根据研究报告,正常儿童到 6 岁时已拥有将近 14 000 的口语词汇(Clark,1993)。由于需要 AAC 的 ASD 幼儿在习得新词汇时可能会遇到困难,而且在使用AAC 时也会面临组织大量词汇的复杂性问题(Yorkston,Dowden,Honsinger,Marriner & Smith,1988)。因此,使用 AAC 的 ASD 幼儿即便是仅习得正常幼儿 10%的词汇用于沟通和读写的学习上,也已是一个非常艰巨的任务。

对印刷文字的处理

在 ASD 文献中缺少有关对印刷文字进行处理的研究。但是,个案研究报告和关于书面语言对语言学习促进作用的研究显示:对印刷文字进行处理也是 ASD 学生的相对优势能力。比如,Broderick 和 Kasa-Hendricksom(2001)曾报告过这样一个个案,一个患有自闭症的少年最开始接受协助沟通约 8 年时间,接着学习独立打字,最后在 12~13 岁时开口说话。研究人员指出多种可使儿童说话的支持性经验,其例子包括:(1)边打字边大声读出打的内容;(2)边看滚动的文字,边听语音沟通器(Lightwriter,一款打字语音沟通器)念出他所打的内容。

同样地,Craig 和 Telfer(2005)也报告过一个被诊断有广泛性发展障碍儿童的个案,但并未做详细说明。据描述,这名男孩具有高识字能力,在解码上的得分为 95,在朗读准确性(即印刷文字处理的一种替代性评量)上的得分为 84,作为二年级学生,在标准阅读理解测验中的得分为 16。研究人员不仅观察到他对书面语比对口语更感兴趣,也做得更好,而且发现他还运用书面语提高其接受性语言和阅读理解技能。比如,研究人员观察到,与对话相比,他在阅读故事书时能对特殊疑问句做出更正确的反应。书面文字便用来引导他对问题做出回应,建立他自己的口语词汇和引入新的语言概念;最后上述的这些策略也逐渐褪除。到上小学高年级时,这名男孩常常可以写出详细的问题答案,但却不能用口语表达出来。他使用书面课程表、笔记、大纲和其他视觉性的材料,来准备和支持各式各样课程的学习。

ASD 个案在文字辨识和对印刷文字进行处理上拥有相对的优势能力,归因于这些个案成功地使用书面语来改变其行为。根据报告,两种常见的干预技术是书面课程表(如 McClannahan & Krantz,1999)和社会性故事(如 Delano & Snell,2006)。使用书面课程表对于 ASD 个案完成特殊任务和任务之间提供较大的独立性支持,可以协助参与者预测接下来将会发生的事情(见第十一章及 Mirenda & Erickson,2000)。

使用书面课程表已发现可以减少攻击性行为、自伤行为和其他需要支持的行为,比如由成人引导或独立尝试训练(Flannery & Horner, 1994;Stromer, Kimball, Kinney & Taylor, 2006)。

社会性故事最初是由 Gray 和 Garand(1993)引入的一种干预策略,其目的是帮助 ASD 儿童应对各种社交状况。除了详细说明社交状况的各种重要方面外,社会性故事还提供了在某种状况中,他人可能出现的反应信息,以及描述了如何与他人进行适当的互动。尽管各个研究中关于社会性故事所取得的效果结论不一致,但研究已发现通过阅读和讨论社会性故事,可以减少不当行为的发生率,增加适当的行为以及有较高的社交参与度(Delano & Snell,2006)。

在从整体到部分阅读模式的持续干预下,ASD 学生文字辨识和印刷文字处理的相对优势能力可视为是一种策略性而非异常的,或在某种程度上是属于 ASD 儿童的本质。也就是说,ASD 个案较倾向书面语言,并且发现书面语言有助于学习,能够安排行程表,或提升行为的改善。他们可仰赖于文字辨识和印刷文字处理的相对优势能力,以补偿其在语言理解上的困难。在前文讨论过的 Craig 和 Telfer(2005)研究中那名男孩的情况,就诠释了这一点。这种情况是否也出现在其他藉由书面语言干预而获益的 ASD 个案中,还有待探索。

> 写作

Mayes 和 Calhoun(2006)研究了 124 个年龄在 6 到 16 岁之间的 ASD 儿童的总体书面表达能力。书面表达是在门诊或者儿童精神科接受评估的。通过一系列标准化的测验,这些研究人员发现智商正常的儿童中,有 60%的儿童在书面表达方面有学习障碍。他们做出这一判断的标准是基于韦氏个人成就测试(Wechsler,1992),其书面表达分测验的得分明显低于事先根据学龄韦氏智力测量表第三版(Wechsler,1991)预测的智商水平。同时,在同一组儿童中,仅有 6%～9%的儿童存在阅读和拼写上的学习障碍。在这次 ASD 儿童的取样分析中,书面表达方面不仅仅只有拼写问题,它也存在如 Nation 等人(2006)在阅读研究报告中所述的,这些儿童在文字辨识有相对的优势能力,但在语言理解上有显著的挑战。

其他关于写作方面的研究虽然不多,但是仍然对研究 ASD 个案写作过程中的不同方面提供了有见解的观点。下面将使用从整体到部分的写作模式(Flower & Hayes,1981)作为讨论这些研究的基础架构(框架)。

转译和写作品质

Rousseau、Krantz、Poulson、Kitson 和 McClannahan(1994)对三名患有自闭症、中度认知障碍和语言发展迟缓的青少年进行研究,研究是以组句作为提升形容词使用和写作质量的一种策略。这些研究人员主要是借用了一般发展儿童的最佳实践写作教学。这些研究人员使用了多基线设计来比较使用形容词增强组句策略的成效。在两个基线期之间,首先学生写下图像提示的回应,但形容词的使用不会受到增强;接着,在有增强的基线期,会给予硬币作为鼓励的虚拟代币。

在干预阶段,老师教学生将短句整合成一个长句,比如"^马是棕色的"和"马跑得快" = "棕色的马跑很快"(e.g.,The ^ horse is brown. The horse is fast. = The fast horse is brown.)。将第二个句子画底线的形容词插入第一个句子的插入符号处。经过了 13 堂课后删除插入符号。在组句活动后,学生马上写下对图像提示的回应,并在他们写作中使用形容词,接受增强效果。整体的结果显示,学生的写作质量有所提升,并且在写作时形容词的使用也有明显增加,且在组句活动结束后的保留期,仍持续使用所习得的形容词。在从整体到部分的写作模式基础上,可以说将简单的句子组合成更复杂的结构,是有效的为思想转译到语言提供实践,从而更加重视写作过程的其他组成部分并且提高整体的写作质量。

计划、转译和写作质量

Colasent 和 Griffith(1998)对三个年龄在 12～15 岁的 ASD 青少年进行研究,研究相关故事的主题性放声阅读对写作质量和数量的效果。依据各种标准化评量结果显示,学生的语言智商在 51～64 分之间,拼写和文字识别能力是落在二、三年级之间,至于阅读理解能力不是无法测试就是没有数据。这三个学生被要求重述三个主题相关的故事,首先是口述,然后是书面复述和绘画复述。结果发现,书面和绘画复述更加完整。在第三个故事后,三名学生能用更加考究的词汇和句子来写出更长的文章。

在从整体到部分的写作模式干预下,写作质量的改善有可能是受以下两个因素影响。首先,口头复述和使用图片可以协助学生做计划,在写作之前和过程中,能让学生更有效率地设定大方向,并将故事细节可视化,且对那些想法反复演练然后将其进行组织。其次,反复地朗读与主题相关的故事可以增加关键概念和词汇的知识,因此,加速了从故事重述到写作文本的转化过程。

计划、转译、文本产出、校阅和写作质量

到目前为止,Bedrosian、Lasker、Speidel 和 Politsch(2003)做了一份有关 ASD 在写作过程中最完整的研究干预报告,其内容是关于一位使用 AAC 的 ASD 青少年的决策过程,和对他进行干预后的结果。这项干预涉及了使用科技的支持,包括多媒体写作软件和将主题任务的词汇表写入到沟通辅具中。在使用科技和协同写作过程中都提供了明确的指导。治疗师和同伴共同示范了轮替、协商故事内容、写作过程,以及故事框架的完成。最后,治疗师提供了一些提示,并且由同伴为 ASD 青少年的写作提供鹰架。

在这四个故事之间,这位青少年对故事框架的构思、书写和打出句条以及编修的范围和数量,以及在提供想法上有相当大的贡献。ASD 青少年和其同伴都在调查问卷中表示,他们认为通过这项干预后,自己的沟通和写作能力都有提升。这个研究提供了做决策、设计以及干预结果报告的一个典范,因为它可作为以实证为基础来支持使用 AAC 的 ASD 个案读写实作的发展方法。

相对于整体到部分的模式,可以理解的是为什么这种干预方法是有效的。通过故事板和同伴的互动来支持计划。支持转译的是同伴示范和互动、特定主题故事的词汇,以及在四个故事的写作过程中重复的经验。其文本产出是通过使用多媒体写作软件和同伴们轮流当写作者支持而成的。校阅是由同伴互动、教师回馈和使用故事板的协助来完成。因此,几乎每一个写作过程的层面都得到了同伴、治疗师和科技的支持来完成。

> 读写萌发

有关使用 AAC 的 ASD 儿童读写萌发的研究并不多见。然而现有的两项研究似乎特别有参考性:它们研究的是朗读故事书和将文字经验整合到服务 ASD 个案的环境中,以供他们有更多的学习机会。这两项研究都运用了他们在文字识别和文字处理过程中相对的优势能力,为使用 AAC 的 ASD 儿童提供了促进他们早期语言学习的机会。

朗读故事书

Skotko、Koppenhaver 和 Erickson(2004)报告了通过使用亲子故事朗读的活动,来教导使

用 AAC 的雷特氏综合征(Rett syndrome)女童早期沟通的情境。研究参与者包括四对母女,女童的年龄在 3 岁半到 7 岁不等。这些女童都有严重的沟通障碍以及雷特氏综合征特有的书写和搓手、绞手的行为。她们的听觉和视觉全部正常;根据 Bayley 婴儿发展量表(Bayley,1993),其对应的年龄相当于 5 到 19 个月,而根据文兰适应行为量表(Sparrow, Balla & Cicchetti,1984)则为 9 到 17 个月。这项四阶段的研究包括基线的设定,在这个过程中:(1)母亲朗读给女儿听;(2)引入手夹板来提升使用手的功能性;(3)提供沟通辅具和符号;(4)提供沟通辅具和符号的使用训练和指导来支持沟通。

虽然在研究之前,这些女孩没有出现过符号性的沟通,但是在干预的过程中,所有的女孩在使用 PCS(Picture Communication Symbol)和录有单键语音的沟通器(SGD)的次数有增加,而且在使用中,它占用 58%~72%时间来做标记和评论。母亲在研究中以几种特定的方式改正孩子的行为,使得孩子更加积极地参与,而且获得了更多的成功。首先,母亲在做评论或提问后增加了等待的时间;其次,她们使用 PCS 来当作示范,每次用手指向一个东西的时候都会一直等到孩子看清她们所指的地方;最后,她们鼓励孩子能自然地使用 SGD 来标记或做预测,其方法是用孩子已习得且具有逻辑的沟通符号,来向他们提问或评论。

相关性和多元回归分析表明,对于每个女孩来说,其母亲不同的行为组合会导致其沟通意图不断地成功。比如说,一位母亲对孩子进行了确认,要求孩子澄清,使用指令性语言,以及提出预测性的问题,都明显使孩子的眼球指向和按压单键语音沟通器的次数增加。另一位母亲使用了标记和要求孩子澄清的策略,这也促使了孩子在标记、翻页和使用单键语音沟通器的次数增加。虽然雷特氏症候群的女孩并没有表现出其他与 ASD 个案的相同症状,但是干预行为对这些拥有多重障碍的儿童所起的成功作用,表明早期干预是十分重要的,而且像朗读故事书这类的可预测语言的例行活动是非常具有价值的。

Bellon、Ogletree 和 Harn(2000)对一个 3 岁 10 个月大,已经开始讲话的 ASD 学龄前儿童进行了研究,探讨在成人鹰架支持下,重复朗读故事书对于提高自发语言使用能力的有效性。他们在 8 次 45 分钟的干预期中,开展了 5 次亲子故事书朗读互动。鹰架策略包括克漏字(如,她说:"给我一些_____"),二选一问题(如,你想游泳还是冲浪?),扩展词汇(如,当孩子说"母牛"时,大人可能接着说"母牛跳了起来"),以及组成性问题(如,发生了什么?)。结果证明在重复故事书朗读的鹰架下,成功地减少了鹦鹉式语言,且增加了自发性语言。

所有这些研究都表明朗读故事书此一活动,相对来说是比较容易调整的,而且可以支持早期文字或印刷品觉识和辅助沟通的使用。一些故事书互动可以设计来促进 ASD 儿童的语言表达能力。根据报告,许多 ASD 的学龄儿童都有语言缺陷,而上述的早期干预很有可能作为解决此问题的起点。

增加学习的机会

两项涉及 ASD 个案的研究表明,学习机会至少与个人促进读写和沟通发展的能力同等重要。正如以下所述,这两项研究的参与者都患有认知和语言障碍,以致他们学习读写的机会十分有限。然而,当环境和互动情况得以改善,给他们提供了更多的学习机会,他们的读写萌发理解能力和技能就会得到显著提高。

Koppenhaver 和 Erickson(2003)报告了一项研究,针对的是 3 名使用 AAC 的 ASD 学龄前儿童。这些儿童年龄在 3 岁 3~7 个月之间,在认知表现(相当于 0~12 个月)、认知语言能力(相当于 4~17 个月)和沟通发展方面(相当于 6~12 个月)都有发展迟缓的现象。干预行为首先的重点是,在儿童独立的学前教室中,增加其学习读写萌发的自然机会。研究者向儿童提供了一个充满印刷文字的环境,有各种类型的阅读和写作工具,以及给予他们足够的时间来探索这些印刷文字和工具。在自由活动时,3 名儿童将 23%~85% 的时间用于探索阅读材料,将 9%~12% 的时间用于探索写作工具。3 名儿童从拒绝探索发展到可以随意的为名字做标记,再发展到写出类似字母的图形,甚至有一次还进行了传统的拼写。

儿童的名字成为许多重要读写活动的奠基石。每一次都会利用签到的例行活动来促进儿童和研究团队之间的互动。研究人员为了使儿童学会自己名字的形状,研究人员总会鼓励儿童写自己的名字。然后,研究人员使用手握手的示范,以传统的方式来帮助儿童拼写出自己的名字,完成以下的活动:"你应该这样写你的名字。这是我写你名字的方法。现在你自己来吧。"此外,之后学生的名字会被加到晨间圈圈活动中(morning circle activities),两名儿童已经学会了识别所有 6 个同学名字的印刷文字。

其他学习的示范也展现在各种不同的印刷文字经验中。一位儿童已经能够辨认出大部分英文字母,他可以从有语言经验的文字中迅速地找到常用字,比如从一篇到动物园郊游的故事中找到一行重复的话。另一个儿童则在游戏时间时独立拼出 bingo,这个字是歌曲名,是儿童过去几个月在晨间圈圈活动中可选择的项目。

在此研究中,需要 AAC 的 ASD 儿童很容易投入到具有玩耍性和探索性的读写萌发活动中,同时通过选择、行为表现、写作和使用图像沟通符号,可以看出他们在印刷字的理解上有进步。

Foley 和 Staples(2003)描述了他们如何将 AAC 和读写干预整合到 5 位 ASD 成人服务的支持性就业场所中。这项干预涉及四个整合策略:(1)调整支持性就业的场所,以增加沟通和读写学习机会;(2)使用以主题为主且适合他们年龄的读写内容;(3)完整的读写干预,包括了阅读技能和理解、书写和阅读动机;(4)刻意支持他们将学到的技能转换到其他的小区情境中。经过干预之后,所有参与者在沟通能力和其他情境的类化都显示出有明显的进步。通过多重的沟通模式,4 位参与者能说出更长的句子,同时也能表达出更为丰富的沟通意图。5 位参与者在故事重述和自主地使用故事中的语汇的能力都有所提升，而且他们在干预下都能积极地参与和投入。

就如同正常发展儿童的研究一样，这两个读写能力萌发的干预表明了学习的机会就如同个案的能力一样重要。两项研究的参与者都曾在认知和语言评量中表现极差，这导致服务他们的专业人员：（1）假设他们的学习能力不足；（2）将他们安置于缺少印刷文字的环境中；（3）很少提供他们使用印刷文字教材的机会；（4）很少使用印刷文字来与他们进行互动。而当环境中的印刷文字变得丰富，且在周遭整合使用这些印刷文字的互动增加时，所有的参与者在读写萌发理解力和技能上表现出明显的进步。

临床运用

北卡罗来纳大学教堂山分校的 James Cunningham 博士常常在他的阅读诊断和干预课程中对研究生们说，绝对的真理不存在之前，多样化非常重要。也就是说，当找不到最佳解决方案时，最好尝试各种方法。当考虑上述讨论的工作具有临床意义时，此至理名言也同样成立。

> ### 传统读写能力

从整体到部分的模式被用来组织本章，以代表系统化多样性的干预方案。每一种模式都试图将阅读和写作作为整体认知技能的组合，并且可以分别或整体的对这些技能进行评估和教学。在这些使用 AAC 的 ASD 学生进行整体的阅读（Erickson et al.，2006）和写作（Foley，Koppenhaver & Williams，出版中）训练时，常使用非正式评估来检验他们的相对优势能力和需求。

这些评估的一个重要应用领域是在 ASD 个案中，用来决定超读症的个别需求。美国联邦法案要求美国的学校应提供具实证成效的教学方式，这些教学的依据主要是源自美国国家阅读委员会对正常发展儿童阅读所进行的文献回顾（National Institute of Child Health and Human Development，2000）。该项研究的结论表明，阅读的初学者——包括有学习困难的学习者——都可以从关注字词级别技能和次级技能（例如音素觉识）的教学中获益。目前在公立学校采用的是初级和特殊的阅读方案，仅仅聚焦在教导解码技能和常用字的阅读。对于那些在字词辩识有优势能力，而在书面语理解能力有极大需求的儿童来说，这些干预几乎无法解决他们最基本的学习需求、语言理解和语言表达。依据从整体到部分式的评估可以用来确认学生的需求，同时也可以监控学生对所提供的干预的反应。

> 萌发读写能力

在文献中,所呈现 ASD 学龄儿童的普遍能力,是他们对于文字识别有很强的优势能力,并且急需提高语言理解能力。除此之外,AAC 和有关语言发展的文献表明,对于大部分使用 AAC 的个案,他们获得表达性沟通的机会十分有限。通过将表达性和接受性沟通发展与萌发读写能力的机会做整合,可以使幼童利用自己在识别和拼写字词方面的优势能力去发展出更好的语感。

同样地,围绕着故事书的交互式阅读,比起以游戏为主且缺乏文字整合的活动,似乎更能提供早期语言学习的支持。阅读绘本的互动可以提供多种类型的重复练习,它不仅可以让 ASD 儿童在文字阅读和拼音上的学习感到相对容易,且能学习到打印图像所代表的语言的使用和意义。比起较不容易观察到且似乎是较难理解的口语,书籍的书面语——是由图像、示范、游戏以及互动来支持——提供学生检视和重新检视使用的机会,并会更加集中地学习语言的意义。

最后,虽然萌发读写能力的最佳教学实践表明,将阅读和写作的机会整合到环境中是有效的,特别是对使用 AAC 的 ASD 儿童更是重要。例如,在一所幼儿园餐厅里的游戏中心里,提供的菜单和女服务生的点菜记事本提供了印刷文字以支持语言、社交例行活动以及 AAC 使用的学习机会。每一个用在沟通和围绕印刷文字的学习,加上通过对他们相对简单的书写形式的学习,可以提供这些学生对学习语言内容和使用有更深的感觉。

研究的运用

从阅读、书写和萌发读写能力的整体到部分的模式来看,有三个因素被视为可能对 ASD 儿童书面语的觉察和发展的进阶知识是最有力的,尤其那些使用 AAC 的儿童。

首先,检视一般发展儿童的萌发和传统读写能力的广大研究主体,可找出哪些层面影响阅读理解。其次,回顾 ASD 的研究也可得知在萌发和传统读写能力模式之间,ASD 所呈现迟缓和困难的重要领域。

最后,检视实务人员的经验:使用和没使用 AAC 的 ASD 儿童分别如何学习书面语。

> 从整体到部分阅读模式的方面

我们对使用 AAC 的 ASD 儿童在传统读写学习的了解,会因为我们了解 ASD 儿童的识字优于理解的原因而变得更为清楚。也因此,研究方向聚焦于了解这些儿童在以其较具弱势的能力(如语言理解)作为干预重点后的反应是必要的。

有关语言理解的研究,检视环境因素对于使用 AAC 的 ASD 儿童在词汇深度与广度学习上的帮助是必要的。一个目前尚未开发的研究方向是:使用 AAC 的 ASD 儿童是如何回应广大多元的丰富词汇教学策略的。而丰富词汇教学策略是已在一般发展儿童的文献中被确认出来的(如 Beck,Mckeown & Kucan,2002)。

针对使用 AAC 的 ASD 儿童在参与阅读理解课程中的口语的具体研究结果,可能会使得不同型态的辅助性 AAC 的形式、词汇选择技术、阅读材料或教学形式产生冲击。

应当特别留意可以增加学生对社会故事或人物动机的语言理解教学的干预方法,研究这些干预是否会影响使用 AAC 的 ASD 儿童的心智发展理论。

> ## 整体到部分模式的写作方面

虽然对 ASD 儿童阅读的研究基础很有限,在写作的研究基础上更是如此。使用组合句的扩展以解决写作中句法的复杂性,且聚焦于口语或改善 AAC 的使用,将是一个非常明确的研究起始点。传统写作的其他未来研究的方向,可能包括:探索如何干预使得 ASD 儿童具有针对不同读者的文本修改能力;也可以探索以上干预对于书面语言和心智理论发展的冲击。

> ## 萌发读写能力

从过去一直到现在,绘本互动都一直是一般幼儿早期语言和读写能力发展的研究重点(例如 Teale & Sulzby,1986;Van Kleeck,Vander Would & Hammett,2006)。鉴于许多 ASD 儿童有偏好印刷材料的倾向,对我们而言,可以合理的期待操作社交互动、AAC 词汇的选择和呈现,以及学习环境在绘本阅读期间可能对书面语和口语的学习成果有正面的影响。

写作的发展从最初英文字母知识的反应,一直到声韵觉识的发展、文字的概念、以及在文字里正确的呈现字母与声音的关系,是另一个未来研究的重要领域。Koppenhaver 和 Erickson(2003)提供了一些初步证据表明使用 AAC 的 ASD 幼童,若给予参与以自我为导向的写作机会,他们也可以成为作家。让写作围绕着成人和儿童互动的,以及在早期写作发展、教材或学习环境中使用辅助科技或 AAC 的成效,将形成现在我们对 ASD 儿童读写能力发展的了解以及未来实践的方向。

结论

ASD 个案,包括那些使用 AAC 的人,似乎发现学习印刷文字比较有趣且相对容易些。

然而,过去的研究和临床实践尚未系统性地探究 ASD 个案如何使用其印刷文字形式的优势,解决他们语言理解以及使用语言作为有意义沟通的难题。因此毫无疑问地,研究者和实践者未来将有更多惊喜的发现,能超越目前尚未被研究到的极限,了解使用 AAC 的 ASD 儿童的读写潜能。

第十五章

使用辅助沟通的自闭症谱系障碍学生
在普通教育教室的成员归属感、参与及学习[①]

Michael McSheehan、Rae M. Sonnenmeier、Cheryl M. Jorgensen　著

廖诗芳、杨炽康　译

如果 ASD 学生在一般教室里接受普通课程的教育的话,将会是什么状况呢? 如果 ASD 学生可以与正常的学生一样追求同样的学习成果;以及如果扩大性沟通支持可以被开发、监控和扩展,ASD 学生是否也能如同正常的学生一样,在学科上与社会互动层面上,传达与沟通相同程度的信息?

(McSheehan,Sonnenmeier,Jorgensen & Turner,2006,p.267)

过去,有智力和发展性障碍的学生,包括那些自闭症谱系障碍的学生,都会在特殊学校或是在给身心障碍学生专设的自足式特教班接受特殊教育,融合教育实践的初步变化侧重于身心障碍学生的社会融合;早期融合研究强调接纳身心障碍学生进入普通教室的社会价值(Stainback & Stainback,1996)。社会融合的重点是使自闭症谱系障碍学生学会适宜的沟通、行为以及社会技能。然而,即使是在社会融合的情境中,ASD 学生在普通教室内继续接受特定的课程内容,但其学习目标与教学仍与其他同学是不同的。

越来越多的证据表明,有智能和发展性障碍的学生,包括 ASD 学生,可以参与学科学习,发展沟通和社交技巧,从而展示语文技能,并在一般教育课程内容标准化的阅读和数学技能的评量上显示出可以改善的状况(Bader,Wang & Wahlberg,1994/1995;Blackorby,Chorost,Garza & Guzman,2003;Downing,Morrison & Berecin-Rascon,1996;Erickson,Koppenhaver,Yoder & Nance,1997;McGregor & Vogelsberg,1998;Ryndak,Morrison & Sommerstein,1999;Wehmeyer,Lapp-Rincker & Agran,2003)。例如,在美国,从身心障碍学生的两个纵向研究资料发现,在控制障碍、功能水平、人口和家庭因素后,身心障碍学生在普通教室上课的时间越长,其参与度也会更高、学科进步更快、社会适应更好(Blackorby et al.,2007;Wagner,Newman,Cameto & Levine,2006)。但研究明确指出简单地将 ASD 学生与同龄普通学生放在同一教室是不够的,ASD 学生在普通教室内学习需要有个别化支持。不幸的

① 这项研究部分由美国教育部及新罕布什大学特殊教育计划办公室(批准号 H324M020067)身心障碍研究所/UCED 支持。项目所表达的观点并不一定代表美国教育部或新罕布什大学的观点。

是,这两个相同的并具有典型代表性的纵向研究指出,对 ASD 以及相关障碍学生来说,实证实务以及后续的教育成果往往不足。该报告指出以下具体内容:

- ASD 学生更有可能在特殊教育场所接受课程教育,而不是在一般教育场所接受课程。
- 在特殊教育教室中的 ASD 学生,有 10% 接受经过一些修改的普通课程教育,15% 则接受大幅修改的课程,64% 接受专门的或个别化的课程,而 10% 则没有任何课程。
- 在所有身心障碍学生中,ASD 学生是最不可能接受科学和社会课程教育的。
- 当他们完成小学学业的时候,ASD、创伤性脑伤或多重身心障碍的学生是最有可能在阅读和数学方面表现更差的。
- ASD 学生在普通教育的参与积极性比其他学生少。
- 少于 20% 的 ASD 学生定期在他们教室中使用计算机,计算机最常用于学科练习。
- 与身心障碍者或没有经历身心障碍(美国教育部,2007)的学生比较,ASD 学生较不可能毕业。

一些研究者对 ASD 学生融合在普通教育教室内的研究都聚焦于特殊策略、融合支持(如重要性、自我管理策略、同伴调解干预),及其对社会及学业成果的影响(见 Harrower & Dunlap,2001 文献回顾)。其他研究人员则专注于研究综合模型,以满足教育工作者和 ASD 学生的共同需求。例如 Spectrum,de Boer-Ott,Smith-Myles(2003)描述 ASD 融合合作模式,其中涉及特定的教学方法(如,工作分析、课堂转换方法、技能类化),以及教育工作者的态度和社会支持,实施课程调整与教学方法所需的协调合作(如,适当的训练、规划时间、助理教师的可用性、减少班级学生人数),以及对融合做法的反复评估。

本章聚焦于提供在普通教育教室中与学业学习和辅助沟通支持有关的理论观点、研究发现以及实际应用的讨论。在第一部分,我们将讨论与所有学生有关的融合教育元素。第二部分中,我们将讨论一个持续改进的模式,教育工作者可以在课堂上开发和加强融合教育的元素。

融合教育的要素

要成功地支持 ASD 学生在普通教育课程中学习,教育工作者需要为这些学生提供适当的教学、支持和调整,而且必须有融合教育的长远眼光,并非只是将学生"放在那里"。这就要求教育工作者:(1)重新塑造他们对学生的学习期望,抱持更高的期望,并假设他们是有能力学习的;(2)提升班级成员归属感;(3)计划这些学生在教学例行活动中的参与;(4)优先考虑学业学习;(5)从事有效合作的团队实务。

> 抱持更高的期望并假设学生是有能力学习

　　教育者要假定 ASD 学生有沟通能力和学习一般课程的能力,并能挑战过去对身心障碍性质本身所抱持的信念。虽然第四版的精神疾病诊断与统计手册对自闭症的诊断标准不包括认知能力的判断,但手册作者也发现,"在大多数的案例中,都出现智能迟缓的问题,其程度可以是从轻微到严重"(美国精神病学协会,2000,p.71)。针对此议题,Edelson(2006)回顾了 1937 年和 2003 年间发表的 215 篇文章,发现 74% 的结论来自非实证研究,其中 53% 从未回溯至实证资料。尽管如此,Edelson 指出,"在 ASD 实务领域,宣称大多数自闭症儿童也是智能缺陷的论述仍未减少"(p.74)。基于这些大多是毫无根据的声明,许多 ASD 学生被假定为比同龄者更不善于学习读写、做数学、批判性思考、解决问题、执行功能性的生活技能,以及表现出符合年龄期望的接受性和表达性语言技能。

　　越来越多的家长、教育工作者和研究人员对这一假设提出挑战。在他们看来,假设学生是有能力学习的不仅是合理的,而且它也是会导向积极的教育结果的必要实践(Jorgensen,2005a,Kasa-Hendrickson,2005)。有几个理由支持这种有能力学习的看法,其中包括由于不准确、不适当的低期望而造成伤害的可能性(例如,Biklen,1999;Jorgensen,2005a)。尤其是 Donnellan's(1984)所提出的"最不危险的假设"原则,特别为这种 ASD 学生是有学习能力的观点提供了基础。在教育方案中采用"最不危险的假设"需要教育工作者提供与高期待一致的机会;因为若假设学生是无学习能力而不提供机会,但之后却证明这是错误的,会对学生造成极大的伤害。举例来说,若教育方案是根据学生无能力学习阅读、书写或数学的假设而设计的,就有可能产生提供极为有限的阅读、书写或数学的教学。如果学生确实有学习这种技能的能力,这样的教育课程将造成极大的危害,让学生错过宝贵的学习机会。教育决定应该根据当时可用的最佳信息,以及对障碍与多样性的尊重的价值观,并尽全力不惜一切代价地避免对学生造成可能伤害。当教育工作者做出最不危险的假设来假定一个学生的能力时,他们更有可能做出促进学生在一般教育教室内获得发展的决定,提供参与教室活动的支持,以及计划一般教育课程内容的学习(Jorgensen,McSheehan & Sonnenmeier,2007)。

> 提高学生的教室成员归属感

　　根据教育工作者的报告所述,对于学生学习而言,让每一个学生成为学习社群、社会活动和学术交流活动的一员,是提升团队对学生学习的期望的一个主要因素(McSheehan et al.,2006)。Kent-Walsh 和 Light(2003)的报告指出,一些教师的学生使用了 AAC。这些教师在他们的研究中指出几项成员归属所带来的好处,譬如,增加了使用 AAC 的学生与正常学生之间的相互交流,增加了学生之间对身心障碍者的接受程度,增加了教师的个人成长与学习。很显然,成员归属能带来多项益处。

在普通教室中,成员归属是指学生有权利成为有价值的社会角色以及获得相应的权益,比如学生拥有一张桌子、被指派班级工作、参与户外教学活动,以及点名时被叫到名字等(如,Jorgensen,McSheehan & Sonnenmeier,2002;McSheehan et al.,2006)。在所有成员归属感的标志当中,排在首位并且也是最为明显的,就是普通教育教室中学生的出席状况。因此,提高普通教室中的成员资格,首要一步就是监督学生的出勤率。此外,成员的某些方面是更有情感的,与归属感有关(Kluth,2003)。Robertson、Chamberlain 和 Kasari(2003)在他们的研究中报告了一般教师与全日制完全融合的二、三年级 ASD 学生之间的积极关系。这些研究者们发现,教师越是积极地面对他们与 ASD 学生之间的关系,这些学生的行为问题就越少,并且他们会在教室中融合得更好。Williams 和 Downing(1998)在通过一系列的焦点团体访谈后,发现了中学生眼中的成员归属感的组成元素,包括感觉自在、受欢迎、被人需要,以及受到同学和老师尊重;有一种属于一个群体或班级整体一员的感觉;还有能玩得开心。以上研究表明,普通教育教师与相关学生的关系,以及学生的成员归属感,都是融合教育的要素,且教育团队是可以产生积极的影响与作用的。

图 15.1 是监测教室成员归属感指标以及每一指标呈现程度的检核表。基于这些指标,教育小组会在提高学生课堂成员归属感的实践中,明确哪些地方需要做出改变。这些改变可包括业已成型的日常习惯、教育者对学生参与度的期望以及对学生提供支持的方式。表15.1中的内容是这方面的一些例子。

指标样例	出席	部分	缺席	活动步骤
学生的日常普通教育教室参与度 (课堂参与的时间百分比:_____%) 学生遵循日程表: 　参与学业活动(如阅读、数学和科学) 　休息、午餐 　发展特殊兴趣爱好 　参加集会和校外教学活动 拥有自己的桌子 桌子和同组的同学排在一起 拥有每一科的教科书 拥有与同学一样的学习材料/讲义 有指定的家庭作业 拥有一个可以收纳作业的文件夹 名字列于出席表和班级学生表当中 拥有一个邮箱、舒服的空间和寄物柜 获得一个班级工作(而不是成为班级里其他同学的工作) 教师承认他与班上其他同学无异 其他指标:				

图 15.1　课堂成员归属感检核样表

> 教学例行活动中的参与计划

参与被定义为学生积极地进入班级内的社交、沟通和教学活动(McSheehan et al., 2006)。有很多文章都关注与担心那些依赖 AAC 的学生可能会被动地参与沟通互动(Light, 1989)。然而,当使用 AAC 的 ASD 学生与正常的同学一样参与交谈、活动、例行教学活动时,他们也是普通教育活动的参与者。"参与"的例子包括在课堂上被点名回答问题,以及在合作学习小组当中获得一个明确的角色。

表 15.1　提高学生课堂成员归属感的实践范例

- 因为交通不便的缘故,Jamie 每次去班级教室,都会迟到 5 分钟,因此,他错过了与同学们社交的机会,并且也错过了晨间点名。于是,一位行政管理者与安排校车日程表的人员交涉,并让 Jamie 的父母也重新安排,使得 Jamie 得以比原先早 5 分钟到达学校。

- 从前,Sally 的名字被列入另一个学生(Sally 的辅导"小老师")的"班级工作"条目当中。如今,Sally 已经不在"班级服务"的名单了,并且,她也能通过语音沟通器(SGD)获得班级工作了。每一个星期,当被问起时,她都可以表明她愿意做的班级工作(譬如,你愿意做哪一项班级工作:组长、点名员或是鱼饲养员)。

- 过去,Adam 的桌子被安排在教室的后面,并且还不属于任何一个小组。今年,他的位置进行了调动,他现在被安排在一个小组当中与同学们坐在一起。

- 之前,当班级里进行小组朗读时,Thomas 经常被叫出去,因为他坐在凳子上时很难进行阅读。为了解决这一问题,职能治疗师(OT)和语言治疗师(SLP)对阅读小组进行了观察。职能治疗师列出一个单子,用于帮助 Thomas 安然稳坐和专注于课堂(如,提供豆袋椅和缓解不安的工具)。而语言治疗师开发了一种印有阅读活动角色和场景的"沟通板",因此,Thomas 可以与班级同学一起进行阅读了。之后,职能治疗师和语言治疗师教 Thomas 的老师应用他们开发出的治疗方法。如此一来,在进行班级小组朗读时,Thomas 就不用被叫出去了。

考虑到本章的范围,我们将把重点集中于学科教学的参与活动,而这当然需要 AAC 的支持。课堂教学包括各种教学例行活动,如课堂作业、一对一指导、与同学组成搭档、小组教学、合作学习活动、大团体讲演和大团体互动课。与监测学生课堂参与时间比例的检核表相似,教育者同样可以追踪学生在教学例行活动中参与的发生与分布情况。图 15.2 是一个表格,这个表格记录了一个学生在各种教学活动中的参与程度。我们的最终目标是:在原有的学习时间和学习活动上,提高学生的课堂参与度,与此同时,我们允许因个别化教学而带来的变化需求。

通过学生的课堂参与视角(而不是学习的视角),我们的目的是让目标学生与同学一样参与课堂教学活动。即使这个学生无法学习和同学一样的课程内容,但至少能作为一个完整的参与者而参与学习活动。教育者不仅要重视学生的教学活动参与过程,还要重视实质内容。如,在进行合作阅读或小组阅读活动过程中,目标学生可能会通过运用语音沟通器

（SGD）而发表评论或者提出要求，并以这种形式参与阅读活动（比如，你在看第几页？现在轮到你了，我喜欢这一页的故事，我们再多读一些吧）。在课堂的其他时间，老师可能会带领大家进行一个预读活动，并以此引出某些知识点的背景，或是让同学们回忆他们至今读过哪些文章。为了响应老师的试探，学生们可能会发挥想象，通过脑力激荡构思出一些想法，或者引出书中列出的例子。在参与脑力激荡活动时，学生并不需要通过默读而解码、理解文本内容。相反地，学生的参与方式可以包括：分享从某一位同学那里听到的信息，或者简单地猜测答案。一个学生可能会使用沟通版面（例如一块板，或是一系列标有符号或文字的纸板），从中选取和书本中所阅读的事件有关的可能正确答案，从沟通版面所选择的任何信息，或是表达出可行的答案。因此，学生能够参与，并继续跟上课堂内容，而不需要展示学习的特定内容。对 AAC 的新手而言，他们可以在课堂教学活动中，把重点放在触动版面的技能上，或是在教室活动时熟悉 SGD 的使用。而对于进阶使用 AAC 者而言，他们可以通过不断地应用学科词汇，从而学习到普通课程内容。

教学例行活动	课堂中需要学生参与的次数	目标学生的课堂活动参与次数	活动步骤（包括促进 AAC 的使用）
独立坐姿活动的课堂作业 一对一教学指导 教师指导的小组学习 教师指导的大组学习			

图 15.2　教学活动学生参与记录与计划工作样表

如果有一种教学计划流程，假定学生有能力学习，并且能提高学生的学习参与度与投入度，那这种教学计划流程一定会与其他并不假设学生有能力学习的模式与流程看起来不同。其他模式教学计划的框架问题可能是"这孩子能在课堂上做什么?"而当假设学生是有能力学习时，教育者则会提出"什么方式能让这孩子与其他孩子一样积极地参与课堂?"这种教学计划的框架包括以下几方面：

1.确定所有学生在教学活动中要学习的科目（如阅读与数学）。

2.确定学生投入教学活动的形式（如，阅读时学生拿着书本、看着手中的书本；用目光或食指跟随书上的文字；翻书；以及对一些内容作评价、提问和分享阅读的信息）。

3.确定目标学生们如何做出相同或类似的行为，可能是使用替代性方法（如 AAC）展示其参与度（如，Joe 可以拿着书、看书、翻书；同时，可以使用沟通版面做出一些评论、提问、以及分享信息）。

4.确定目标学生在参与教学活动时所需要的支持（如调整符合学生阅读水平的教材，可能的话，增加书中的图片和符号；为了让他们的阅读有进展，手把手地给予帮助；沟通板上呈现可能的评论、提问和信息以便分享；让一个经验丰富的沟通伙伴向目标学生展示 AAC 的用法或鼓励其使用 AAC）。

图 15.3 是一个可以用于计划学生的教学活动参与（及学习）的表格。表 15.2 则是学生参与教学常态活动的例子。

活动内容领域	一般而言,所有学生通过什么行为表明他们投入其中?	目标学生用什么行为表明他/她与其他学生一样投入课堂(包括使用 AAC 作为沟通方式)?	目标学生为了表明其投入程度(如参与和学习),还要求什么样的支持?	团队合作准备(事项/人员/时间)

图 15.3　教学活动参与及学习计划记录工作样表

表 15.2　学生参与教学常态活动的例子

例 1.对 Jay 参与检查家庭作业所提供的支持

- 活动：在数学课开始时,老师点名学生回答问题以检查是否完成家庭作业。
- 学生们所要做的事：看着家庭作业本,跟着老师把作业内容都检查完毕。当被叫到名字时,那个学生就回答老师的问题；
- Jay 的参与计划：之前,老师在检查作业时,从来没有叫 Jay 回答问题过,因为 Jay 不需要做家庭作业。为了纠正这一做法,老师开始给 Jay 一些家庭作业。Jay 在其父母的陪同下完成作业,并在被叫到名字时通过 SGD 回答问题。在课堂上,老师会让他说出其中一道题的答案。

例 2.为 Jeff 担任四年级戏剧活动的司仪而提供支持

- 活动内容：所有四年级社会科的学生都要运用他们在课堂上所学习的内容,准备为全校表演话剧。学生们将分为四到五组,分别表演话剧的其中一段。Jeff 组负责司仪的文稿脚本,以介绍整个戏剧与管理表演衔接工作。
- 所有学生都在做的事情：学生在准备阶段参与讨论司仪的角色、可能的脚本想法以及分配司仪角色的过程来展示自己在准备阶段的参与。这个小组需要产生想法、同意或反对彼此的想法,以及做笔记。主持人需要大声说出来。
- Jeff 参与计划：在准备工作过程中,Jeff 通过使用 SGD 参与讨论。他可以选择"是"或"否"表明他的意见。同学们也要经过指导,学会如何与 Jeff 进行小组合作,或在讨论中提问"是"或"否"的问题。如有必要,Jeff 的教学助理或老师可以帮助 Jeff 这一组,然后离开,帮助其他小组。

> 学科学习的先后顺序

以往,在普通教育学科学习方面,ASD 学生看起来"认知有严重缺陷"或"尚未准备从事学习活动"（Mirenda,2003,p.271）,这是许多作者在 ASD 学生语文学习相关研究中讨论过的（Kliewer & Biklen,2001；Mirenda,2003；Mirenda & Erickson,2000）。在数学与科学领域,关于有严重认知缺陷的学生的议题同样出现在不少文献当中（Browder,Spooner,Ahlgrim-Delzell,Wakeman & Harris,2008；Courtade,Spooner & Browder,2007）。

研究者们已经提出，如果学生想要取得可观的成果或进步，教育者们应优先考虑学业教育（Browder,Wakeman,Spooner,Ahlgrim-Delzell & Algozzine,2006；Erickson & Koppenhaver,1995）。本章简介也提及，许多人认为患有严重认知缺陷的学生，包括 ASD 学生，是能够学习学科内容的。而对阅读（Browder et al.,2006）、数学（Browder et al.,2008）及科学（Courtade et al.,2007）等方面进行的全面性数据回顾，也以实例证明了这些学生能够获得学业技能。

综合上述的例子以及其他质性研究和轶事报道，我们建议普通学科的学习不仅和 ASD 学生有关，并且应将此列为此族群的优先考虑（详情请见 Erickson et al.,1997）。此外，许多研究者开始重新思考，ASD 学生是否需要与其他正常学生不同的教学方法。Mirenda（2003）提出：

……研究表明，身心障碍与正常的学生之间的相似程度比原先想得要更高些……大多数自闭症学生都能从读写教学中受益，当然，这种教学计划是经过精心策划的，并且是与学生从启蒙阅读迈向熟练阅读的发展进程相匹配的（p. 275）。

Bedrosian、Lasker、Speidel 和 Politsch（2003）共同报道了一项干预研究，此研究旨在增加一个使用 AAC 的 ASD 青少年的故事构思与撰写能力。当与一般学生搭配成小组时，这个 ASD 学生使用了故事结构图、共同故事撰写、回顾历程、故事板和故事编写软件等，以作为其故事撰写的支持。研究者们描述了两个好处：一是目标学生与同伴一起参与了这个写作过程；二是目标学生在普通教育写作课上达成了学习目标。这个例子表明了对于依赖 AAC 的 ASD 学生而言，为其所作的教学准备的方式（如用 AAC 选择教学活动中常用的词汇，以及目标学生、同学及老师都用得到的词汇）显得尤为重要。

之前提到的四步教学计划流程，为学生已预见的或非预见的学习成果的表现做好了准备。在应用此流程之后，教育人员提供一些证据，指出学生的学习效果是以往所未预期的（McSheehan et al.,2006）。如，有一个只有些许功能性言语的 ASD 学生个案，之前从未接触年级小说写作活动课程。到了五年级，他得到了重新编写过的阅读教材，从五年级水平降为二年级水平，但同时保留五年级主要的内容。这个教材新增了与其 SGD 一致的图片沟通符号。最初，这些支持安排旨在让他可以使用适龄教材，这里适龄教材是指大家共享的教材。然而，在反复学习教材上的文章后，期末时，这个学生已经能够在独立翻书和用食指追视文本时发出声音。他会随着阅读而改变音调，并在句末停顿，与其他朗读的同学一样。此外，各种试题都以选择题形式放置在他的 SGD 中，来参与各种考试、测验及期末小说的复习等题目。通过选择一些正确的答案，他证明了自己不仅参与了各教学活动，并且还学到了学校对其他同学所要求的知识内容。

> 参与有效合作团队的实务

有效合作团队与学生学习之间的关系在文献中早就有很好的记录（Blackstone，1989；Edelman & Giangreco，1995；Giangreco，2000；Giangreco，Cloninger，Dennis & Edelman，1994；Giangreco，Cloninger & Iverson，1998；Hunt，Soto，Maier，Muller & Goetz，2002；McCarthy et al.，1998；Snell & Janney，2005；Villa，Thousand，Stainback & Stainback，1992）。合作团队产生的条件是某群体内各成员的专长各异但却互补，大家一起工作以达到群体共同同意的目标（如，Snell & Janney，2005；Thousand & Villa，1992）。当小组需要整合 AAC 版面与技术以支持学生参与普通教育的学习时，有效的合作团队就显得尤为重要（Erickson et al.，1997；Koppenhaver，Spadorcia & Erickson，1998）。

Hunt 与其同事（Hunt et al.，2002；Soto，Muller，Hunt & Goetz，2001a，2001b）确定了几个主题，这些主题是关于小组成员能力的，这些成员中包括有 AAC 需求的学生，并且成员间能成功地进行合作。他们描述了有效合作的专业技术的背景，这个背景与普遍为人所接受的实践活动相符，其中包括：（1）定期召开团队会议，各成员均贡献一份力；（2）尊重每一位成员；（3）保持良好的人际关系和沟通技能；（4）确定小组各成员的任务与责任，但灵活调整任务界线；（5）确定小组的组长；（6）建立共同的、以行动为导向的目标；（7）建立维持团队成员职责的程序。

团队经常会遇到系统和组织方面的阻碍，影响了团队合作的效率和效能（Garmston & Wellman，1999）。当 ASD 学生需要 AAC 时，这些阻碍又无形当中被扩大了（Hunt et al.，2002；Simpson et al.，2003；Soto et al.，2001a，2001b）。影响有效团队合作的阻碍有：（1）缺少融合所需的行政支持；（2）没有澄清团队成员的角色与责任；（3）缺少定期团队会议、计划与准备材料的时间；（4）缺少运用专业发展和训练与使用科技及教学策略来帮助 ASD 学生 AAC 的需求；（5）缺少有效的服务传递模式（Jorgensen，Fisher，Sax & Skoglund，1998；Jorgensen，Schuh & Nisbet，2005，McCarthy et al.，1998；Rainforth，York & Macdonald，1992；Soto et al.，2001 a；Villa & Thousand，1995）。另外，一些研究人员已经意识到良师的重要作用，良师可以带领和帮助团队学习新的技能和合作流程，并且还能制定可以维持的组织变革（Fullan，2001；Fullan & Miles，1992；Jorgensen et al.，2005，Olson，1994）。

> 小结

本节描述的 5 个融合教育的组成成分，可以用来设计有效的教学方案、干预方法和支持途径，包括为融合于普通教育的 ASD 学生进行 AAC 设计与应用。每一个组成成分都是成功融合的必要非充分条件。假设一个目标学生有能力学习普通课程，但却缺少适当的计划，毫无疑问,他不可能在普通教室中获得好成绩。再假设,如果只有个别化的课程教学方案,而无教室中丰富且有意义的社会情境,也是不够的。尽管,若要在各方面都取得进步,就需要协调良好与有系统的努力,但"几乎没有什么特定模式或程序,已被发展出来以促进 ASD 学生在普通教育中学习"(Simpson et al.,2003,p117)。超越可及性模式(Beyond Access model)整合了融合教育的关键成分,支持教育团队小组去促进严重身心障碍学生在普通教育课程中的学习。

超越可及性模式

自 2002 至 2006 年,超越可及性模式是美国联邦经费资助、教育部特殊教育方案办公室设计与评鉴的方案之一。参与这项模式开发与评估的学生,使用各种非辅助性的沟通模式(包括脸部表情、自然手势、手语和言语)和辅助性沟通工具(包括图片沟通符号、特殊开关和电子 SGD)。学生们每天至少花 50%的时间于普通教育课堂中进行至少两门核心学科领域(如,语言、艺术、数学和社会科)中学习。

超越可及性模式(图 15.4)的发展是为了提出与解决存在于学校中学术研究与实务之间的断层。学校一直在努力让使用 AAC 的重度身心障碍的学生(包括 ASD)可以在普通教育教室中上课。也因此,作为一种专业发展和学生支持的计划模式,超越可及性模式把已出现的研究和具有展望的教学策略,转化为日常实务教学可用的策略。通过一套认明、尝试与系统评估学生在学科学习时所需的教学与沟通策略的流程,超越可及性模式建立了合作团队。这个模式的必要成分是:学生成员归属、参与、学习,以及对 AAC 及其他形式的辅助科技的使用和合作团队的支持(如,Jorgensen, McSheehan & Sonnenmeier, in press;Jorgensen et al.,2007;McSheehan et al.,2006;Sonnenmeier,McSheehan & Jorgensen,2005)。

超越可及性模式让团队小组参与一个包括下列工作的互动历程:(1)评量;(2)探究各种教学策略、AAC 和辅助科技策略、支持和调整;(3)在探究的基础上,执行最有展望的策略;(4)评估策略在支持学生学习的实务运用的成效。学生团队中的所有成员都参与示范活动,参与人员包括父母/监护人、普通教育者、特殊教育者、相关服务提供者及行政人员。

有关超越可及性模式应用于重度身心障碍小学生(包括 ASD)的初步研究,显示了颇具希望的结果(Jorgensen et al.,2007;McSheehan et al.,2006;Sonnenmeier et al.,2005)。而使用了超越可及性模式的学校也承诺,他们将会执行团队小组实务,包括:对每月参加专业发展研习会和每周参加小组会议的教师授予领导与支持;在使用此模式时,对本学区内的教师授予领导的权力;成立一个管理小组,对此模式的执行情况进行监督,并使此系统长期有效。

通过进行团队实践,各小组都在普通教育教室中巩固了诸如计划、执行和评估学生成员归属等能力,还有参与课堂和理论学习的能力。

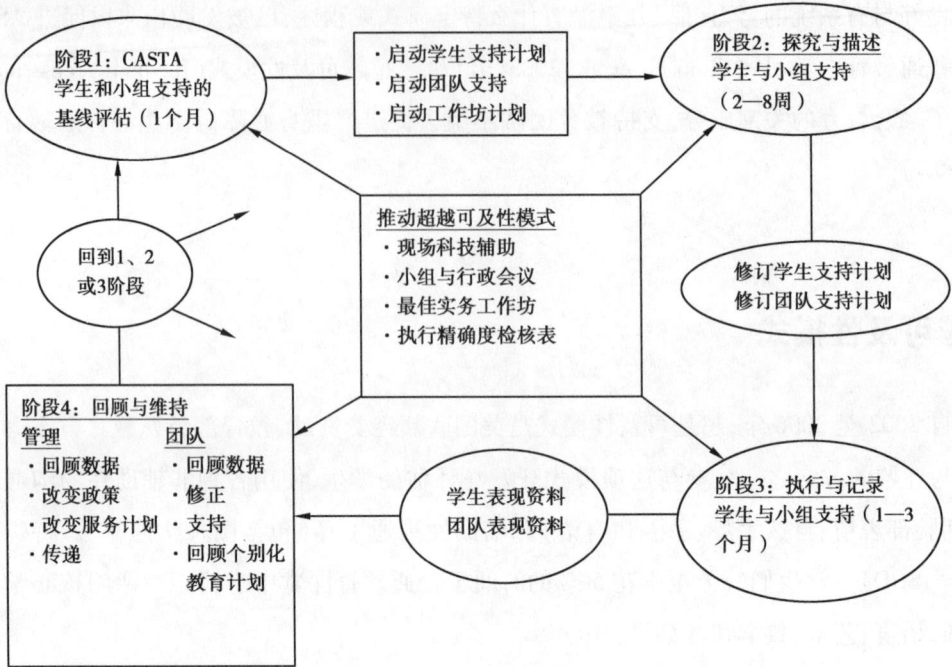

图 15.4　超越可及性模式

＞　超越可及性模式的主要组成部分

本节将会介绍超越可及性模式的主要组成部分,其中包括了对最佳实务的强调、超越可及性模式顾问的参与、学区内超越可及性模式指导老师的使用、建立行政管理检讨小组、初始团队导向介绍的提供,以及持续专业发展的工作坊。

最佳实践

超越可及性模式的基础就是一整套以价值为基础的、有发展的和循证的最佳实践(见第十五章附录)。每一个超越可及性模式的最佳实践都包含了一系列指标,这些指标的作用是记录经过一段时间后每个小组成员的知识,以及每一实务的技能水平。

顾问

超越可及性模式的一个核心组成就是"关键朋友"的积极参与,这个"朋友"对最佳实务及模式的执行十分了解。这个人可能是一个私人顾问、大学教师或任何一个在支持重度身心障碍学生的融合教育上具备丰富经验者。"关键朋友"之所以重要,是因为这个模式激发小组成员改变合作的方式和提高 ASD 学生学习普通课程的学习成效。团队成员也需要支持以改变其对学生学习能力的观念。超越可及性模式顾问在起始时会引导小组,也会同时指导超越可及性模式的内部推动者。

学区内推动者

对学区内相关人员(如融合教育工作者和学校特殊教育协调者),即学校内部领导超越可及性模式的实施工作者,进行鉴定与指导,是保持模式长期持续的主要因素。经过一段时间后,这个推动人员将会承担更多的责任,这些责任包括促进模式的开展、支持小组实践的评论与问题解决,还有监督执行的精确度。

行政管理检讨小组

建立行政管理检讨小组对模式的成功与持续有着至关重要的作用。超越可及性模式顾问与主要管理者定期见面,讨论所取得的进展和阻碍模式执行的诸多因素。行政管理检讨小组成员至少包括一位学校校长、一位特殊教育协调者和一位支持超越可及性模式学生的特殊教育教师。每个月一次,顾问都会与上述成员和学区特殊教育管理者见面,以监督此模式的执行情况。此外,我们也鼓励学区教育官员尽量参与每月一次的行政管理检讨会议,每年至少2到3次。

初始团队培训

每个学生教育小组的成员都将参与为期两天的培训活动,以了解超越可及性模式的理念和实务活动。这个培训使得小组成员更加全面地了解此模式可能带来的成功以及必须付出的奋斗。对于实证本位实务的责任和重点而言,这不仅是这个流程中极为关键的一步,还促使小组成员们形成一个可行的教育规划构思,这个规划包括了基于价值的实践活动,或是有前途但却研究根基不稳的实践活动。培训课程的议题包括:

- 过去对教育 ASD 学生和 AAC 使用者的看法;
- 超越可及性模式的概述,其中包括对此模式迭代阶段和组队合作实践的强调;
- 理解获取、参与和学习普通教育课程的构成因素,且强调超越可及性模式最佳实务(Jorgensen et al.,2002);
- 对学生具备能力学习的最不危险假设(Jorgensen,2005a)。

专业发展工作坊

团队成员每月都要参与专业发展工作坊,工作坊的主题与超越可及性模式的执行有关。工作坊可能包含的主题有:假设学生是具有学习能力(Jorgensen,2005a);有效的团队合作实务,如小组合作、问题解决、冲突解决和评估学生及小组的进步情况(如,Jorgensen et al.,2002);教学计划和课程调整与修改(Jorgensen,2005b);AAC 和其他辅助科技;正向行为支持;语文能力教学;标准版个别化教育计划的撰写。

> 超越可及性模式的阶段

超越模式有四个运行阶段,分别是评量、探究、执行和检讨。

阶段1:学生和团队支持的综合评量

学生和团队支持的综合评量(CASTS)是指在当前学校和团队实践的背景下,评估一个学生的学习和获得支持的情况,以及这些实践是如何与模式的最佳实务相联系的(请见第十五章附录)。CASTS的结果可以作为团队建立优先考虑事项和记录进步情形的基线。

有两个核心问题引导着CASTS:

1.学生在普通教育教室的成员归属与学习参与需要什么支持?

2.为了支持学生的完全参与及学习,团队需要如何进行合作?

顾问或团队的主要人员在两到三个星期之内需把相关资料收集起来(表15.3),其中包括:对学生教育记录的全面回顾(例如,个别化教育计划、评估、行为表、学科表现数据和工作样本);完成对每个团队成员进行的问卷调查;对学生在校与在家里的行为进行观察;观察团队的合作与会议。

表15.3 学生和团队支持的综合评量数据源(CASTS)

活动:

1.初始评量目前使用实证本位与具有前瞻希望的教学措施(如,超越可及性模式检核量表;McSheehan et al.,2006)。

2.回顾学生的教育纪录,包括个别化教育计划(当前的和过去的)和评量纪录(如学业成就、职能与物理治疗、心理和医疗)。

3.进行一项问卷调查,了解学生的兴趣爱好、学习方式和沟通概况的问卷调查;学生教育方案中的强项与弱项,包括成员归属和参与情况的指标,以及团队合作实务执行情况。

4.检阅团队和学校的相关文件(如小组会议记录、学校专业发展模式、建立广泛行为的程序(building-wide behavior procedure)、学校通讯和任务的宣布)。

5.在学校里进行观察,并从学生的角度记录与描述学生一天的生活(Jorgensen,Schuh & Nisbet,2005)。

6.检阅学生的工作样本、现有的扩大性沟通设备与策略,以及教学支持,如调整教材。

7.在学生家中进行观察,并访谈其父母(或监护人)以及兄弟姐妹。

8.访谈各个小组成员,以扩充从问卷和观察中所获得的信息。

9.观察一次团队会议。

10.确定学生教育规划(包括小组实践)与促进深度身心障碍学生的普通教育教室表现的最佳实务之间的是否相符(McSheehan et al.,2006;Sonnenmeier et al.,2005)。

11.与团队会面,评论CASTS的结果,获得与结果一致的意见。

12.与小组会面,发表评论,获取一致的意见,并对小组提出的建议排序。

注:"团队成员"包括父母(或监护人)。一般情况下,CASTS在2~3个星期内完成。

超越可及性模式顾问将信息综合起来,概括主题,指明一致与差异的部分,并确定学生和团队表现的代表性样例。顾问还要比较团队目前的实践与超越可及性模式实践的异同（见第十五章附录），然后把结果告诉小组成员们。得到 CASTS 结果后，成员们进行一个共识建立流程，在此，他们把原先遗漏的和高度相关的信息加上去，并最终一致确定自己的小组处于既定的 6 个水平的哪一层（引自 Kaner，1996）。任何一个没有得到全组一致同意的结果，都将进行讨论、澄清和校订，直至得到一致认同。

一旦调查结果汇总通过，小组就要检阅四大类的议题：学生支持、团队支持、专业发展需求和团队成员责任。顾问会让小组参与一个类似超越可及性模式最佳实务的相关流程，并在上述这些议案上获得一致的意见。这些议案旨在建立与超越可及性模式相符的团队能力，进而促进团队合作、学生成员归属、参与和学习。

阶段 2：探究与描述

之后，小组开始初步执行 CASTS 的调查结果，以回答与解决上述两个指导性的问题。超越模式的顾问会带领小组探究并描述教学、AAC 和辅助科技策略与支持，用以提高教室中的学生成员归属（如，拥有一张桌子、被委任一项班级工作以及出席点名）；参与社会活动与例行活动（如，在下课时间与同学一起玩、点心时间与同学聊天以及讨论时事）；参与学业活动与例行活动（如，合作学习小组、脑力激荡时段、教师讲授的课程以及实验室活动）；还有展现其学习能力（如，回答问题、完成学习单和写文章）。用支持来提升团队合作也同样是必须的（如，有效的会议结构、决策流程和团队沟通技能）。在剩下的学年中，团队成员要参加专业发展研讨会，提升团队成员知识与技能所必须的工作坊，帮助学生与团队获得期望的成果。

在第二阶段，团队成员会被鼓励去采用一种试一试的方法。此方法鼓励小组成员充分想象和打开思路，尤其是组员在某个问题的既定策略上不是很确定时。顾问会示范教学方法，推动小组会议的产生与进展；训练组员有效地使用干预策略；协助设计与发展教学、AAC 和辅助科技材料；安排一月一次的专业发展工作坊。

阶段二结束前，团队会选择四个方案中的一个，并在规定的时间内试验建议：（1）继续对这个提案进行探索；（2）放弃这一提案；（3）调整/改变提案，并扩大探索；（4）将这些提案运用于第三阶段。在这个阶段，支持的效能是依赖于团队的总体印象和小组成员对以下问题的专业判断能力，这些问题如：

1.这个提案是否让学生和我们向着目标前进？

2.这个提案能否有效地解决诸如成员归属、参与、学习和/或合作学习等框架层面的问题？

在阶段二被认可的学生与团队支持将优先执行，并在阶段 3 进行更为正式的评估。

阶段 3：执行与纪录

进入阶段 3，小组将着重提高学生教学、AAC 和辅助科技的策略与支持的效能，同样还要记录这些策略与支持的效能。通过对学生的工作样本、沟通版面、观察和上课录像带的回顾,小组得以描述支持行动实施的精确度,以及学生使用 AAC 和其他技术的上课表现。同时,通过回顾小组会议的评估,团队也能够描述团队合作实务的实施精确度。这些数据都是建立可行与持久的教育规划所需要的。

整个阶段 3,小组都在继续参与和学生团队成果有关的专业发展工作坊。学校本位的指导老师和顾问会提供额外的指导,以确保团队成员提供给学生的支持是准确与一致的。

阶段 4:回顾与维持

在小组团队会议中,反思实务方法会用来评估学生与团队支持服务的提供,以及学生和团队的表现模式。阶段 4 的目的是要确定,提供的支持是否增加与提升了学生成员归属、在社会与学业活动以及教学中的参与度、学生学习成果的展示以及团队合作。那些被证明有效的学生与团队支持措施将继续保持下去。而那些尚未证明有效的,则要经过进一步调整后再执行,并再对学生和团队的表现进行资料收集与分析(回到阶段 3),抑或是不再继续执行。也可以建议其他的学生或团队支持以便再加以探究(回到阶段 2)。这个交互运作过程增加了团队在设计教育方案的信心。同样重要的是分析学生的作业或工作表现,以便证明学生的进步表现是因为得到一贯的、有力的支持。

结论

超越可及性模式阐明了在教育中使用 AAC 的 ASD 学生,不仅需要熟练的专业人员组成团队以提供有效的服务,还要顾及 ASD 学生的尊严、价值和能力。随着被诊断出 ASD 的学生人数越来越多,教育领域正处在一个十分关键的位置,这将影响到这些学生的教育规划方案。也因此,我们要继续关注学生的缺陷及其补救方法吗? 在他们融入正常学生的学习环境前,我们应该要求他们要先具备特定的技能吗? 或者,我们应该发展出一些可以促进其技能发展,以及在自然环境中参与一般同伴活动的方法或模式。

曾与我们合作的学生、家庭和专业人员告诉我们,他们已经开始相信,使用 AAC 的 ASD 学生"很好,他们就是这样",而我们的工作就是支持他们在融合教育中的成员归属、参与以及学习。我们的研究表明,超越可及性模式不仅为团队提供基础原则,也同时提供了实用策略以达成目标。我们了解到,其他教育模式也可能获得同样的效果。然而,在最终的分析中,超越可及性模式的效能,或其他价值和实证本位的实务的效能,都会通过评量我们学生是否快乐,是否学到东西,或是否已经成为独立参与学校和社会活动的、有责任感的市民而被评量。

第十六章
支持复杂沟通需求的青少年与成人参与活动

Teresa Iacono、Hilary Johnson、Sheridan Forster　著

许宁、黄梓佑　译

本章的焦点为自闭症谱系障碍青少年和成人,以及未发展功能性语言并经诊断为中度到极重度智力障碍(intellectual disability,ID)的复杂沟通需求者。对这群人而言,ASD 或 ID 的区分常常是模糊不清的;此外,其自闭症的程度也是不明确的,有些可能是有自闭症的特征,或具有自闭症谱系障碍但没有接受正式诊断;另外有一些个案则是经由专业人员评估,正式诊断为自闭症,但却没有与每天提供他们支持的照顾者或关键沟通伙伴进行沟通。考虑到这些智力障碍者可能也是自闭症谱系障碍,因此需要发展出能表示其技能、行为与喜好的侧面图。

许多 ASD 与 ID 成人的个人成长史可能都具备了:人际关系破碎、社交网络有限与多变化,以及因从机构中到小区型支持住宅中安置,而造成有限与多变化的支持系统。在许多例子中,这些成人都经历了政府或教育政策因奉行正常化的原则、功能性技能发展、社会参与及小区融入等原则而改变的结果。在另一方面,他们可能也经历了受限的沟通支持、有限的自我决定机会,以及较为传统而非现代的行为干预策略。

本章的重点旨在阐述:(1)目前对 ASD 与 ID 青少年及成人阶段复杂沟通需求的了解;(2)AAC 在促进其沟通、社交网络与参与中所扮演的角色。这些探索提供了临床意义与未来研究方向。

自闭症谱系障碍、智力障碍与复杂沟通需求

智力上的缺陷,特别是较为严重的程度,其结果是有可能让 ASD 患者有复杂沟通需求,因此需要 AAC。流行率数据让我们在一定程度上了解有复杂沟通需求的 ID 者的特征,这些特征也同样可用于了解 ASD。此外,ASD 幼童的研究结果显示,智力分数从幼年至成年呈现稳定的程度,而且也会冲击到长大后的智商。

研究已发现,重度 ID 者比轻度 ID 者具有较高的可能性出现多重相关障碍(Mclean,Brady & Mclean,1996)。举例来说,Arvio 与 Sillanpaa(2003)发现,在 461 名年龄自 1 岁至 71

岁的重度与极重度智力障碍者中,92%有伴随一至六项相关联的障碍。最常见的是语言障碍(未明确界定),其次是癫痫。自闭症特征(同样未明确界定)有 72 名(16%)。当然,当考虑 ASD 者智力测验的问题时,决定一个人的 ID 程度就会变得有些争议,特别是对 ASD 和重度沟通障碍患者而言。

澳大利亚健康与福利部门的资料(Australian Institute of Health and Welfare,2006)指出,有 26%的 ID 者(不论程度)和 25%的 ASD 者并无有效的沟通方式,因此对于被鉴定为 ASD 又被标记为 ID 的人来说,有 CCN 的可能性明显较高。最近澳大利亚维多利亚省一个针对 3 759名有复杂沟通需求的人口调查中,发现有 10%的个案初步诊断为自闭症,在这些 ASD 者中,有 81%同时被诊断为 ID(Perry,Reilly,Cotton,Bloommerg & Johnson,2004)。

这个资料指出,ASD 者中最有可能通过 AAC 得到帮助的,就是那些也有明显 ID 的人,特别是障碍程度达极重度者。在推断这些数据时需要特别小心,复杂沟通需求并不暗示就会有 ID,但欠缺沟通能力就有可能混淆对认知能力的判别。本章的焦点着重于被鉴定为 ID 且同时亦为自闭症谱系障碍者的生活。因此与两种障碍类别有关的研究,都与本章试图了解的具有 ASD 的 ID 青少年和成人复杂沟通经验有关。

> ## 去机构化与融合的暗示

在西方国家,正常化运动促进发展障碍者的融合(integration)与小区融入(community inclusion)的动力(特别是智力障碍者)(Cambridge et al., 2002; Young, Sigafoos, Suttie, Ashman & Grevell, 1998)。由于社会角色的活化原则(social role valorization, SRV)(Wolfensburger,1983)的应用,大众对身心障碍者的态度有所改变,进而促成了融合与小区融入。而此原则原本希望这样的努力可以提供智力障碍者形成有意义的友谊及社交网络的机会。这个运动源自西方国家希望确保身心障碍者权利、独立选择与融合的政策举措,与此相关的政策文件如英国的白皮书(Department of health, 2001),蒙大拿的智力障碍声明(Lecompt & Mercier,2007)、身心障碍者权利公约(United Nations,2006),以及澳大利亚政府的维多利亚障碍方案(Department of Human Service,2002)。这些政策文件承认身心障碍者面对各种社交联系时是有困难的。对于 ASD 成人而言,要达成社交联系可能会更突显其社交困难,而给他们带来特别的挑战,亦即可能影响到他们社交网络的质量。

> ## 社交网络

根据 Scott(1991)的论述,社交网络的构念及评量方式,是源自社交测量分析学科及其与格式塔理论及数学两个领域的合并。这个理论中的个人社交网络领域部分,特别适用于身心障碍者(Antonucci,1985;Reindeers,2002)。它包含了两个主要方面。首先,在量的层面涉及测量社交网络的大小、两个人彼此间的黏合强度（如，关系）、彼此相关的紧密度（如，密度）、在关系中互动的频率与间隔时间（如，稳定度）、在关系中人们互相的连接度（如，多样性）。其次，同样重要的是在关系中所提供的社会支持的质性方面。而质量则依赖社交网络中身体与情绪上提供互惠的支持，就好像"通过社交网络的散布与交换"（Antonucci，1985，p. 96）。

自闭症谱系障碍

有关 ASD 成人社交网络的讯息，大多来自对家庭成员的访谈。举例来说，Goode、Hutton 与 Rutter（2004）探索了 68 名 ASD 成人的友谊，他们发现只有 26% 的研究参与者与同伴有包含参与一定范围的活动或兴趣的友谊关系，而这些有熟识者的 ASD 患者通常是通过安排的社交团体分享活动；而超过半数的参与者报告没有朋友或没有熟识者；相反地，其中 19% 的人至少有一个友谊是"包含某种程度的有选择性与分享"（p.217）。其他研究人员也报告了在更大的自闭症社群中是缺乏类似的互惠关系（Orsmond，Krauss & Seltzer，2004；Seltzer et al.，2003）。这些研究指出 ASD 成人在维持友谊上比年轻的患者有更明显的困难。Orsmond 等人（2004）发现"年轻"与"相对在社交技巧上损伤较少"两个条件，能预测个案是否有同伴友谊。但其他研究者（如 Beadle-Brown et al.，2002）发现，即便长期居住在小区中，似乎也没有改善他们的社交障碍。

智力障碍

与包含 ASD 患者的研究相较，有更多的研究是探讨仅以智力障碍者为研究对象的社交网络大小和复杂度，虽然其与 ASD 有关联的情况通常是未知的。部分研究关注于去机构化的潜在益处。研究人员，特别是在英国，已经追踪了智力障碍者从大型集合照顾机构搬到小区中较小的宿舍或房屋后，友谊与行为的改变（Camgridge et al.，2002；Stancliffe & Lakin，2006）。居住位置的改变并不保证他们会遇到新的人，或是建立新的社交关系（Donnelly et al.，1996）。事实上，依据搬迁的地方和如果不能够邻近于以前住在一起的人，他们甚至有可能减少人际接触和中断联结（de Kock，Saxby，Thomas & Felce，1988）。虽然有些研究指出当人们从机构搬移到小区，其社会接触刚开始时会增加（例如，Stancliffe & Lakin，2006；Young et al.，1998），部分研究仍发现久住在小区中可能出现社交网络减少的情形（Bigby，2008；Stancliffe & Lakin，2006）。

一般而言，研究显示智力障碍者倾向拥有相当小型的社交网络（Forrester-Jones et al.，2006；Kennedy，2004；Renblad，2002；Robertson et al.，2001）。虽然 Forrester-Jones、Jones 与 Heason（2004）的研究报告指出有高达 46 人组成的大型社交网络，但较小型甚至只有 1—2 人的社交网络似乎更为常见（Bigby，2008；Donnelly et al.，1996）。当个案有 CCN 时，有关他们网络的信息通常是由双亲（Krauss，Seltzer & Goodman，1992）或机构人员（Robertson et al.，

2001）提供。但有些证据证明这些报告低估了其社交网络的大小（例如，Landesman-Dwyer，Berkson & Romer，1979）。举例来说，Parker、Sprague、Flannery、Niess 与 Zumwait（1991）发现，即使和中、重度 ID 青少年极为熟悉的人，也不知道他们如何表示他们的友谊。这种困难对 ASD 和 ID 成人尤其困难，因为他们往往表现出特异的沟通行为。

　　同时有 ASD 与 ID 的人在小型的社交网络中，常因为他们本身的障碍与有限的沟通技能而显得特别容易受到伤害。Robertson 等人（2001）对 500 名来自不同大小住宅规模的 ID（中度至重度）居民进行研究，其中 38% 的居民被诊断有 ASD，24% 被鉴定同时有心理疾患。上述的两个标准，包括：1）某人作为居民社交网络的成员，此人对居民非常的重要；2）在过去的一个月中曾经见过。这些社交网络的整体规模都在 0 至 20 人左右，平均为 5 人。社交网络成员中 44% 为机构员工，当员工被屏除在外，网络规模则下降至 2 人（范围介于 0~13 人）。

　　社交支持的相互性在社交网络中很少被提及，但却是维持关系不可或缺的一部分。Krauss 等人（1992）执行一个在此领域中少见的质性研究，他们对 418 名住在家中的 ID 成人进行了结构性的访谈，报告中显示几乎半数的成人没有朋友。该研究中社交支持是根据六种类型来叙述：如同知己般的对待、提供安心、提供尊重、生病时提供照护、难过时会倾听，以及讨论健康状况。网络成员提供智力障碍者四种类型的支持，但只得到两种支持类型的反馈。Robertson 等人（2001）也发现，员工与家庭成员最常提供社交与情绪的支持，但 ID 成人却鲜少提供他人这些支持或展现相互性。这样的结果可能至少部分反应出，有很大比例的居民是 ASD 或有心理健康问题。

　　Newton 和 Horner（1995）提供了一个对比模式，他们与 14 个和重度智力障碍者有友谊关系的小区成员深度访谈后，显示其互动性不佳。所有参与者表示有接收到肯定的互动（无条件的爱……完全地接受），但是他们指出更明确的互动是缺乏的。有形的互动是依赖工作成员提供，例如他们会代表智力障碍者递送生日卡片或生日礼物。

　　这些社交网络和互动研究报告的差异，十之八九都归因于不同的资料搜集策略、采用第二手资料，以及不同的研究方法。同时，由于定义标准的不同，如包含重要人物或核心参与者的喜好（Forrester-Jones et al.，2004；Kennedy，Horner & Newton，1990）但不包括受雇的员工（Dagnan & Ruddick，1997），可能因而产生网络规模的差异。一个更有可能造成研究差异的原因，可能是实际的情形和他们对所支持之个案的了解迥然不同。资料收集时如果使用更多的直接观察法，可能可以得到更准确的社交网络指标。

＞　小结

　　尽管诸多研究的方法和发现有所不同，但很显然智力障碍者的社交网络规模较小，且倾向由家庭成员及受雇的员工组成。此外，若再加上社交障碍（如同时并存 ASD 者），则会造成友谊建立与社交网络维持的困难,尤其是在友谊关系的相互性方面。ASD 在何种程度上影响其与人形成友谊与发展社交网络能力,可能不仅源自社交损伤本身,也有可能来自幼年时期、青春期或成年时发展出的其他特质。因此,其社交相互性可能终生受限。

自闭症谱系障碍与智力障碍青少年及成人的发展结果

在本节中,我们提供诸多检视 ASD 青少年与成人的长期追踪研究。而多数的研究中,个案也都被诊断为 ID,特别是我们的研究结果是针对行为与精神问题、沟通关怀与社交发展结果。我们也检视了少量针对 ASD 个案进行长期干预之影响的文献。

> 长期追踪研究

在许多的研究中,长时间记录了 ASD 者发展改变的数据(如 Ballaban-Gil, Rapin, Tuchman & Shinnar,1996;Kobayashi,Murata & Yoshinaga,1992;Larsen & Mourisden,1997),这些数据常被用来与其他障别群体的发展改变记录做比较(e.g., Mawhood,Howlin & Rutter,2000;Rutter & Lockyer,1967)。Mawhood 等人在 2000 年与 Howlin 等人在 2004 年以 IQ 分数高于 50 分的 ASD 个案为研究对象,发现这群人终生需要依靠其他人的协助。此外,Howlin 等也指出标准化智力测验分数为 50 至 70 间的人的发展结果最差。

其他长期研究则包含重度智力障碍者,如 Kobayashi 等(1992)记录 21 名接受早期干预之日本儿童的发展结果,其中中度 ID 占 33%,重度 ID 占 16%,追踪期从 5 年至 28 年不等。Ballaba Gil 等(1996)记录了美国 99 名青少年及成人的发展结果,其中超过半数均为中度或重度 ID。这些参与者的初次诊断多在年龄 9.5 个月至 20 岁之间,初次诊断后的后续追踪数据搜集平均年数为 12 年。Larsen 与 Maurisden(1997)记录 18 名丹麦儿童在初次诊断为自闭症(9 名)或阿斯伯格综合征(9 名)后的 30 年,7 名自闭症组的儿童被记录有轻度至重度的 ID。

尽管使用非直接数据源,包括依靠病患的挂号纪录(Larsen & Maurisden,1997)及其他非正式纪录(Ballaban-Gil et al.,1996;Kobayashi et al.,1992),这些研究都报告了相似的结果,指出有许多问题在青少年与成年后仍然持续存在(如,接受性与表达性语言、社交技巧、问题行为)。但该研究也指出在初次评量中,IQ 分数较高与沟通技巧较佳者会获得较好的发展结果。这些结果响应 Rutter 和 Lockyer 在 1967 年的先驱研究。该研究检视自 1950 年至 1958 年间英国接受临床治疗协助的 ASD 儿童的发展结果。此研究中,智力测验分数低于 60 分者发展结果最差;多数直到成年都仍持续无法说话,居住于机构中,成年时出现癫痫

（Lockyer & Rutter，1969；Rutter，Greenfeld & Lockyer，1967）。

> 行为与精神问题

有很大部分的 ASD 患者显示他们在青少年和成人阶段有行为问题。举例来说，Kobayashi 等（1992）在他们研究中发现，有 31.5% 的个案出现整体性的恶化现象，特别是行为问题（如，攻击与自残）与强迫性或重复的行为。且多数都在 10 岁时大量增加。然而，Ballaban Gil 等（1996）在其研究中则指出，69% 的青少年与成人的行为问题是从儿童期就已开始持续出现。

在 ID 的研究文献中，有很多都是有关挑战性行为（例如，问题行为），但我们并不清楚这些行为问题是否也有可能出现在 ASD 者身上。唯一的例外是 Bhaumik、Branford、McGrother 和 Thorp 等人在 1997 年所做的英国人口研究，此研究检视了 2 201 名智力障碍成人中出现自闭症特性与挑战性行为的关联性。他们发现自闭症特性的多少与重度或极重度 ID 有关，且与许多挑战性行为也有关，包括肢体攻击、物品破坏、自残、易怒、不合作行为与过动。

出现挑战性行为导致药物的高使用率，而这些药物的本质通常是为了要治疗精神异常而控制行为问题（Ballaban-Gil et al.，1996；Tsakanikos et al.，2006）。不幸的是，研究报告中总是未厘清，使用药物是为了真正治疗一项或多项精神问题，还是只是为了控制不当行为（如，Tsakanikos 等，2006）。研究者如 La Malfa 等（2007）认为，智力障碍者因为广泛地受到生物学、关系与社会环境等因素的交互影响，而特别容易在心理健康上受到伤害。当然，一些研究也指出 ASD 患者出现心理健康问题的比例通常比一般人更高，虽然这些研究通常并未厘清行为问题是否包含在多种精神疾病征兆中（e.g.，Cooper & Brailey，2001），或是与他们的本质分开来看（e.g.，Deb，Thomas & Bright，2001）。

有 ASD 表现的智力障碍者在心理疾患上的高风险是最近研究的焦点。举例来说，Bradley、Summers、Wood 与 Bruson（2004）将 12 名 ASD 伴随 ID 的成人与 12 名单纯 ID 的成人进行比较。他们根据年龄、性别和非语言智力测验结果（得分低于 40）进行比对，并利用一项用以筛选智力障碍者的精神疾病工具检核这些受试者。此研究发现达临床意义的参与者比例中，以 ASD/ID 组风险较高，包含焦虑与沮丧。整体而言，ASD/ID 组的共病现象是单纯 ID 组的 4 倍。根据长期研究结果的回顾，Howlin（2004）发现 ASD 成人若同时为重度 ID，则精神疾患更有可能发生。

> 语言与社交损伤

ASD 同时伴随重度 ID 的人也常被发现会有持续的沟通问题（e.g.，Ballaban Gil et al.，1996；Rutter & Lockyer，1967）。然而，Howlin 等（2004）的报告也指出，即使 ID 是中度或轻

度,也都在语言及社交沟通两部分有困难。Mawhood 等(2000)检视 19 名男性 ASD 者与 20 位男性语言障碍者,在初次鉴定的 23～24 年后的沟通发展成果。19 名 ASD 男性中,6 名缺少自发性的功能性语言,其中 4 名无法说话,而 2 名只能鹦鹉式仿说。在追踪研究中,将 ASD 男性与语言障碍组相比,整体而言,ASD 男性更有可能提升语文智商和接受性语言的分数,但其在所有语言领域(包括社交沟通技能)则有更显著的障碍。不同于语言障碍组,他们幼年的正式接受性语言分数与他们整体发展结果评量有很显著的关系。

ASD 患者的语言及社交技巧间的关系从幼童时期即已很明显。普遍的情况下,ASD 幼童的沟通目的以行为调节较多,社交互动及共同参与则较少(详见第三章)。这些早期的困难可以因为早期干预提供了认知技巧与社交响应的发展而改善(Howlin,2004)。然而,就像先前提到的,与成人及同伴间建立正式社交关系的困难还是一样继续存在(Howlin,Mawhood & Rutter,2000;Rutter & Lockyer,1967)。Howlin 等(2000)发现在接受性词汇技巧与友谊(r =0.89),及接受性词汇技巧与社交能力(r=0.88)上具有高相关。这些发现与其他追踪研究结果一致,显示持续性的问题反映出认知能力、语言及社交损伤之间互相作用与混淆的作用。从建立友谊、缺乏工作机会及持续依赖家庭与支持服务的结果来看,这些 ASD 的成就是低下的(Howlin et al.,2004)。

＞　干预的结果

Rutter 等(1967)认为 ASD 患者(包括伴随并存低智力者)极差的发展结果,可以通过适当的教学与沟通干预而得到改善。然而,探究上述因素的长期影响研究与去机构化运动的研究却是极度缺乏的。Howlin(2004)比较 1980 年代前后的研究,试着找出更好的教育机会及关闭机构所带来的潜在影响。她发现在此分析中,发展结果佳的成人之比率自 11% 增加到 20%,而发展结果不佳的比例则自 65% 下降至 50%。

在 1980 年代中期之后,早期干预的机会大大提升,但长期影响的研究却令人惊讶的稀少。在一个早期干预的成效研究中,Howlin(2004)发现,早期儿童干预计划的长期影响或评估不同教育形式的研究结果资料有限,他甚至指出,仅有少数的干预研究有强调 ASD 成人的结果,整体而言可能是因为缺乏 ASD 成人的服务。Hamm 与 Mirenda(2006)(少数发表的长期研究之一)指出,在校时使用 AAC 的发展障碍者,在毕业后即缺少取得 AAC 服务的机会。而在此研究的 8 名受试者中,有 6 名为 ID 和/或 ASD。

虽然 Hamm 与 Mirenda(2006)的研究是在加拿大进行的,这样的发现可能在其他国家也反映出相似的情况,而且可能从 AAC 服务类推到其他的一般支持服务。例如,Stancliffe (2006)提及,澳大利亚特殊障碍服务明显缺少。部分由于这样的短缺,因此在澳洲与英国出现了一股训练服务发展障碍与沟通障碍者的居家照顾或职训,以提供说话治疗的趋势(e.g.,

Bloomberg，West & Iacono，2003；Money，2002）。而使用此模式所提供的支持服务常针对团体而不是个人。此策略可以提供数倍的服务效率，但针对个别需求则不易达成。此外，此策略也已被记载于政府政策文件中，成为一项服务提供的目标（如 Department of Human Service，2002）。另一方面，这样的方法如果从长远来看会更有效。因为它确保了提供沟通支持的服务是由个案最常接触的沟通伙伴所提供。当然，我们仍需针对此服务提供模式的影响进行检验。

> ### 小结

虽然 ASD 者从儿童时期至成人时期横跨各功能领域的改善已被证实，但这些研究的对象主要限于 IQ 分数在 70 分以上者。而 IQ 分数低于 50 分且有严重沟通障碍，包含缺乏功能性言语者，则显现出最差的发展结果。这样的模式出现于自 20 世纪 80 年代起增加教育机会及关闭机构的国家中。此外，那些经常未确诊或被标记有行为问题，且持续到成人阶段的问题行为与高发病率的精神疾病，也会造成 ASD 伴随 ID 者的低成就。这里初步的指出这个群体在沟通领域上或是在其他领域中都需要取得适当的服务。而缺乏可以取得服务的机会，会加重这些青少年与成人的问题行为或心理健康的问题，进而剥夺他们促进社交网络发展的管道。

促进 ASD 成人的正向发展结果

由发展结果的研究中得知 ASD 与 ID 成人的前景是不具希望的，也因此目前急需的是尽快通过策略来提升他们的生活质量。沟通及社会技巧间的关系，以及它们与社交网络的关系，都指向 AAC 是一个具潜力的起始点。在本节讨论中，我们首先将回顾有关 ASD 青少年及成人的 AAC 干预研究，接着会呈现较不被关注的领域的研究，但这些研究资料应该可以提供一些方向，以说明 AAC 可作为补充或与其他策略进行整合，来增强这个群体的友谊与小区融入。

> ### AAC 干预策略

针对 AAC 应用于 ID 青少年与成人（包括 ASD 者）的研究，主要聚焦于功能性沟通的训练以减少问题行为（详见第十二章）。和有关儿童的研究相较，使用 AAC 以提升此年龄层个案之一般沟通技巧的研究则相当少见。AAC 在青少年及成人的研究代表性样本请见表16.1。

　　通过以下关键词"青少年、成人、智力障碍、智能不足、学习障碍、自闭症、自闭症谱系障碍、辅助沟通系统及沟通"进行文献搜寻,聚焦于功能性沟通训练或问题行为的研究,以及只有极少数或几乎没有资料的研究,或是参与者的描述,数量都不足以判断 ASD 的研究是否也存在。

　　表 16.1 所列的研究并未包含 23 岁以上的参与者。有 7 个研究使用单一受试法检验 AAC 在特定范围内的成效(如,学习使用一个或多个图像符号来请求想要的物品)。在 Romski 及 Sevcil(1996)进行的纵向描述性研究中,包括较为完整的研究结果:在语音沟通器 (SGD)上使用的接受性与表达性符号、增加与成人或同伴的沟通互动、使用符号组合、识别印刷文字、改善言语清晰度,以及保持这种进步达数年之久等。在此研究中,不管参与者是否为 ASD 者,都出现了所有领域的改善。此研究的其他信息及结果请见第八章。

表 16.1　ASD 青少年与成人有效的 AAC 教学研究一览表

研究者	ASD 参与者	研究设计	干预目标与策略	研究结果
Reichle & Brown (1986)	23 岁男性,重度 ID 伴随 ASD	个案研究法 A-B 序列设计	教导参与者使用多页皮夹中的符号。教导物品名称,类化"要"的符号,这些符号是用来评论或命名、找出教过的符号,使用系统化褪除肢体提示。同时评量参与者自发与有意义地使用这些符号。	参与者学习所有的目标,最快速地(在 80 次的尝试中)获得了一般性的请求。参与者需要 260 次的尝试学习才找到符号。他被观察到用符号表达自发性的请求,而非在适当的情境中评论。
Rotholz, Berkowitz & Burberry (1989)	John:17 岁男孩,ID 伴随 ASD Sam:18 岁男孩,ID 伴随 ASD	A-B-A-B 倒返实验设计与多基准跨受试设计	教导参与者使用手势与沟通簿中的符号在快餐店中提出需求。并比较手势与沟通簿两者间所产生的成功互动次数。利用四步骤的过程教导接受性及表达性的命名与使用符号来要求。使用渐进式的时间延宕策略。	与利用手势相较之下,参与者使用沟通簿时达成更多成功的点餐次数(上至 100%)。在手势与沟通簿的情境下,"要求"的沟通表现数量则介于 0 至 4 个。
Hamilton & Snell (1993)	Carl:15 岁男孩,重度 ID 伴随 ASD	逐变标准设计:跨情境多试探设计	采用情境教学法,Carl 被教导在 4 种情境中使用沟通簿。情境包含教室与周围环境、餐厅中与正常同伴相处、小区中不同位置与居家生活。	在四种情境中,Carl 增加了使用沟通簿自然回应。在 12 个月的资料收集后指出,Carl 持续使用沟通簿,他可以在居家生活以外的其他情境中表达多词汇的短句。

续表

研究者	ASD 参与者	研究设计	干预目标与策略	研究结果
Romski & Sevcik (1996)	K.H.：10 岁 8 个月男孩，重度 ID 伴随自闭行为 E.C.：16 岁 7 个月男孩，重度 ID 伴随 ASD J.A.：13 岁 3 个月男孩，中度 ID 伴随 ASD 行为（另一名儿童为 ASD，其余九名为不同的发展障碍）	纵贯式描述性研究设计，将参与者依在家或在学校接受教育进行分组	利用扩大语言系统教导用户使用符号性的沟通。干预的重点为：1.使用语音输出的辅助性 AAC 系统。2.使用图文作为图像符号并逐步增加目标词汇。3.在自然沟通互动时进行教学。4.鼓励沟通对象使用参与者的沟通辅具。5.从沟通伙伴的观点持续监控参与者与沟通对象使用 AAC。	所有的结果指出在 2 年的数据收集期间，与使用非正式方法相较（如：手势与声音），使用 SAL 沟通能更成功的增加沟通伙伴的响应，且更能有效地持续沟通。在 ASD 的参与者中，J.A.在 10 项主要的测量中均有进步。E.C.在 7 个项目中、K.H.在各项中有些微进步。
Cafiero (2001)	Timothy：13 岁男孩，伴随 ID 与 ASD	描述性个案研究（A-B 设计）	利用自然的语言辅助刺激教导活动簿使用。在学校与小区的情境中所使用的教学技术为自然情境教学法、有创意的破坏与中断行为链。	Timothy 增加 16 个至 64 个图片沟通符号的使用。从基线期到干预期的过程也指出问题行为的降低。在教学人员对他的观感改变后，他的课程与 IEP 也重新设计得更复杂、更有挑战性与更有学术性。
Sigafoos & Drasgow (2001)	Shane：14 岁男孩，伴随中度 ID 与类似自闭症特征行为	单一受试法：A-B-C-D 设计	Shane 被教导使用手势与语音沟通板（VOCA）以得到与维持他想要的东西。接着他被教导有条件地使用这些沟通模式。	Shane 快速的学会使用手势或 VOCA 来要求东西。当 VOCA 呈现了，他就一直使用这个方法。如果没有，他就使用手势。
Chambers & Rehfeldt (2003)	Brian：19 岁男孩，伴随重度 ID 与自闭症行为（另有二名参与者）	单一受试法：倒返实验设计	在图片交换沟通系统（PECS）与手势两种情境中教导要求增强物，并测试要求不在视线内物品的能力、类化至住家的能力。	Brian 在 PECS 的情境下学习的表现比在手势情境下更快。手势情况的表现变化较为不一。在要求不在视线内的物品时多使用 PECS，但在类化阶段的测试时没有差异。

续表

研究者	ASD 参与者	研究设计	干预目标与策略	研究结果
Sigafoos, Didden & O'Reilly (2003)	Michael：13 岁男孩，伴随极重度 ID 与 ASD（另有二名参与者）	个案研究法：跨受试多基线（针对习得阶段和最后习得比较阶段）	在快速习得阶段内，参与者被教导使用一个具特殊开关的语音沟通器（SGD）提出喜好项目。这个阶段是接着最后习得阶段，也就是将语音输出关闭或打开，来比较并决定其要求是否保持，以及在提出需求时是否有发出声音。	Michael 的结果尚无定论，他的结果显示在最后习得的请求率较低，而且如果他使用发声功能来当做请求时也不是很清楚。
Sigafoos, Drasgow et. al.，（2004）	Jason：16 岁男孩，ID 伴随 PDD-NOS Megan：20 岁女性，ID 伴随 ASD 与听力障碍	单一受试法：多试探 AB 设计	参与者被教导使用 VOCA 要求想要的物品。教导初次要求并不成功时的修补，教学者假装没听到需求，然后利用由少到多的提示层次使用 VOCA，以修补中断的对话。	两位参与者呈现增加 VOCA 的使用，包含合并行为指示，遵循干预来提出需求项目。使用 VOCA 正确的修正沟通自 0%增加至 100%，并在之后的干预中稳定维持在 80%。
Sigafoos, O'Reilly, Seely-York & Edrisinha (2004)	Megan：20 岁女性，ID 伴随 ASD 与听力障碍 Jason：16 岁男孩，ID 伴随待分类的广泛性发展障碍 Ryan：12 岁男孩，ID 伴随 ASD	单一受试法：跨受试多基线设计	参与者被教导使用 VOCA 要求物品。他们被教导当找不到物品时，搜寻他们的 VOCA，使用由多至少的提示阶层。	干预后，参与者在搜寻 VOCA 上有明显的增加，而不是找不到时，引导训练者的手去寻找或发脾气。

关键词：ID，intellectual disability（智力障碍）；PDD-NOS，pervasive developmental disorder-not otherwise specified（待分类的广泛性发展障碍）；VOCA，voice output communication device（语音沟通板）；SGD，speech-generating device（语音沟通器），PECS，Picture Exchange Communication System（图片交换沟通系统）。

> 社交网络清单

Blackstone 与 Hunt Berg（2003）表示人们在考虑沟通模式时，会因为与不同的沟通伙伴关系而表现出不同的偏好，他们发展出一套社交网络清单（social networks inventory，SNI），提供一套系统化策略来记录有复杂沟通需求者和 5 个沟通伙伴圈（Circles of Communication partners，CCP）中的沟通对象互动时使用的模式，这 5 个 CCP 范围包含伙伴、亲近的家庭成员或小区中常接触的成员。SNI 也促进各种沟通模式的效率和效能之数据搜集,以及促进沟通伙伴使用的策略来增强接受性与表达性沟通。

2004 年由 Iacono、Forster、Bryce 与 Bloomberg 所进行的研究指出,SNI 对于记录 3 位 ID 成人(其中 2 位伴随 ASD)的沟通技能、喜好的沟通模式以及学习风格非常有用,他们发现此列表对于记录这 3 位成人超过一年的改变也非常有用,此 3 位研究对象在研究开始之初没多久就搬进共同支持的住处(即小区家园),他们和彼此以及支持系统的工作人员变得更熟悉。在此期间,沟通支持是经由两位语言治疗师通过咨询服务,介绍给支持系统的工作人员。

与 Graig 和 Mark 的父母及主要支持人员所进行的 SNI 访谈中指出,他们两个在沟通时主要是使用非正式模式(如,脸部表情、发声、手势等)以及有限的使用鹦鹉式仿说语句及沟通板。Craig 的支持工作人员也报告了 Craig 使用了手势,Craig 的母亲则并未提及此事。沟通档案是否改变,则请 5 位语言治疗师比对开始与结束间 12 个月的 SNI。这些信息系由 SNI 的摘要数据所提供,但清单完成的时间则被去除了。两名成人均被判断在 12 个月间有进步。Craig 的改变包含:在所有 5 项 CCP 中的沟通对象均有增加,特别是在好朋友的部分;有效沟通模式使用的范围更大,以及更加频繁的增加打字沟通;增加了表征的策略,特别是图像与字母系统;使用更宽的范围及更复杂的策略以支持互动;以及介绍更宽广的对话主题以反应 Craig 的观点,而非沟通伙伴的观点。

Mark 的改变包括增加与他互动的人数,特别是在小区中不熟悉的沟通对象;增加使用各种沟通模式于沟通伙伴和亲密的朋友;增加特定的表征策略,如小区要求卡;以及聚焦于 Mark 需求与要求的更大范围的对话主题。

由 Iacono 等人(2004)所做的一个与预期结果不同的研究,是从 SNI 结构性的访谈中让信息提供者(如双亲和主要支持的工作人员)讨论他们的关怀、态度,以及在支持这些成人所扮演的角色。一个特别聚焦于 Mark 经验的个案研究(Forster & Iacono,2007),乃从深度的访谈结果中,揭露出 Mark 充分理解图像就像一般人一样,而非一个只有限制性沟通技能与问题行为者。这形成一个证据,证明了 Mark 最积极的沟通互动,是与他非常熟悉以及最容易了解且接受其非正式沟通模式(手势、发声与脸部表情)的人。他拒绝在家中使用图像符号,但通过尝试与错误的过程后,他开始在当地的商店中使用图像符号要求商品与服务。这也成为他喜欢其他两位与他同住之 ID 成人做伴的证据;他的父母也乐见此事实,就是当 Mark 在小区可及性获得增加后,变得较少像其他沟通伙伴那样依赖父母亲。

> 密集互动

密集互动(Intensive Interaction)(Nind & Hewett,2001,2006)已在英国及澳大利亚成为

受欢迎的沟通干预方法（详见第三章）。密集互动将目标集中于沟通伙伴所使用的策略，以支持与促进复杂沟通需求者的社交与沟通能力。因此，这方法特别适合 ASD 成人及表现出社交退缩的重度智力障碍者。事实上，这群人的互动人际关系，即使是对熟悉的沟通伙伴，也常因为他们高度沉溺在自我身上而难以建立。

密集互动是由一个照顾者与婴儿互动的模式发展而来，涉及"将自然而然所产生的社会互动现象合理化，且同时注重内在质量与自闭症患者特别的学习需求"（Nind & Powell，2000，p.10）。它组合了很多技巧，如，暂停、话剧表演、模仿、肢体接触以及归因意向（Nind & Hewett，2006），以强化互动的质量（Nind，1999）。如此，这些干预可以使用在考虑沟通意图前期或沟通意图中，但非正式的行为上。

Nind 与 Powell（2000）检视了 ASD 伴随 ID 者出现困难的领域，如何通过密集的互动来加以处理。例如，有些 ASD 者在社交互动时表现出焦虑，在密集互动方法中，一个沟通伙伴会使用包含小心观察及等待互动机会的回应方式，尝试避免及减轻此焦虑。根据 Nind 与 Powell 的研究，密集互动利用个人的兴趣，将许多称为自闭模式的行为纳入考虑，包含那些在本质上可能被视为自我刺激的行为，也会被当作是互动游戏的来源。因此，一个人的行为可能被模仿，以便让他得以从他所感兴趣的事务中参与互动。Caldwell（2006）将这些策略描述成学习这个人的语言（learning the language of the person），其中一个人认知到他人的语言是熟悉的但却是不同的，因为它是来自出现在他人身上而不是他自己。

密集互动的支持者强调这些技巧并不涉及如同机器人般的模仿，而是稍微修改原来的行为之后，再反应回去给做出该行为的人的一种回应形态（Nind & Hewett，2006）。而需要特别注意的是，密集互动的干预时段是未计划的，更确切地说，互动涉及遵循个人的兴趣，以及同情式地反映他所有的非语言信号。如，在反应出苦恼时放慢回应，或在他失去兴趣时加快互动进度（Nind & Hewett，2001）。

使用密集互动的个案研究（如，Leaning & Watson，2006；Nind，1999），已显示在 ASD 者社交互动上是一种有效的策略。例如，Nind（1999）提到一名退缩且对人毫无兴趣的 ASD 男性的研究。在基线期中超过 5 个月每两周会搜集自动自发、互动行为的持续性及互相接触的评量结果，在 13 个月的密集互动观察后，在所有的进步中，Nind 偶然在教师的活动中增加了声音与微笑，还有增加共同注意力及转身方面老师。

同样地，Leaning 与 Watson（2006）报告了密集互动应用于三名极重度 ID 成人的研究。其中二名成人是 ASD 者。在整个基线期、小组干预与追踪期均使用时间取样法。研究结果显示在微笑与视线接触皆有进步，且自我刺激及违抗行为也相对减少。可惜因为一名受试者中断了干预，所以后面两项行为减少退回基线期的水平。除了这些研究，密集互动的影带与书面轶事个案研究也在训练的教材中呈现（Caldwell，2000，2002；Hewett，2006）。

> ### 以个人为中心的计划

以个人为中心的计划(Person-Centered Planning,PCP)是一个关注了解身心障碍者观点的方法。PCP 是一个参与个人及与个人最有相关者,致力于增加选择、帮助个人及最了解他的人表达个人要求,以及与他人建立关系的过程(Lyle O'Brien & O'Brien,2000)。参与 PCP 的人员可能包含家庭朋友、熟人,以及受雇佣的支持工作者。此过程包含大量的讨论与持续的观察,以确保现有支持的有效性。由于 PCP 的设计系聚焦于个案的梦想、喜好及社交网络,因此这样的方式会让我们更深入了解友谊对 ASD 伴随 ID 者的意义是什么。

虽然 PCP 已被实际应用,且在文献中也被讨论了超过 20 年,却也只有少数的研究检验其结果(Holburn,Jacobson,Schwartz,Flory & Vietze,2004)。在了解缺少 PCP 影响的健全证据,英格兰的健康部门委托一项研究去评鉴 PCP 的执行对智力障碍者生活经验的影响,以及提供他们支持的本质与经费(Robertson et.al.,2007)。此研究包含来自不同地区的 93 人,且已被追踪平均达 1.5 年。问卷的结果均由重要的信息提供者完成。研究结果指出 PCP 的过程与一些发展结果有正向关联,其中包含了与朋友接触。

> ### 小结

目前探讨 ASD 伴随 ID 成人社交沟通需求的研究极为缺乏,显示这些个案在这个领域通常只有少部分有机会可以接受干预。只有少数的 AAC 干预研究超越了教导基本请求,关注在 ASD 成人及复杂沟通需求。特别是 AAC 可能如何影响友谊发展、社交工作,以及——更根本的——社交互动质量,数据罕见。

像是社交网络或个人中心计划等策略,都聚焦于社交网络,以及致力于跨情境与伙伴互动之本质——可以为解决由于 ASD 伴随 ID 而导致社交障碍之成人的需求带来希望。密集互动方法注重互动的质量而非沟通本身,则可当作迈向正式沟通的第一步,或者作为与可能从未发展出沟通意图者进行互动的方式。

临床运用

ASD 伴随复杂沟通需求的成人在研究文献中似乎只占极小部分,远低于行为问题的盛行率、减少问题行为策略(包含使用 AAC)的研究。尽管如此,一小群 ASD 者被鉴定为伴随 ID,也显现出他们在临床上特别的需求。在第二章中,Iacono 与 Caithness 也在许多评量的文献中提到了类似的现象,因此需要使用原先用于重度智力障碍者的评估策略,以了解同时伴随 ASD 症状的智力障碍者。

除了了解此群体的持续性沟通障碍之外,我们也需要接受他们持续性的社交障碍及仪式性行为。Howlin(2004)发现 ASD 者可能在融入小区中经历了特别的困难。由 Foster 与 Iacono(2007)所做的研究建议,对一位 ASD 伴随 ID 的成人而言,发展一个日常例行活动,且让他熟悉例行活动场所,并和在其中的人变得更熟悉,是需要一段很长的时间。若未考虑这些成人增加接触的需求,或是引进新的经验,可能会导致在尝试融合时失败,且可能因此引发问题行为或社会退缩。

因 ID 伴随 ASD 而有复杂沟通需求的成人,通常使用非正式的沟通模式(如手势与发声),虽然可能并非有意图的沟通(Mirenda & Schuler,1988),或他们可能使用单一符号或有限的符号组合进行符号性的沟通(Mirenda & Schuler,1988;Romski,1996)。他们沟通技能可以被增强的程度,可能会因为缺乏适当支持服务及缺乏沟通干预方式而被限制。一个处理这种情况的策略,就是对他们的主要沟通伙伴发展成人沟通技巧,虽然这样方法的长期成效仍未知。

对那些住在小区支持型团体家庭并接受日间训练或方案者,其重要沟通伙伴通常是受雇的支持工作人员,这些工作人员也在他们的社交网络中扮演重要的角色(Bloomberg et. al.,2003;Iacono et. al.,2004)。然而,关于这些工作人员对于支持性社交互动、沟通或使用 AAC 知识,则少有信息可获得。一个例外是最近由 Tulloch(2007)所做的研究。他调查澳大利亚维多利亚州帮助 ID 成人的支持性工作人员在 15 天所提供的服务,结果指出,支持性员工熟悉 10 种不同的 AAC 策略,虽然这些工作人员无法指出这些策略是否特别与 ASD 者有关。这些发现与这些工作人员不清楚他们所服务的个案的诊断,及其有限的 AAC 知识有关。

最近,有一种用来支持这些工作人员提升与重度 ID 成人沟通技巧的训练方案套装(如手册及影片)已被发展出来。InterAACtion 的训练评估及干预教材(Bloomberg, West & Johnson,2004),提供了范围从无意到有意/非正式的早期符号的五阶段策略。这些策略包含了帮助身心障碍者了解其身边的世界(如教导支持工作人员使用手势符号、手势及时间表来进行沟通及描绘日常例行活动);提供沟通的理由及沟通的事物(如相簿选单计划表及图片为主的购物列表);以及提供沟通方法(如关键词符号、手势及沟通簿)。此外,对那些广泛性社交障碍拒绝社交互动的成人,关注其前沟通意图行为,以促进其察觉及想要与他人进行互动则是需要的。密集互动是这样的方法,可以提供干预的第一步,以帮助这些人先发展出非正式的沟通方法。

显然,为 ASD 伴随 ID 成人达成真正的小区融入,其成效是有限的。尽管政府政策将此明定为目标,但可能因为未顾及这些成年人的沟通需求,才会造成(至少是部分)失败。提倡者、家庭成员及服务提供者常要求聚焦于社交关系的干预,因为这对人际的联络及参与小区是必要的(如:McIntyre,Kramer,Blacher & Simmerman,2004)。为这样的联结提供主要的沟通角色,特别是在对等的互动条件下,这些互动的焦点应包含强调协助沟通伙伴提供沟通机会、认可及回应沟通尝试,以及维持互动。Romski 与 Sevcik(1996)通过使用符号化的沟通系统给 ID 伴随 ASD 青年而展示了这些成果。

对于在沟通符号前期或使用特异手势的人,提供如个人化沟通字典(即手势字典)的策略可能更有效率。个人化沟通字典为个人的非正式与正式沟通模式提供记录(如,脸部表情、手势、信号)来表示它们代表的意义,以及沟通伙伴可能回应的使用方法(Beukelman & Mirenda,2005;Bloomberg et.al.,2004)。此外,在触摸线索形式的扩大输入(即,与特定的字或短语一致的配对),物品行事历代表例行活动及改变,以及脚本的例行活动策略(scripted routine strategy),都可以用来协助个案了解及预测接下来的活动,进而减轻焦虑(Beukelman & Mirenda, 2005;Bloomberg et.al.,2004)。小区请求卡将部分物品附着在卡片上,卡片上则有书写讯息以便与沟通伙伴沟通,在小区聚会所中可能相当好用。例如,在卡片上写:"我要原味的爆米花;我同行的朋友会付钱。"可以让身心障碍者在电影院进行简短但重要的社交互动(Beukelman & Mirenda,2005; Bloomberg et.al.,2004)。较长的互动可以通过发展闲聊书或事件记录本(remnant book)来增强,它包含感兴趣的项目并配置让具读写能力的沟通伙伴可以阅读的文本,以进行沟通(Bloomberg et.al.,2004)。此外,获得有关人们与他人在其社交网络中沟通的信息,可以提供最适合特殊场所和沟通伙伴个别化沟通模式的基础(Iacono et.al.,2004)。

研究的运用

Hamm 与 Mirenda(2006)提供了少数使用 AAC 者长期发展结果的信息,但我们仍需要更多可以了解 AAC 对持续出现沟通、社交、行为障碍的 ASD 伴随 ID 成人的使用成效。此外未来研究也应扩及到评估哪一种 AAC 可以被用来支持个案的需求,以展开可能的潜在能力,如此才能挑战这群个案是否伴随 ID 的鉴定。

ASD 伴随 ID 者之社交网络的研究文献,主要是来自个人陈述。举例来说,Howlin 等(2000)仔细分析 19 名能说出其经验的 ASD 参与者(21~26 岁)的观点,发现尽管事实上别人描述他们的生活是独来独往,但只有少数人认为自己是寂寞的。Wendy Lawson(2006)——一名澳大利亚的 ASD 咨询者、训练者及作者,提供了更多视角以了解阿斯伯格综合征者所界定的友谊的意义。她指出与一些研究报告相反的发现,许多有此标签(阿斯伯格综合征者）的人相当渴望友谊。Lawson 描述了不少亲密的友谊,都因为她自己努力学习别人的假设和如何解读他们的行为;反过来说,她也注意到别人有能力和意愿学习她为维持其友谊所做出的贡献。

同样的,自闭症国际网络(Autism Network International)为 ASD 者主办一个联谊休闲性质的 Autreat 年会。他们的关键理念是"自闭症者用典型的自闭态度与他人互动,这是值得尊重与赞赏的,而非改变他们以适应主流"(Autism Network International,2002)。质化研究策略让 ASD 者得以发声,协助专业人员与小区发展出这样的了解,并给予尊重。

针对 ASD 者及那些极重度智力障碍者所发展的密集互动模式,在改善基本的社交障碍方面是具有展望性的。但我们仍需要进行研究以了解这些方法的疗效,以及如何应用此模式来发展与不同对象的沟通技巧及沟通互动。另一个有很大希望但需要研究的领域,是对个人在社交网络中与不同沟通伙伴互动进行检验,亦即如同 Blackstone 与 Hunt Berg(2003)所定义的 CCPs。这样的检验可以作为检视 ASD 成人沟通技巧与喜好的方法,及确认增强沟通的策略。同样地,研究也需要检视支持性员工心态的训练及 AAC 干预的影响成效,如 InterAACtion 方法。

另一个研究人员的挑战是确保有复杂沟通需求的 ASD 者尽可能包含在研究过程中(Bersani,1999)。参与自闭症自我倡议团体能提供一种获得使用 AAC 成人观点的方法,他们已经有效的挑战了别人给予他们的标签,像是智能迟缓或 ID(如,Rubin,n.d.)。研究中使用 PCP 原则,也能协助确认个案的观点有被考虑及被具体化。

结论

ASD 伴随复杂沟通需求且与 ID 相关的成人,是一大群被遗忘的团体。现有文献主要是关注于行为问题及精神异常,显示这些成人之所以获得专业人员的注意,是因为他们的需求已无法被身边的人忽略了。这个不愉快的结果,再加上 ASD 本质上的社交障碍,表示这些多数的个案少有机会形成有意义的友谊,或将社交网络延伸跨越亲近的家庭成员或受雇于照顾他们的人。AAC 可用以强化 ASD 及复杂沟通需求者的社交互动、发展社交网络、提升小区融入及整体的生活质量。致力于此潜能领域,未来研究急需探讨如何制订 AAC 干预方案,以顾及这些成人的需求、喜好及希望。

参考文献可扫描封底二维码获取

图书在版编目(CIP)数据

自闭症谱系障碍与辅助沟通系统／(加)帕特·米兰
达(Pat Mirenda),(澳)特蕾莎·亚科诺
(Teresa Iacono)主编;杨炽康等译. -- 重庆:重庆
大学出版社,2021.9

书名原文:Autism Spectrum Disorder and AAC

特殊儿童教育康复培训教材

ISBN 978-7-5689-2946-2

Ⅰ.①自… Ⅱ.①帕…②特…③杨… Ⅲ.①孤独症
—儿童教育—特殊教育—教材 Ⅳ.①G766

中国版本图书馆 CIP 数据核字(2021)第 170911 号

自闭症谱系障碍与辅助沟通系统

〔加〕帕特·米兰达(Pat Mirenda) 〔澳〕特蕾莎·亚科诺(Teresa Iacono) 主编

杨炽康 等 译

责任编辑:陈 曦 版式设计:张 晗
责任校对:黄菊香 责任印制:张 策

*

重庆大学出版社出版发行

出版人:饶帮华

社址:重庆市沙坪坝区大学城西路 21 号

邮编:401331

电话:(023)88617190 88617185(中小学)

传真:(023)88617186 88617166

网址:http://www.cqup.com.cn

邮箱:fxk@ cqup.com.cn(营销中心)

全国新华书店经销

重庆俊蒲印务有限公司印刷

*

开本:787mm×1092mm 1/16 印张:19 字数:405 千
2021 年 9 月第 1 版 2021 年 9 月第 1 次印刷
ISBN 978-7-5689-2946-2 定价:68.00 元